Desenho de moda
NO ILLUSTRATOR CC

Dados Internacionais de Catalogação na Publicação (CIP)
(Jeane Passos de Souza – CRB 8ª/6189)

Camarena, Elá
Desenho de moda no Illustrator CC / Elá Camarena. — São Paulo: Editora Senac São Paulo; Rio de Janeiro: Senac Nacional, 2015.

ISBN 978-65-5536-553-5 (Venda internacional)

1. Computação gráfica 2. Adobe Illustrator CC (Programa de computador) 3. Desenho de moda 4. Desenho técnico I. Título.

15-331s CDD – 646.4
BISAC DES000000
DES005000

Índice para catálogo sistemático:

1. Desenho de moda : Illustrator CC (Programa de computador) 646.4

Desenho de moda
NO ILLUSTRATOR CC

Elá Camarena

Senac Editoras – 2015

Editora Senac São Paulo

Conselho Editorial:
Luiz Francisco de A. Salgado
Luiz Carlos Dourado
Darcio Sayad Maia
Lucila Mara Sbrana Sciotti
Jeane Passos de Souza

Gerente/Publisher:
Jeane Passos de Souza (jpassos@sp.senac.br)

Coordenação Editorial/Prospecção:
Luís Américo Tousi Botelho (luis.tbotelho@sp.senac.br)
Dolores Crisci Manzano (dolores.cmanzano@sp.senac.br)

Comercial:
comercial@editorasenacsp.com.br

Administrativo:
grupoedsadministrativo@sp.senac.br

Edição de Texto:
Rafael Barcellos Machado

Preparação de Texto:
Bianca Rocha

Revisão de Texto:
Heloisa Hernandez (coord.), Patrícia B. Almeida,
Carolina Hidalgo Castelani

Acompanhamento Editorial Senac Nacional:
Marco Fiochi

Projeto Gráfico e Editoração Eletrônica:
Manuela Ribeiro

Ilustrações:
Elá Camarena, João Dualiby (ilustrações 3D)

Capa:
Elá Camarena

Senac Nacional

Conselho Editorial
Eladio Asensi Prado
Anna Beatriz Waehneldt
Jacinto Corrêa
José Carlos Cirilo
Simone Caldas
Rose Zuanetti

Editora
Rose Zuanetti

Atendimento Comercial
Ricardo Argento e Cláudia Cordeiro (gpde@senac.br)

Editora Senac São Paulo
Rua 24 de Maio, 208 – 3º andar
Centro – CEP 01041-000
Caixa Postal 1120 – CEP 01032-970 – São Paulo – SP
Tel. (11) 2187-4450 – Fax (11) 2187-4486
E-mail: editora@sp.senac.br
Home page: http://www.livrariasenac.com.br

Senac Nacional
Av. Ayrton Senna, 5.555
Barra da Tijuca – CEP 22775-004
Rio de Janeiro – RJ
Tel.: (21) 2136-5668
E-mail: gpde@senac.br
Home page: http://www.senac.br

SUMÁRIO

NOTA DOS EDITORES

O trabalho do designer de moda é fundamental para o sucesso de uma coleção, pois são seus desenhos que comunicam às equipes de modelagem e produção as várias nuances de cada peça de roupa a ser criada. Esse belo trabalho, que antigamente era feito à mão, hoje conta com o apoio de ferramentas digitais que possibilitam agilizar processos e atuar com mais precisão e dinamismo.

A fim de difundir o uso dessas ferramentas e ajudar os designers de moda a estarem sempre atualizados, o Senac São Paulo e o Senac Nacional apresentam o livro *Desenho de moda no Illustrator CC*, que demonstra como criar desenhos técnicos de moda utilizando um dos softwares líderes do mercado em desenho vetorial.

Esta publicação, recomendada para profissionais, professores e estudantes das áreas de moda e design, visa proporcionar maior conhecimento prático àqueles que desejam aumentar sua produtividade e se destacar neste mercado.

1. INTRODUÇÃO

Não faz muito tempo, as bases utilizadas para a criação de modelos de vestuário eram feitas de papel com furinhos indicando as marcações à mão de bolsos, cavas, recortes e palas, que precisavam ser copiadas antes de serem distribuídas às equipes de produção. Atualmente, contudo, um número crescente de profissionais e estudantes da área de moda vem adotando soluções digitais para tornar sua atividade mais precisa, rápida e criativa.

Os recursos digitais enriquecem o trabalho e oferecem inúmeras aplicações à moda. O uso da tecnologia torna possível a experimentação de cores, formas e movimentação em um nível jamais imaginado nas técnicas tradicionais do desenho manual. Com o auxílio de programas de computador, pode-se incorporar tecidos ao desenho, com texturas e caimentos, representar estampas e suas variantes de cor e detalhar os modelos com todos os aviamentos que os acompanham, segundo parâmetros que os modelistas compreendem mais facilmente.

Não é surpresa que a popularização dos computadores e a criação de programas dedicados à moda tenham promovido um novo sentido ao desenho de vestuário. Por isso, é importante que o designer de moda se aproxime das tecnologias digitais e adquira um conhecimento abrangente em relação às ferramentas e aos programas existentes.

Manter-se atualizado é o diferencial do designer, e a convergência de conhecimentos é relevante para que as coleções sejam produzidas por equipes multidisciplinares. Minha proposta é adicionar ainda um outro elemento de destaque profissional: o uso de programas de computador para a criação de desenhos técnicos de moda com base em modelos de corpos digitais que respeitam as proporções do corpo humano.

O estudo das proporções do corpo humano não é novidade. Os gregos, por exemplo, as estudavam por meio de uma divisão do corpo em partes, conforme a proposta do escultor grego Policleto (Museo Nacional del Prado, 2014). Pensando nisso, este livro apresenta um método para o ensino de desenho técnico de moda com base no uso de corpos digitais em 3D, aproximando-os das verdadeiras proporções humanas. Aplicados ao desenho de moda computadorizado, os recursos de construção corpórea digital tornam possível criar coleções e especificar detalhes com alto grau de complexidade e com mais rapidez e qualidade técnica, facilitando a reprodutibilidade, ao contrário do que se consegue com os métodos tradicionais, que exigem mais tempo e habilidade. O conhecimento do desenho técnico, atrelado a essas novas tecnologias, com base em um corpo proporcional ao real, será uma contribuição valiosa para o desenvolvimento da profissão.

A proposta deste livro é a elaboração do desenho técnico planificado, segundo proporções corporais biológicas, uma abordagem bem distante do desenho ilustrativo. Para o desenvolvimento dos modelos de vestuário, utilizaremos como referência um corpo digital desenvolvido com tecnologia 3D pela equipe do software MakeHuman®, que tem como parâmetro as medidas reais do ser humano. Além disso, você poderá baixar arquivos de referência para executar as atividades digitando este link na barra de endereços do seu navegador de internet:

www.editorasenacsp.com.br/informatica/desenho_de_moda_Illustrator/arquivos.zip

Todas as explicações partem da compreensão de elementos de vestuário e de sua construção com as ferramentas do Illustrator CC, por meio de linguagem simples, com instruções passo a passo direcionadas ao público de moda.

Com essa abordagem, espera-se que esse tipo de desenho possa ser lido de forma clara e objetiva pelos envolvidos no processo de ensino e de confecção de moda, e que as escolas e as equipes de criação percebam a necessidade de trabalhar com projetos fundamentados no desenho técnico planificado a partir da escala humana. Além disso, busca-se também enfatizar a necessidade de comunicação entre os designers de moda e os envolvidos na indústria de confecção, por meio de uma codificação que seja compreendida por todos.

COLEÇÕES DE MODA

Criar uma coleção de vestuário envolve um número razoável de profissionais, e a comunicação eficaz entre eles é fundamental para que o projeto seja finalizado com qualidade e de acordo com o que foi planejado pelo designer de moda. Desde a inspiração até a venda das peças, o designer deve estar ciente de que as suas ideias precisam ser possíveis de serem confeccionadas. Se ele não tiver o conhecimento técnico necessário para a produção, deve trabalhar em conjunto com equipes capacitadas para que, juntos, encontrem soluções adequadas para cada etapa.

Uma coleção de vestuário envolve uma série de limitações a serem vencidas pelo designer. Por exemplo, até mesmo as cores deverão estar de acordo com as amostras que os vendedores de tecidos tiverem para oferecer.

Para que tudo caminhe de forma organizada e eficiente, é importante que o designer de moda e seus assistentes desenvolvam o projeto da coleção de forma clara, com desenhos técnicos compreensíveis para toda a equipe e, com uma ficha técnica que contenha as informações necessárias para a confecção de cada modelo.

TIPOS DE DESENHO

Quando se fala em moda, é importante saber que há vários tipos de desenho, cada um cumprindo uma função de acordo com sua finalidade. Tenha sempre à mão um caderninho para anotações. Ele é muito útil, pois a qualquer momento você pode ter uma ideia e anotá-la para, depois, estudar com mais calma a sua possibilidade de execução.

CROQUI

O croqui é um desenho rápido que o designer de moda faz para guardar as ideias sobre a coleção que está para iniciar ou para projetos futuros. Pode ser feito a lápis, a caneta ou com qualquer material de desenho que fixe as anotações sobre os modelos, as estampas e os detalhes que posteriormente deverão ser confeccionados. Trata-se de um desenho que pode ser usado como guia para que o modelista, com a técnica de modelagem tridimensional ou moulage, inicie a criação do modelo sobre o manequim. É experimental e pode-se dizer que é uma forma de comunicação entre os dois profissionais – designer e modelista – em um ateliê ou uma confecção. Nesse tipo de desenho, não se preocupe com a beleza, mas sim em traduzir seus pensamentos e estudos; eles serão importantes para que você se lembre e desenvolva uma coleção com uma base criativa e autoral.

ILUSTRAÇÃO DE MODA

A ilustração de moda é um desenho que representa o conceito da coleção definido pelo designer e poderá ser colocado em um catálogo, site ou book.

Várias técnicas são utilizadas para a criação de um desenho de moda, tanto analógicas quanto digitais, ou ainda uma mescla desses dois tipos. A ilustração dos modelos pode ter uma proposta mais comercial da coleção e ser apresentada para os clientes acompanhada das peças ou fotos dos modelos originais.

Neste caso, não há compromisso com a proporção corporal, pois esse desenho não será utilizado como projeto para a coleção; ele deve ser usado apenas como apresentação da coleção já confeccionada.

A academia de moda (ou seja, as escolas de moda) propõe regras para esse tipo de desenho. Estudamos, com os gregos, que a proporção de um corpo mediano, considerado ideal de beleza, deve ter de sete a sete cabeças e meia de altura. Essa proporção apresenta variantes de acordo com diversas situações, como cultura, alimentação e período na história humana.

No desenho ilustrativo há um retorno à forma de medição relacionada à proporção clássica. Utiliza-se medida de cabeças humanas em sua construção, partindo do princípio de que o ser humano possui oito cabeças como altura total, conforme os escritos de Lísipo, que alterou a regra de Policleto, com base na ideia de que um corpo mais esguio é sinônimo de elegância.

Na academia de moda a altura humana sofre ainda mais distorções. Por um ideal de beleza da cultura ocidental atual, o corpo humano é cada vez mais alongado, chegando à regra de nove cabeças. Em minhas aulas, sempre digo que existem mais regras para uma ilustração de moda do que para o desenho técnico, o que, a meu ver, deveria ser exatamente o contrário. Acredito em uma ilustração livre, que represente as intenções do designer de moda, liberto de qualquer regra que possa impedir sua criatividade, enquanto o desenho técnico, voltado para a reprodução, deve ter medidas exatas, pois vestirá um ser humano.

DESENHO POR ESPECIFICAÇÃO

O desenho por especificação é um desenho planificado, sem volume corporal ou alterações por perspectivas. Ele contém as medidas das distâncias, as dimensões e o posicionamento de todos os detalhes. Por mais sedutor que seja aplicar movimento aos desenhos, lembre-se de que todo esse aspecto ilustrativo poderá interferir na leitura do modelo.

Todos os detalhes da roupa são apresentados em uma ficha técnica que acompanha o desenho técnico, com indicação de medidas e outras informações, para que o modelista e, posteriormente, a costureira da peça-piloto possam compreender o modelo. O desenho para o projeto da coleção utilizado na produção deve ser, se possível, acompanhado da peça-piloto. Preferencialmente, um designer de moda só deve colocar as informações sobre as medidas após a confecção do molde, e depois de ele ser aprovado e testado em um modelo de prova. Essas medidas devem ser colocadas na ficha técnica do desenho planificado.

PÚBLICO-ALVO E TEMA

Toda coleção, seja de moda, seja de qualquer outra área, precisa ter um direcionamento para que atinja seu público-alvo. Cada empresa tem sua forma de identificar para quem suas coleções são criadas. Mesmo que a intenção da empresa seja abranger o maior número possível de pessoas, é mais fácil pensar em um modelo de vestuário ou de acessórios específicos para cada pessoa.

Essa forma de construção pode ser hipotética ou atingir de fato as intenções da marca em que se está trabalhando. Para isso, crie um universo de inspiração, pense no que seu público faz, nos lugares que frequenta, onde come e se diverte. Imagine cenários nos quais ele pode estar inserido e como ele se vestiria para cada ocasião. Não estou falando aqui de projetos elaborados de marketing, mas de algo bem mais próximo do que precisamos como criadores, que nos ofereça elementos para desenvolvimento desse personagem, que ajudará a direcionar nossas ideias.

Às vezes dar uma volta no *shopping*, sentar-se e observar as pessoas pode ajudar a compreender a forma como elas compõem as peças de suas roupas, as combinações de cores, se preferem peças mais confortáveis ou se preferem algo apenas porque está na moda, não sendo necessariamente fácil de usar.

Já desenhei muitas camisas de futebol, segmento que abrange um público enorme. Para me orientar na criação dos modelos, imaginava uma família aficionada pelo time para o qual eu desenhava, desde a criança com peças mais confortáveis e coloridas, passando pelos pais, com suas preferências, até os avós, que também usariam as coleções do seu time de coração. Dessa forma, consegui criar, para cada uma das peças que atendiam às exigências de conforto, cores, modelos e modelagens, com um direcionamento bastante claro de para quem seria destinado cada produto.

Não há uma regra de como criar uma coleção; cada profissional ou empresa descobre sua forma de inspiração e a maneira de passá-la para os modelos que desenvolverá. No entanto, essa criação não é totalmente livre, precisa ter como base uma série de aspectos mercadológicos e estar focada no público definido.

Mesmo que hoje vejamos muitas empresas buscarem o que está em outros países para desenvolver suas marcas, ainda acredito que o trabalho autoral e criativo é o melhor caminho. Aprendi na faculdade como direcionar minhas ideias e exercito constantemente a criatividade. Utilizo diversas ferramentas, desde as técnicas artesanais, com tintas e papéis, até as digitais, com programas gráficos como o Illustrator CC.

Hoje, temos à disposição diversas formas de pesquisa, e uma que uso com bastante frequência é a rede social Tumblr. Lá, coloco todo tipo de imagem que seja especialmente importante para mim. Dia após dia adiciono links, fotos e vídeos que possam em algum momento acrescentar algo às minhas criações.

Também frequento muitos bazares de caridade e me dou total liberdade para adquirir objetos apenas porque me senti muito atraída, sem nenhuma necessidade no momento. Guardo tudo de forma bastante ordenada, pois a organização também faz parte do ambiente de inspiração que criei ao meu redor. É assim que me inspiro. Não crio mais só um painel com cartolina e imagens coladas, como fazia na faculdade; o ambiente em que trabalho e estudo é repleto de elementos que, a qualquer momento, utilizo em meus projetos, e gosto de saber exatamente onde está cada um.

Para mim, tudo é um grande tesouro; dentro ou fora do Brasil, estou sempre atenta e com uma máquina fotográfica para registrar pessoas, prédios, flores e tudo que chame a minha atenção. Posso ir a uma livraria e ter ideias lendo um poema ou olhando livros infantis. A única regra que sigo é, se quero desenhar uma flor, vou olhar para uma flor que vi cair de uma árvore ou em um jardim; jamais copio as pinceladas feitas por um artista: a interpretação de cores, luzes e texturas tem de sair das minhas mãos.

Tudo isso é importante quando se aprende a usar um programa gráfico. Para um designer, é pouco produtivo estudar cada ferramenta do programa, pois, logo em seguida, já terá esquecido onde ela está. Mas, quando a computação gráfica é ensinada com base em um universo próximo, o aprendizado se torna muito mais fácil. Por exemplo, quando digo a você para ir à *Ferramenta Elipse*, é para desenhar um botão de casear; essa relação com um elemento do nosso *métier* faz com que memorizemos com mais facilidade.

Para dar início a todas as explicações que estão neste livro, comecei pelo tema. Selecionei imagens que adoro, coloquei todas em uma composição que me agradou e, a partir delas, fiz a cartela de cores, as estampas e os modelos. Por isso, sugiro que você faça sua pesquisa, encontre sua forma de captação de imagens de maneira artesanal, digital, por meio de sons ou de tudo isso junto. Organize seu material para que tenha um acesso fácil e possa retirar de lá suas cores, seus grafismos e suas formas. Tenha em mente para quem será sua coleção. Crie seu painel de inspiração, como este, por exemplo:

2. INTERFACE DO PROGRAMA

Antes de prosseguirmos, vale a pena conhecermos a área de trabalho do Illustrator CC e as ferramentas que usaremos durante os estudos. Para abrir o Adobe Illustrator CC, clique no menu *Iniciar* do Windows e localize-o na lista de programas.

Clique sobre o nome ou ícone do Adobe Illustrator CC.

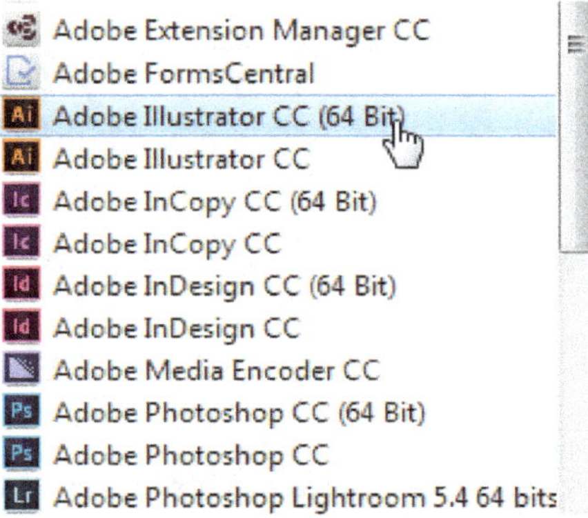

Quando o programa abrir, crie uma prancheta de desenho (*artboard*). Clique no menu *Arquivo* e selecione *Novo*.

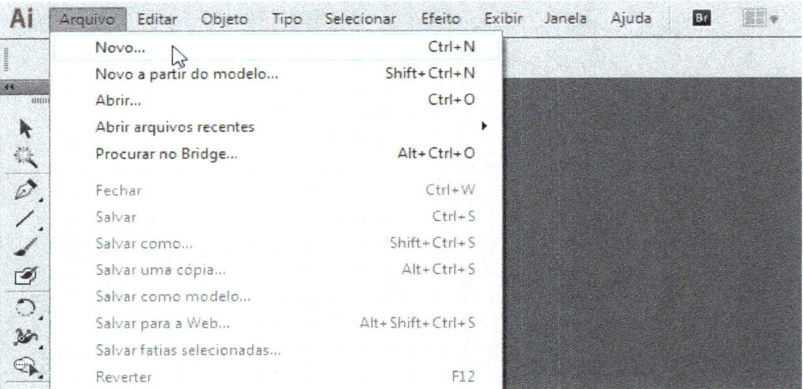

Aparecerá uma caixa de diálogo na qual você definirá algumas configurações do projeto. Utilize o modelo fornecido a seguir como referência, mas lembre-se de que cada projeto tem suas peculiaridades.

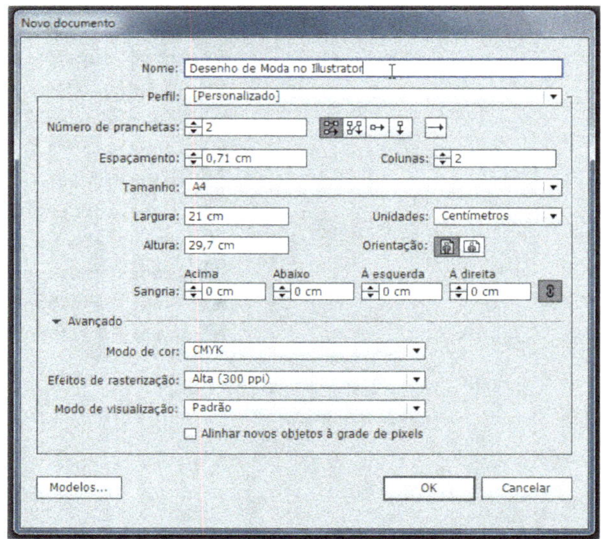

Em *Nome*, você vai nomear o arquivo. Digite *Desenho de Moda no Illustrator*. Esse nome pode ser modificado posteriormente, ao salvar o documento.

Em *Perfil*, você definirá se seu trabalho será uma publicação impressa ou digital. Escolha a opção *Impressão*.

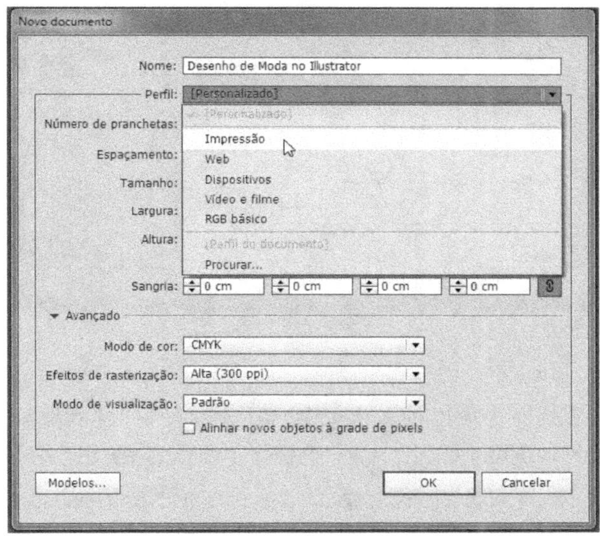

Em *Número de pranchetas*, você definirá com quantas páginas ou, no caso, pranchetas pretende trabalhar (selecione 2), e o modo como elas serão apresentadas na área de trabalho (isso será mais bem explicado adiante; por ora, deixe as opções padrão).

Em *Tamanho*, escolha A4, e em *Unidades*, deixe a medida em *Centímetros*. Deixe as opções de *Sangria* como estão (elas só serão utilizadas se seu trabalho for enviado para impressão em uma gráfica convencional).

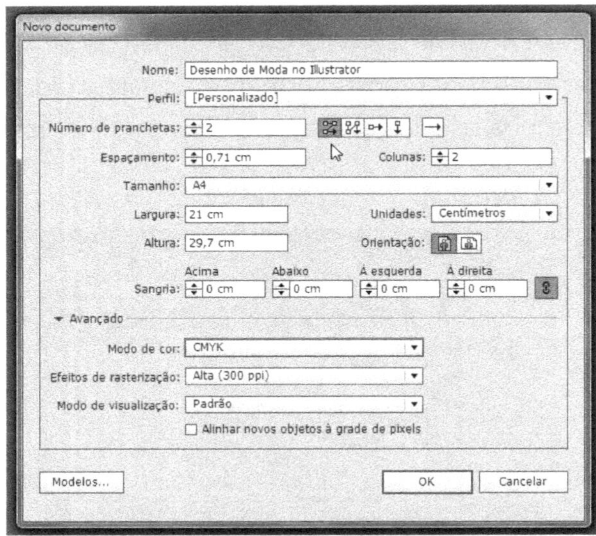

No *Modo de cor*, em *Avançado*, manteremos *CMYK*, que é o padrão utilizado para impressão. Em mídias digitais, o sistema de cores é o RGB. Você também poderá modificar os *Efeitos de rasterização* e o *Modo de visualização*, mas por enquanto mantenha o padrão apresentado pelo Illustrator CC.

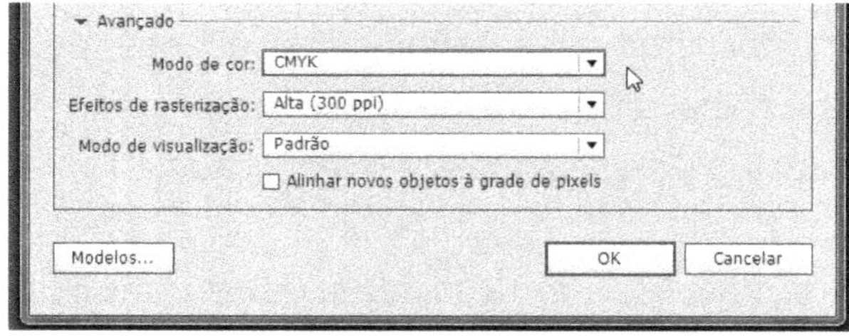

Todos esses ajustes podem ser alterados após a criação das pranchetas. Você também pode criar novas pranchetas em um documento e salvá-las separadamente ou todas de uma só vez.

Clique em *OK*. Surgirão na tela duas pranchetas de desenho, conforme estabelecido no *Número de pranchetas*. Agora, podemos explorar os principais detalhes da área de trabalho do Adobe Illustrator CC, identificados na imagem a seguir.

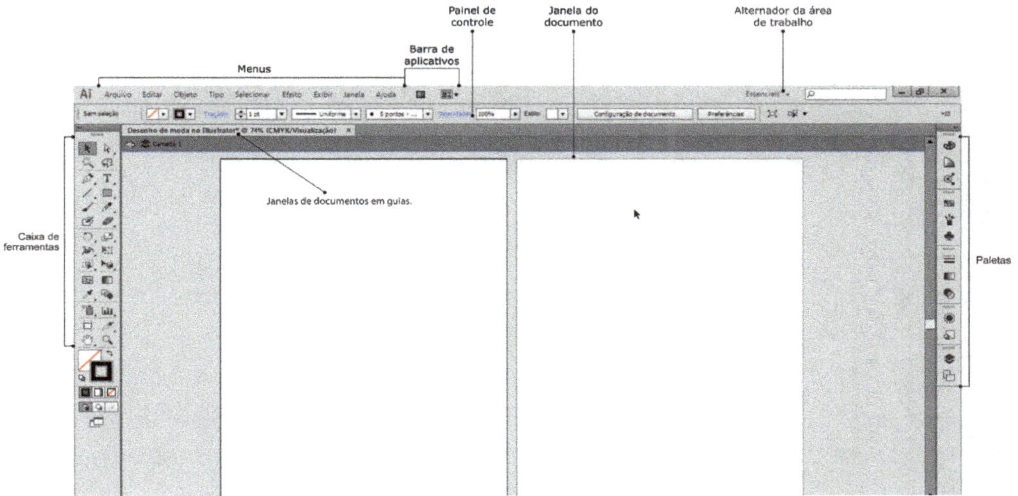

CAIXA DE FERRAMENTAS

Vamos começar com a caixa de ferramentas, que fica na parte superior da lateral esquerda da área de trabalho.

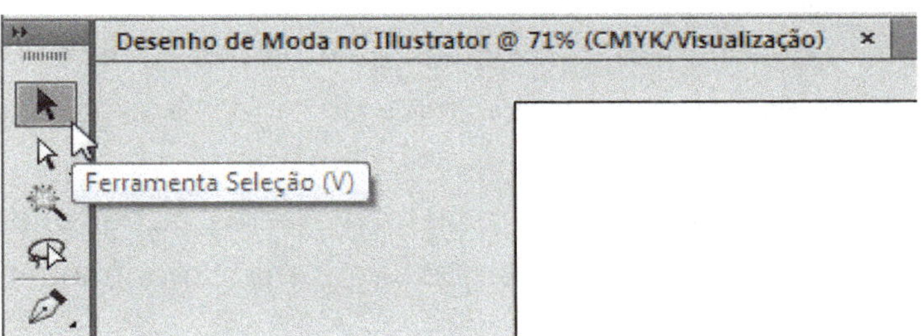

A caixa de ferramentas, por padrão, é exibida em uma coluna. Porém, é possível configurá-la em duas colunas, mostrando assim mais opções de recursos. Para isso, clique nas duas setinhas que aparecem no topo da caixa de ferramentas, indicadas na figura ao lado.

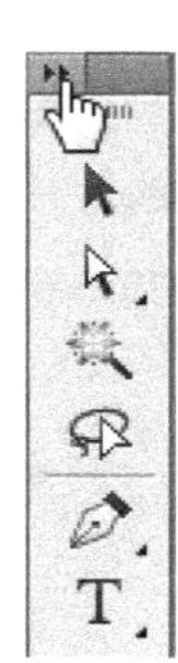

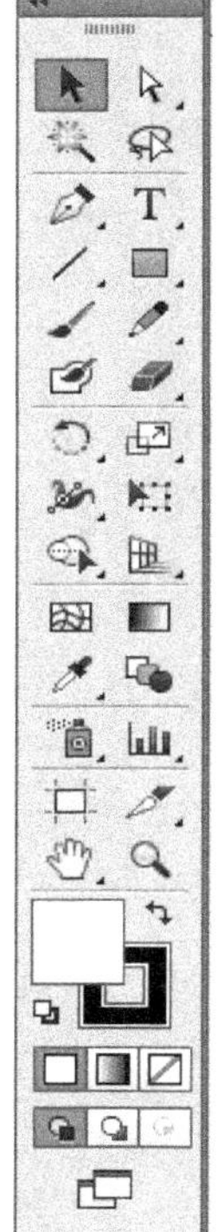

Ela ficará com duas colunas. Para retraí-la, é só clicar novamente nas setinhas no topo da caixa.

No Illustrator CC, a caixa de ferramentas é dividida por tipos de ferramentas. As quatro primeiras são ferramentas de seleção, mas trabalharemos apenas com as duas primeiras.

A seta preta, à esquerda, é a *Ferramenta Seleção*. Ela seleciona todos os pontos que compõem o objeto, permitindo que ele possa ser redimensionado, movimentado ou rotacionado livremente.

A seta branca, à direita, é a *Ferramenta Seleção direta*. Todas as vezes que precisar selecionar ou mudar a posição de um ponto (ponto-âncora) do objeto, você usará essa ferramenta.

Sempre que tiver que selecionar um ou mais objetos, ou partes de um objeto, você utilizará uma dessas ferramentas. Elas são as mais importantes e serão usadas com mais frequência.

O próximo grupo apresenta as ferramentas de desenho vetorial. Você as usará para desenhar no Illustrator CC. Com elas fará retas, curvas, objetos e textos.

No outro bloco estão as chamadas ferramentas de transformação, redimensionamento e rotação dos objetos.

Na sequência estão as ferramentas de edição de cores. Com elas é possível fazer *dégradés* e pinturas especiais, capturar cores, entre outras opções.

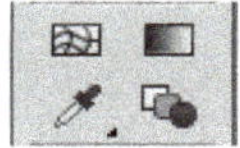

As ferramentas seguintes servem para utilizar símbolos e gerar gráficos, inclusive importando dados do Excel para o Illustrator CC.

O penúltimo grupo é o das ferramentas para editar, mover e navegar entre as pranchetas de desenho (páginas de trabalho), dar zoom em áreas da página, entre outras opções.

O último bloco refere-se à pintura dos contornos e preenchimentos dos desenhos feitos na prancheta.

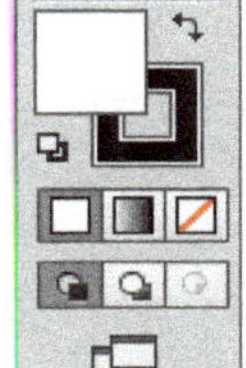

As empresas de software costumam fazer atualizações que corrigem problemas e implementam novos recursos e ferramentas. Por isso, é importante manter seu programa atualizado. Explicarei como verificar se há atualizações para o programa no decorrer do livro.

PALETAS

No Illustrator CC, as paletas são espaços de trabalho que apresentam ferramentas específicas para cada área de atuação, como pintura, web, texto, etc. Além disso, você pode utilizar uma paleta com ferramentas personalizadas. Para isso, vá ao canto superior direito e clique no alternador da área de trabalho, conforme indica a figura a seguir.

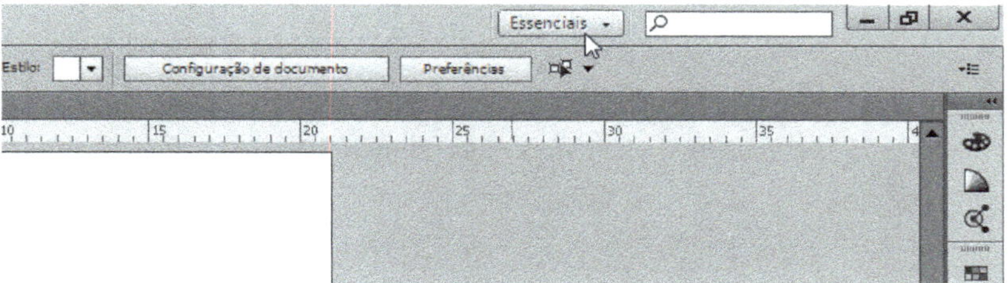

Perceba que há conjuntos de paletas predefinidas no Illustrator CC.

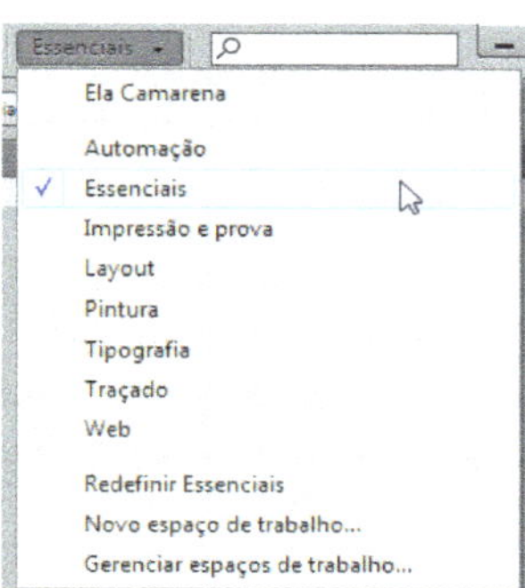

Você pode escolher a que se adapta melhor ao seu trabalho, ou, se preferir, utilizar os conjuntos de opções utilizados com mais frequência.

Você pode definir também um conjunto com opções de ferramentas para cada projeto. Por exemplo, se estiver trabalhando com coleções de moda, seria bom clicar em *Essenciais* e acrescentar outras ferramentas necessárias. Os conjuntos de paletas podem ser acrescentados ou retirados a qualquer momento, de acordo com a sua necessidade.

Para acrescentar novas paletas, clique na setinha no topo da caixa.

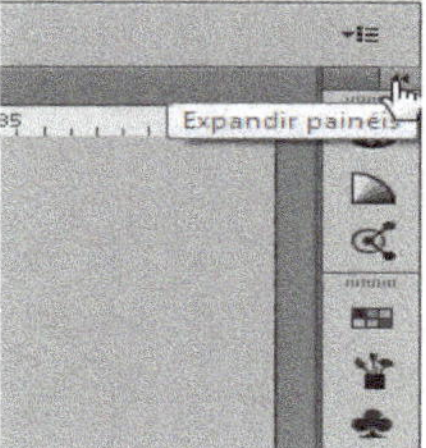

O painel apresentará diversas opções de ajustes para seu trabalho.

Você pode acrescentar as opções de sua preferência.

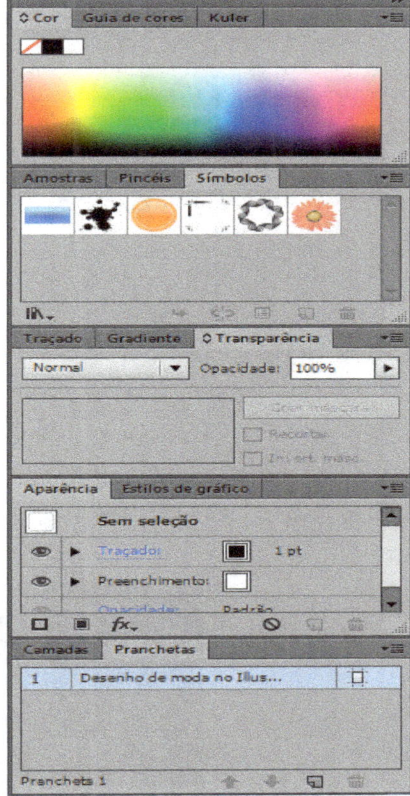

PERSONALIZAÇÃO DA ÁREA DE TRABALHO

É possível fazer modificações na área de trabalho (*pasteboard*) de acordo com cada projeto. Se quiser trocar a tonalidade da interface do Illustrator CC, vá em *Editar*, clique em *Preferências* e depois em *Interface de usuário*.

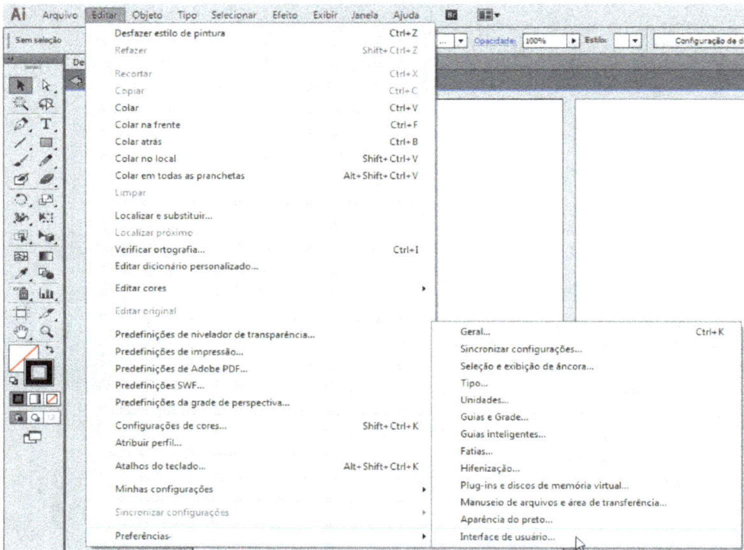

A janela *Preferências* é aberta na opção *Interface de usuário*. Em *Brilho*, você pode escolher uma das opções predefinidas para deixar a área de trabalho mais clara ou mais escura. Opcionalmente, você pode mover o controle logo abaixo e ajustar entre as opções *Escuro* ou *Claro*.

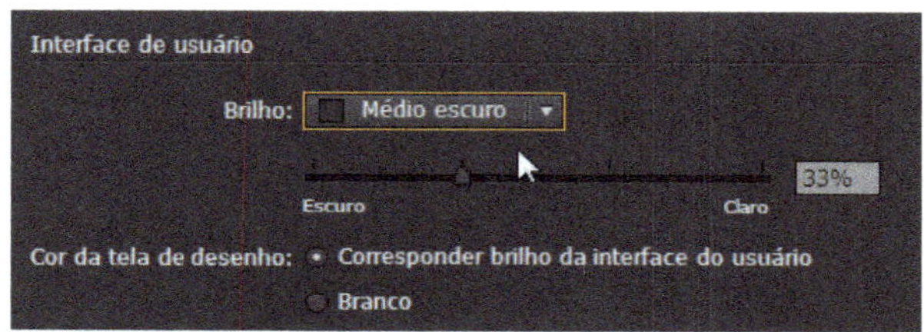

Se quiser alterar a unidade de medida, vá em *Unidades*, na coluna à esquerda, e na opção *Geral* defina uma outra unidade de medida.

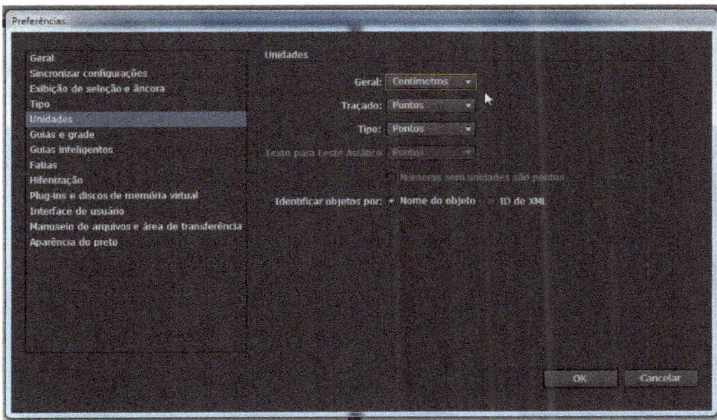

Experimente explorar as demais opções de ajustes. Após configurá-las de acordo com suas preferências, clique em *OK*.

Esses ajustes também podem ser acessados por meio do painel de controle, com os botões *Configuração de documento* e *Preferências*.

MAIS FERRAMENTAS

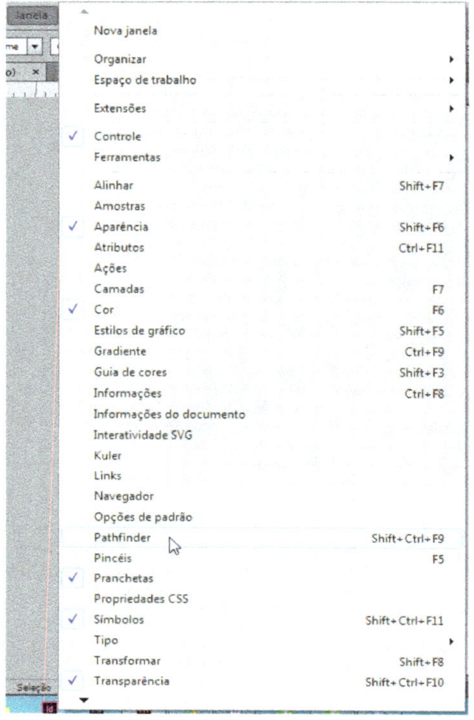

Se quiser incluir outras ferramentas, clique no menu *Janela*, na área de trabalho do Illustrator CC, e escolha a opção que desejar. Nesse exemplo, selecione a opção *Pathfinder*, que utilizaremos no primeiro exercício.

Surgirá em sua tela um painel com mais opções de ferramentas. Você pode fixá-las no painel principal.

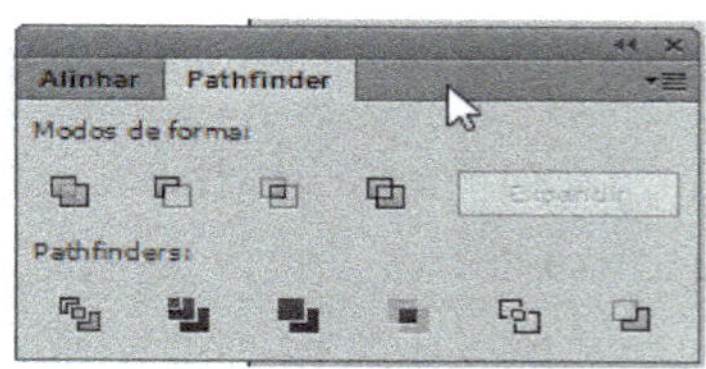

Para isso, clique e segure o botão esquerdo do mouse na área cinza da caixinha, indicada pela seta branca na imagem ao lado. Depois, arraste a caixa para a lateral direita, onde está o painel principal.

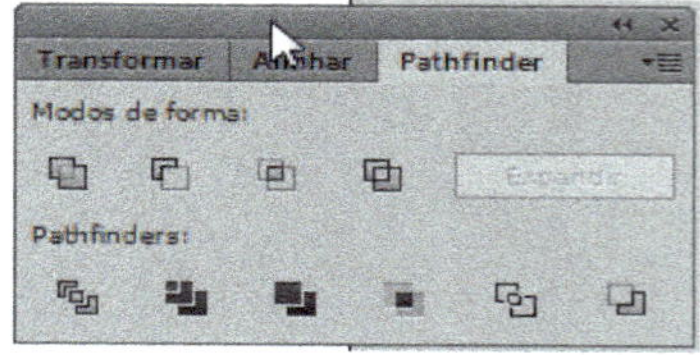

Você perceberá que esse painel tentará se conectar com a caixinha que estiver no local para onde você o estiver movendo. Escolha o local mais prático para acessá-lo e solte o dedo do mouse.

Você também pode tirar caixinhas do painel principal, se perceber que não estão sendo muito utilizadas. Para isso, clique na área cinza da caixinha, segure o botão esquerdo do mouse e arraste para o centro da área da prancheta. Solte o botão do mouse.

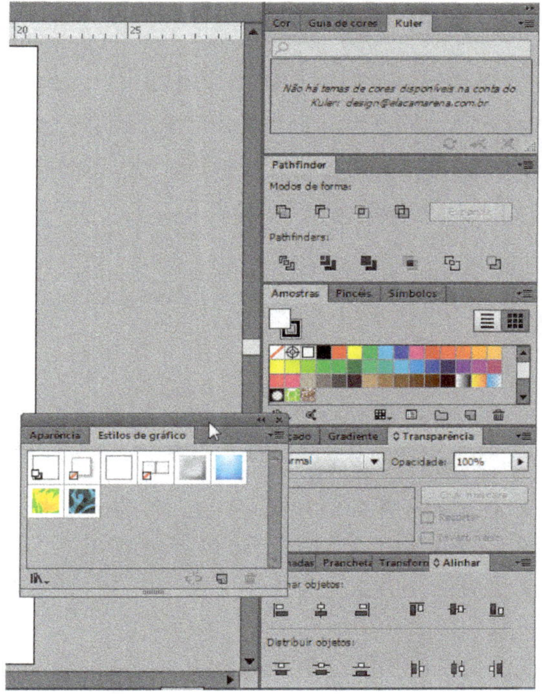

A caixa ficará solta na área de trabalho. Para fechá-la, clique no *X* no canto superior direito.

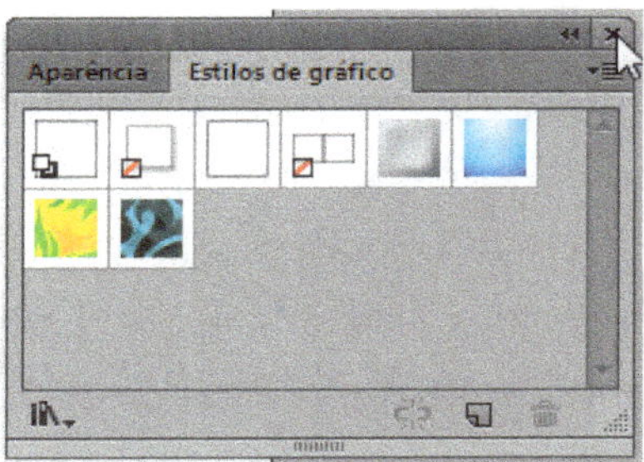

SALVAR CONFIGURAÇÕES DA ÁREA DE TRABALHO

Após fazer os ajustes que quiser, você pode salvar as atuais configurações da área de trabalho. Para isso, vá ao alternador da área de trabalho e clique em *Novo espaço de trabalho*.

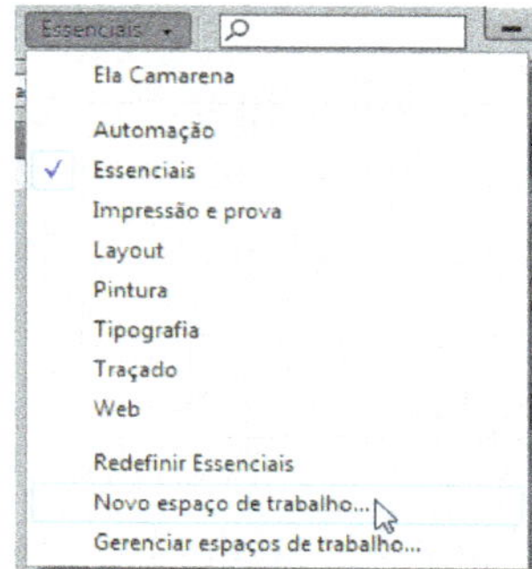

Digite um nome para identificar esse espaço de trabalho (por exemplo, *Desenho de Moda no Illustrator CC*) e clique em *OK*.

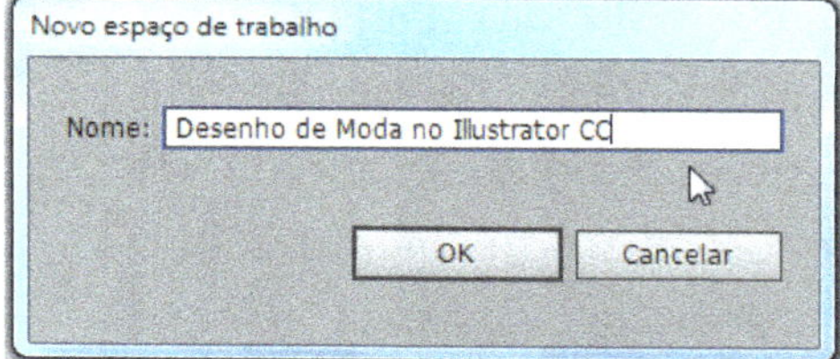

Se abrir o Illustrator CC e desejar usar a área de trabalho que configurou para desenhar suas coleções, você pode escolher o espaço de trabalho criado no alternador da área de trabalho.

Caso tenha colocado diversas ferramentas ao redor da prancheta e queira voltar ao padrão criado anteriormente, vá ao alternador da área de trabalho e selecione *Redefinir Desenho de Moda no Illustrator CC* (ou o nome que deu para seu conjunto de paletas).

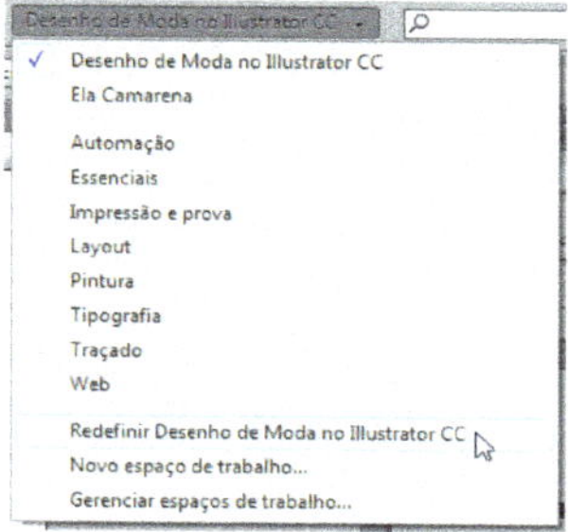

Ou, ainda, retorne ao espaço de trabalho *Essenciais*, que contém as ferramentas básicas do programa.

VETOR E BITMAP

Neste tópico vamos entender a diferença entre objetos vetoriais e imagens bitmap, além de aprender a gerenciar esses dois tipos de elementos no Illustrator CC.

OBJETOS VETORIAIS

No Illustrator CC, os objetos são definidos de acordo com sua estrutura e aparência. A estrutura é definida por pontos chamados pontos-âncora, que são conectados por segmentos. Essa é uma característica do desenho vetorial, que pode ser conferida abrindo o arquivo *Exemplo*, que você pode baixar de acordo com as instruções na Introdução deste livro.

Para criar a camiseta, é preciso ter uma linha de 1 para 2, de 2 para 3 e assim sucessivamente, até chegar ao número 20. Cada ponto será ligado ao próximo por uma linha ou segmento. Ao final, a estrutura da camiseta estará completa. Os pontos-âncora que conectam os segmentos são calculados pelo programa. O número de pontos-âncora é ilimitado, e o desenho pode ser ampliado ou reduzido o quanto você quiser, sem perder a definição.

Depois de criada a estrutura, é necessário definir as propriedades do objeto que correspondem à sua aparência. Os três atributos básicos de aparência no Illustrator CC são:

A. **Preenchimento:** cor, gradientes ou padrão (estampa).

B. **Contorno:** linha ao redor do elemento desenhado com possibilidades de escolha de cor, espessura ou um padrão gráfico, como uma linha tracejada, por exemplo.

No desenho técnico de moda, a linha na cor preta tem sido usada para indicar os modelos e as costuras que definem o detalhamento das peças. Isso não é algo que tenha sido decidido em alguma reunião, mas é provável que tenha surgido como uma referência natural aos desenhos feitos antes da computação gráfica.

C. **Efeito:** os efeitos modificam a aparência do objeto aplicando propriedades como uma sombra, por exemplo.

SELEÇÃO DE OBJETOS VETORIAIS

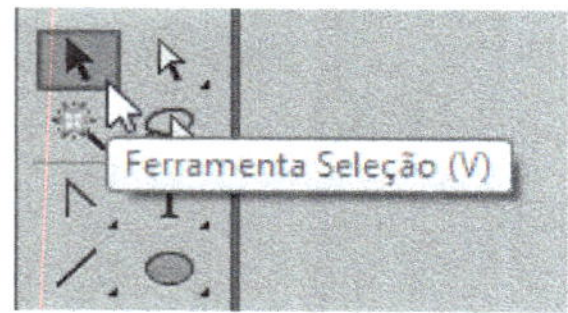

Há duas ferramentas importantes para a seleção de objetos no Illustrator CC: a seta preta e a seta branca, como vimos anteriormente.

A seta preta, ou *Ferramenta Seleção*, é utilizada todas as vezes que se quiser selecionar e trabalhar com um objeto na prancheta, seja para movimentá-lo, seja para ampliá-lo, reduzi-lo, rotacioná-lo, colori-lo ou modificá-lo de alguma forma.

Quando você tem um ou mais objetos na tela e quer modificá-los, é preciso indicar ao Illustrator CC com quais deles deseja trabalhar; para isso, a ferramenta utilizada é a seta preta.

Para escolher um objeto, basta selecionar a seta preta na caixa de ferramentas, e então clicar sobre ele. Abra o arquivo *Camiseta*, que você pode baixar de acordo com as instruções na Introdução deste livro, para ver como funciona.

Quando um objeto está selecionado com a seta preta, aparece uma caixa ao redor dele. Essa é a caixa delimitadora, que pode estar ou não habilitada. Caso não esteja, clique em *Exibir* e selecione *Mostrar caixa delimitadora*.

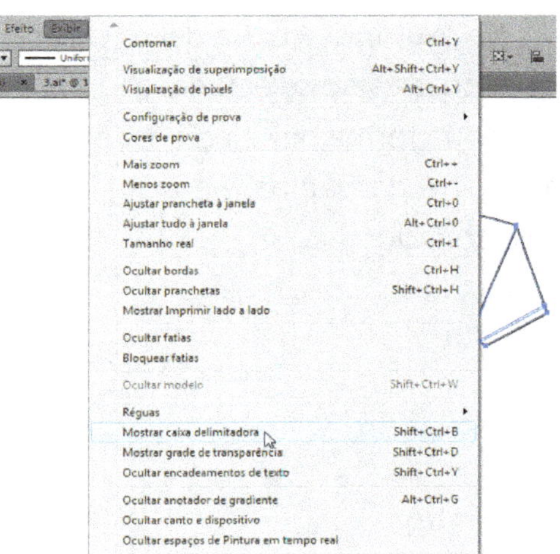

Com a seta preta também é possível selecionar mais elementos na tela. Abra o arquivo *Camisetas*. Clique em um dos elementos, pressione *Shift* (no teclado) e depois em cada elemento que deseja selecionar. Ao final, solte o botão do mouse e a tecla.

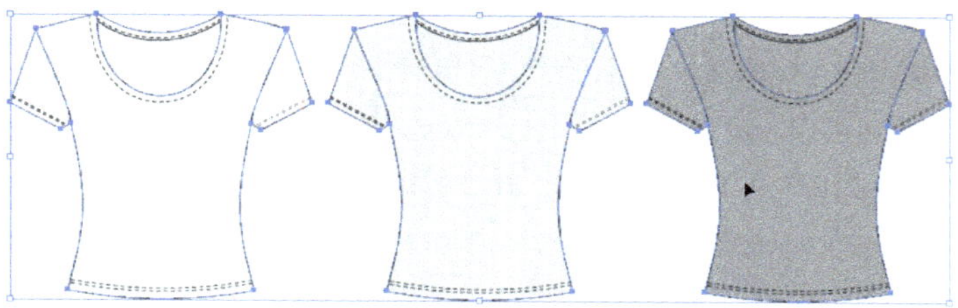

No exemplo, a caixa delimitadora ficará ao redor das três camisetas, indicando que todas estão selecionadas.

Outra forma de selecionar objetos é clicar, com a *Ferramenta Seleção*, em uma área livre da página e arrastar o cursor sobre uma parte de cada objeto a ser selecionado.

No exemplo anterior, todas as camisetas ficarão selecionadas e, se clicar em uma cor, todas mudarão para a cor selecionada.

SELECIONAR PARTES DE UM OBJETO

Com a seta branca, você seleciona partes de um objeto. Para isso, é preciso primeiramente clicar sobre ela, na caixa de ferramentas.

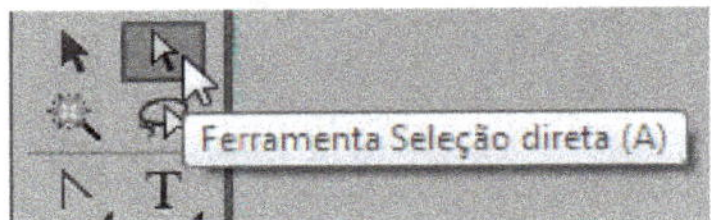

Em seguida, é necessário clicar em um dos cantinhos da peça que estiver desenhando (neste exemplo, uma camiseta); o ponto selecionado ficará azul e você poderá modificar sua posição sem afetar os outros pontos.

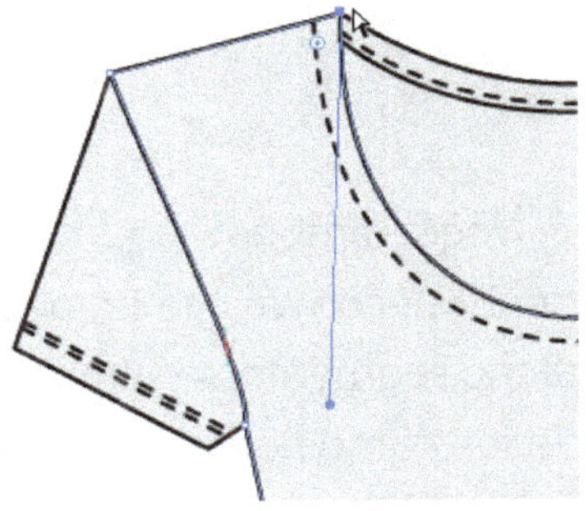

Também é possível selecionar mais pontos e movê-los de uma só vez. Para isso, clique em um ponto-âncora com a seta branca, pressione *Shift* (no teclado) e clique nos outros nós desejados. Para mover todos os nós de uma só vez, é preciso clicar em um deles, segurar o botão esquerdo do mouse e arrastar o cursor.

Você também pode modificar um segmento da camiseta com a seta branca; para isso, é necessário clicar no segmento, segurar o botão no mouse e arrastar o cursor, como no exemplo ao lado:

Pode-se, por exemplo, ajustar com a seta branca as linhas de costura da camiseta para acompanhar a curvatura da barra.

Para agilizar seu trabalho, use teclas de atalho para selecionar as setas preta e branca:

- Tecla V = seta preta.
- Tecla A = seta branca.

BITMAP

As imagens bitmap não são criadas em programas vetoriais como o Illustrator CC. Elas podem ser encontradas na internet ou em outras mídias e são também fotos digitais ou imagens escaneadas. A imagem bitmap é como um bordado em ponto cruz. Cada ponto do bordado tem o formato de um X e quanto mais pontos houver, mais definido será o desenho; quanto menos pontos, menor será o detalhamento, como mostram as imagens a seguir. A da esquerda possui mais pontos e detalhes, ao contrário da imagem à direita.

A imagem bitmap é composta de pixels e, quanto mais pixels por polegada tiver, melhor será sua resolução; quanto menos pixels, pior a resolução, como você pode ver nas imagens a seguir. A da esquerda possui mais pixels que a da direita.

Para colocar uma imagem bitmap na prancheta do Illustrator CC, clique no menu *Arquivo*, e depois na opção *Inserir*. Encontre em seu computador a imagem *Lili.psd*, que você pode baixar de acordo com as instruções na Introdução deste livro, e clique novamente em *Inserir*.

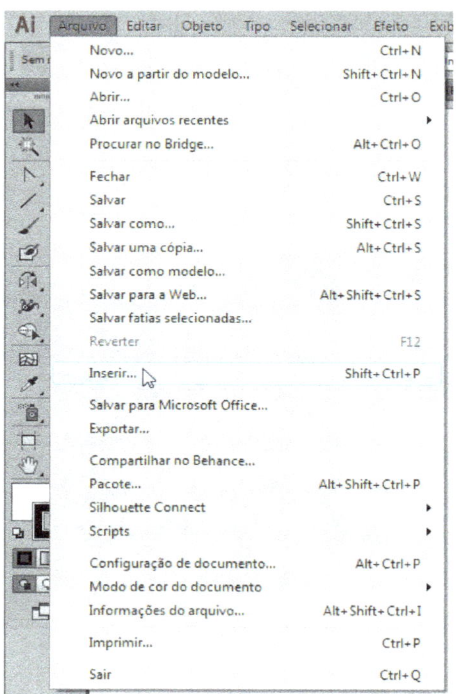

Clique na área de trabalho do Illustrator CC para que a imagem apareça em seu tamanho original, ou clique com o botão esquerdo do mouse, segure-o e arraste o cursor na diagonal para abrir e redimensionar a imagem. Tome cuidado para que ela não fique maior do que é originalmente, senão poderá ficar desfocada e não será adequada para um projeto impresso.

Se ficar em dúvida quanto ao tamanho de uma imagem ao importá-la do computador para o Illustrator CC, basta apenas clicar na prancheta, assim a imagem aparecerá no tamanho original. Depois, pressione um dos cantinhos da caixa delimitadora, segure o botão do mouse e arraste o cursor na diagonal para reduzir a imagem. Prefira sempre reduzir a imagem bitmap para que ela preserve sua resolução.

IMAGEM VINCULADA E IMAGEM INCORPORADA

Existem duas formas de inserir uma imagem bitmap no Illustrator CC: ela pode ser uma imagem vinculada ou uma imagem incorporada. A imagem vinculada, ao ser selecionada com a seta preta, terá um X ao centro.

O X, na imagem vinculada, serve para nos lembrar de que ela é uma imagem que não está salva dentro do documento; o que está salvo é um link para a imagem. A imagem está na pasta em que você a guardou.

Por padrão, uma imagem inserida no Illustrator CC será vinculada automaticamente ao arquivo. Veja que, ao selecionar a opção *Inserir* e clicar em uma imagem, a opção Link estará selecionada.

A vantagem de trabalhar com imagens vinculadas é que o arquivo fica mais leve – fator importante quando se usa uma imagem várias vezes no mesmo documento. Outro ponto positivo é que, quando são feitos ajustes na imagem com o Photoshop, por exemplo, ela é automaticamente atualizada no Illustrator CC, sem que você tenha de inseri-la novamente.

Como a imagem não fica dentro do arquivo Illustrator CC, ao enviá-lo a alguém ou a uma gráfica para impressão, você terá de enviar também todas as imagens que usou. Caso não faça isso, quando o arquivo for aberto por outra pessoa, ela não verá nenhuma das imagens.

A imagem incorporada, quando selecionada, não tem o X no centro, indicando que faz parte do documento.

Para que ela seja incorporada, basta clicar em *Inserir*, no painel *Arquivo*, selecionar a imagem que quer colocar na página do Illustrator CC e desmarcar a opção Link.

Link
Modelo
Substituir
Exibir opções de importação
Nome: Lili.psd

Quando essa opção é desmarcada, o Illustrator CC faz uma cópia da imagem dentro do seu arquivo. A vantagem de tê-la incorporada é que não será preciso enviá-la para que seja aberta em outro computador, mas seu arquivo ficará mais pesado caso esteja trabalhando com muitas imagens.

Se quiser modificá-las, elas terão de ser inseridas novamente em seu arquivo do Illustrator CC.

CAMADAS

Todas as imagens, tanto vetoriais como bitmaps, ficam em camadas no Illustrator CC. As camadas nesse programa são como um caderno com páginas transparentes, com um desenho em cada página, o que permitiria visualizar as imagens como se estivéssemos olhando de cima.

E cada página é como se fosse uma camada, contendo um dos objetos do seu documento.

Abra o arquivo *Camadas.ai*, que você pode baixar de acordo com as instruções na Introdução deste livro. Para ver as camadas no Illustrator CC, clique em *Camadas*, no painel à direita.

Opcionalmente, pode-se clicar no menu *Janela* e selecionar a opção *Camadas*.

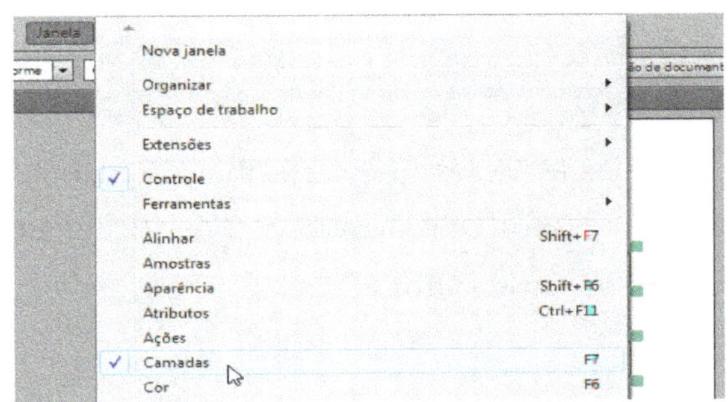

Para mostrar todas as camadas do documento, clique na setinha ao lado esquerdo do ícone da imagem, no painel *Camadas*.

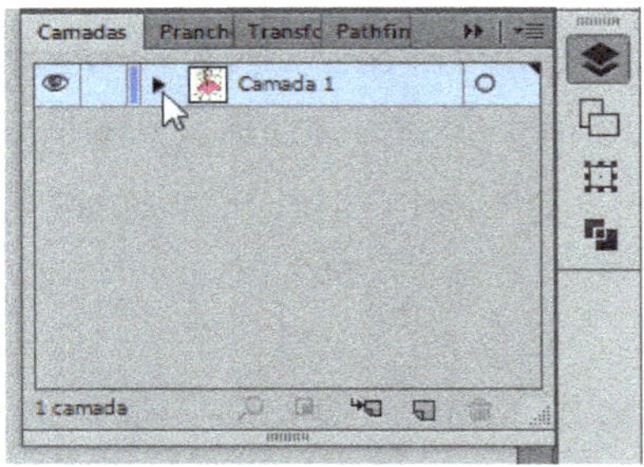

Veja que a Lili está em uma camada enquanto a estampa está em uma camada abaixo.

Todas as vezes que desenhar ou inserir imagens na página do Illustrator CC, cada imagem bitmap ou vetorial ficará em uma camada diferente, acima ou abaixo uma da outra.

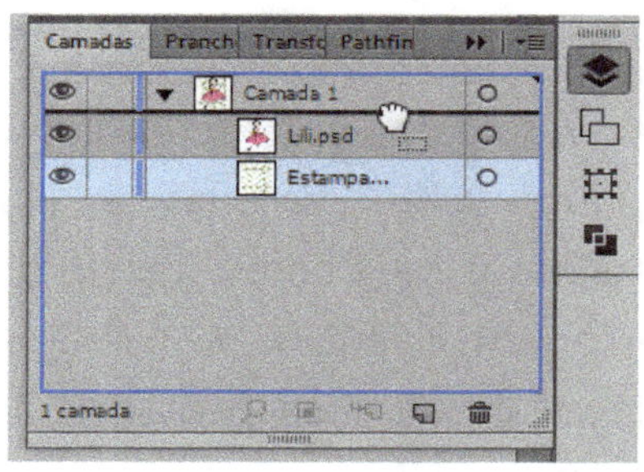

Para mudar a posição da camada, clique com a seta preta na camada que quiser mover e segure o botão do mouse. Aparecerá uma mãozinha fechada no lugar do ponteiro do mouse, indicando que a camada pode ser movida. Leve a mãozinha para cima e veja que aparecerá uma linha preta mais grossa, indicando sua posição. Solte o botão do mouse.

Veja que a estampa ficou na frente da Lili e, no painel de camadas, a estampa está acima dela.

É importante sempre olhar o painel de camadas para ver todos os objetos que compõem seu documento e os efeitos que está usando em cada um deles.

TRANSFORMAR IMAGEM VINCULADA EM IMAGEM INCORPORADA

Agora que você aprendeu um pouco sobre camadas no Illustrator CC, veja como transformar imagem vinculada em imagem incorporada. Para isso selecione a imagem (Lili e a estampa em camadas diferentes) com a *Ferramenta Seleção* (seta preta), vá ao painel de controle e clique no botão *Incorporar*.

Na janela, clique na opção *Mostrar visualização* e selecione a opção *Converter camadas em objetos*, se quiser manter as camadas separadas. Pressione *OK*.

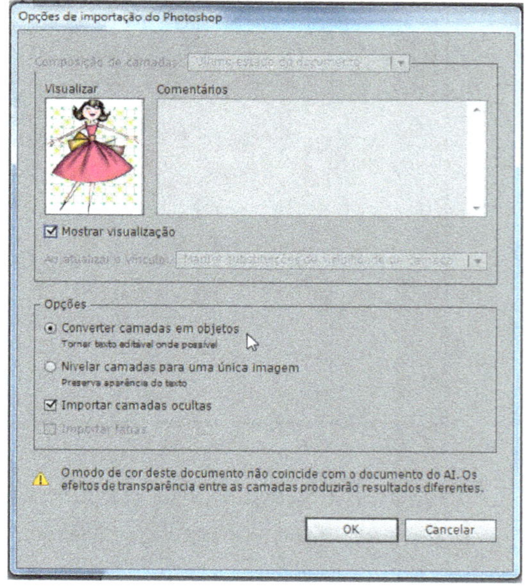

Se quiser desatrelar uma imagem da outra, clique na *Ferramenta Seleção* com o botão direito do mouse e escolha a opção *Liberar máscara de recorte*.

Assim, você consegue separar os dois desenhos, caso tenham sido feitos em camadas diferentes, em outro programa, como o Photoshop.

Se, ao incorporar as imagens, optar por deixá-las em uma única camada, selecione a opção *Nivelar camadas para uma única imagem*.

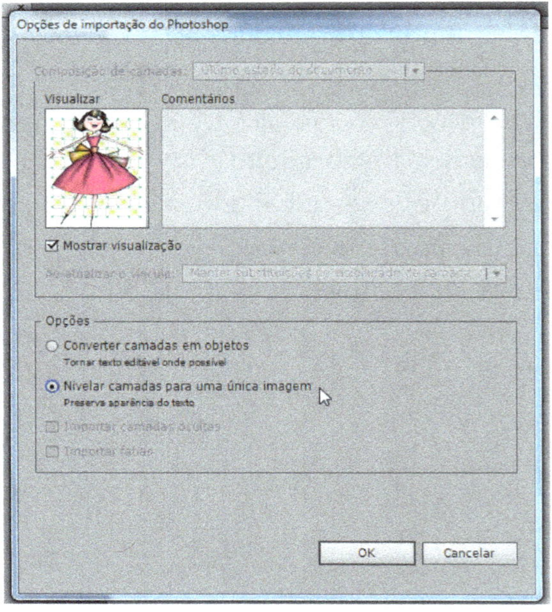

As duas imagens, Lili e a estampa, ficarão juntas.

PACOTE

Quando está com imagens vinculadas e precisa enviar seu arquivo para alguém ou para impressão e quer que seja permitido realizar alguma modificação, é necessário que você envie todas as imagens e fontes juntas.

O *Pacote*, como o próprio nome diz, faz um pacotinho com tudo o que você usou em seu documento, criando uma pasta contendo fontes e imagens. Para usá-lo, primeiro salve seu arquivo e depois vá a *Arquivo* e escolha *Pacote*.

Surgirá uma janela com as opções do *Pacote*. Em *Local*, se clicar na pastinha, você pode definir onde quer salvar. Clique nela e escolha um novo local, se quiser.

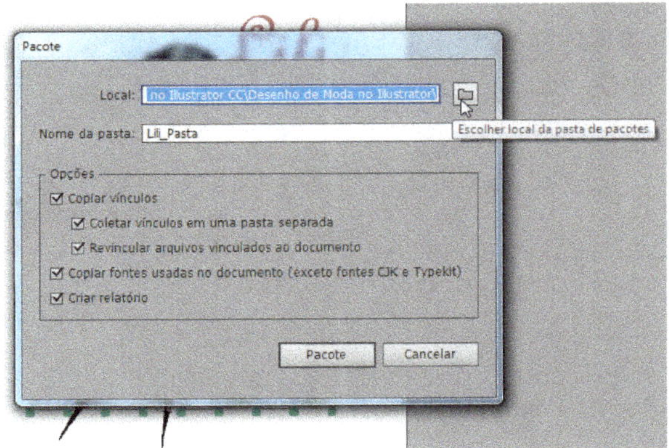

A seguir, em *Nome da pasta*, o Illustrator CC coloca uma opção que é o nome do seu documento seguido da palavra *Pasta*; é possível neste momento, mudar o nome.

Mantenha as demais opções para que o *Pacote* faça uma pastinha com as imagens dentro da pasta *Pacote*; faça os vínculos das cópias das imagens com o documento, copie as fontes e faça um relatório. Depois clique em *Pacote*.

Aparecerá na sua tela este aviso para lembrá-lo de que existem leis sobre uso e distribuição de fontes. Clique em *OK*.

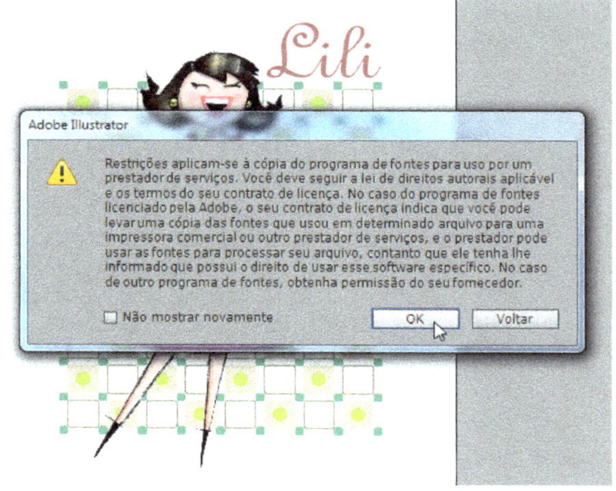

A próxima janela avisa se deu tudo certo. Você pode clicar em *OK* ou ir ao local onde o pacote foi feito para ver se está tudo lá.

O Illustrator CC organiza tudo em pastinhas nas quais ficam salvos o arquivo .ai e o relatório do desenho, se você definiu assim.

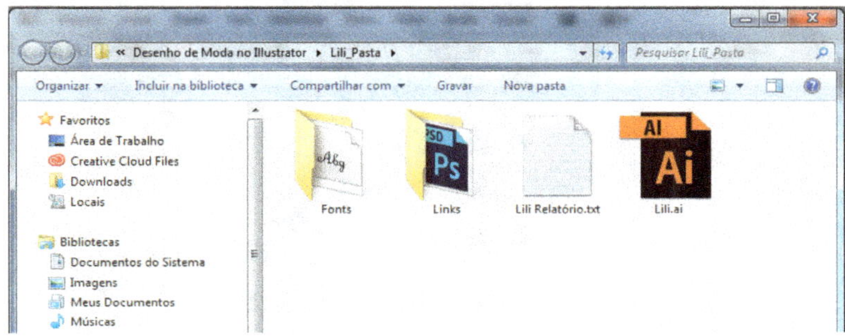

GERENCIAMENTO DE IMAGENS

Para verificar como gerenciar as imagens do seu documento no Illustrator CC, é preciso ativar o painel *Links*, que fica no menu *Janela*.

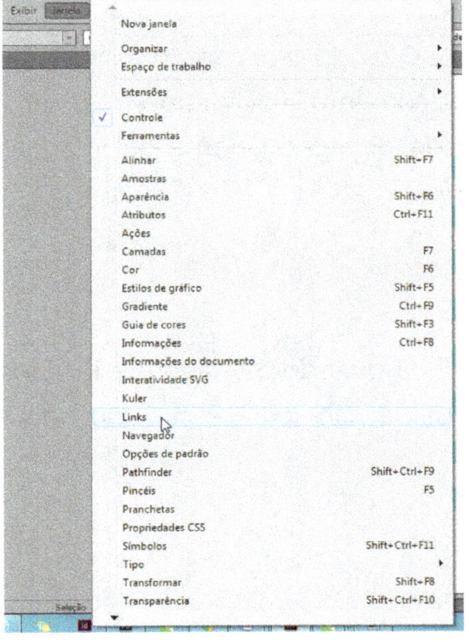

O painel *Links* aparecerá na área de trabalho.

Quando a imagem está incorporada ao documento, você consegue ver o ícone no lado direito do nome da imagem, no painel *Links*.

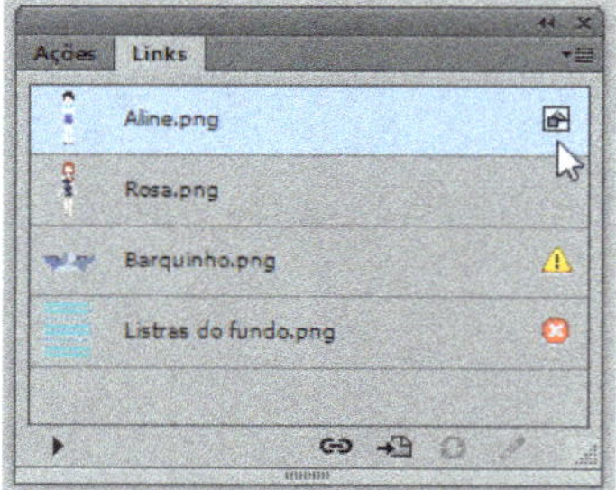

Já quando a imagem é inserida como vinculada, não aparece nada no lado direito.

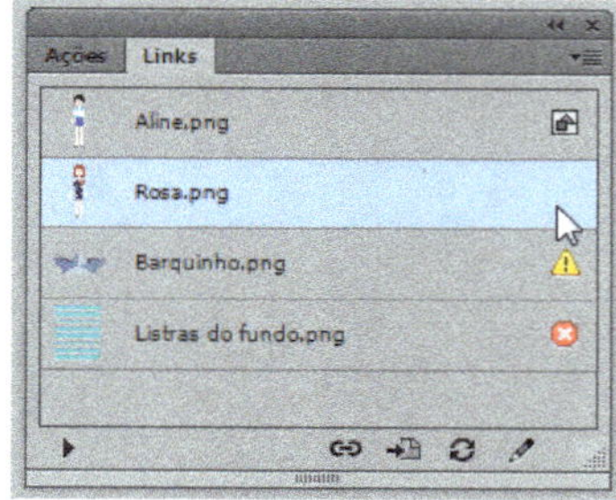

Quando aparece um triângulo amarelo com um ponto de exclamação, significa "Atenção! A imagem foi modificada e ainda não foi atualizada no Illustrator CC".

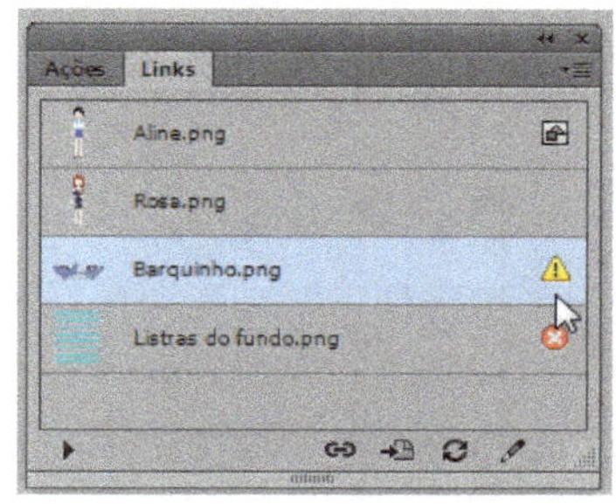

Se aparecer um círculo vermelho com um X, a imagem vinculada ao documento por um link foi movida da pastinha. Se o documento for enviado para a gráfica, essa imagem não será impressa.

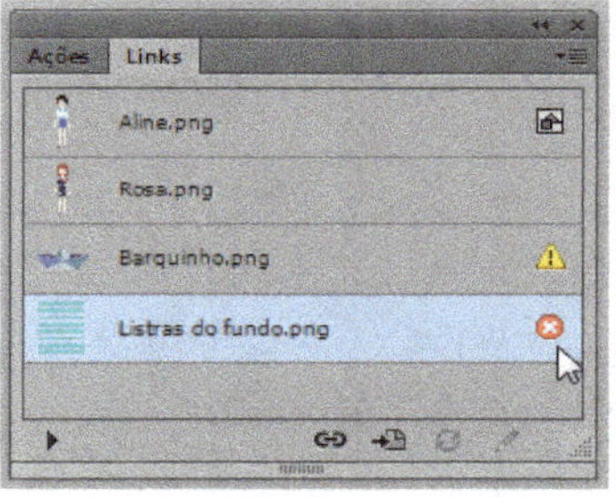

Se quiser que uma imagem incorporada se torne vinculada novamente, clique na imagem, no painel *Links*, e no ícone da corrente.

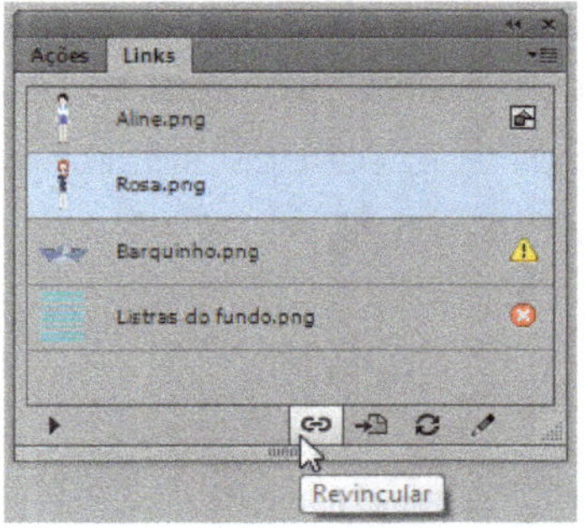

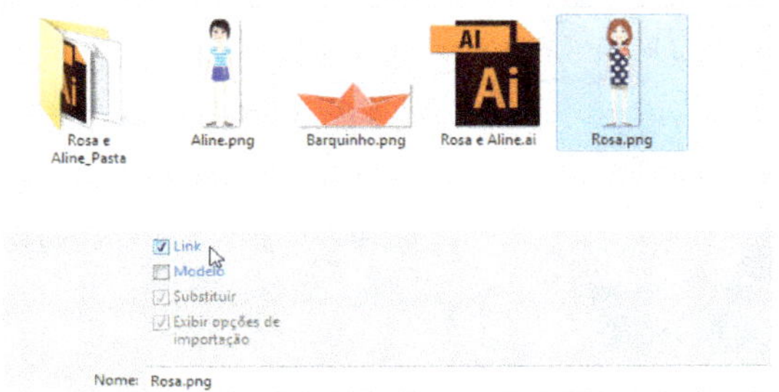

Após selecionar a corrente, vá para a pasta na qual está a imagem, clique nela e veja se a opção *Link* está selecionada. Depois clique em *Inserir*.

A imagem se tornará uma imagem vinculada.

Para abrir a imagem vinculada, selecione-a no painel de controle e clique em *Ir para o Link*.

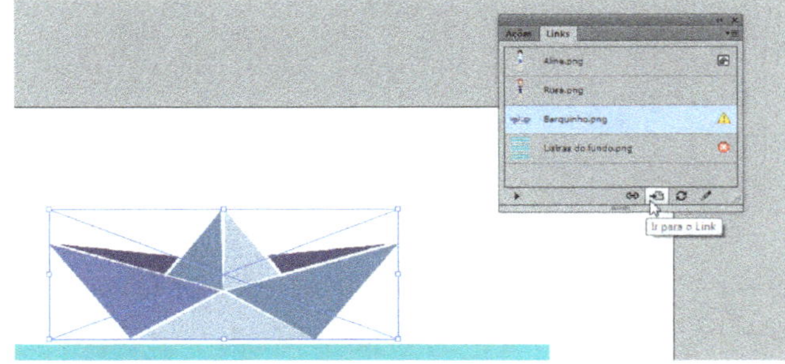

Clique em seguida na opção *Atualizar vínculo*. Todas as alterações que você tiver feito em outro programa, como no Photoshop, serão atualizadas.

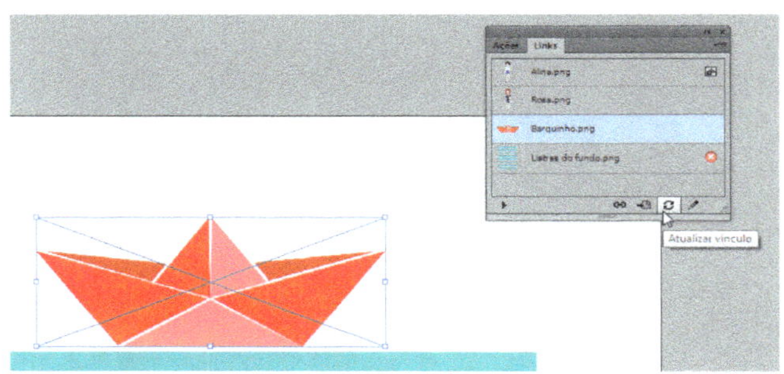

Para corrigir uma imagem que tenha um X à sua frente, selecione-a e clique em *Ir para o Link*, para acessar o local no qual a imagem foi inserida.

Com a imagem selecionada com a *Ferramenta Seleção* (seta preta), clique na corrente para vincular novamente a imagem.

Procure a imagem, selecione-a, veja se a opção *Link* está selecionada e clique em *Inserir*.

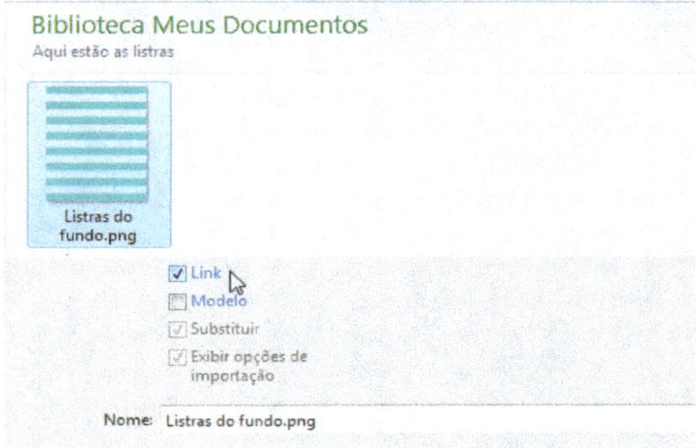

Ao final, seu painel *Links* ficará com as imagens de acordo com o escolhido, ou seja, vinculadas, e sem nenhum aviso de imagem faltando ou que necessite de atualização.

3. CARTELA DE CORES

Agora você escolherá as tonalidades para compor sua cartela de cores, que vai orientá-lo na compra dos materiais utilizados em toda a coleção. Tenha em mente que as cores escolhidas por você nem sempre estarão disponíveis nos fornecedores de tecidos e aviamentos, e talvez os materiais não possam ser tingidos exatamente como planejou.

A cartela lhe dará um caminho em meio a tantos elementos necessários para a criação da sua coleção. Lembre-se de que, além dos tecidos, você também terá de escolher diversos tipos de aviamentos e suprimentos para bordados e estampas, se for o caso. Você poderá escolher as cores diretamente do painel de inspiração e procurar as equivalentes na escala Pantone®. Lembre-se de que uma cor Pantone® escolhida no Brasil, em um dos guias que estão à venda, será a mesma cor na China. Informe o código da cor para que a empresa que tingirá o material saiba exatamente como proceder.

Mas antes entenda como você trabalhará com cores no Illustrator CC. Há vários locais na interface do programa nos quais você pode ter acesso às opções de cores. Em todos os casos, você precisa criar uma página no Illustrator CC, ou trabalhar em um arquivo já aberto. Para criar uma nova página, vá ao menu *Arquivo* e clique em *Novo*.

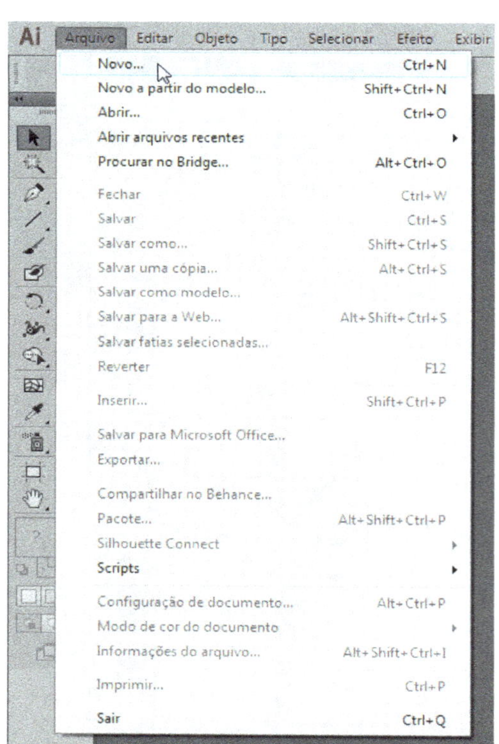

Com a página criada (ou com um documento já aberto) e com a área de trabalho definida como *Essenciais*, localize o ícone *Cor*, no painel à direita. Clique nele para expandi-lo.

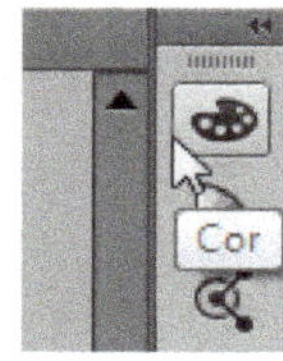

No novo painel que se abre, passe o mouse sobre o espectro de cores que aparecerá um conta-gotas. Clique com ele sobre uma cor para selecioná-la.

No canto superior à direita desse painel há um ícone de uma setinha com algumas linhas. Clique nele para ver mais opções de cores.

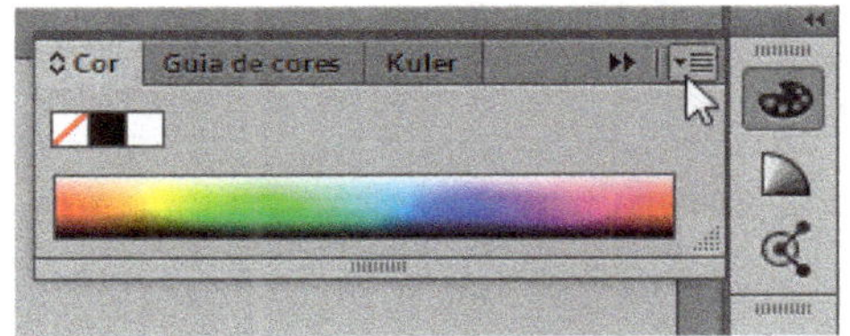

Você pode mudar para *Escala de tons de cinza*, *RGB* (modo de cor próprio para vídeos) ou *CMYK* (próprio para impressão, que já está selecionado). Você também pode escolher *RGB WebSafe* (uma opção antiga de web, quando só se usavam 256 cores), inverter as cores que estiverem em sua paleta, mudar para complementares ou ainda adicionar uma nova cor.

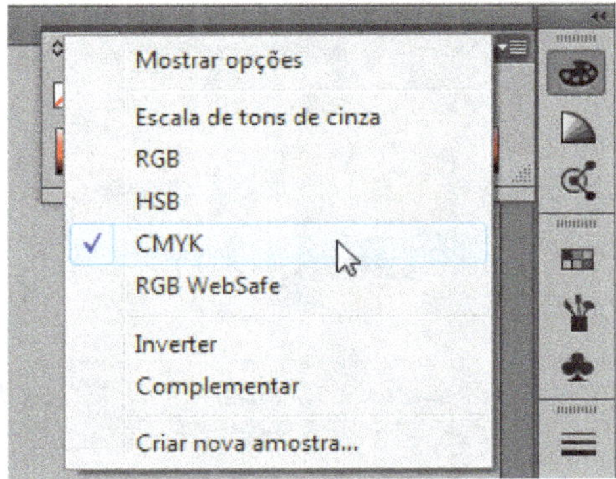

Você também encontra cores em *Amostras*. Veja que há várias opções de cores, tons de cinza, *dégradés* e padrões.

Nesse painel, se clicar em *Menu Biblioteca de amostras*, verá diversas cores predefinidas.

Algumas opções são bem interessantes, como *Tons de pele*.

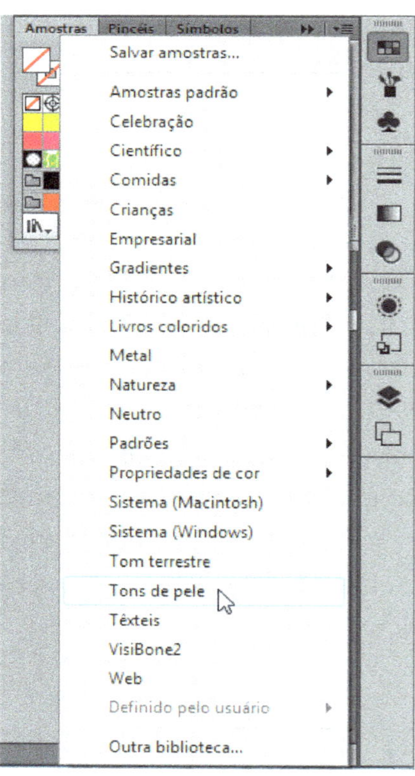

Explore as outras bibliotecas e veja se há cores que possam ser usadas na sua coleção. Clique no fim do painel, segure o botão esquerdo do mouse e arraste o cursor para baixo para ver todas as opções de cada paleta.

Clique nas setas para navegar entre as paletas.

Os desenhos vetoriais possuem contorno e preenchimento, que são atributos de aparência. Ao selecionar um objeto com a *Ferramenta Seleção* (seta preta), vá a *Preenchimento e traçado padrão*. Essa é uma opção predefinida do Illustrator CC para contorno preto e preenchimento branco, muito útil para o desenho técnico de moda.

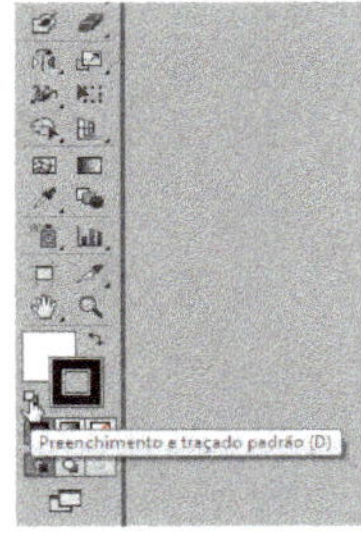

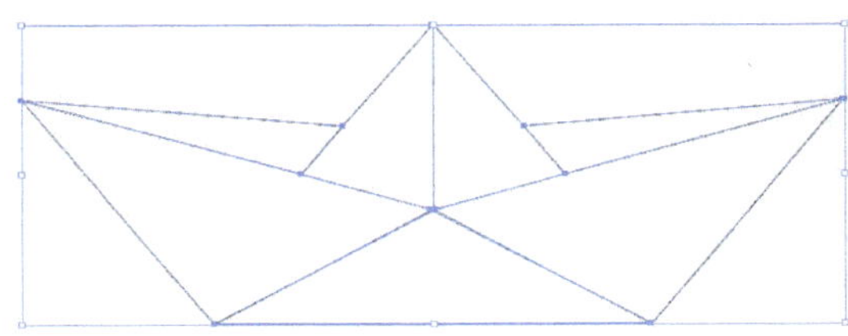

O barquinho ficará branco com contorno preto.

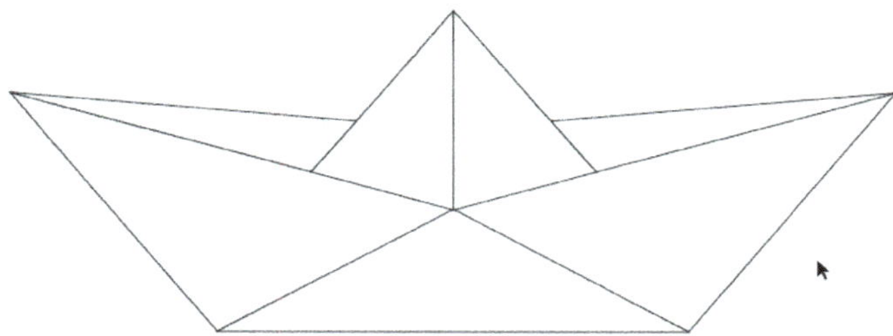

Para colorir o contorno com outra cor, selecione todo o barquinho com a *Ferramenta Seleção* e vá à caixa de ferramentas. Clique em *Traçado* com a *Ferramenta Seleção* para que fique ativado, acima do preenchimento. É assim que o Illustrator CC entende o que se quer colorir, se é contorno ou preenchimento.

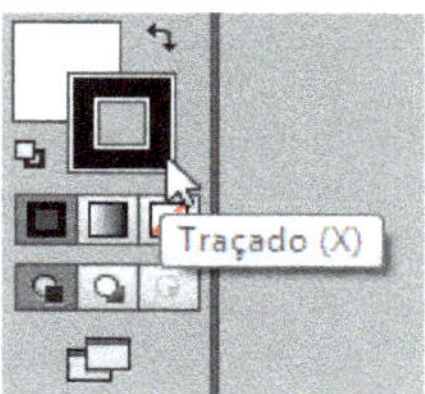

Vá a uma paleta de cor no painel à direita, ou escolha as cores no painel de controle, acima da caixa de ferramentas.

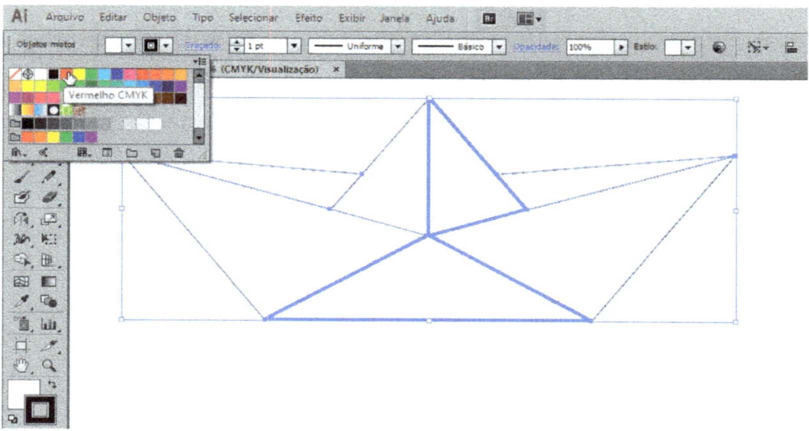

Se pressionar a tecla *Shift* (no teclado), mantiver o botão esquerdo do mouse pressionado e depois clicar na opção de cores do painel, aparecerá a opção *Cor*, vista anteriormente.

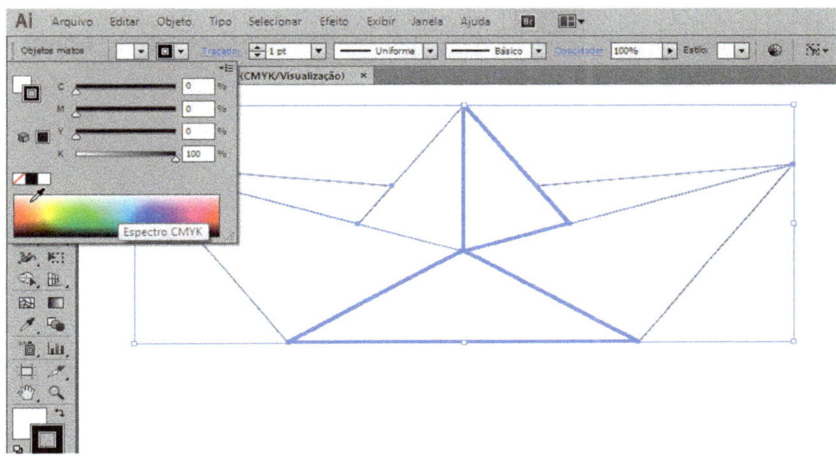

Em *Espessura do traçado*, escolha a espessura da linha.

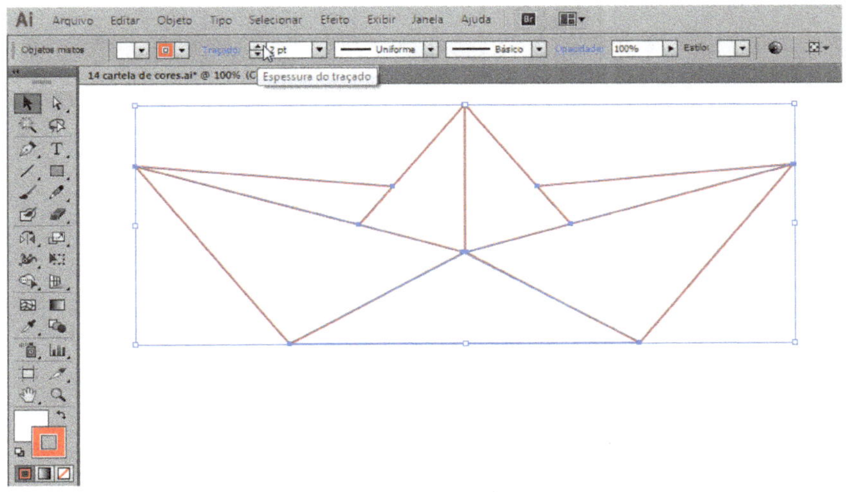

Em *Painel de traçados*, há outras propriedades para o contorno do objeto.

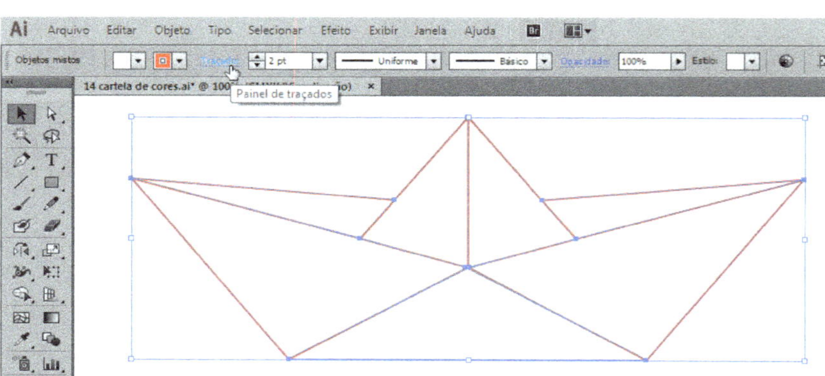

Nesse painel, você vai encontrar opções como *Espessura*, *Arremate arredondado*, *Junção arredondada*, *Linha tracejada*, entre outras possibilidades, para o contorno dos objetos.

Com o objeto ainda selecionado com a *Ferramenta Seleção*, clique em *Perfil*, no final do painel de traçados.

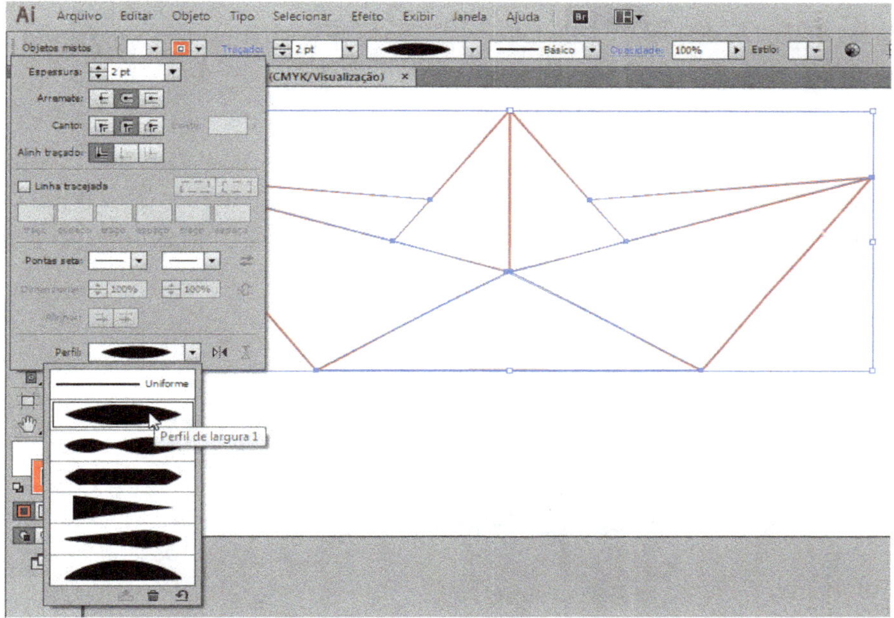

Você pode inserir mais efeitos na linha do barquinho escolhendo um dos perfis predefinidos. Veja como ficou o barquinho.

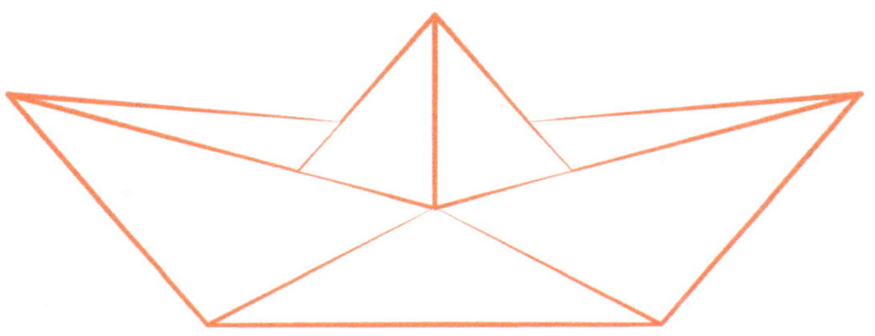

Para colorir o preenchimento do barquinho, na barra de ferramentas, clique em *Preenchimento* para que ele fique ativado (acima do quadradinho do contorno). Quando o quadradinho de preenchimento fica acima do quadradinho do contorno, significa que é o preenchimento que será colorido.

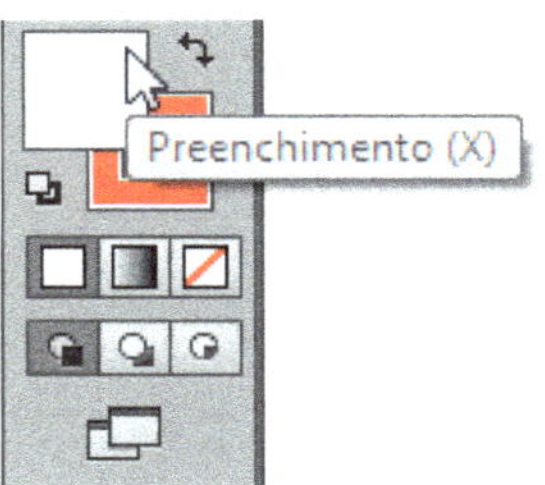

Para conhecer outra forma de encontrar cores no Illustrator CC, clique com a *Ferramenta Seleção* duas vezes no quadradinho do *Preenchimento* (veja a figura anterior) para abrir o *Seletor de cores*.

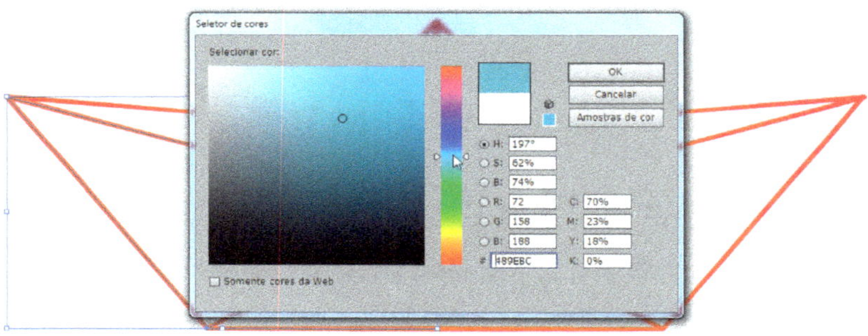

Veja que há um quadrado maior, com várias tonalidades de cor, além de um espectro de cor e diversas opções de ajustes. Clique em *Amostras de cor* e veja ainda mais opções.

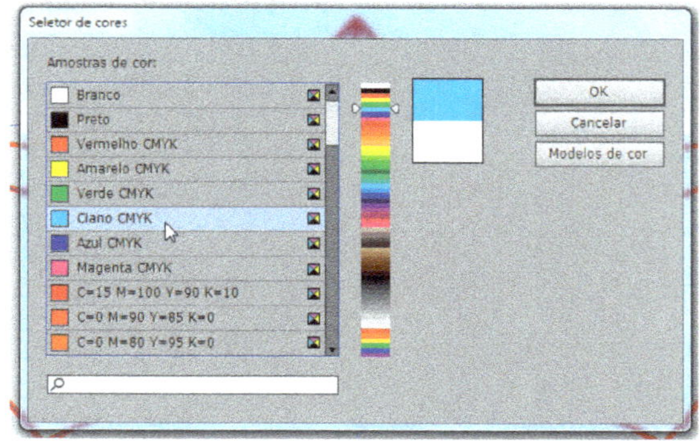

Utilize uma das opções de paletas e coloque cor em seu objeto no Illustrator CC. Depois de escolher uma cor, clique em *OK*.

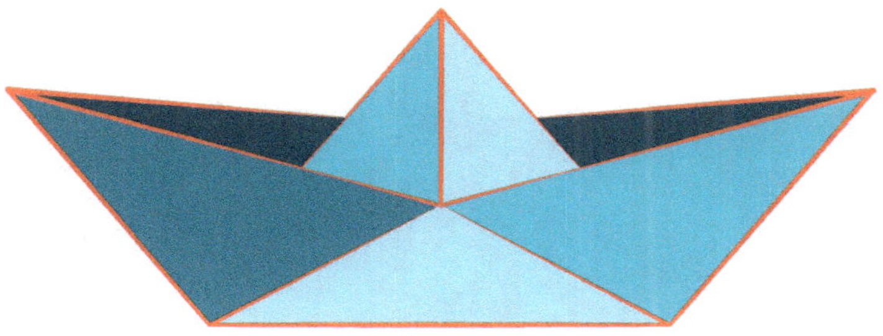

KULER COMO PESQUISA DE CORES PARA A COLEÇÃO

O meio digital disponibiliza diversas formas para compor as cores da sua coleção. Além das paletas de cores disponíveis no Illustrator CC, é possível elaborar sua cartela de cores com meios ainda mais sofisticados no Creative Cloud da Adobe.

Creative Cloud é um local na internet no qual você adquire os programas da Adobe. Porém, mais do que isso, nele é possível compartilhar documentos, criar um portfólio *on-line* e fazer uma série de coisas interessantes, como montar uma paleta com diversos recursos e abri-la no Illustrator CC para colorir a sua coleção.

Para começar, vá ao painel à direita da interface do programa e clique em *Kuler*.

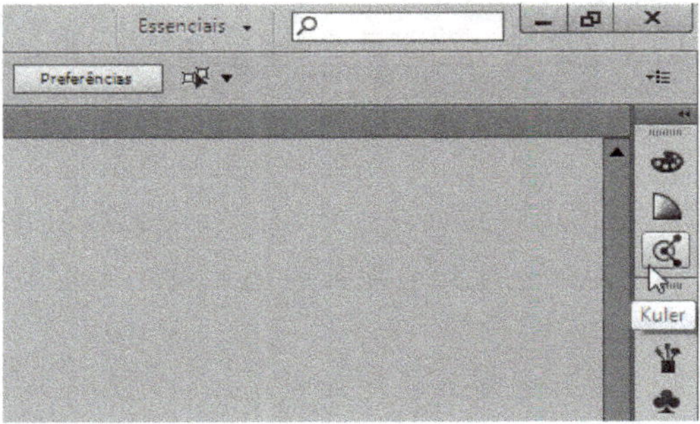

No painel que se abre, clique em *Abrir site do Kuler.*

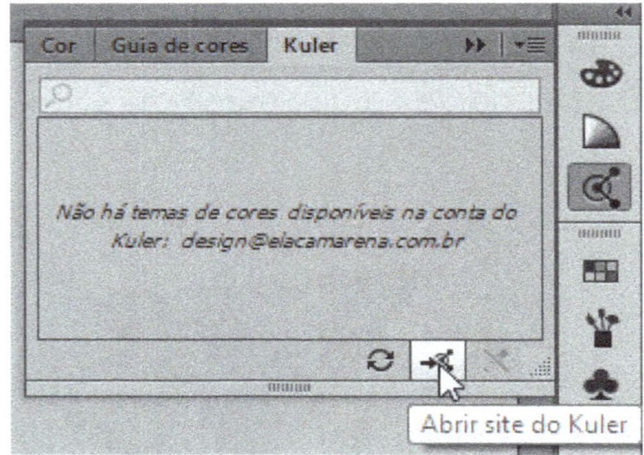

No site do Kuler, se não aparecer seu nome no canto superior direito, faça login com o e-mail que usou para o Creative Cloud da Adobe, quando adquiriu o Illustrator CC, e use a mesma senha.

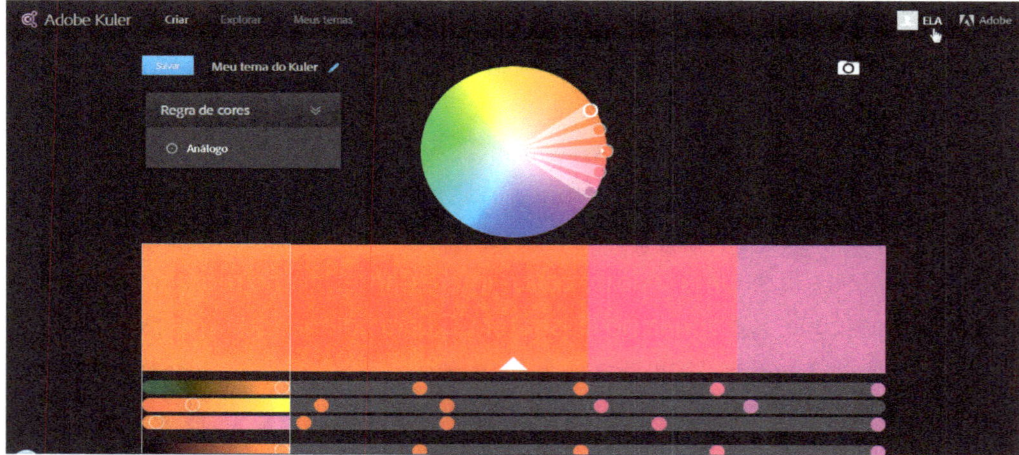

O Kuler deverá ser sincronizado com seu Illustrator CC, e tudo que você criar e salvar nele aparecerá no painel *Kuler* do programa, podendo ser usado em sua coleção.

Para começar, explore as criações de outros usuários. Clique em *Explorar* e veja quantas possibilidades de combinações de cores eles criaram.

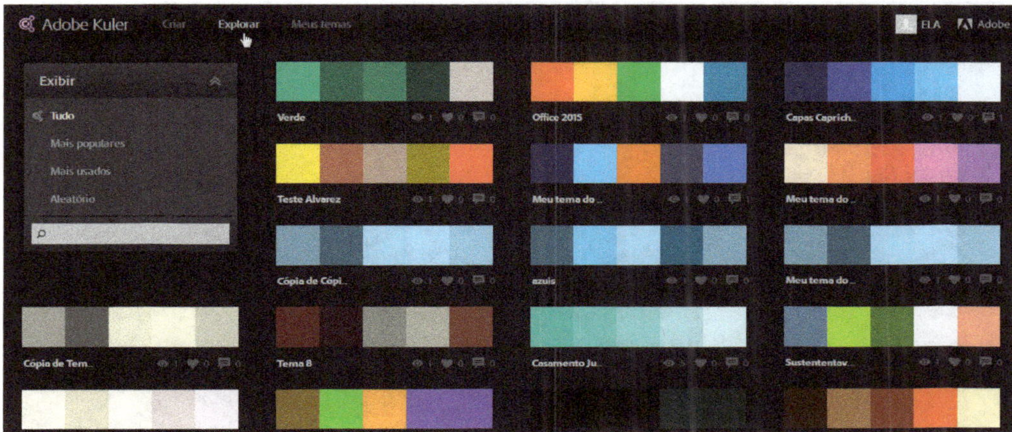

Na lupa, coloque uma palavra que tenha a ver com o tema da sua coleção e pressione a tecla *Enter*; veja quais são as sugestões que aparecem.

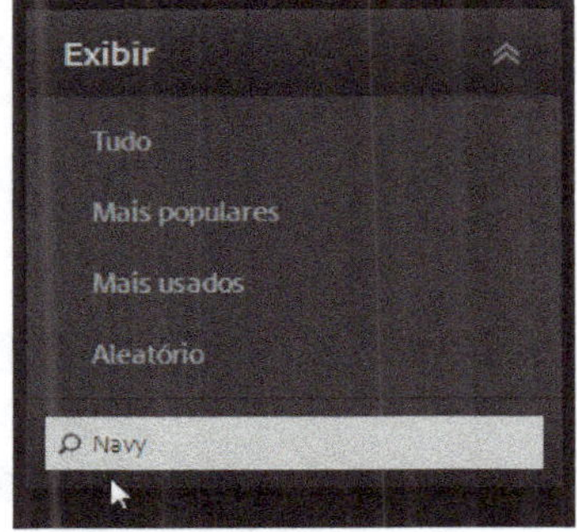

Ao encontrar uma harmonia que esteja próxima do que planejou (não necessariamente de acordo com a palavra que colocou na pesquisa), passe o cursor sobre ela e veja as possibilidades que o Kuler oferece.

A primeira opção apresenta a harmonia escolhida; nela, você pode colocar seus comentários clicando no botão *Adicionar comentário*.

No lado direito estão as opções no painel *Ações*, no qual você pode marcar sua harmonia favorita e compartilhar nas redes sociais.

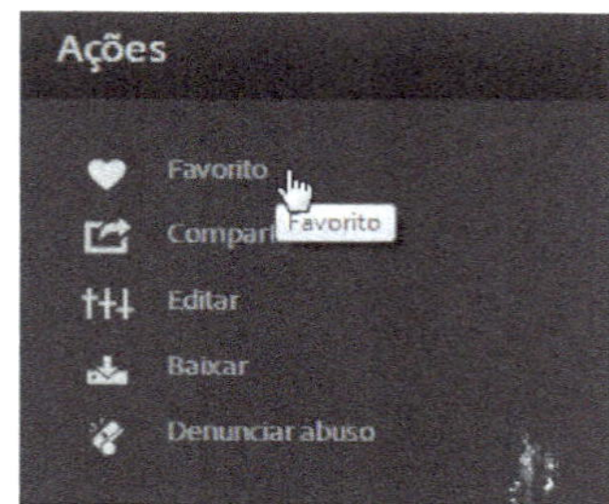

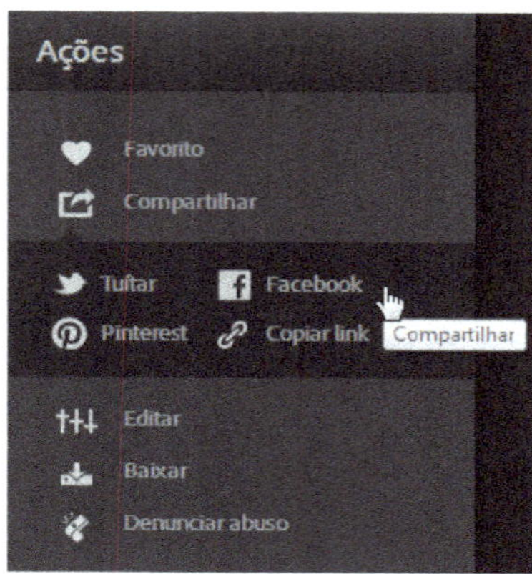

Clique em *Editar* e ajuste as cores ao seu tema para que apareçam o disco de cores e os controles.

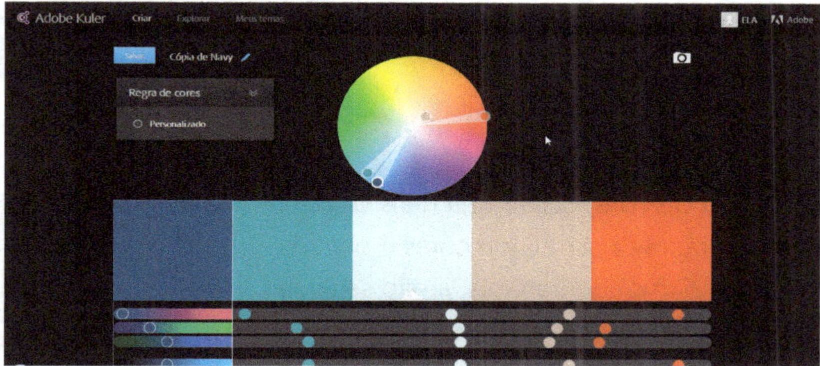

Movimente os pontos no disco de cores até que se aproximem daquilo que você planejou.

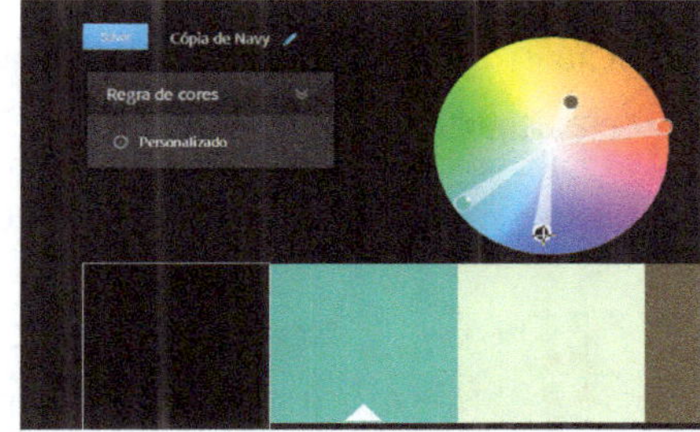

Ao finalizar os ajustes, dê um nome para a cartela de cores da sua coleção.

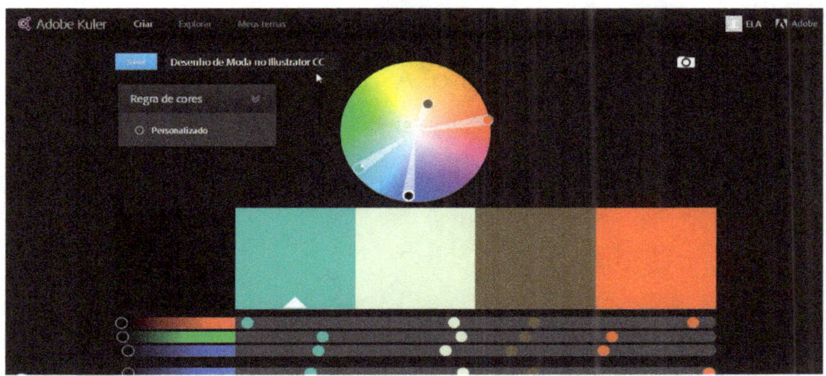

Clique em *Salvar*.

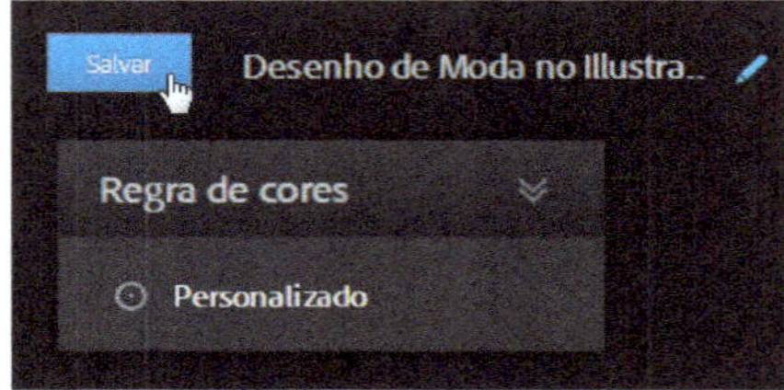

Com a cartela de cores salva, veja mais opções para ela. Por padrão, sua cartela de cores é privada e outras pessoas não poderão vê-la, a não ser que você clique no cadeado no painel *Ações*, à direita, para torná-la pública. Feito isso, ela aparecerá no Kuler e poderá ser vista por outras pessoas, da mesma maneira que você pode encontrar outras cartelas de cores para usar em suas coleções.

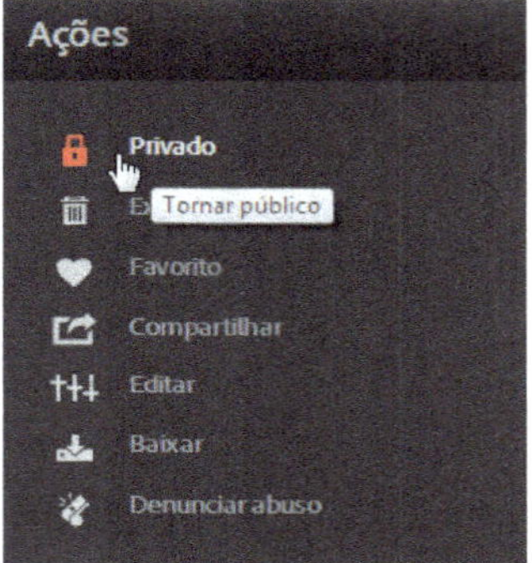

Novamente, você tem todas as outras opções de compartilhamento. Veja que também há uma opção para baixar a cartela de cores para o seu computador. Clique nessa opção e salve-a na pastinha da coleção, que terá o ícone que aparece ao lado e a extensão de arquivo .ASE (a extensão refere-se às três letras colocadas após o nome do arquivo, que identificam o programa que está sendo usado; neste caso, .ASE).

Abaixo do painel *Ações*, no site do Kuler, está o painel *Info*, que indica o autor da harmonia, quando ela foi criada, se houve classificação por outros internautas e quantos membros a acessaram e a colocaram em favoritos.

Em *Marcas*, clique e escreva palavras relacionadas com o tema da coleção para a qual foi gerada a cartela de cores.

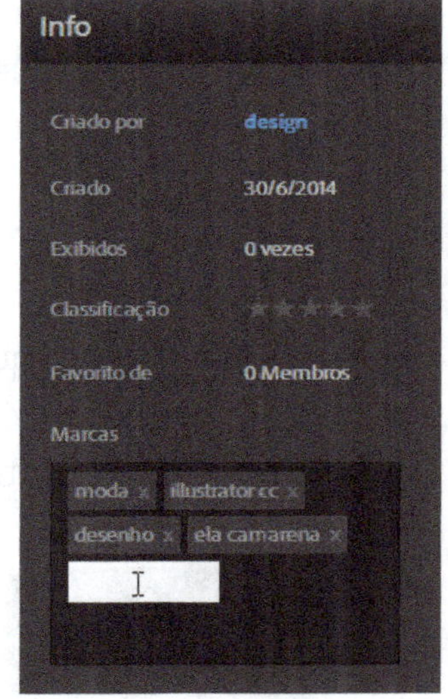

Se você clicar em uma das cores da harmonia, ela aparecerá maior na tela; ao clicar novamente, ela volta ao tamanho original.

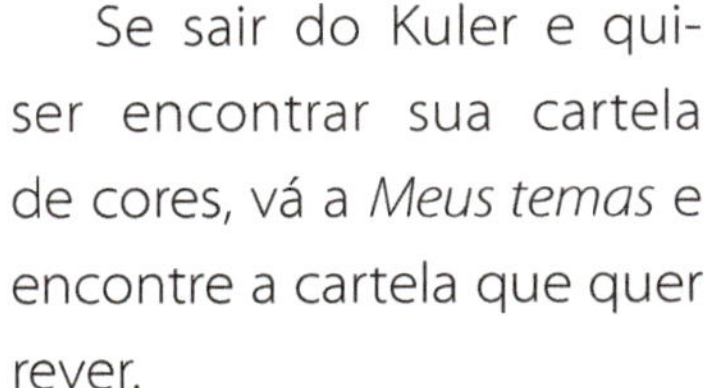

Se sair do Kuler e quiser encontrar sua cartela de cores, vá a *Meus temas* e encontre a cartela que quer rever.

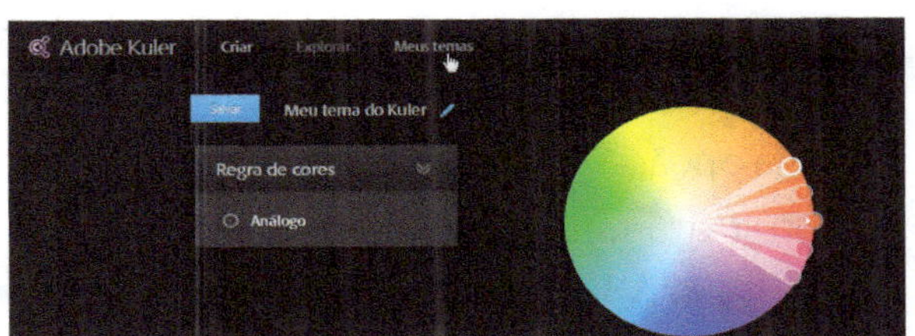

Em *Meus temas*, ficarão todas as harmonias que criar no Kuler.

Vá a *Meus temas* e clique em *Editar,* acima do nome da sua harmonia. Se quiser, mude a posição das cores: clique em uma cor, segure o botão esquerdo do mouse e arraste o cursor para a posição desejada.

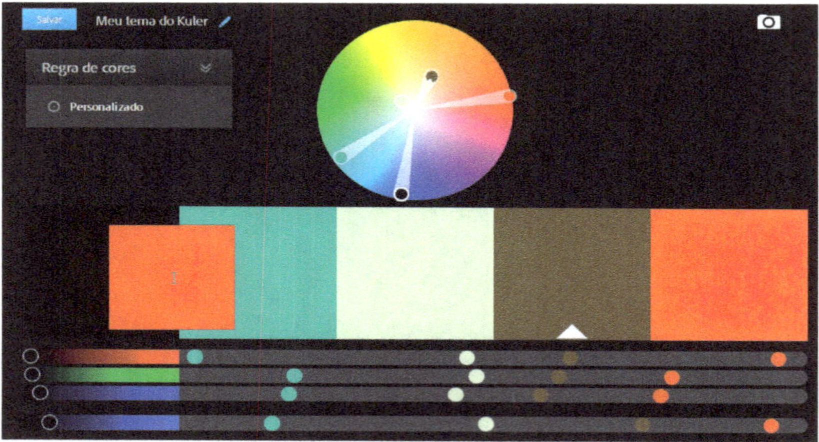

Ao salvar as alterações, você pode criar uma nova harmonia por meio da opção *Salvar uma cópia*, ou substituir a anterior com a opção *Salvar alterações*.

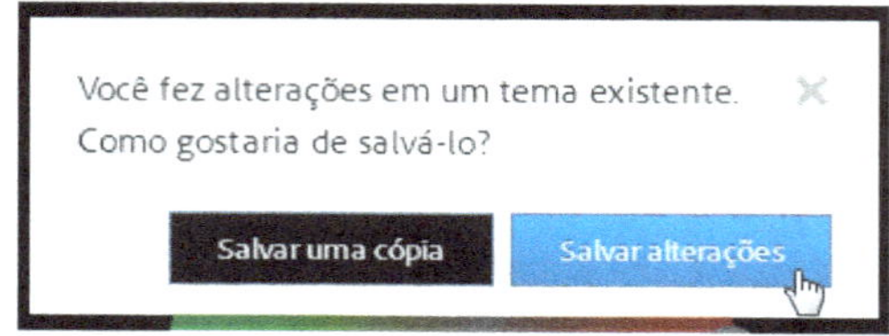

A partir da harmonia que criou, você também pode aplicar uma das regras de cores. Clique em *Regra de cores* e escolha uma das opções.

Estude e veja se com as regras encontra mais cores que possam fazer parte da sua coleção, lembrando que a cartela de cores deverá refletir o tema definido e aceito pelas pessoas que desenvolverão o seu trabalho.

Outra opção é carregar para o Kuler seu painel de inspiração. Ele precisa estar em imagem bitmap, que é o formato de arquivo aceito pelo site. Clique no ícone da máquina fotográfica, no canto superior à direita do site.

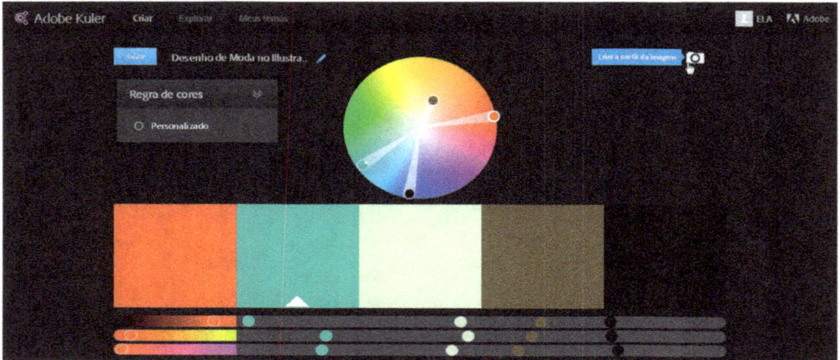

Vá à pasta na qual você salvou o seu painel de inspiração, selecione-o e clique em *Abrir*.

Seu painel de inspiração aparecerá na página do Kuler já com uma sugestão de harmonia.

Você pode salvar diversas harmonias e depois escolher uma ou mais para materiais, outra para estampa, outra para bordados, e assim por diante. A qualquer momento, você poderá voltar ao disco de cores clicando no círculo colorido no canto superior direito da página.

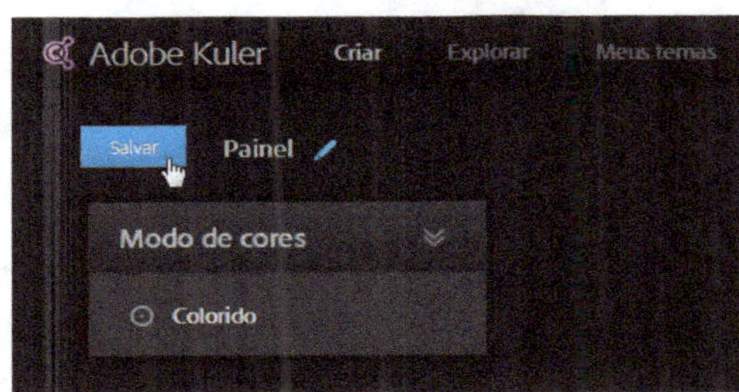

Para salvar a harmonia sugerida pelo Kuler, clique em *Salvar* e dê um nome para a harmonia.

Defina novamente se quer que sua harmonia seja pública ou privada; se preferir, compartilhe suas cores em redes sociais ou, ainda, marque a harmonia como favorita ou baixe-a em seu computador.

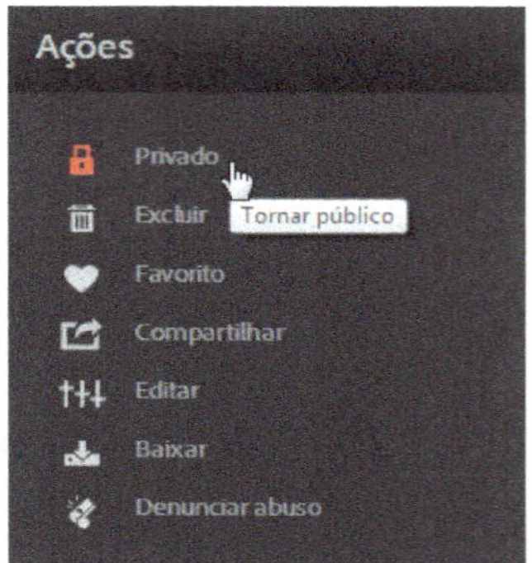

Crie novas harmonias para depois escolher quais cores farão parte da sua cartela de cores.

No Kuler, você pode estabelecer a ordem de importância da cartela de cores. Clique em uma cor, segure o botão esquerdo do mouse, arraste o cursor para a posição que quiser e solte o botão do mouse.

Após salvar suas harmonias, clique em *Meus temas* para vê-las.

Você verá todas as harmonias que salvou.

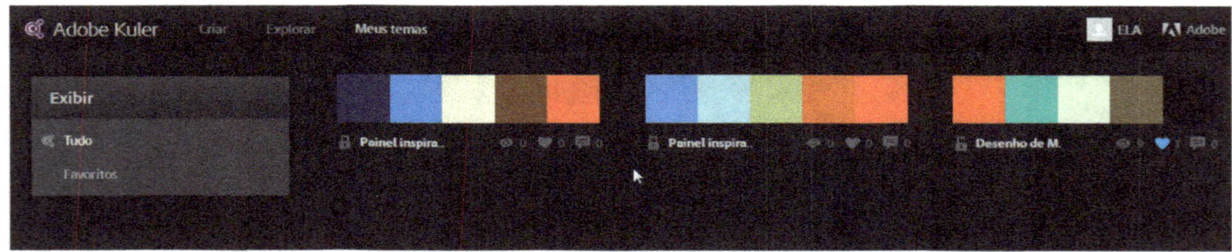

É possível editá-las sempre que quiser. Para isso, passe o cursor sobre elas que aparecerão as opções.

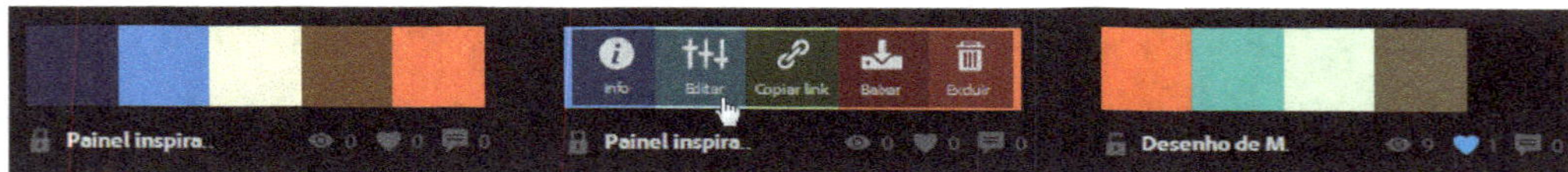

Volte ao Illustrator CC e vá ao painel *Kuler* à direita da interface do Illustrator CC.

Com o painel aberto, clique em *Atualizar*.

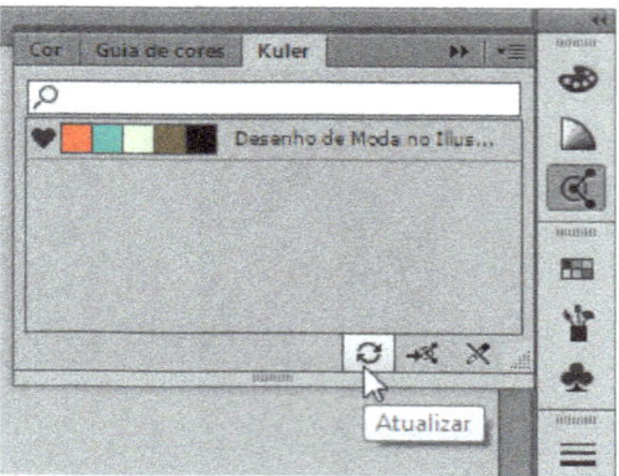

Se estiver conectado à internet e tiver uma conta no Adobe Creative Cloud, suas harmonias do Kuler aparecerão no painel.

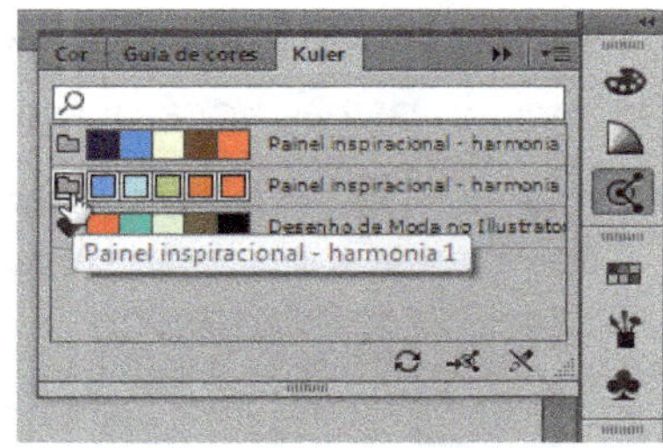

Se tiver várias harmonias criadas para suas coleções, coloque, na frente da lupa, o nome da coleção ou da harmonia e clique nela. É importante sempre nomear as harmonias de acordo com suas coleções para facilitar a busca por cores específicas.

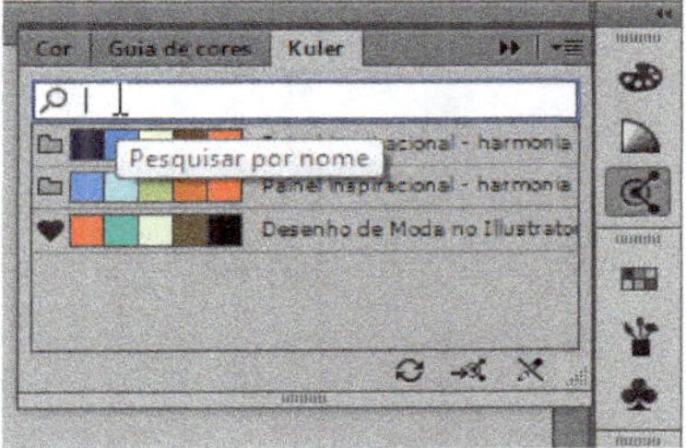

Se você clicar no ícone no canto superior direito, verá as opções que mostram o campo de pesquisa, o e-mail cadastrado no Kuler e a data da última atualização das harmonias.

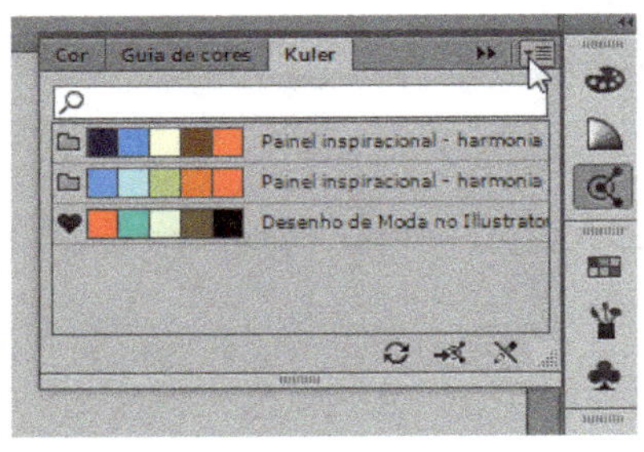

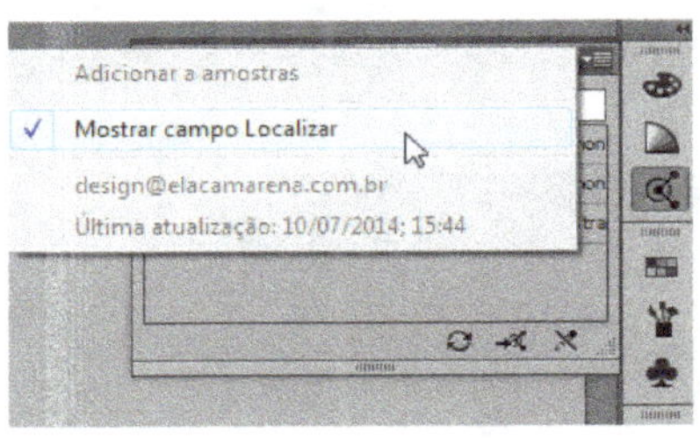

No painel do Kuler, ao selecionar a cartela de cores e acionar novamente as opções do painel, você poderá adicionar as cores ao painel *Amostras*.

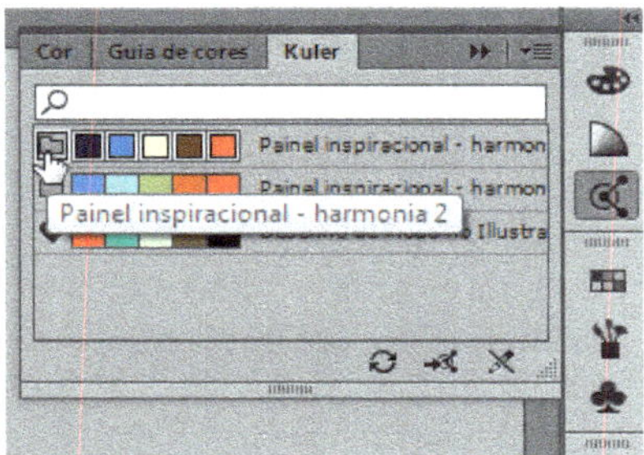

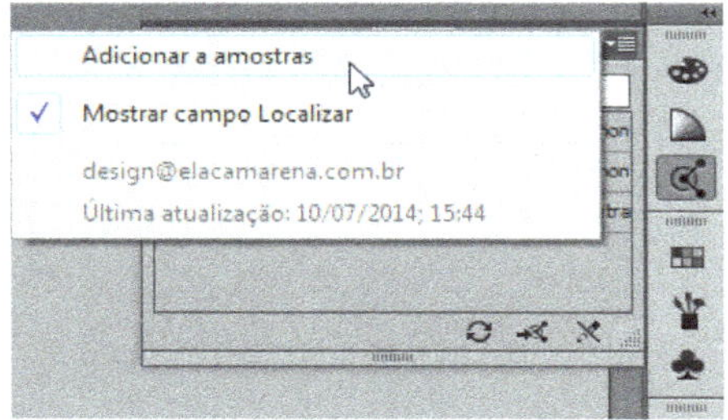

Para salvar no *Menu biblioteca*, clique em *Amostras* e selecione as cores que acabou de adicionar.

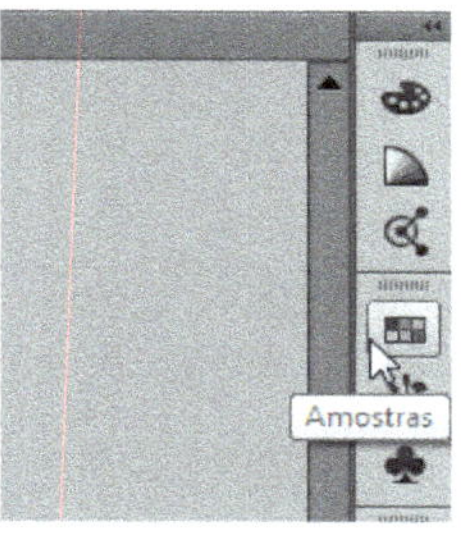

Vá ao ícone *Menu Biblioteca de amostras.*

Vá a *Salvar amostras*.

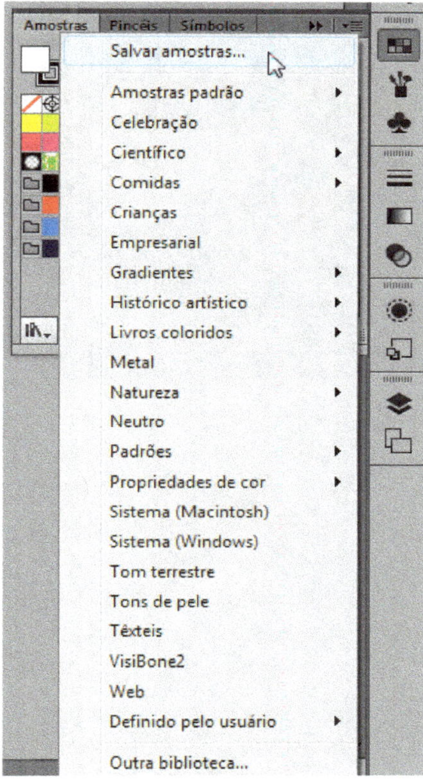

Salve a cartela de cores. Você pode colocar um nome de acordo com sua coleção e também informar se é uma cartela de cores de materiais, bordados ou estampas.

Nome: Kuler - colecao aqua marine.ai
Tipo: Arquivos de amostras (*.ai)
Ocultar pastas
Salvar
Cancelar

Todas as vezes que quiser abrir essa cartela de cores no Illustrator CC, vá ao painel *Amostras* e, em *Menu Biblioteca de amostras*, selecione *Definido pelo usuário* e escolha sua cartela de cores.

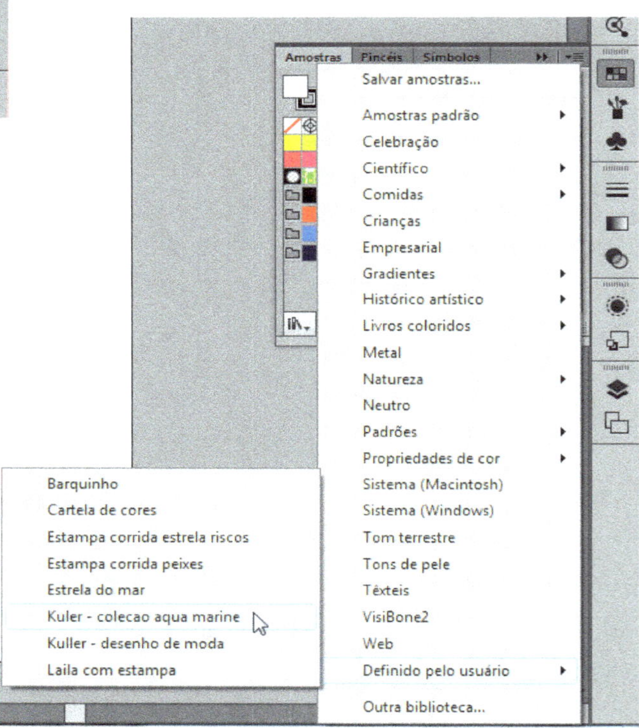

POSICIONAMENTO DAS CORES

Após escolher as cores do painel de inspiração, é importante definir seu posicionamento dentro da coleção, o que vai ajudar na organização das suas ideias, de forma a desenvolvê-la para que represente sua intenção, com base no painel de inspiração e também de acordo com o perfil do seu cliente.

Agora, você vai estabelecer um padrão para as páginas do book da sua coleção. No Illustrator CC, vá a *Arquivo* e clique em *Novo*.

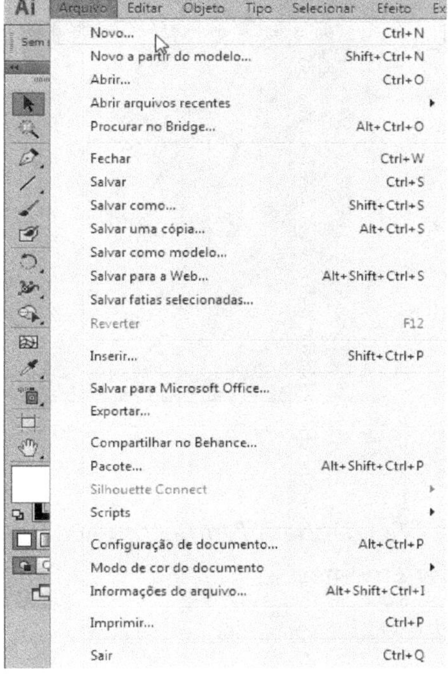

Configure a página de acordo com o formato que pretende para seu book. Por exemplo, utilize o formato 20 cm × 20 cm.

Selecione a *Ferramenta Retângulo* na caixa de ferramentas.

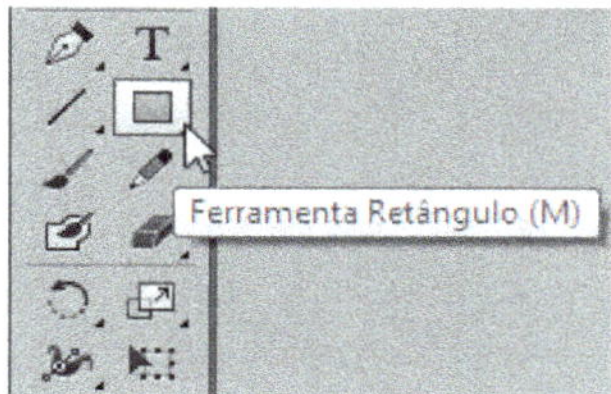

Vá à prancheta, clique uma vez e aparecerá a opção de redimensionamento da ferramenta. Coloque as medidas nos campos ou, se quiser um quadrado, clique em *Restringir proporções de largura e altura*. Clique em *OK*.

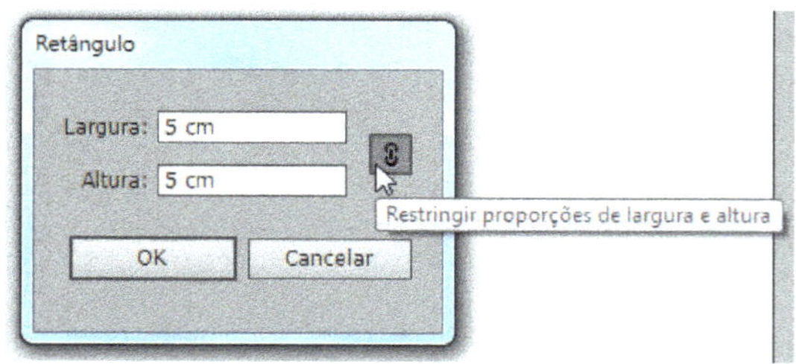

Defina quantas cores quer para a sua coleção. Primeiro, verifique se as guias inteligentes estão ativadas, pois elas irão ajudá-lo no alinhamento. Para isso, vá a *Exibir*, *Guias inteligentes*.

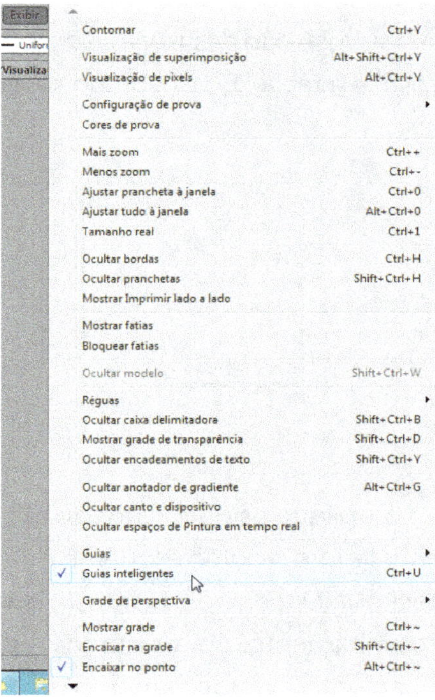

Clique no quadrado com a *Ferramenta Seleção* (seta preta), segure o botão esquerdo do mouse e arraste o cursor para a direita, pressionando as teclas *Alt* (*Option* no Macintosh) e *Shift* para duplicar o quadrado e manter o alinhamento.

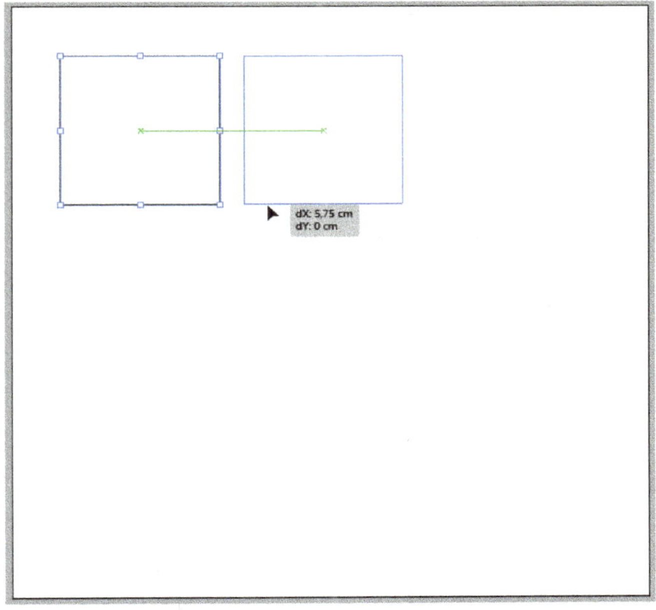

Se você não desfizer a seleção, ao pressionar a tecla *CTRL* (*Command* no Macintosh) e a tecla *D*, o quadrado será duplicado na mesma distância que o anterior.

Duplique os quadrados abaixo também. Selecione-os com a *Ferramenta Seleção*, segure o botão esquerdo do mouse e arraste o cursor para baixo; pressione a tecla *Alt* (*Option* no Macintosh) e a tecla *Shift* para duplicar os quadrados e manter o alinhamento. Ao arrastar os retângulos, surgirão linhas que orientarão no alinhamento e distanciamento dos quadrados.

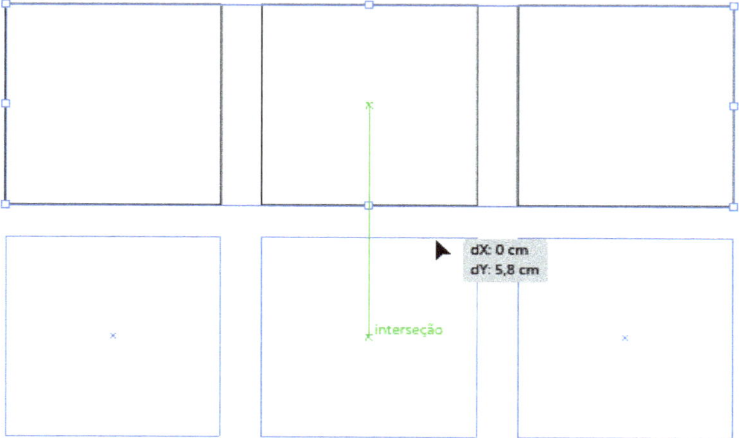

Faça mais uma linha de quadrados. Selecione todos os quadrados, clique no botão esquerdo do mouse e clique em *Agrupar*.

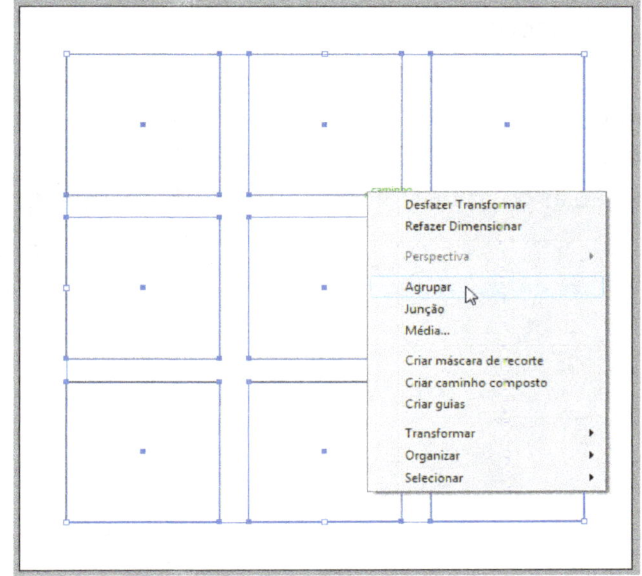

Há uma regrinha para posicionar as cores da cartela nos quadrados. No canto superior esquerdo, posicione a cor mais importante para você. Será a cor que, por um motivo só seu, será a mais relevante e poderá aparecer com mais frequência ou em áreas maiores na sua coleção. Será a cor dominante.

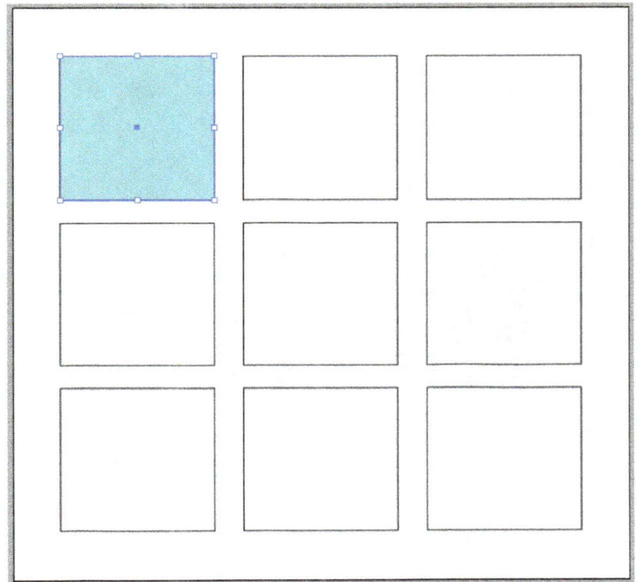

Ao redor dessa área, coloque cores que a façam se destacar ainda mais. Pense na harmonia delas lado a lado. Essas cores serão as cores intermediárias.

Ao final, no canto oposto à cor dominante, coloque as cores tônicas, que serão utilizadas nos detalhes. Use as tonalidades desenvolvidas com base no painel de inspiração e, se quiser, também as elaboradas no Kuler.

Selecione todas as cores, vá às que estão ao final da caixa de ferramentas e selecione o contorno. Clique no quadradinho com a linha vermelha no centro para tirar os contornos dos quadradinhos das cores.

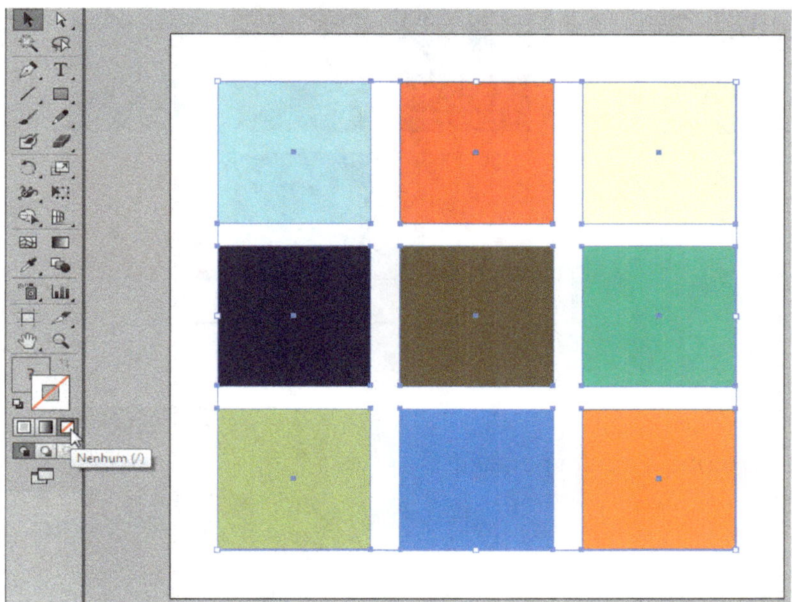

É importante que você finalize sua cartela com uma quantidade de cores que esteja de acordo com o seu conceito e com o do público e, mais do que isso, que você crie de acordo com suas ideias. O limite surgirá apenas no momento em que for adquirir os materiais.

Para colocar as cores na paleta do Illustrator CC, selecione-as com a *Ferramenta Seleção*, vá ao painel lateral e clique em *Amostras*.

Clique no ícone à direita para ver as opções.

Selecione *Novo grupo de cores.*

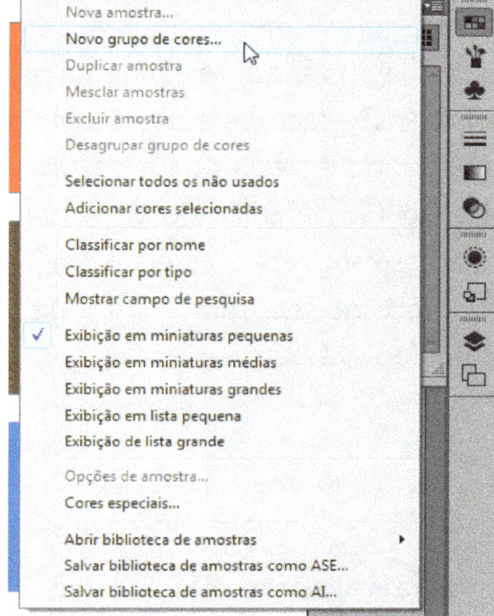

Coloque um nome para a cartela de cores e habilite as opções *Arte selecionada* e *Incluir amostras para tons.* Depois clique em *OK.*

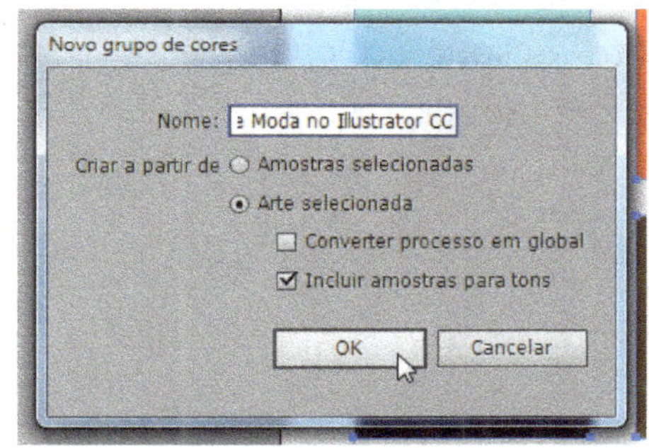

Sua paleta de cores fará parte do painel de amostras e ficará mais fácil acessá-la para colorir sua coleção.

Se quiser alterar alguma cor, clique duas vezes sobre ela no painel de amostras e faça os ajustes por meio dos controles. Veja que a cor está no padrão CMYK, utilizado para impressão. Caso suas cores estejam em RGB e seu trabalho seja impresso, mude para o padrão CMYK.

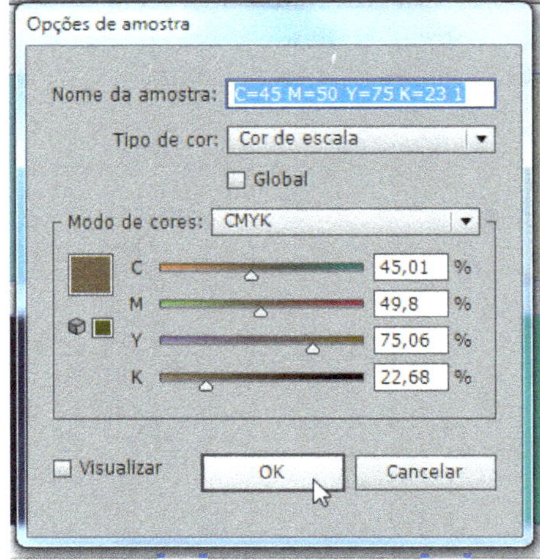

Para salvar a paleta de cores para usar em outros documentos, vá a *Amostras* e clique no ícone *Menu Biblioteca de amostras*.

Vá a *Salvar amostras*.

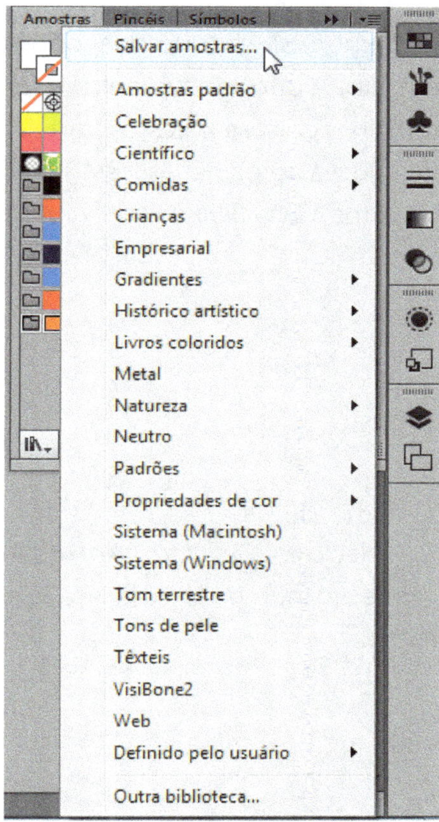

Coloque um nome na cartela de cores e salve.

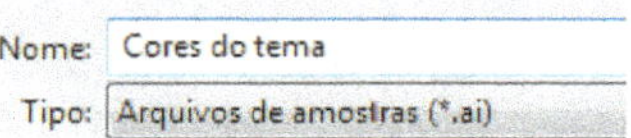

Lembre-se de que quando estiver em um outro documento e quiser trabalhar com as cores da cartela que definiu, vá ao painel *Amostras* e clique no ícone *Menu Biblioteca de amostras*.

Selecione *Definido pelo usuário* e clique no nome da cartela que você criou.

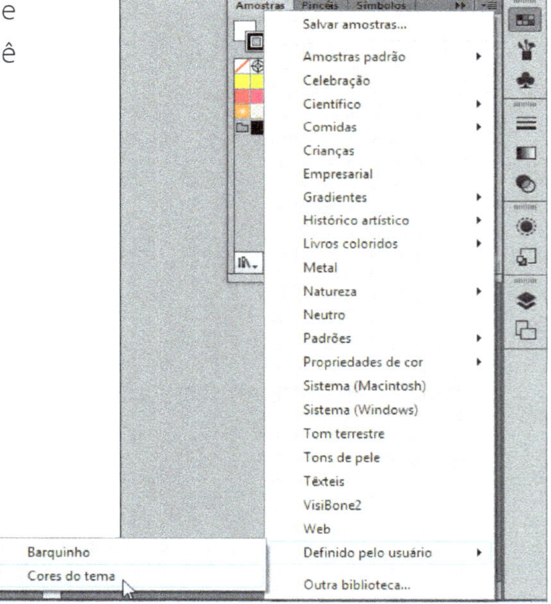

Surgirá uma janelinha com sua cartela de cores; ao clicá-la, a cartela aparecerá no painel de amostras.

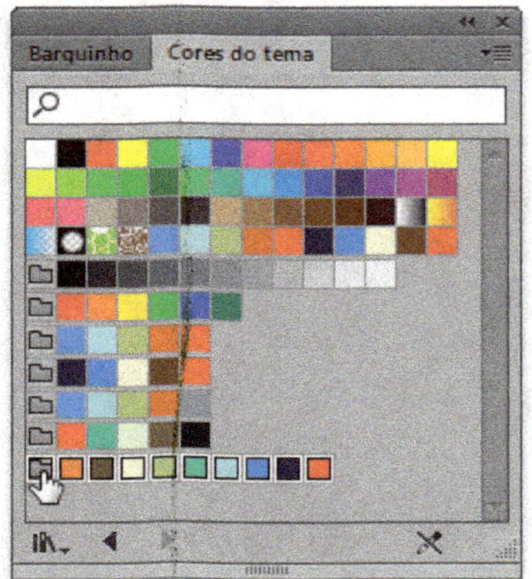

Posicione as cores na sua página e crie um layout, já pensando na página do seu book.

4. CORPO HUMANO 3D

As proporções do corpo humano, bastante estudadas pelos gregos no século VI a.C., têm sido utilizadas como suporte para o desenho de moda. A construção da figura humana, segundo cânones clássicos, propõe a altura da cabeça humana como unidade de medida e estabelece a medida de sete cabeças e meia como o ideal de corpo harmonioso masculino, um valor que tem sido alterado de acordo com as tendências sociais de cada época (Saltzman, 2004), ficando bem distante das medidas indicadas por Policleto (Museo Nacional del Prado, 2014). A partir de Lísipo, discípulo de Policleto, foram feitas alterações nessa proporção, com a intenção de alongar a silhueta e mostrar a figura humana mais elegante e esguia.

É válido relacionar a figura humana alongada a uma proposta ilustrativa, sem a necessidade de exatidão de medidas. Nesse formato, podemos apontar ideias e conceitos de coleção com liberdade gestual, sem a interferência do desenho técnico, que de alguma forma limite a criatividade.

No que se refere ao desenho de moda com direcionamento à produção, esse alongamento da figura humana com técnicas ilustrativas torna-se um desafio para as equipes de modelagem. Traduzir o modelo e aproximá-lo da proporção corporal biológica, necessariamente, passará por uma reinterpretação da forma; o que pode ocasionar alterações consideráveis no projeto inicial.

É preciso que um profissional de modelagem, com experiência em técnicas de planificação do vestuário, compreenda o desenho de um modelo com distorções de perspectivas e formas idealizadas de acordo com nossa cultura ocidental. Ele terá de analisar e interpretar pelo seu ponto de vista, que pode não corresponder ao que o designer de moda projetou.

O corpo aqui estudado não é o traduzido para as artes ou para a moda, com medidas baseadas no ideal de uma determinada época, mas sim o corpo biológico, real, sem interpretações ou traduções, assim como é feito na modelagem. A tradução romantizada não é válida para a proposta do corpo digital que serve de base para uma peça de vestuário, cujo tecido será modelado, cortado e costurado tendo como referência o desenho técnico de moda. O desenho técnico de vestuário tem a intenção de vestir o corpo humano, por isso a interpretação do têxtil que envolve o corpo e se adapta às suas formas e curvas deve se ajustar ou se distanciar em partes definidas (Saltzman, 2004). Não se trata, portanto, do desenho conforme os padrões de uma época ou de uma interpretação artística; o desenho técnico deve respeitar as medidas de acordo com a proporção corporal adotada na cultura em que se insere.

É importante pensar a proporção humana no desenho técnico de moda adequado à etnia, à estrutura corporal de acordo a com sua cultura e aos aspectos físicos herdados dos antepassados. Segundo Saltzman,

> *[...] é crucial que o desenhista compreenda as necessidades vitais do ser humano e sua articulação com os valores de época, de maneira a conciliar o ideal de corpo em um determinado tempo com o corpo real dos*

indivíduos, e assim impulsionar um replanteio ético do que se propõe (ao usuário e à sociedade) através do projeto. (Saltzman, 2004, p. 34)

A reflexão está na observação científica. Os cânones clássicos aqui servem de base para a criação de coleções, mas o designer, depois de fazer os desenhos conceituais que o guiarão em suas ideias, deve perceber o outro, deve compreender a proporção corpórea do usuário e estudá-la para ajustar sua criação, com a intenção de fornecer conforto, beleza e equilíbrio de forma.

No desenho de moda, basear-se no corpo humano dá ao designer a oportunidade de desenhar de acordo com o que é bem-aceito em seu tempo. A modelagem plana ou tridimensional exige exatidão nas medidas, que não são capazes de traduzir as distorções em relação ao tão desejado movimento dos tecidos. Se no projeto forem utilizadas proporções idealizadas, estaremos nos distanciando do corpo que irá receber o traje.

Pensar no desenho técnico de moda como um projeto de arquitetura, ainda que também existam contradições nessa área, servirá como base para a construção da arquitetura corporal; dessa forma, será óbvia a compreensão do projeto, no qual cada pence, prega e decote deverá estar no local exato em que foi planejado.

Atualmente, nas escolas e entre profissionais de moda, são utilizados corpos que podemos chamar de geométricos como base para a construção do vestuário. Eles possuem medidas mais próximas do desenho ilustrativo, são mais magros e com proporções diferentes em relação ao corpo humano real. Mesmo que esses corpos tenham suas linhas suavizadas, a proporção alterada interfere no desenho de vestuário e não corresponde ao corpo humano real.

Esse corpo geométrico, com medidas distantes da morfologia humana, utilizado como suporte para o desenho de moda, apresenta alterações nas proporções do vestuário desenhado sobre ele, o que pode acarretar uma leitura técnica diferente daquela estabelecida pelo designer de moda.

Durante o processo criativo da coleção, o desenho pode ser feito de forma intuitiva, sem precisão técnica. A intenção é o estudo das formas, das cores e dos volumes, de modo que a criatividade e o estudo das tendências, assim como o perfil do consumidor, sirvam de inspiração e guia para a criação dos modelos. É comum que nessa fase não haja um rigor técnico, pois existe a crença de que isso possa impedir, de alguma forma, a criatividade do designer de moda. Depois da confecção da coleção, ainda podem ser criados desenhos mais rigorosos para promovê-la ou ilustrar o conceito do designer.

O designer de moda vê seu trabalho como algo a ser apreciado, mas, muitas vezes, não o considera como um projeto que será utilizado para confeccionar uma coleção de roupas que serão vestidas por alguém. O modelista, por sua vez, analisa o desenho do ponto de vista técnico e pode não compreender aspectos ilustrativos que o designer de moda considera essenciais para a criação do modelo.

O designer de moda poderá enfrentar dificuldades caso não tenha domínio da técnica a ser utilizada no produto escolhido para a produção da coleção. Novamente, a combinação de conhecimentos entre designers e modelistas torna-se oportuna. Mas é imprescindível saber quais são as atribuições e os limites de cada um nessa união, às vezes benéfica – se houver o espírito de colaboração – ou não tão benéfica assim – se o conceito for modificado pelo técnico, caso a opinião dele se sobreponha às ideias do designer.

Quando o desenvolvimento da confecção é distante do designer de moda, a interação com outros profissionais, como gerentes de produto ou diretores de criação, coloca a coleção nas mãos de pessoas muitas vezes sem qualificação técnica ou conceitual para confeccioná-la. É importante salientar que o projeto é essencial, e desenhos compreensíveis do ponto de vista técnico podem ser a base para que as peças sejam confeccionadas de acordo com o planejado.

Cabe ressaltar também que todas as etapas no desenvolvimento de uma coleção se tornam necessárias e fundamentais para que o projeto seja finalizado de forma adequada aos processos industriais. A presença do designer de moda em cada etapa de criação é fundamental para que o conceito da coleção fique intacto durante toda a sua construção e para as tomadas de decisão referentes a ajustes de ordem fabril.

Por isso, a atitude do designer, mais preocupado com obras únicas sem compromisso com a reprodução, deve caminhar para um comportamento mais adequado ao processo industrial, atento a questões práticas e específicas do objeto.

Assim como o modelista deve atentar para as questões relacionadas à criação conceitual das coleções, o designer deve se aproximar das questões relativas à modelagem para entender a necessidade de desenvolver um projeto baseado em um modelo compreensível, com ou sem sua presença.

O OLHAR DIGITAL

O desenho de moda executado por meio de técnicas ilustrativas, com lápis, papel e canetas coloridas, já foi suficiente para aprovar os modelos tanto nos cursos de moda quanto nas empresas de confecção. O inconveniente era quando os desenhos tradicionais feitos no papel precisavam ser enviados rapidamente para confecções distantes dos escritórios de criação, pois a tecnologia disponível, como o fac-símile, não possibilitava que as cores fossem mantidas no documento enviado.

Até cerca de vinte anos atrás não havia no Brasil uma ampla bibliografia de estudiosos interessados nas tecnologias digitais e na possibilidade de desenhos de moda feitos por intermédio de programas digitais. No entanto, a busca por um desenho de moda com base em um corpo tem-se tornado o objeto de estudo de diversos acadêmicos da área. Essa busca tem sido feita também pelos profissionais que utilizam a computação gráfica na construção de corpos e coleções. Os corpos e desenhos feitos com técnicas tradicionais estão sendo transferidos para o meio digital, e as dificuldades encontradas no desenvolvimento de métodos de construção de coleções têm acompanhado essa linguagem contemporânea.

A vantagem do meio digital em relação ao tradicional é a possibilidade do trabalho por simetria com mais precisão, inclusão de estampas e variantes de cor, além de modificações com rapidez e uma comunicação ágil com as empresas responsáveis pela produção por meio da internet. Porém, a tecnologia tem sido, em alguns casos, um empecilho para a criatividade de designers de moda com pouco conhecimento digital, sendo importante, assim, entender essa nova linguagem e saber como adaptá-la nas empresas de acordo com cada necessidade.

Nesse processo de aprendizagem e desenvolvimento, ter uma linguagem gráfica comum contribuiria para que, nas transferências entre empresas e países, fossem evitadas perdas ou houvesse questionamentos sobre a compreensão dos desenhos da coleção. Existem programas que utilizam a tecnologia 3D para a construção do corpo com características físicas e étnicas e que oferecem a possibilidade de o designer trabalhar sobre um corpo que esteja próximo ao perfil a que se destina a coleção.

Esse formato de desenho sobre o corpo 3D possibilita melhor compreensão das formas corporais e de seus limites, fornece a visualização de ângulos e o posicionamento de braços e pernas necessário para uma interpretação técnica com mais precisão.

O corpo digital 3D será a base que usaremos para o desenho das coleções. Os próximos exercícios serão realizados a partir dessas bases estudadas constantemente, para que você tenha um desenho técnico de moda coerente para vestir um corpo real. Para baixar esses arquivos, acesse

www.editorasenacsp.com.br/informatica/desenho_de_moda_Illustrator/arquivos.zip

Nas atividades propostas, sempre utilizaremos como modelo o corpo digital feminino *Lenora*.

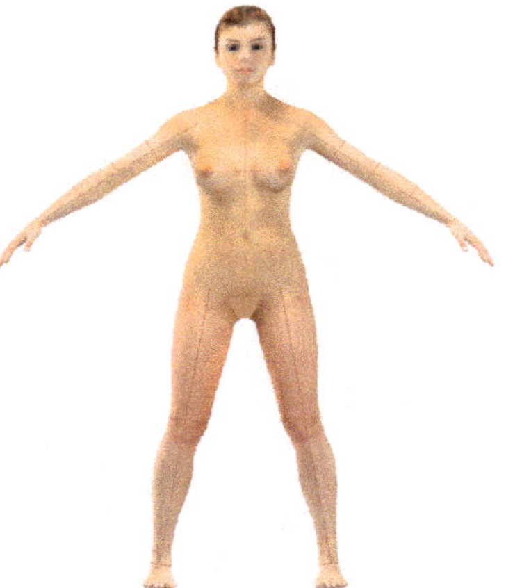

Porém, nos arquivos baixados do site você também encontrará o corpo digital masculino *Hans* e o corpo digital infantil *Júlio*, que poderão ser usados em suas próprias criações.

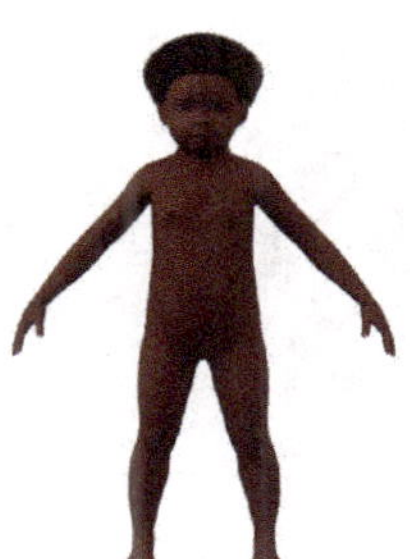

5. BOTÃO DE CASEAR

É importante fazer exercícios pertinentes ao seu conhecimento em moda para que as explicações se aproximem do seu próprio universo. As ferramentas do Illustrator CC serão explicadas à medida que você for construindo os elementos de uma pequena coleção, que terá como inspiração o tema que definiu no início deste livro e de acordo com o público escolhido.

O primeiro exercício é a criação de um botão de casear, que possui uma calota, o corpo do botão e dois ou mais furos, ou uma argolinha ou pé com um furinho, para que seja costurado à peça de roupa.

Para desenhar o botão de casear com dois furos, você usará a *Ferramenta Elipse*, que está na caixa de ferramentas. Clique e segure o botão do mouse sobre a *Ferramenta Retângulo*, e surgirão outras opções de objetos, como a *Elipse*.

Todas as ferramentas que possuem uma setinha preta no canto à direita apresentam mais opções se você clicar e segurar o mouse sobre elas.

Nos programas da Adobe, é comum usar atalhos de teclado para acessar mais rapidamente uma ferramenta. Veja que a tecla de atalho que leva diretamente para a *Ferramenta Elipse* é a letra *L*, indicada entre parênteses logo após o nome da ferramenta.

Quando quiser usar a tecla de atalho para a *Ferramenta Elipse*, pressione apenas a letra *L* no teclado. Depois, basta clicar na prancheta, segurar o botão do mouse e iniciar o desenho da elipse. Quando terminar, solte o dedo do mouse.

Se quiser desenhar um círculo perfeito, pressione e segure a tecla *Shift* enquanto desenha a elipse. Quando terminar, solte primeiro o botão do mouse e depois a tecla *Shift*. Para o desenho do botão, crie um círculo perfeito.

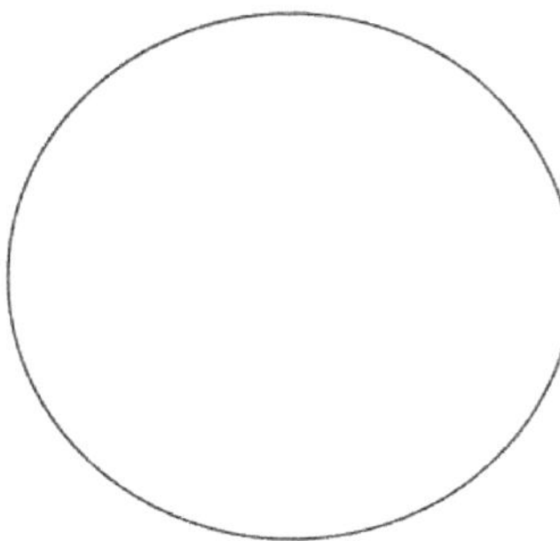

Para fazer os furos, desenhe um círculo menor e, com ele selecionado, vá a *Editar*, *Copiar*.

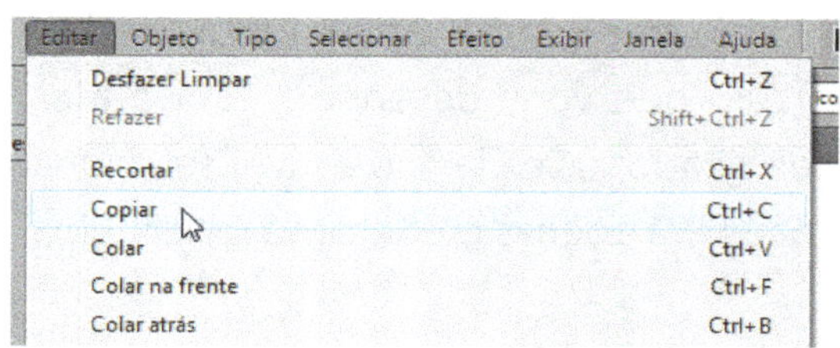

Para colocar a cópia na prancheta, vá a *Editar*, *Colar*.

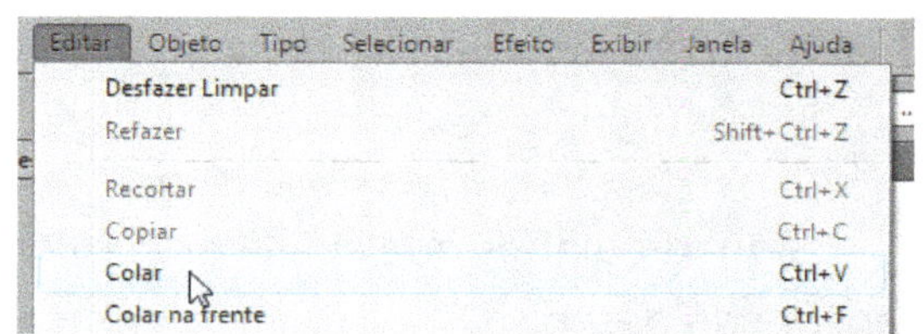

Você também pode usar as teclas de atalho.

Importante: Caso esteja com dificuldade em selecionar ou redimensionar seus desenhos, verifique se a opção *Mostrar caixa delimitadora* está selecionada.

Vá a *Exibir* e selecione *Mostrar caixa delimitadora*.

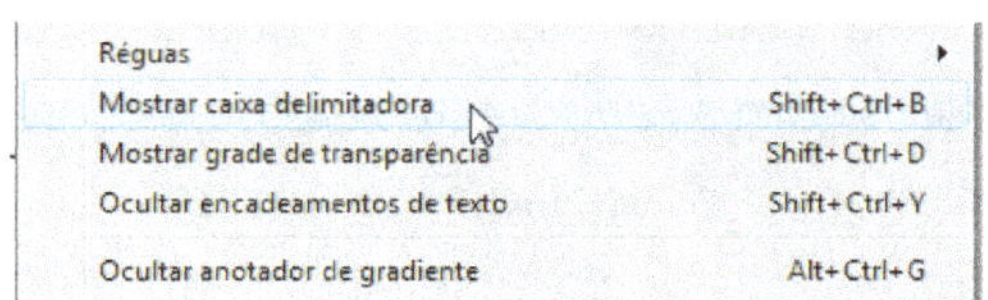

Veja a aparência do círculo desenhado com a caixa delimitadora.

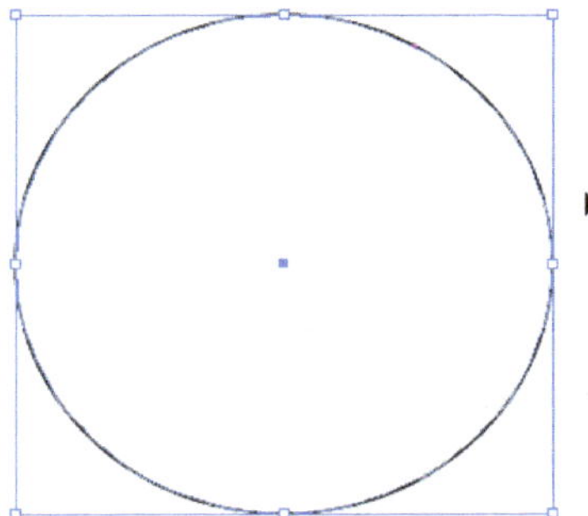

Veja que há um quadrado ao redor do círculo que você desenhou. Essa é a caixa delimitadora. Se ela não estiver selecionada, aparecerá apenas o contorno do círculo.

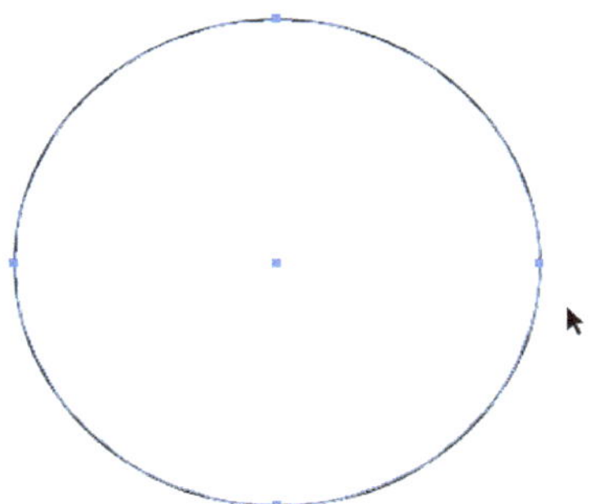

Os quadradinhos que aparecem em quatro pontos do círculo são os pontos--âncora do desenho.

Com o círculo menor selecionado, pressione a tecla *CTRL* (*Command* no Macintosh) e depois a tecla *C* para copiar o círculo desenhado. Para colar uma cópia, pressione novamente a tecla *CTRL* (*Command* no Macintosh) e, com ela pressionada, clique na tecla *V* e solte o dedo do mouse. O segundo círculo aparecerá na sua prancheta.

Para alinhar os furos menores um ao lado do outro, clique na linha de um dos furos com a *Ferramenta Seleção*, segure o botão do mouse e arraste o cursor posicionando-o ao lado do outro furo. Vá a *Janela* e selecione a opção *Alinhar*.

Surgirá a paleta de alinhamento de objetos.

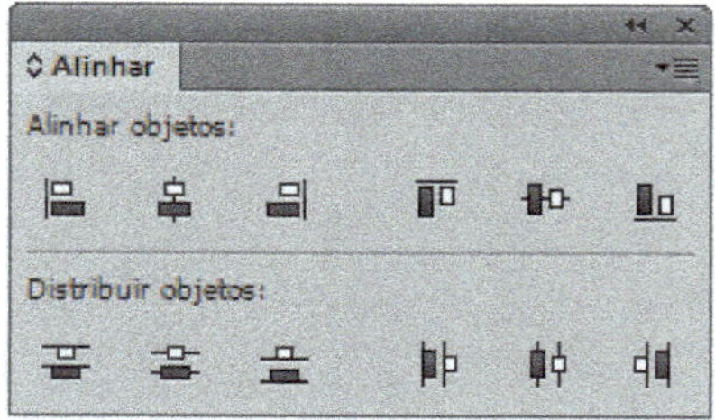

Selecione os dois círculos menores. Clique na linha de um deles, pressione *Shift*, segure o botão do mouse e clique na linha do outro círculo. Também é possível selecionar os dois círculos passando o cursor sobre eles com a *Ferramenta Seleção*. Clique próximo de um dos círculos e arraste o cursor até o outro, conforme a figura ao lado.

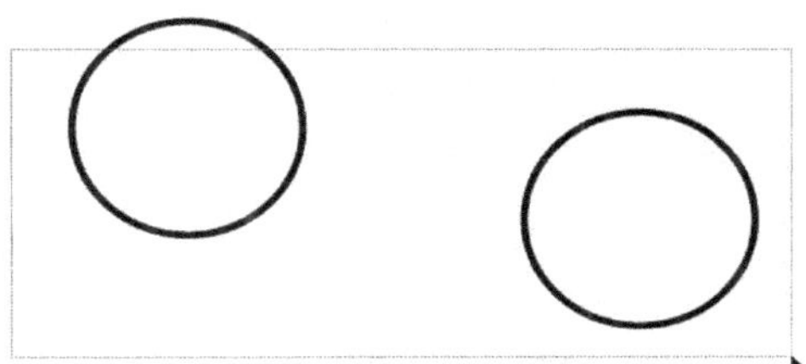

Os círculos selecionados ficarão com seus pontos-âncora destacados em azul.

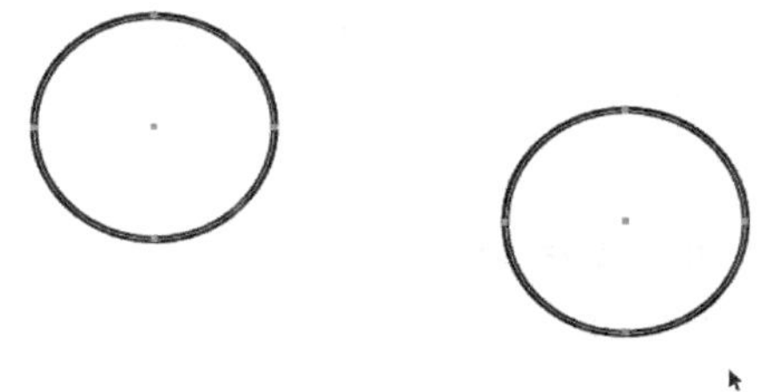

Com os dois círculos selecionados, vá à opção de alinhamento e veja, pelo desenho dos ícones, qual deles mostra o melhor alinhamento para esses objetos. No caso, a melhor opção é *Alinhamento vertical centralizado*.

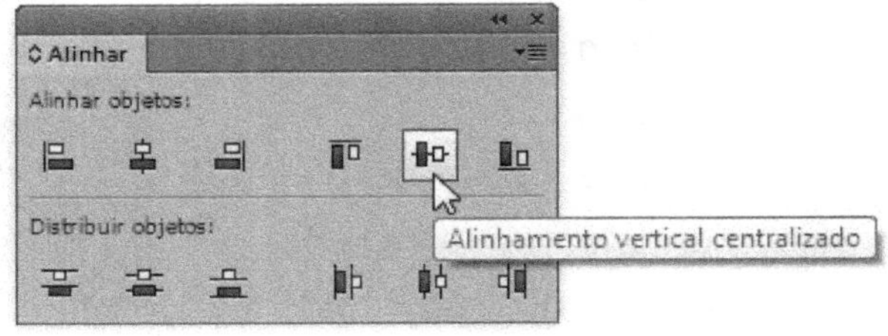

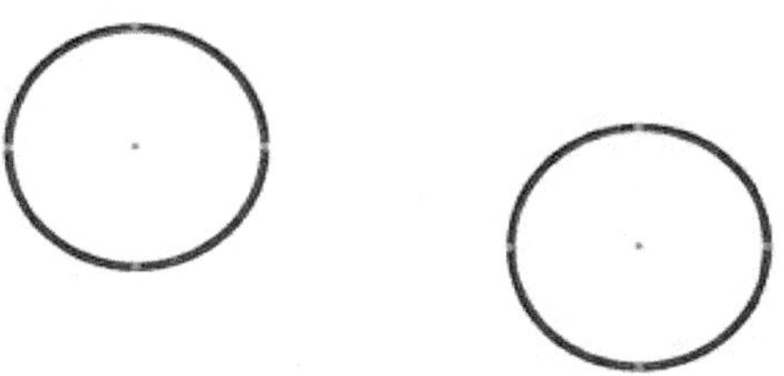

Essa caixinha pode ser conectada ao seu painel; clique nela e arraste o cursor para que fique à sua disposição no painel de ferramentas à direita da interface do programa.

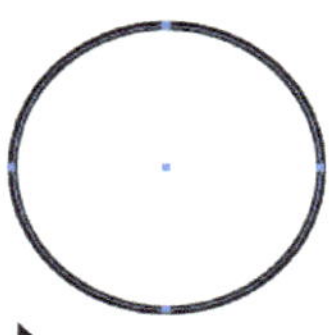

Para colocar os dois círculos menores no centro do círculo maior, que é a calota do botão de casear, selecione-os e fixe a posição de um com o outro para que, quando forem para o centro da calota, não se sobreponham. Para essa operação, vá a *Janela* e escolha a opção *Pathfinder*.

Observação: as opções que você usa com maior frequência podem ser conectadas ao painel à sua direita. Depois, você pode salvar o painel de acordo com sua personalização, conforme explicado em "Personalização da área de trabalho", no capítulo "Interface do programa".

Com os círculos selecionados, clique na primeira opção do painel, *Unir*, com a tecla *Alt* (*Option* no Macintosh) pressionada, para unir os dois círculos.

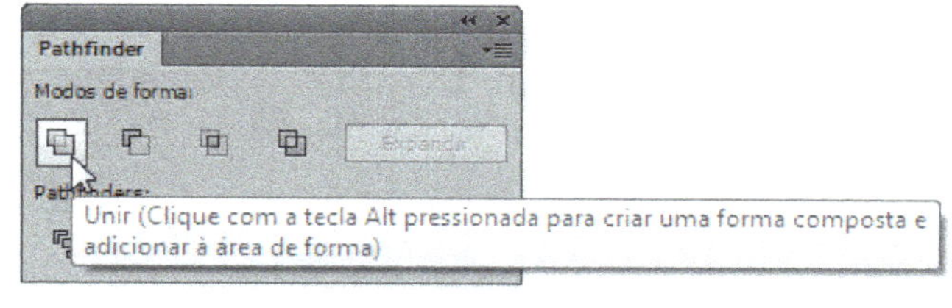

Para alinhar os furos e a calota, clique na linha de um dos círculos menores, pressione *Shift* e clique na linha da calota do botão. Vá à caixinha de alinhamento e escolha a opção *Alinhamento horizontal centralizado*.

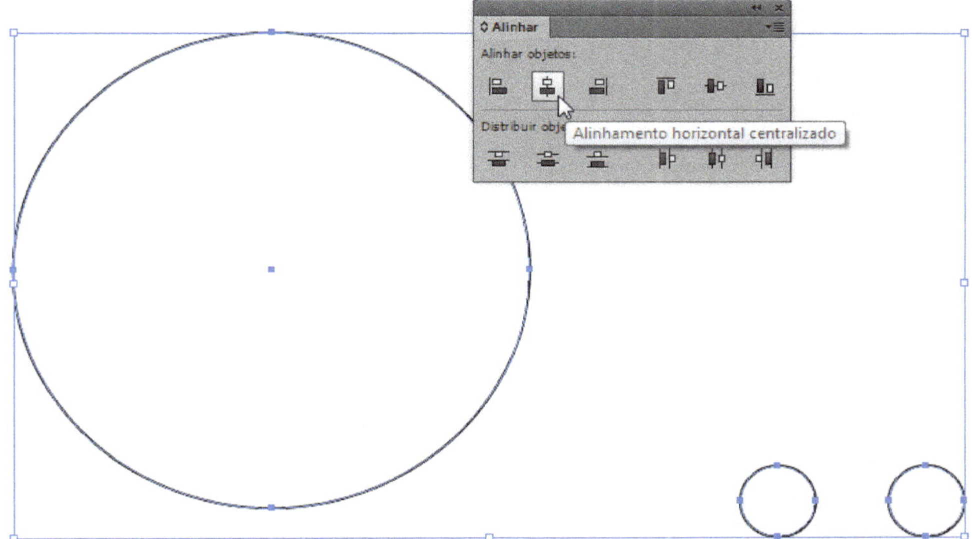

Depois, escolha a opção *Alinhamento vertical centralizado*.

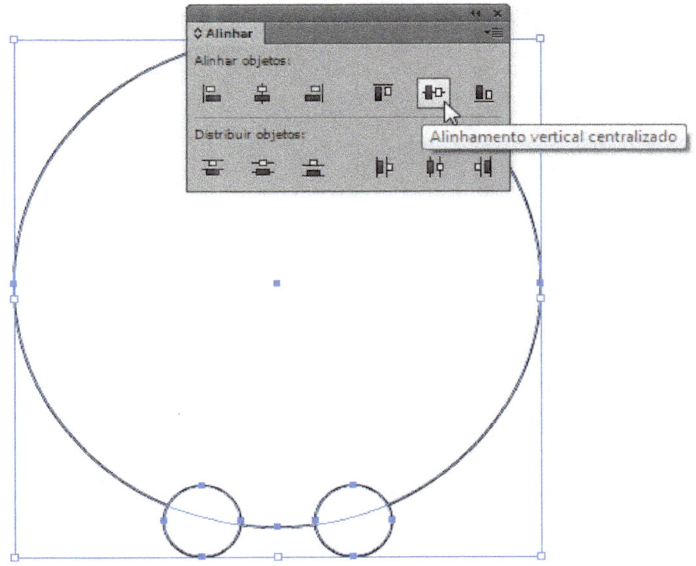

Seu botão deverá ficar como na figura ao lado.

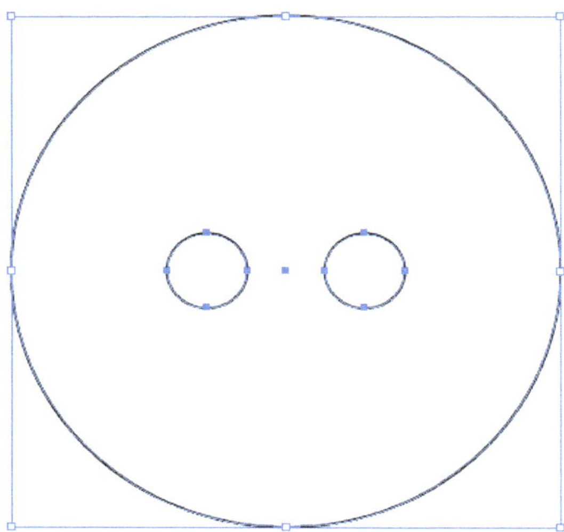

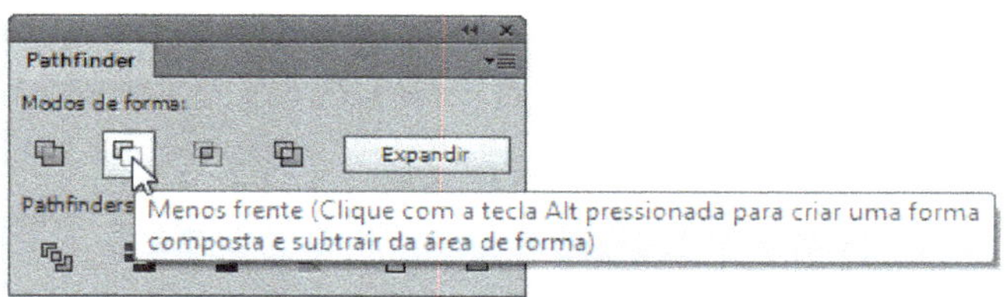

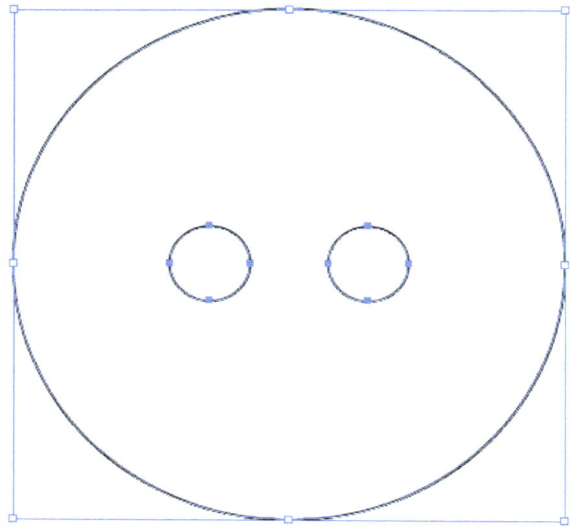

Para pintar o botão e manter os furos transparentes, com ele selecionado vá novamente a *Pathfinder*. Pressione a tecla *Alt* (*Option* no Macintosh) e escolha a opção *Menos frente*. Solte o botão do mouse.

Com o botão já furado selecionado, vá à opção de cor de preenchimento que fica no lado esquerdo da interface do programa (no final da caixa de ferramentas).

Veja que há um quadradinho com cor (ou com um risco vermelho) e um quadradinho vazado.

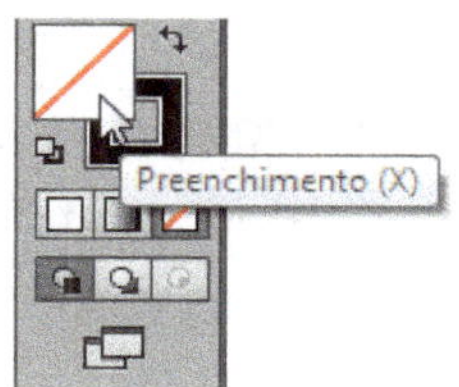

Para colocar cor no botão, clique no quadradinho com cor ao centro (ou com um risco vermelho) e vá a *Amostras*, no painel à direita (que poderá estar retraído ou expandido).

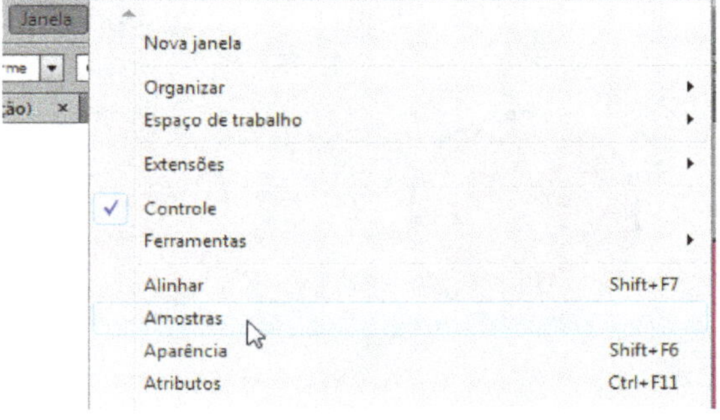

As amostras de cores também podem ser encontradas em *Janela*, *Amostras*.

O painel de cores pode fazer parte da sua personalização da interface do programa.

Para fazer um botão com quatro furos, crie a calota e os dois furos. Una os furos conforme explicado anteriormente.

Com os dois furos selecionados, copie-os como fez da primeira vez.

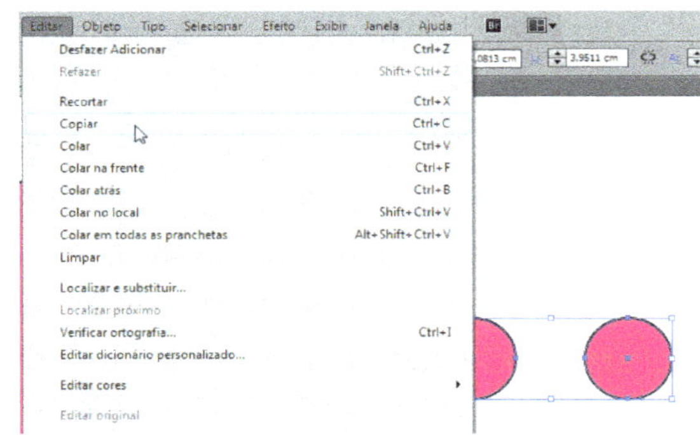

Ao colar, escolha a opção *Colar na frente*, para colar exatamente sobre os furos que você desenhou.

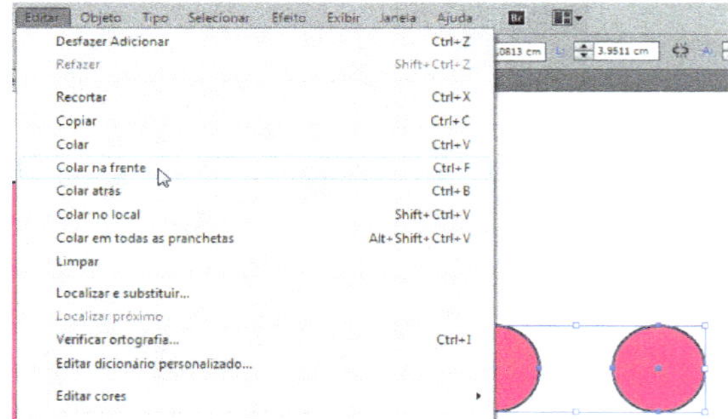

Veja que as teclas de atalho são *CTRL* (*Command* no Macintosh) + *F*.

Verifique se está com a caixa delimitadora (o retângulo que fica ao redor do desenho quando ele está selecionado). Clique na linha de um círculo, vá a um dos cantinhos da caixa delimitadora e veja que seu cursor mudará de formato. Ele ficará curvo, com setinha nas duas pontas.

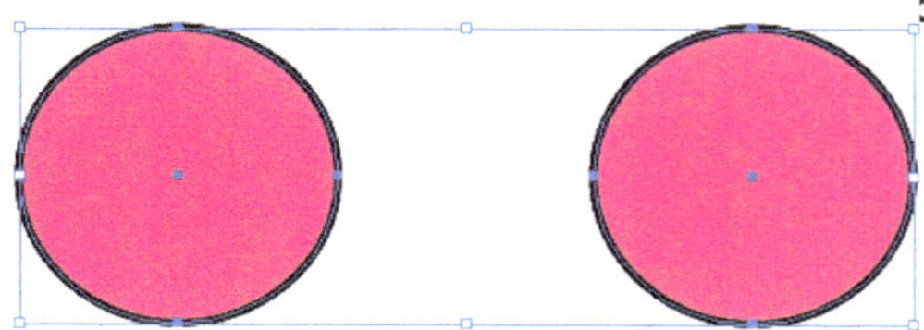

Clique no cantinho da caixa delimitadora, segure o botão do mouse e gire pressionando a tecla *Shift*. Solte o dedo do mouse e depois da tecla. Quando você pressiona *Shift*, a rotação do objeto ocorre em ângulos predefinidos do Illustrator CC; neste caso, andou 90°.

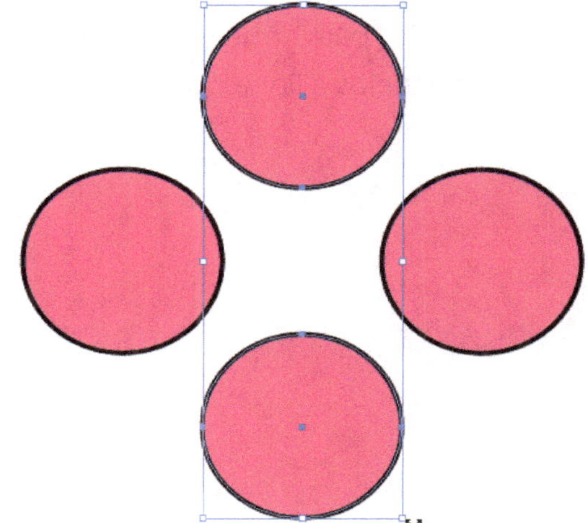

Selecione os quatro círculos e vá novamente ao cantinho da caixa delimitadora com a *Ferramenta Seleção*.

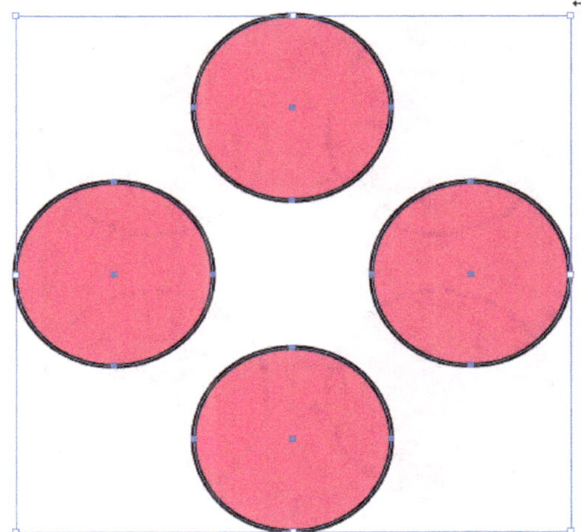

Gire 90° para que os círculos fiquem paralelos à linha do horizonte.

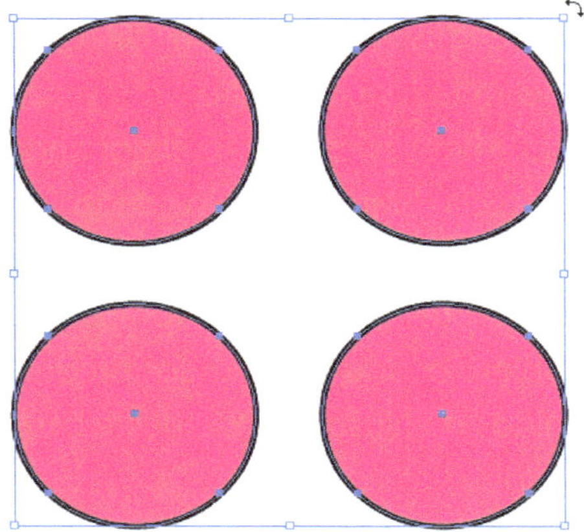

Una pelo *Pathfinder* os quatro círculos que serão os furos do botão, selecione-os e, com a tecla *Alt* (*Option* no Macintosh) pressionada, clique na opção *Unir*.

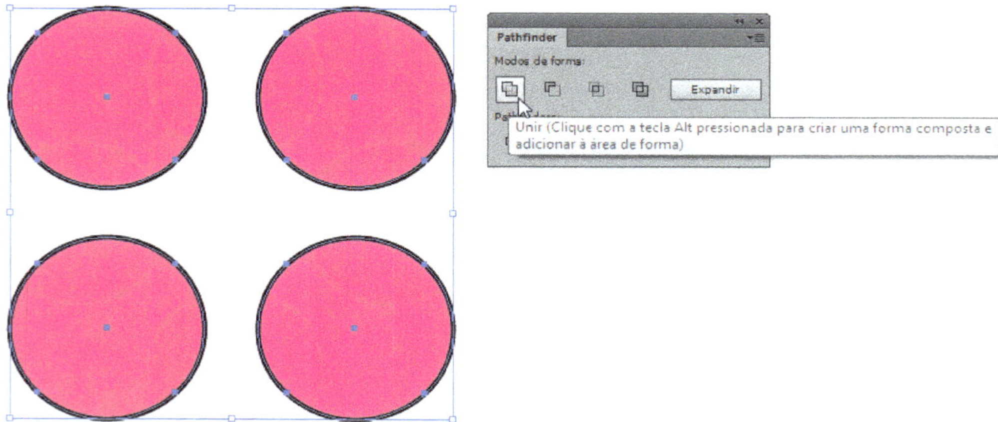

Observação: se precisar distanciar sua tela de trabalho para ver a calota e os furos, pressione *CTRL* (*Command* no Macintosh) e a tecla *0* do seu teclado. Esse é o atalho para ver toda a sua prancheta de desenho.

Selecione os furos e alinhe-os à calota. Veja que, quando você seleciona dois ou mais elementos em sua prancheta, as opções de alinhamento aparecem no painel de controle logo acima na interface do Illustrator CC.

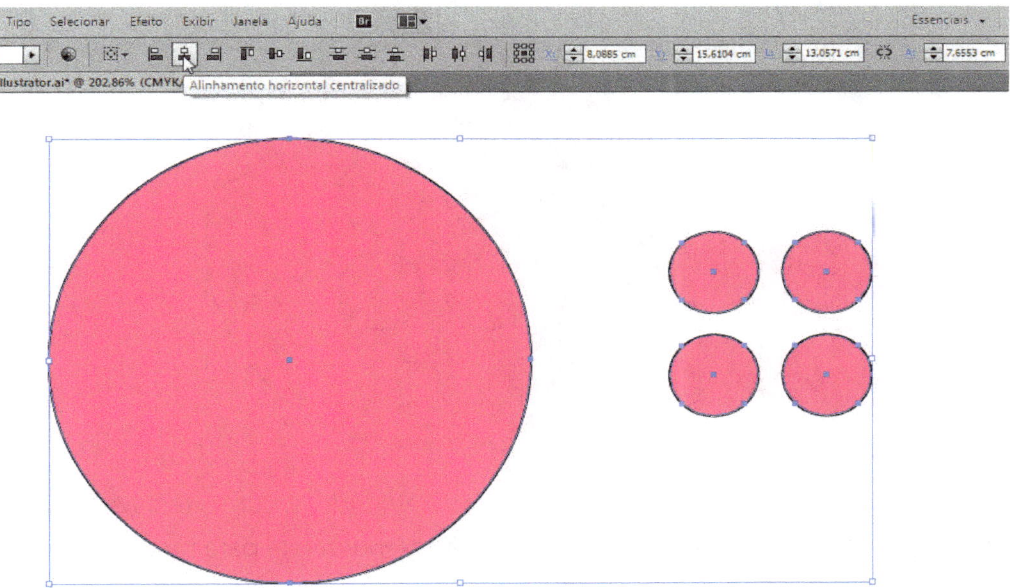

Escolha as opções de alinhamento horizontal e vertical.

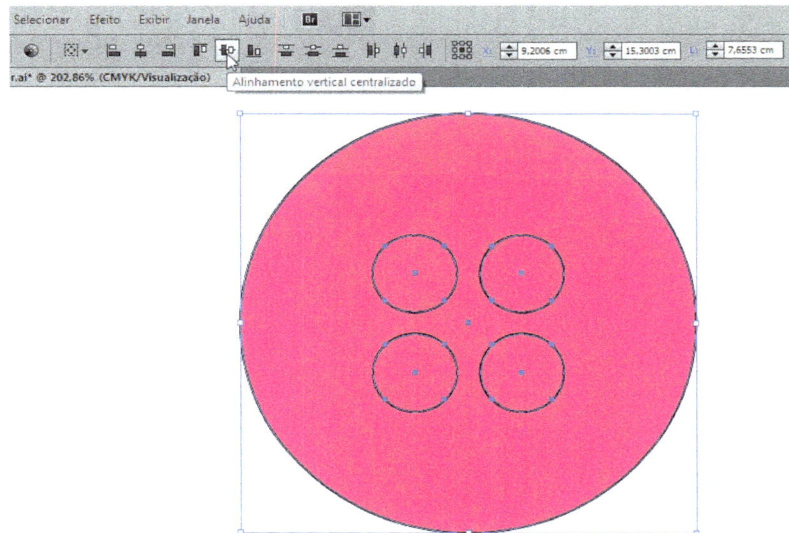

Com o botão e os furos selecionados, vá a *Pathfinder* e, com a tecla *Alt* (*Option* no Macintosh) pressionada, selecione a opção *Menos frente* para furar o botão.

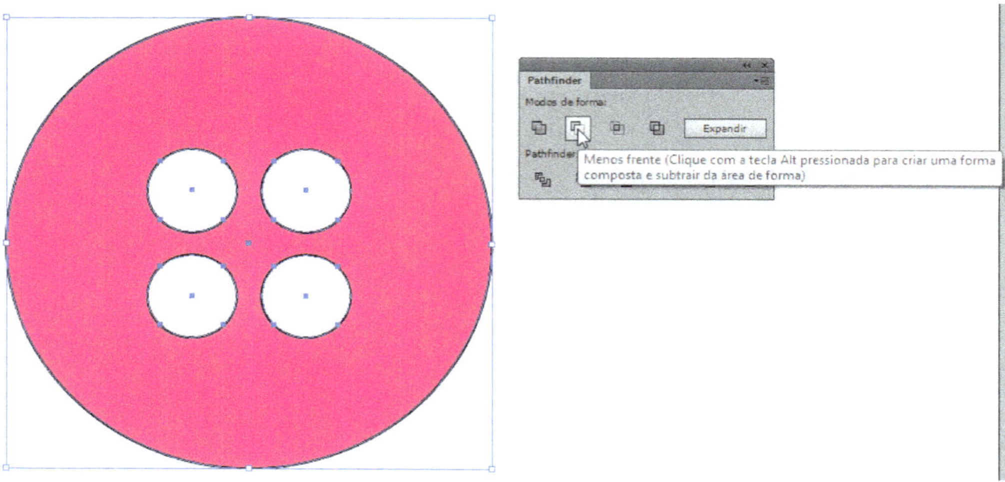

MODELOS DE BOTÕES

Exercite o que aprendeu e crie modelos de botões para serem usados em sua coleção de acordo com seu tema.

6. BOLSO

Você vai criar um bolso por meio de ferramentas que trabalham com simetria. Para iniciar, crie um novo arquivo e vá a *Exibir*, *Guias inteligentes*, para que as guias o auxiliem no desenho.

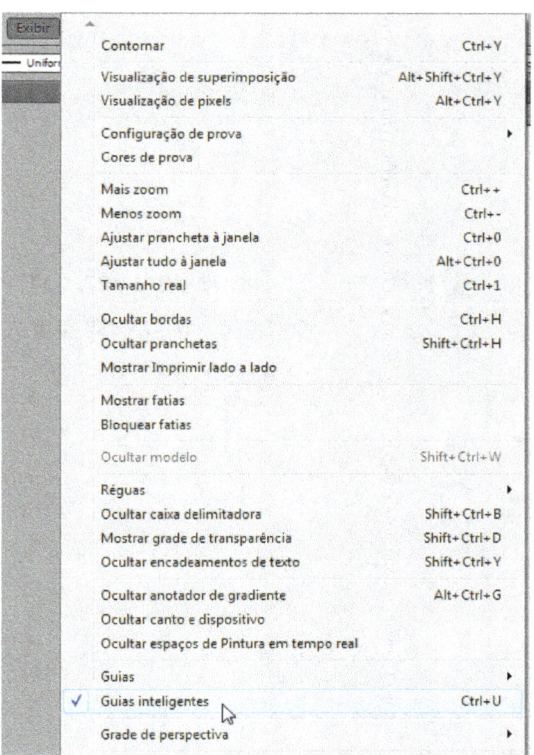

Vá à paleta de cores, abaixo da caixa de ferramentas à esquerda, e escolha *Preenchimento e traçado padrão*.

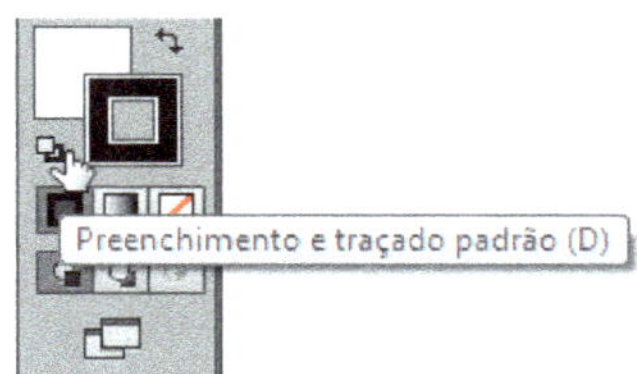

Em seguida, clique na *Ferramenta Caneta*, na caixa de ferramentas, e vá ao centro da página.

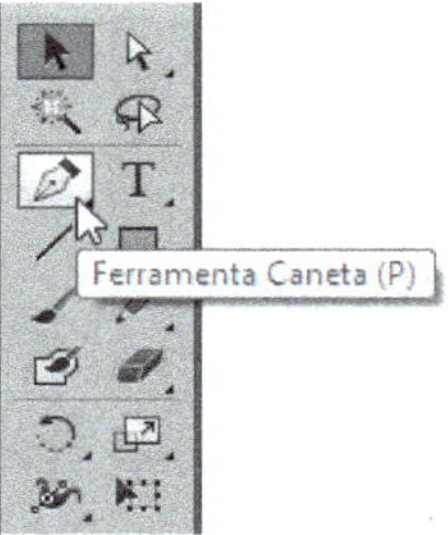

Clique uma vez, solte o botão do mouse e movimente o cursor para cima. Veja que aparece uma guia verde que irá orientá-lo durante o desenho.

Dê um clique na prancheta, solte o botão do mouse e pressione a tecla *Shift* para manter o alinhamento. Mova o cursor para a esquerda e clique mais uma vez para desenhar a boca do bolso. Desça o cursor e clique mais uma vez para desenhar a lateral do bolso. Faça a ponta do bolso com uma linha em diagonal e pressione novamente. Por último, mova o cursor até o ponto inicial e clique mais uma vez para fechar o desenho.

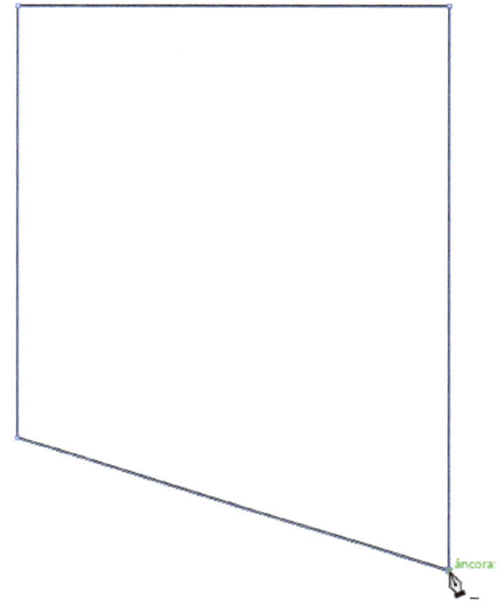

Para fazer o outro lado igual, selecione a metade do bolso com a *Ferramenta Seleção* (seta preta), vá a *Efeito*, *Distorcer e transformar* e selecione *Transformar*.

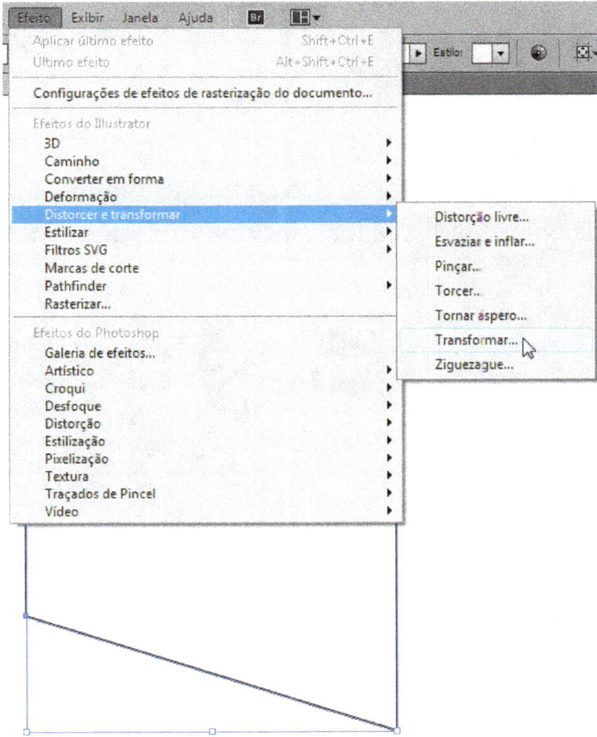

No painel, escolha *Refletir X* (coordenada horizontal X), *Transformar objetos* e, em *Cópias*, coloque 1.

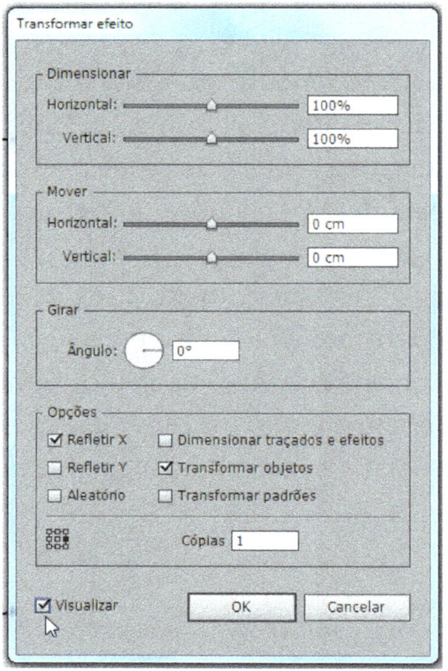

Agora, selecione a posição a partir da qual o objeto será duplicado. Veja, no ícone a seguir, destacado da figura anterior, que o quadradinho na linha do meio da coluna à direita foi selecionado. Clique em *Visualizar* e depois em *OK*.

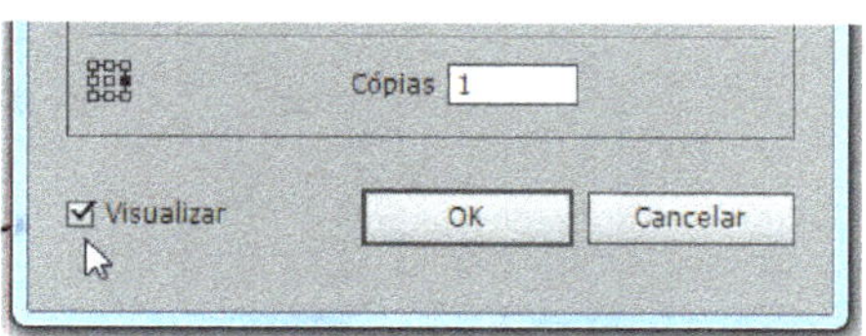

A metade do bolso será duplicada.

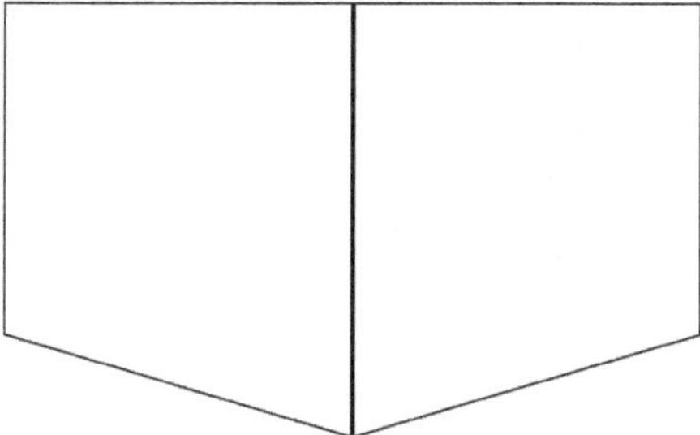

Na caixa de ferramentas, clique na seta branca (*Ferramenta Seleção direta*).

Clique em um dos pontos-âncora da metade que desenhou e veja que só é possível movimentá-lo nesse espaço; a metade que foi espelhada não pode ser editada.

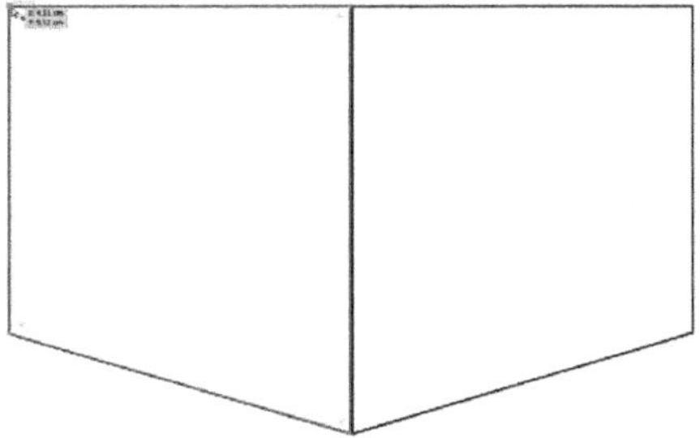

Ao clicar em um ponto-âncora, segure o dedo no mouse e movimente o cursor; a outra metade acompanhará as mudanças que você fizer.

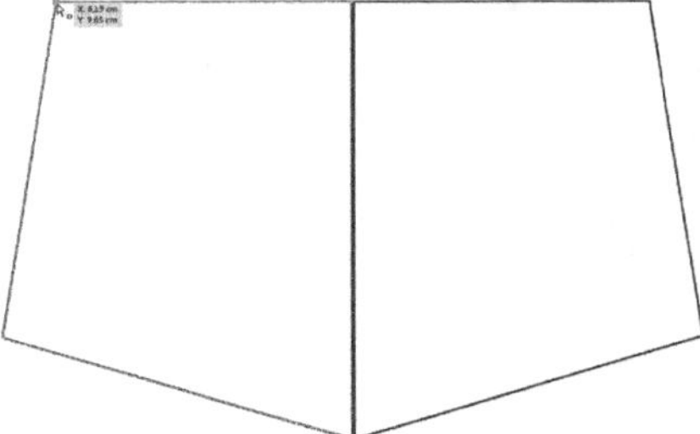

Todas as modificações que você realizar na metade esquerda refletirão na metade direita. Dessa forma, você desenhará sua coleção sem se preocupar com a simetria.

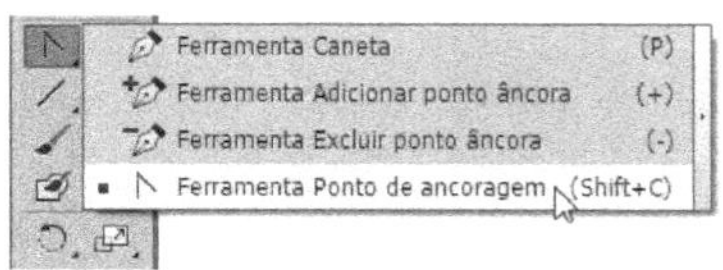

Com a seta branca (*Ferramenta Seleção direta*), movimente os pontos-âncora e, com a ferramenta de ancoragem que também está na caixa de ferramentas, clique em uma reta, segure o botão do mouse e arraste para curvá-la.

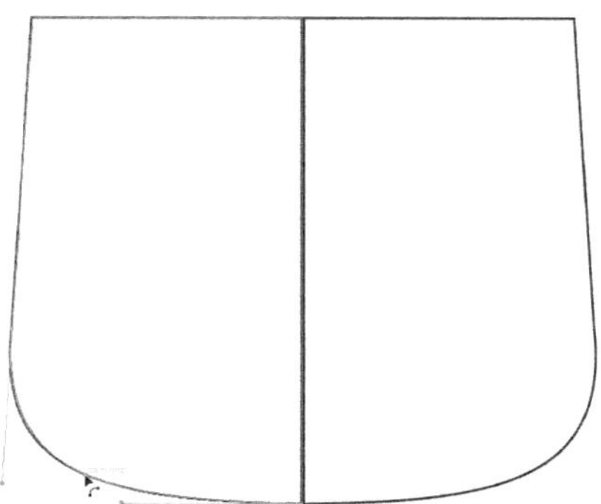

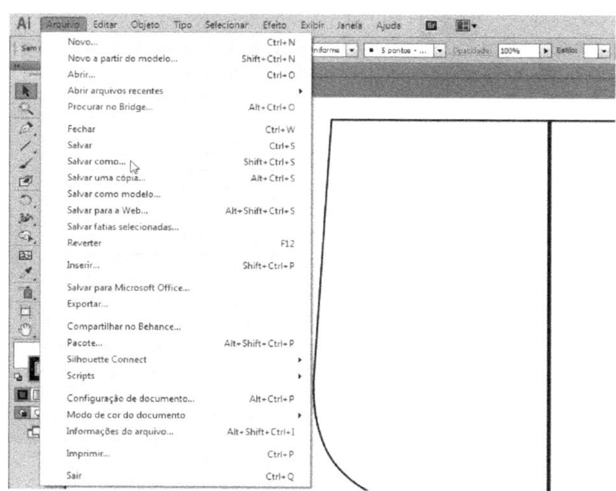

Veja que a lateral à direita acompanha todos os movimentos. Ela será a base de um bolso e é importante guardá-la para usar todas as vezes que precisar desse modelo ou quiser criar outro modelo a partir dessa base. Após concluir essa etapa, vá a *Arquivo, Salvar como*.

Depois, vá aos seus documentos e crie uma pastinha chamada *Coleção*; nela, crie outra pastinha chamada *Bolso*. Nessa pasta, salve as bases que criou e que podem ser modificadas, como a que acabou de desenhar, e os modelos que produzir para toda a sua coleção. Assim, você dará início à sua biblioteca, e todas as vezes que for fazer uma nova coleção, poderá se servir dos modelos já elaborados ou, a partir das bases criadas por simetria, criar novos modelos mais rapidamente.

Se quiser, separe um modelo de bases. Crie uma pasta com o nome *Modelos de Bolsos* e outra com o nome *Bases de Bolsos*.

As bases de bolsos podem ser criadas, como acabamos de fazer, usando os comandos *Efeito, Distorcer e transformar, Transformar*, como foi explicado.

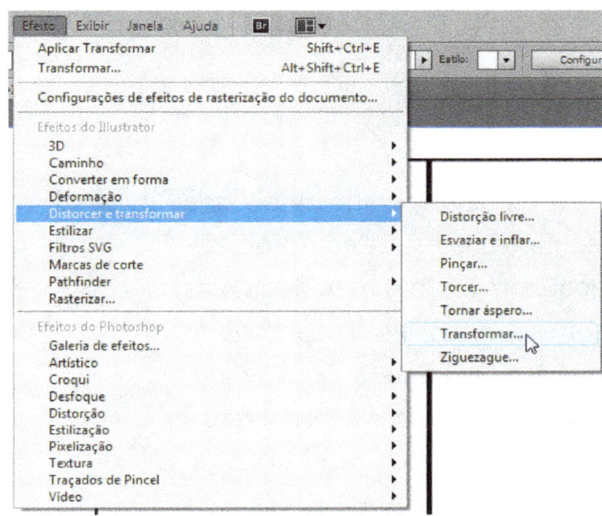

Esse efeito é aplicado como aparência, e a estrutura do bolso permanece apenas com a metade desenhada. É assim que o Illustrator CC trabalha com objetos. Se você clicar nas opções *Exibir*, *Contornar*, poderá ver o "esqueletinho" do objeto.

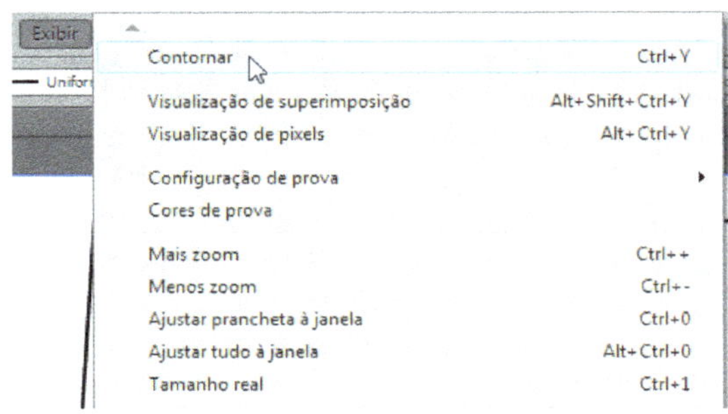

Veja que aparece apenas a metade do bolso que você desenhou. A outra metade, aplicada por efeito, não aparece. Pense nisso como um modo de efeito especial do programa.

A primeira metade desenhada faz parte da estrutura do objeto, enquanto as duas metades juntas correspondem à sua aparência.

Vá novamente a *Exibir*, *Visualização* para voltar à visualização normal da prancheta do Illustrator CC.

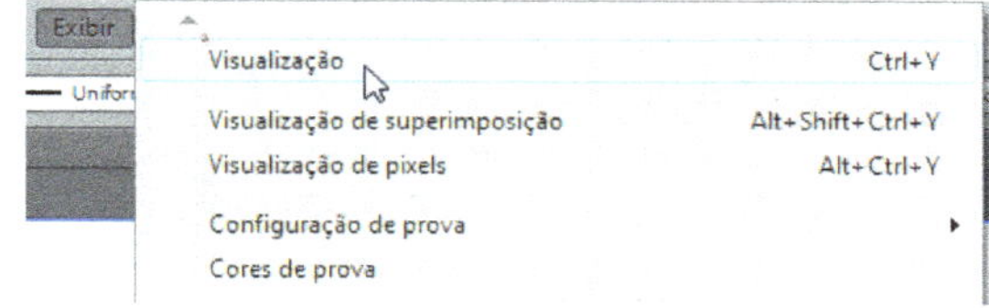

No modo de visualização, você verá a aparência do objeto. Essa é uma característica importante de visualização do Illustrator CC, pois, enquanto o objeto estiver nessa condição, todo efeito que você usar poderá ser editado. Guarde sempre essa etapa do desenho em uma pastinha para uso posterior, se precisar.

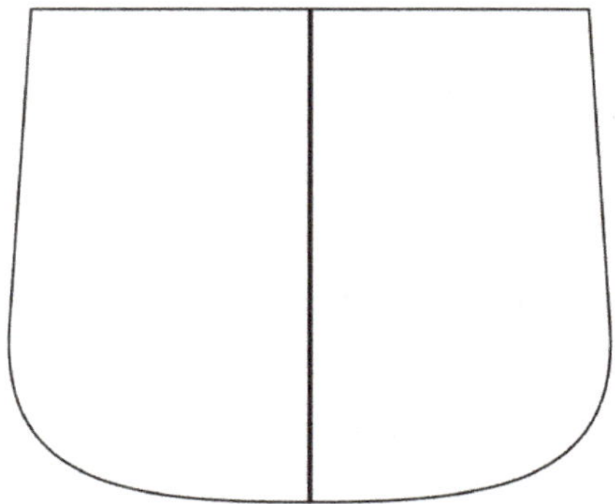

Para saber quais objetos estão com algum efeito, vá a *Aparência* no painel à direita e veja como está cada objeto na sua prancheta.

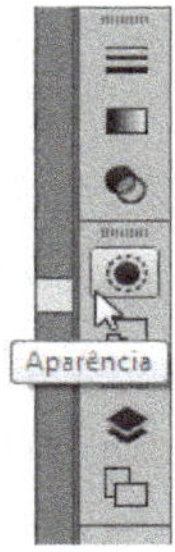

Clique no botão *Aparência*. No painel, veja que estão ativados *Traçado* com 1 ponto de espessura, *Preenchimento* na cor branca e o efeito *Transformar*. Se clicar duas vezes em *Transformar*, você irá para o modo de edição e poderá novamente modificar o contorno do bolso.

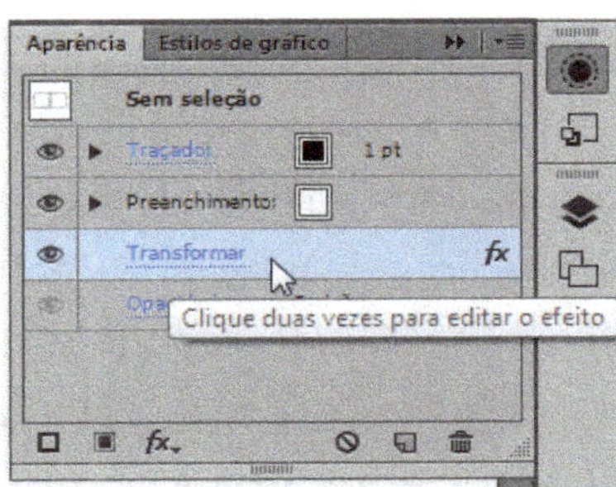

COSTURAS

Antes de finalizar o bolso, mantenha-o no modo *Efeito* para aplicar as costuras.

Com a *Ferramenta Seleção* (seta preta), clique nele e vá a *Editar*, *Copiar*.

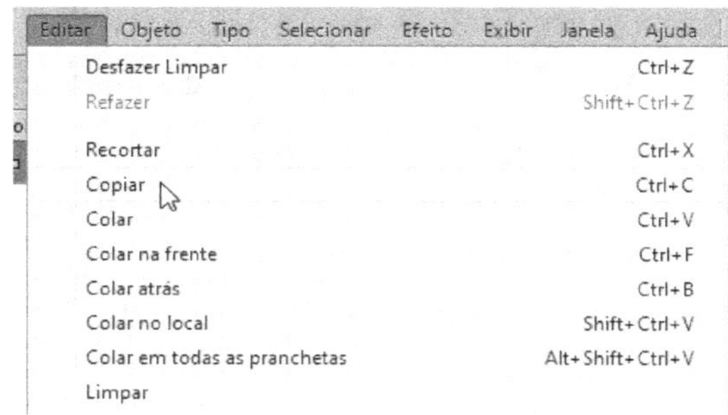

Vá novamente a *Editar* e selecione *Colar na frente*. A metade esquerda será copiada e a cópia será colada sobre a metade copiada.

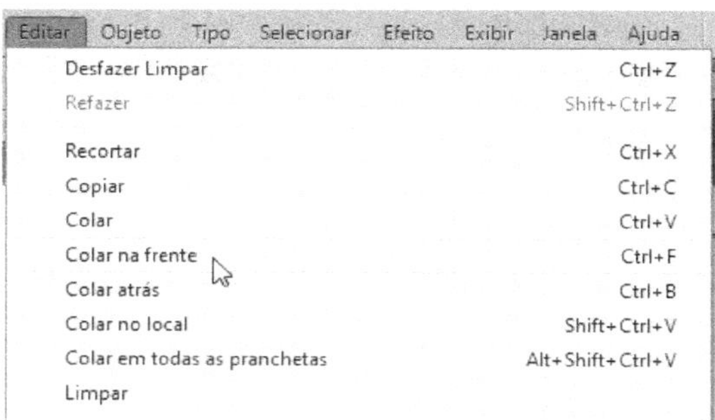

Com a *Ferramenta Seleção*, clique na linha da metade esquerda e, nos pontos-âncora das laterais, clique, segure e empurre a linha para dentro para começar a definir a linha que será a costura do bolso.

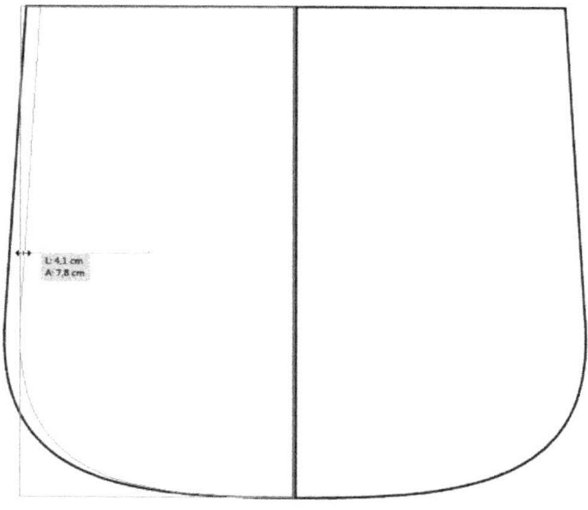

Se preferir, neste momento, escolha uma espessura mais fina para a linha de costura. Vá a *Traçado* e selecione uma das opções. Dê preferência para uma mais fina que o contorno do bolso.

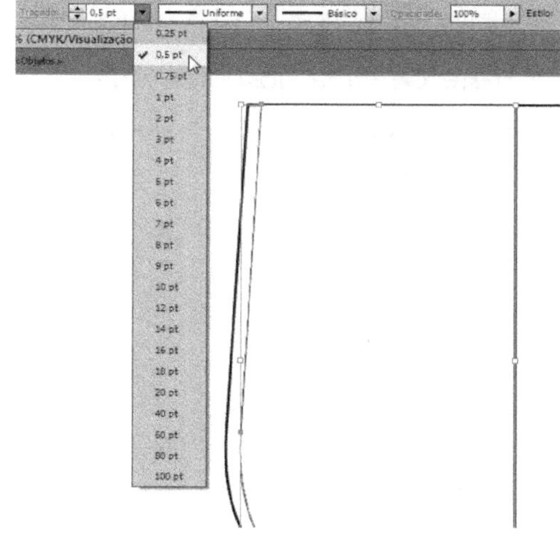

Vá à base do bolso com a *Ferramenta Seleção*, clique no ponto-âncora da base do bolso e empurre para cima.

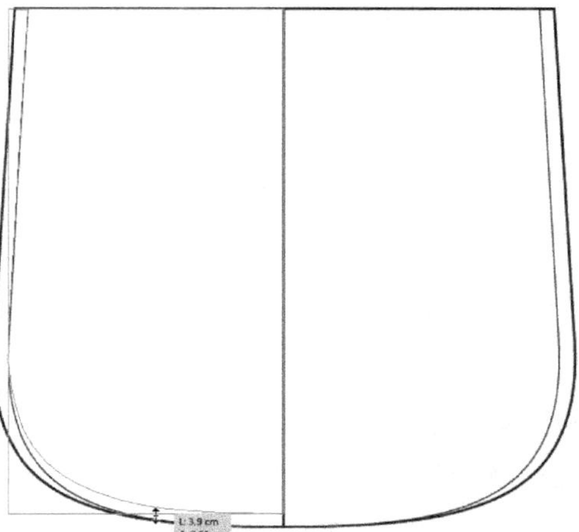

Faça o mesmo para a linha na parte de cima do bolso, que deverá ficar como a figura ao lado.

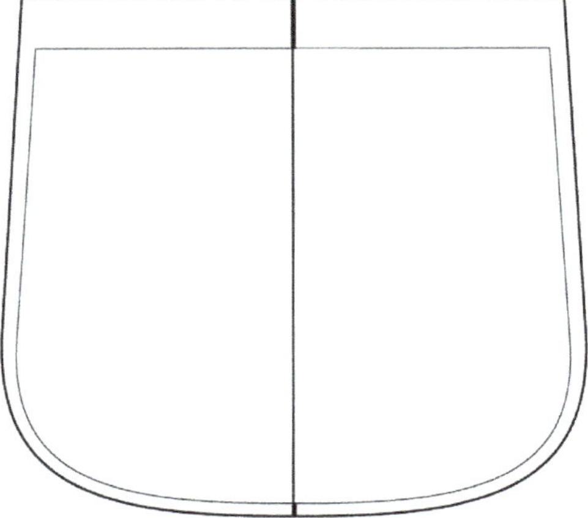

Solte o dedo do mouse e, com a linha interna do bolso selecionada, vá a *Painel de traçados*.

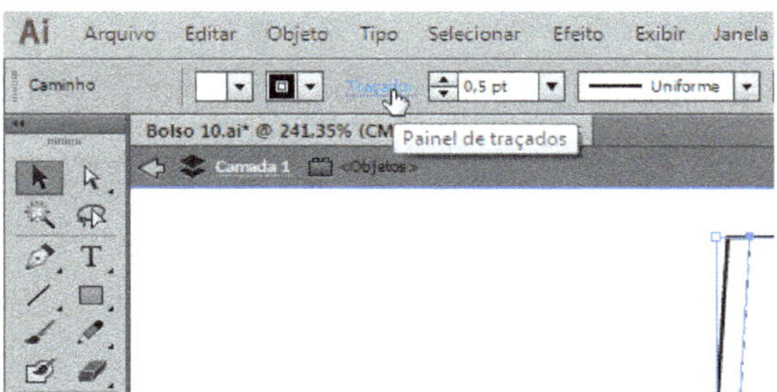

Escolha as opções para a costura. Minha sugestão é 0,5 pt de espessura e linha tracejada com 2 pt de tamanho.

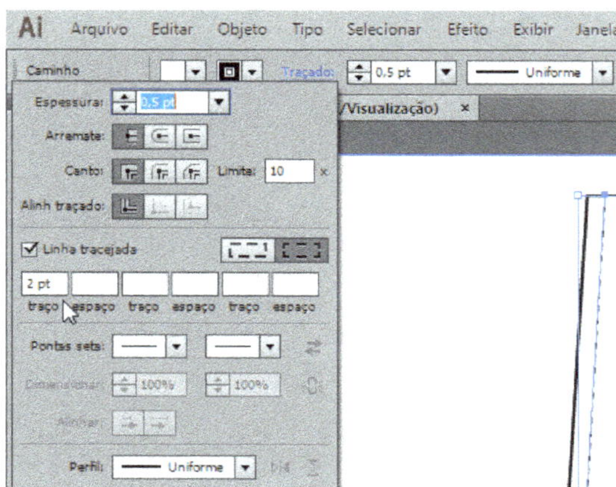

Essa é uma etapa interessante para ser guardada como base de bolso também.

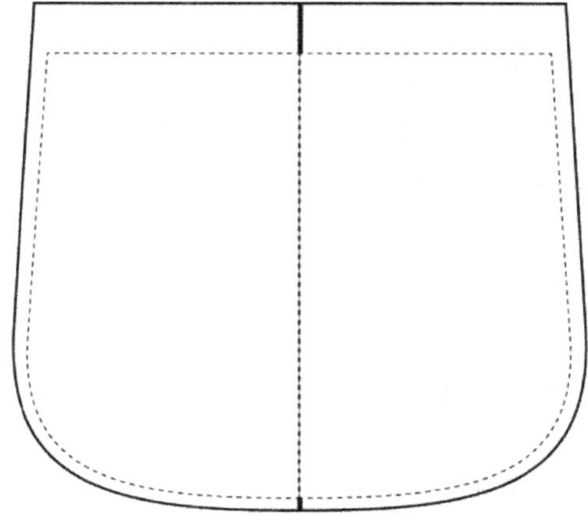

A partir de agora, o efeito aplicado será retirado para se trabalhar com as linhas internas, a costura, as linhas externas do bolso e o contorno.

Com a *Ferramenta Seleção* (seta preta), clique na metade esquerda e vá a *Objeto*, *Expandir aparência*.

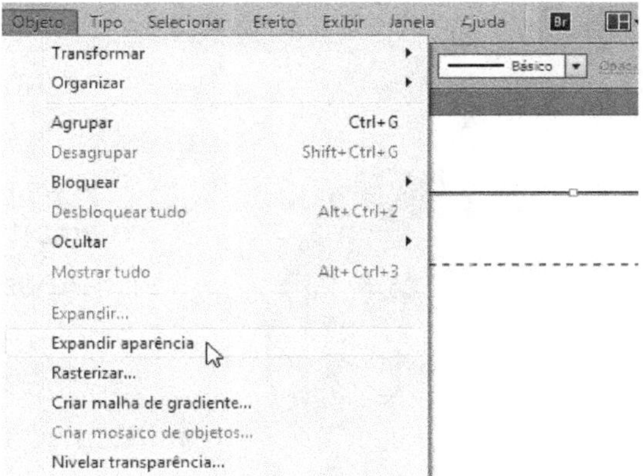

Para o Illustrator CC, expandir aparência significa que o que era efeito se tornará estrutura do objeto.

Vá também à linha tracejada e expanda sua aparência.

Se for novamente à opção *Exibir*, *Visualização*, você verá que a estrutura do objeto agora é o bolso todo em duas partes.

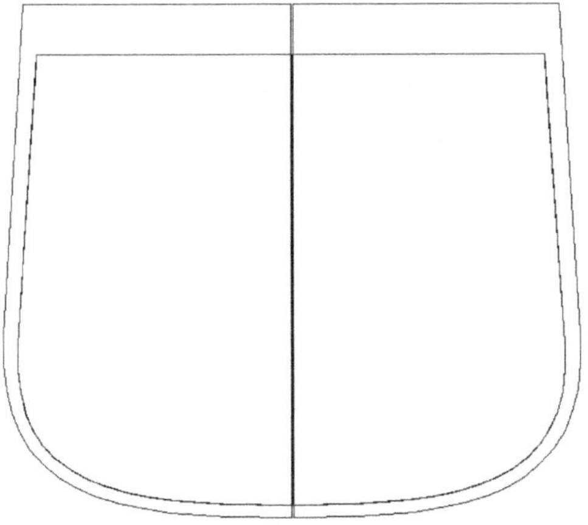

Volte ao modo *Visualização*.

Para que o bolso fique com a aparência correta, sem as linhas no centro, é importante que você entenda como unir objetos em programas vetoriais.

Se você precisa colar duas folhas de papel, uma sobre a outra, tem de passar cola em uma folha e sobrepô-la à outra folha para uni-las.

Para juntar dois objetos nos programas vetoriais, você precisa fazer o mesmo: sobreponha-os para que, depois, possa uni-los no programa. Lembre-se sempre disso.

Após expandir os elementos do bolso, eles ainda permanecerão agrupados. Com a *Ferramenta Seleção*, selecione cada objeto e clique com o botão direito do mouse.

No painel, escolha a opção *Desagrupar*.

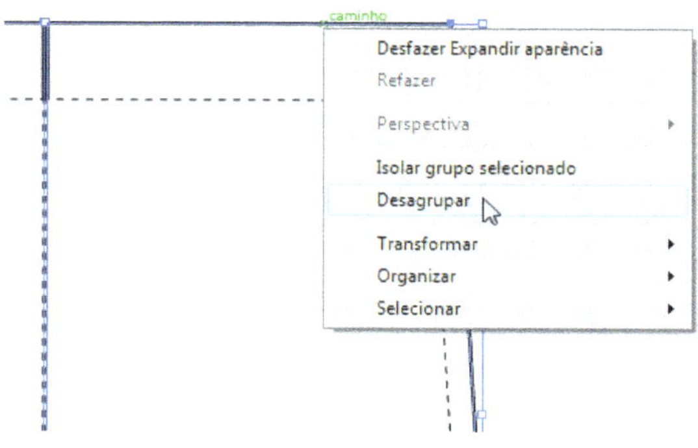

Assim, os elementos do bolso ficarão soltos e você poderá editá-los.

Selecione as duas partes da esquerda e ajuste pressionando algumas vezes as setas direcionais do teclado até que as duas partes se sobreponham às da direita.

Vá ao modo *Exibir, Contorno.* Você poderá ver melhor se os objetos ficaram sobrepostos.

Volte ao modo *Exibir, Visualização.*

Para unir os objetos, você usará o recurso *Pathfinder.*

Selecione uma parte do contorno do bolso, pressione *Shift* e clique na outra metade do contorno do bolso. Solte o dedo do mouse.

Vá a *Janela* e selecione a opção *Pathfinder.*

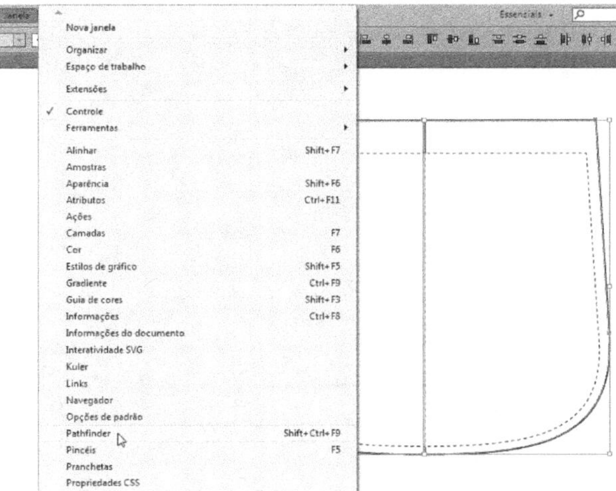

O painel *Pathfinder* possui diversas opções.

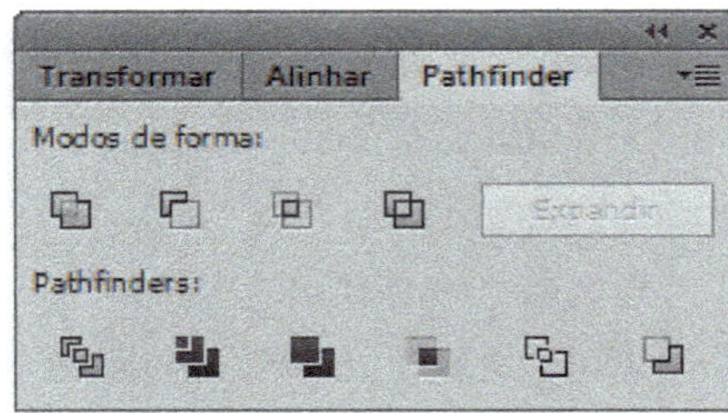

Para unir as duas partes do bolso (com elas selecionadas), vá a *Unir* no *Pathfinder*. Una os contornos do bolso.

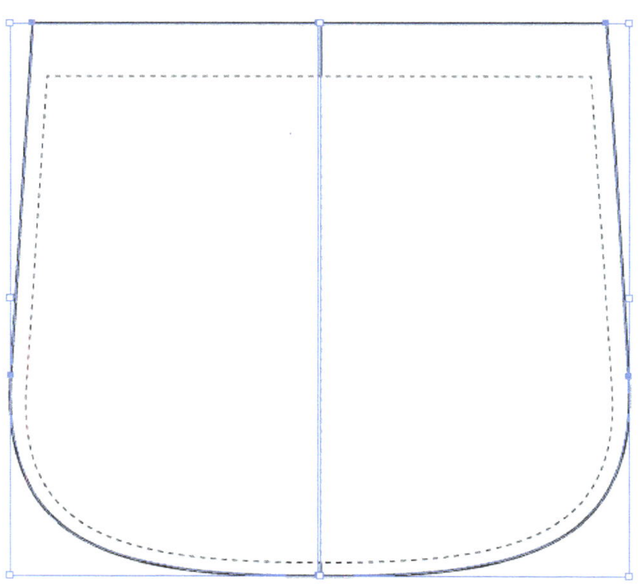

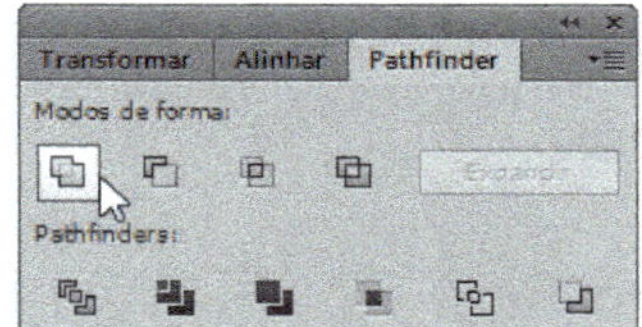

Selecione as duas partes da costura interna e também selecione *Unir* no *Pathfinder*.

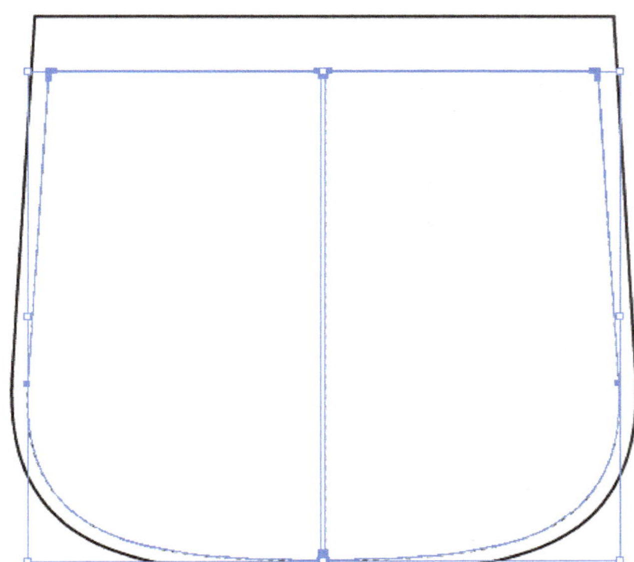

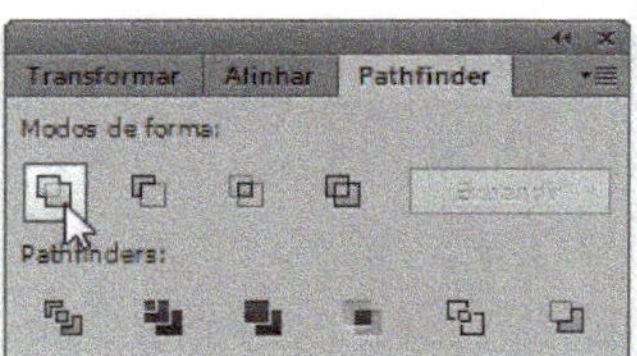

As linhas internas deverão desaparecer.

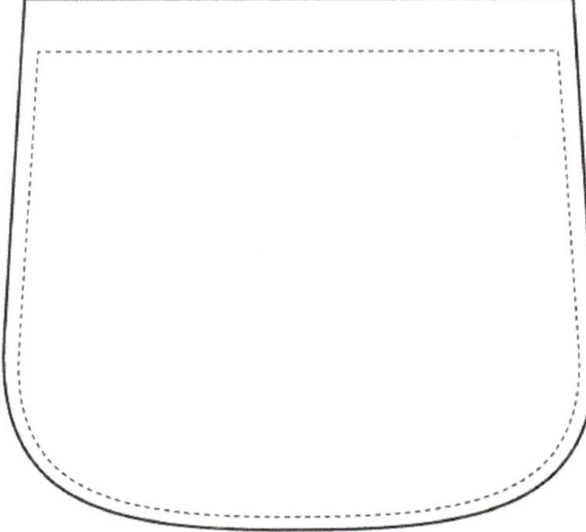

Para ajustar a costura interna, será necessário liberar a linha na boca do bolso.

Selecione a seta branca (*Ferramenta Seleção direta*) e vá ao cantinho da linha tracejada à esquerda para separar a linha nesse ponto-âncora.

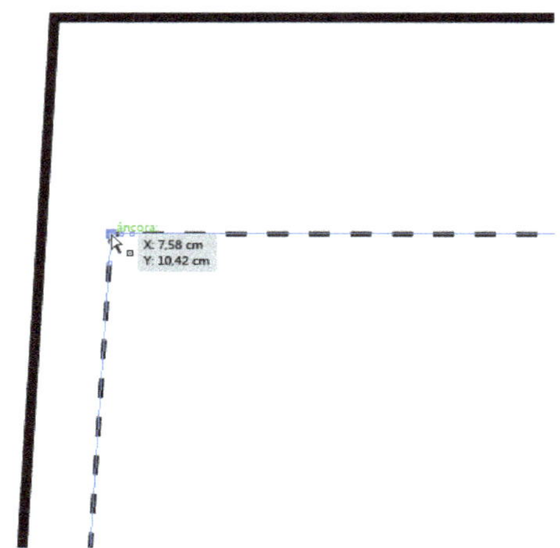

Com o ponto-âncora selecionado, vá ao painel de controle e clique em *Recortar caminho nos pontos-âncora selecionados*.

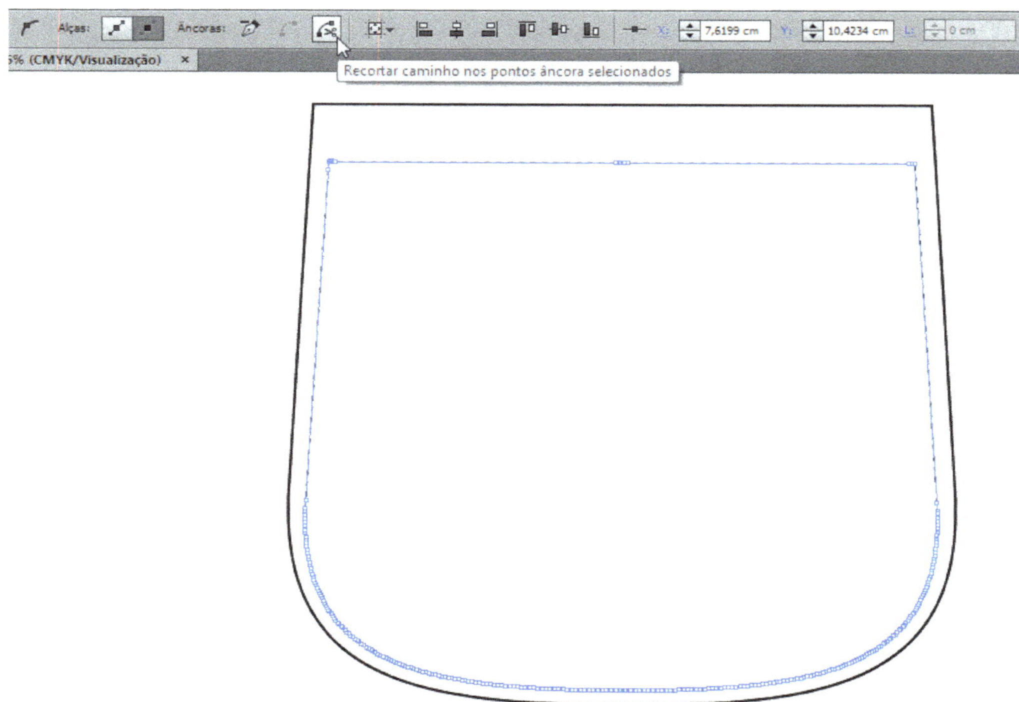

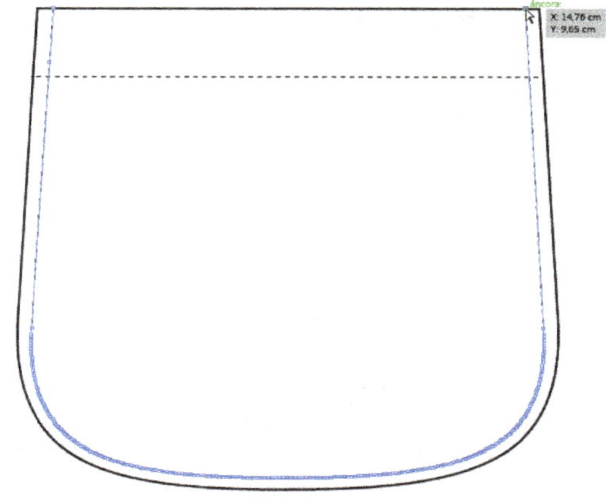

Faça isso nos dois cantinhos, na boca do bolso, para separá-lo do restante da costura.

Com a seta branca (*Ferramenta Seleção direta*), selecione a linha tracejada; depois, clique em cada ponto-âncora e ajuste as linhas da costura.

Lembre-se de que, ao selecionar um ponto-âncora com a seta branca para arrastá-lo e manter o alinhamento, é necessário clicar no ponto-âncora, segurar o dedo no mouse, pressionar *Shift* (no teclado) e arrastar a linha até onde quiser. Solte primeiro o dedo do botão do mouse e depois a tecla *Shift*.

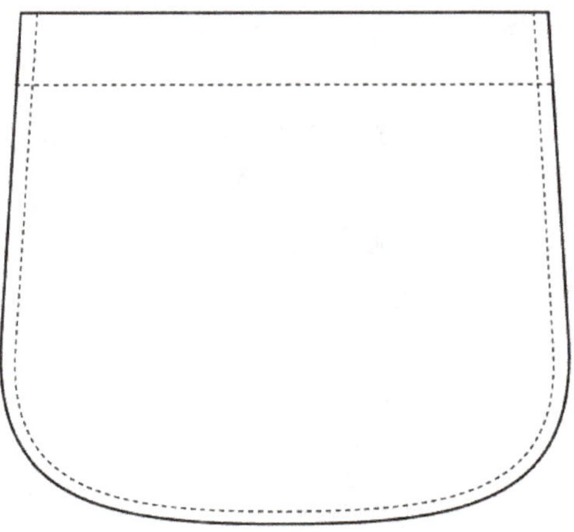

Finalize o bolso e salve na pastinha de modelos.

TRAVETE

Para fazer travetes (costuras de reforço usadas em cantinhos do bolso), faça uma linha com a *Ferramenta Caneta*.

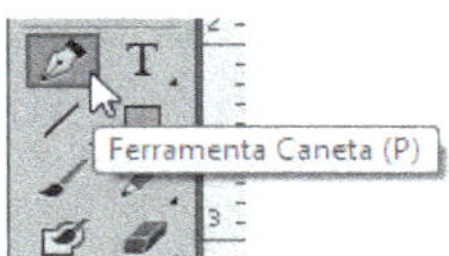

Com a linha selecionada, vá à opção *Traçado* no painel de controle.

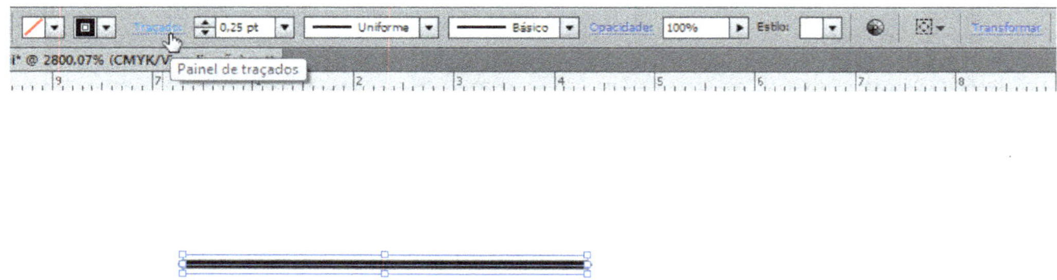

Entre as opções, escolha *Arremate arredondado*.

Escolha também *Junção arredondada.*

Selecione a linha, vá a *Efeito, Distorcer e transformar* e escolha a opção *Zigue--zague.*

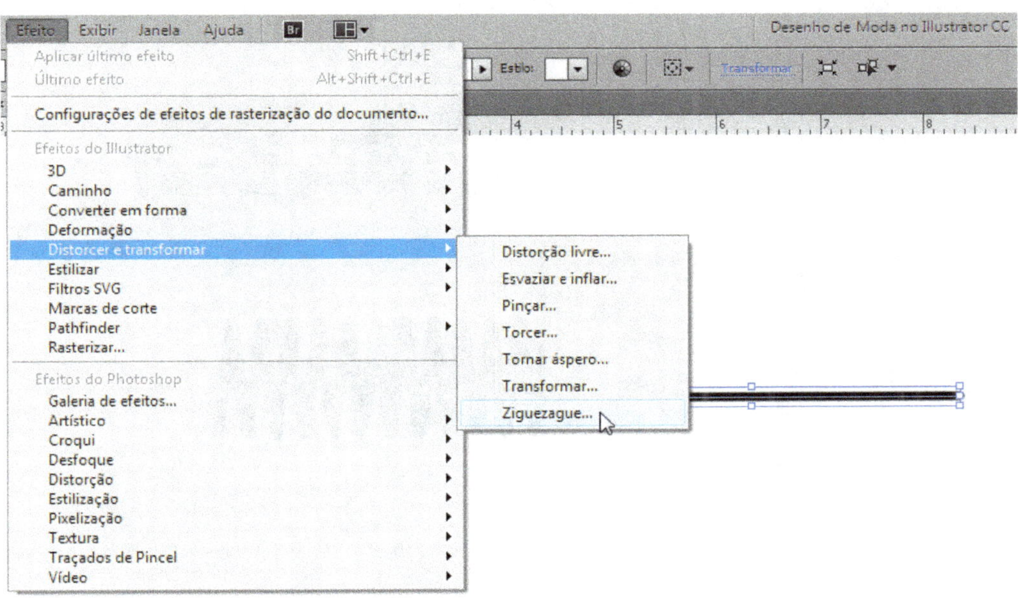

Movimente os controles até que o ziguezague fique parecido com um travete.

Veja que coloquei em *Tamanho 10%*, *Relativo*, *Arestas por segmento 40* e, no campo *Pontos*, escolhi a opção *Canto*. Também selecionei *Visualizar* para ver a aparência da linha.

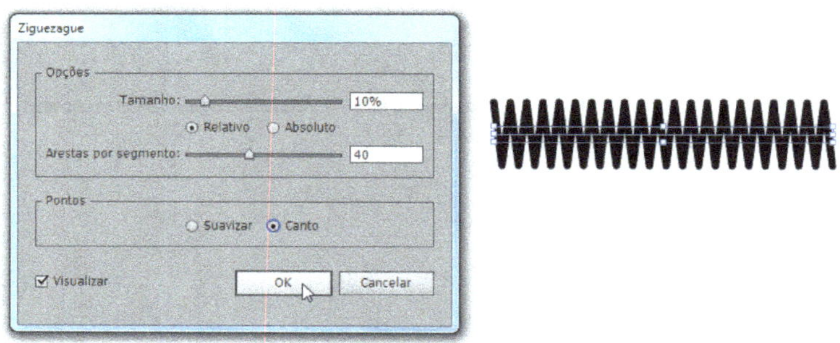

Importante: para que o travete possa ser usado em qualquer tamanho sem que seu traço sofra alterações (engrosse ao reduzir ou afine ao ampliar), selecione-o e vá a *Expandir aparência*.

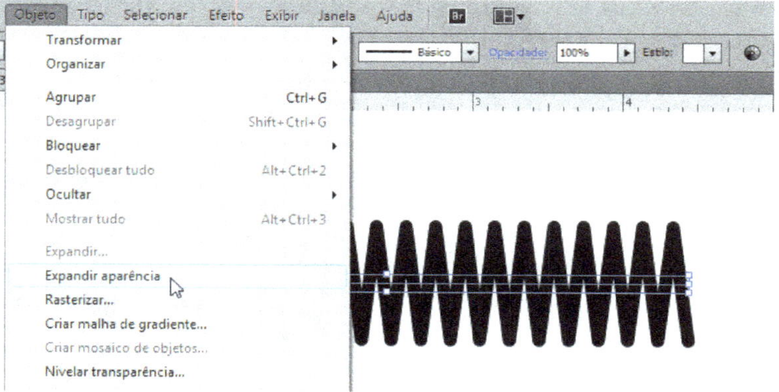

Selecione novamente o travete e vá a *Objeto*, *Expandir*. Na caixinha que surgir, clique em *OK*.

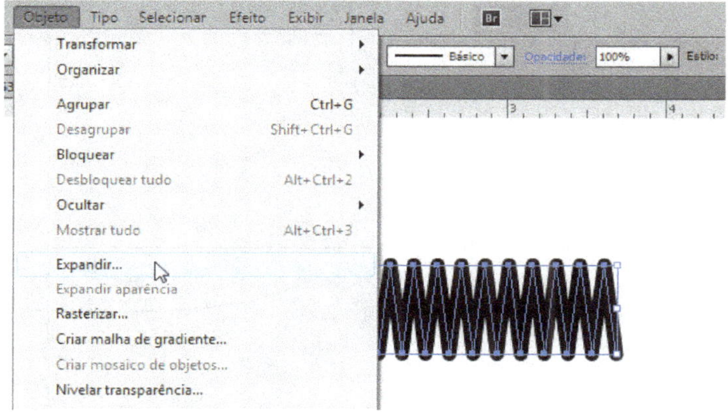

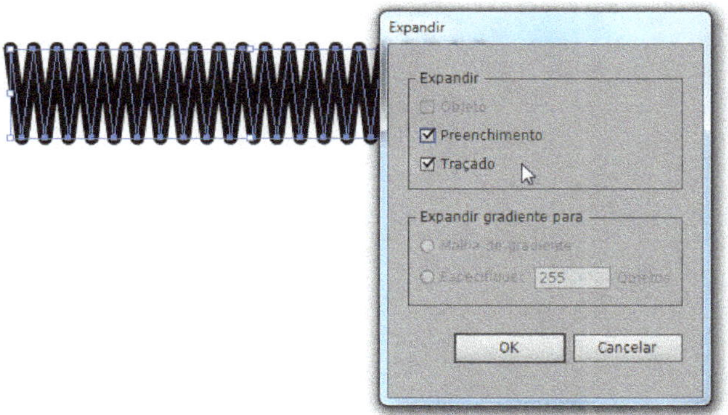

Selecione o travete e salve-o em uma pastinha de aviamentos para usá-lo sempre que precisar.

Com o travete selecionado, copie e cole. Coloque um travete em cada cantinho da costura do bolso desenhado.

As medidas do travete deverão ser ajustadas de acordo com o tamanho do bolso desenhado. Faça testes até que fique o mais próximo possível de um bolso real.

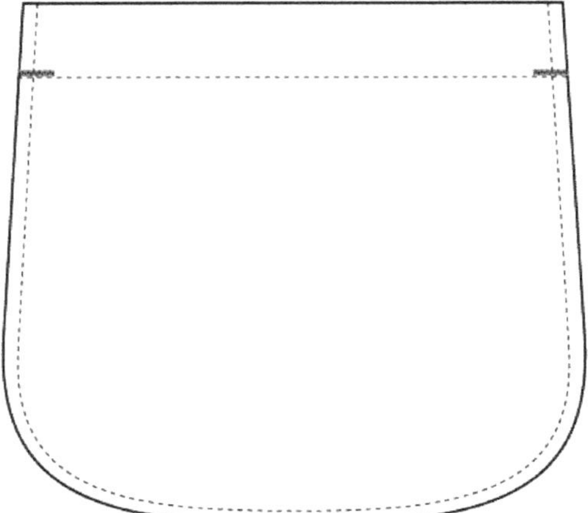

É importante estabelecer espessuras internas e externas de linhas, tipo de tracejados e outros detalhes que surgirem no desenho de sua coleção para que todos os modelos tenham um único padrão de construção do desenho técnico.

MODELOS DE BOLSOS

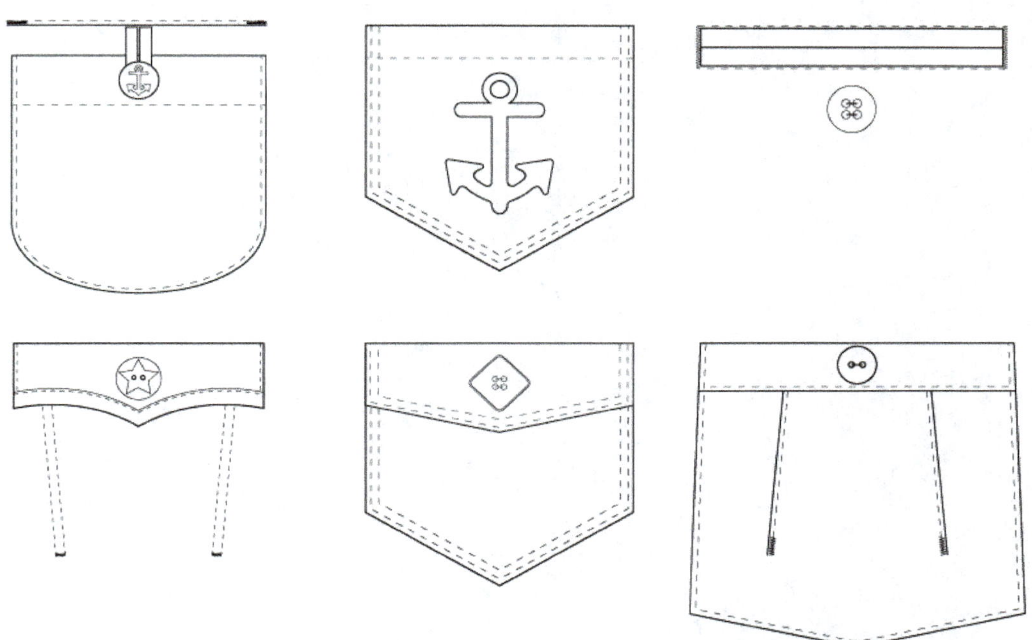

7. GOLA

Dando continuidade à criação da sua coleção, faremos agora o desenho de uma gola básica, que nos ajudará a compreender melhor a simetria com um elemento mais complexo. O desenho técnico da gola será feito sobre o corpo digital *Lenora*, que servirá de modelo para o desenho de toda a coleção feminina. Para abrir o arquivo *Lenora*, que você pode baixar de acordo com as instruções na Introdução deste livro, vá a *Arquivo*, *Abrir*.

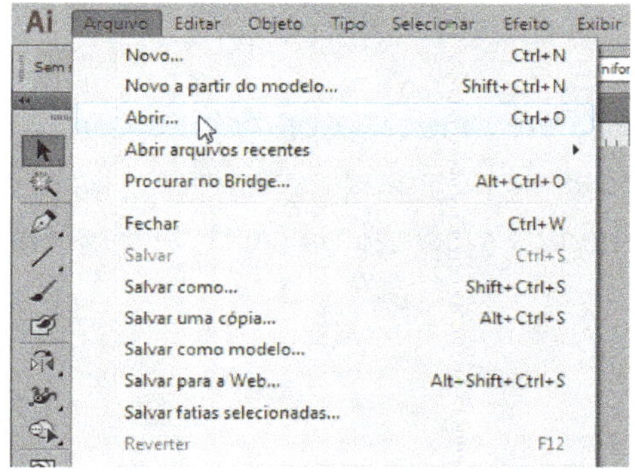

Vá à pastinha na qual você baixou o arquivo do corpo digital *Lenora*, selecione-o e clique em *Abrir*.

Veja que você foi em *Abrir* porque o arquivo que será selecionado foi colocado no Illustrator CC.

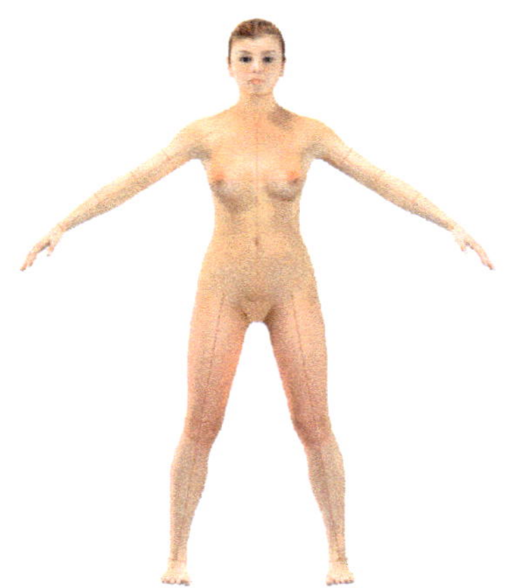

Para colocar a prancheta com as dimensões da página do seu book, clique na *Ferramenta Prancheta* na caixa de ferramentas.

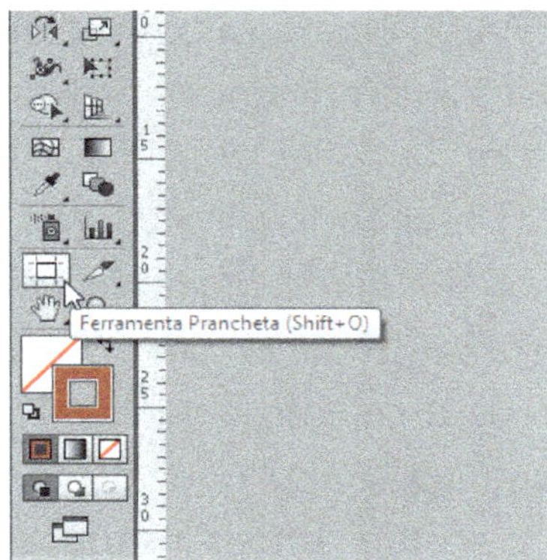

Aparecerão no painel superior as opções para personalização da prancheta. Você poderá colocar um nome para cada prancheta que tiver na área de trabalho (ou *pasteboard*).

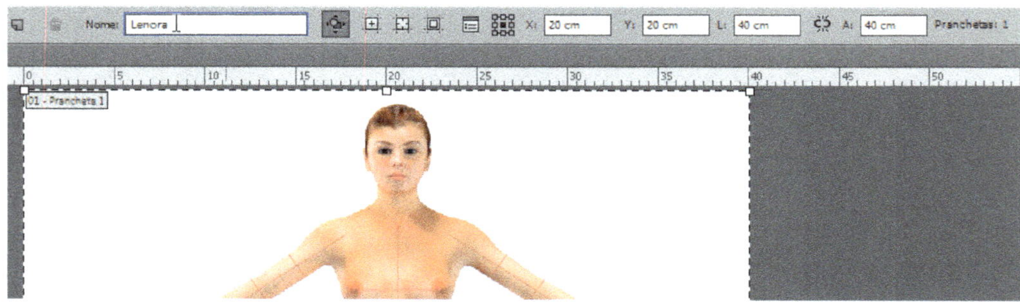

É possível colocar uma marcação para indicar o centro da página.

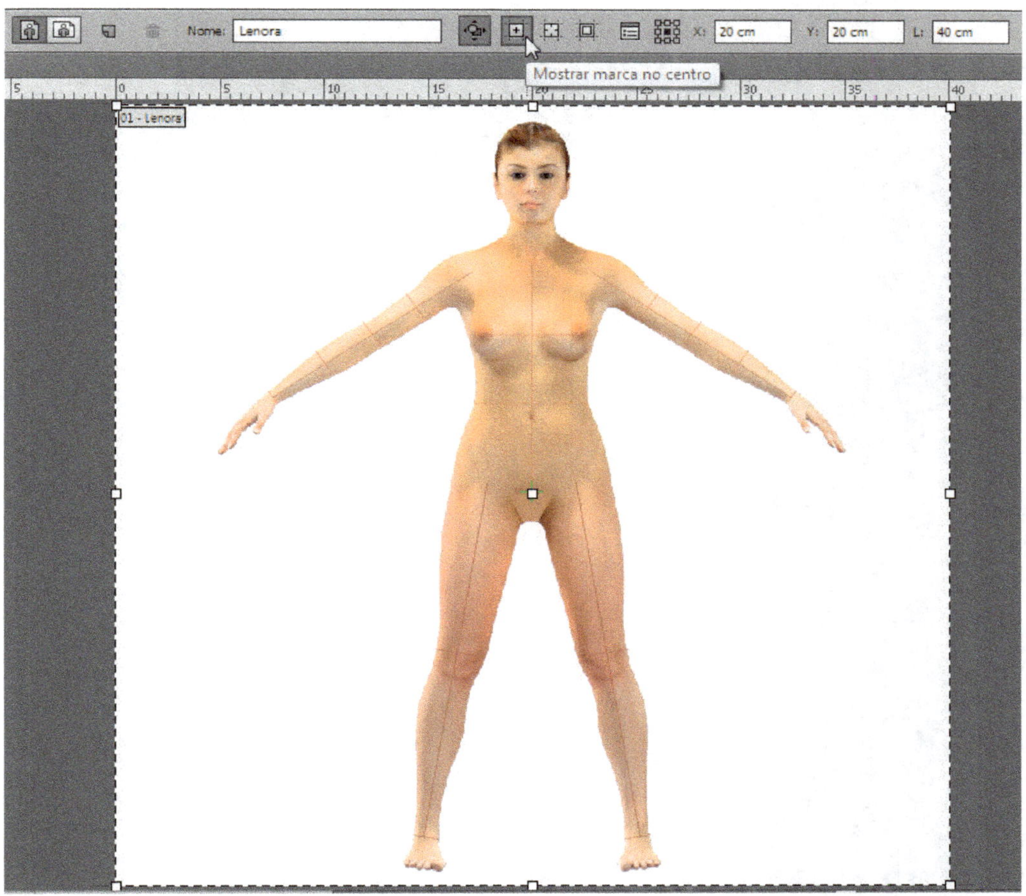

Também é possível colocar a prancheta nos modos *Retrato* ou *Paisagem* e definir um novo formato em *Opções da prancheta*.

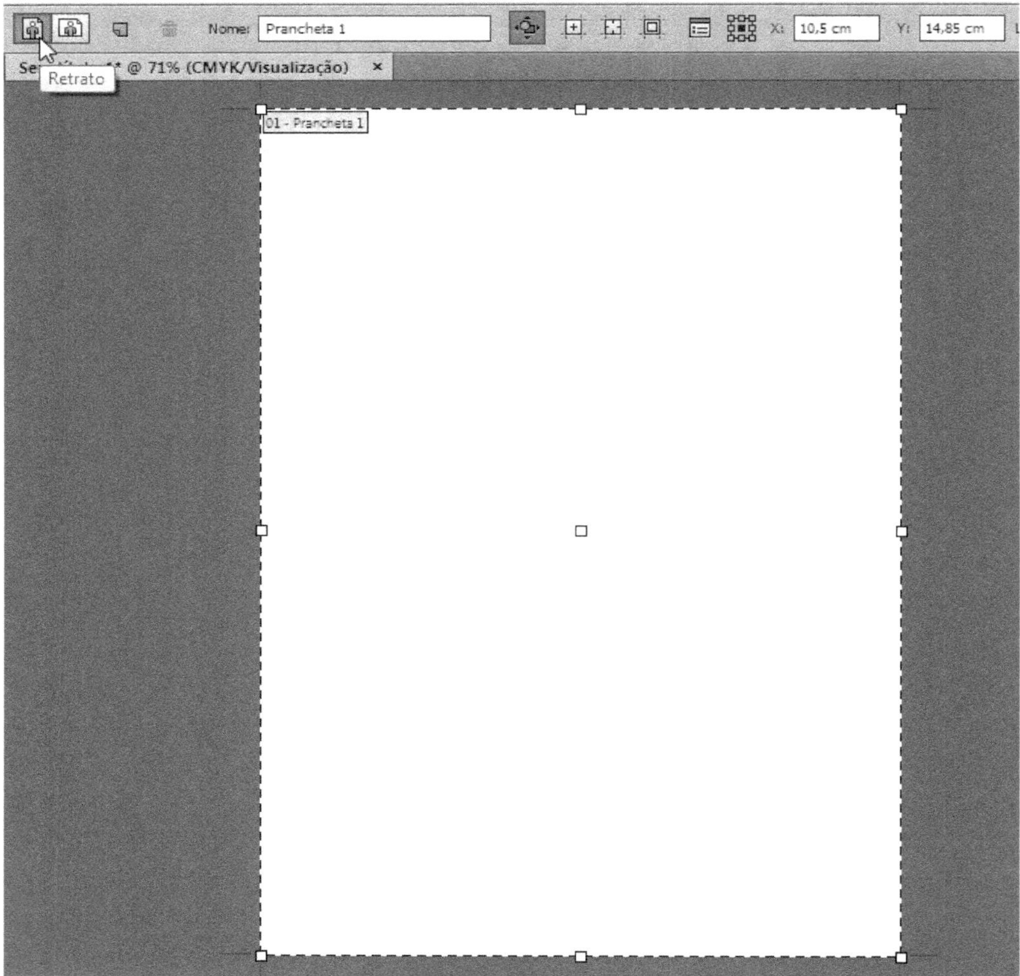

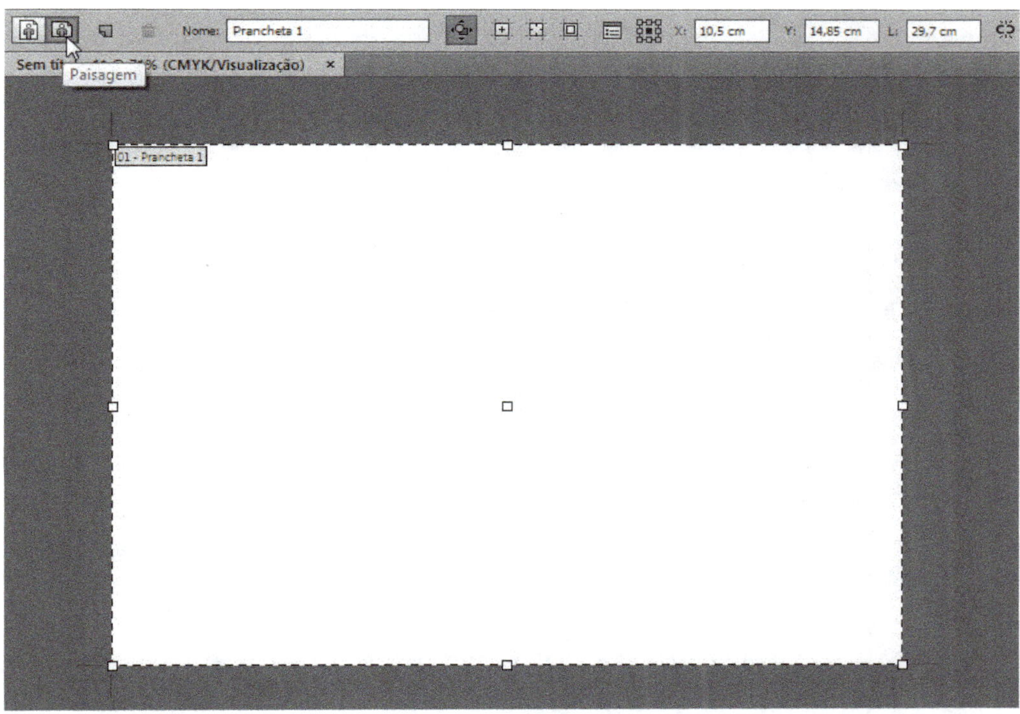
Nome: Prancheta 1
X: 10,5 cm
Y: 14,85 cm
L: 29,7 cm
Paisagem
(CMYK/Visualização)
01 - Prancheta 1

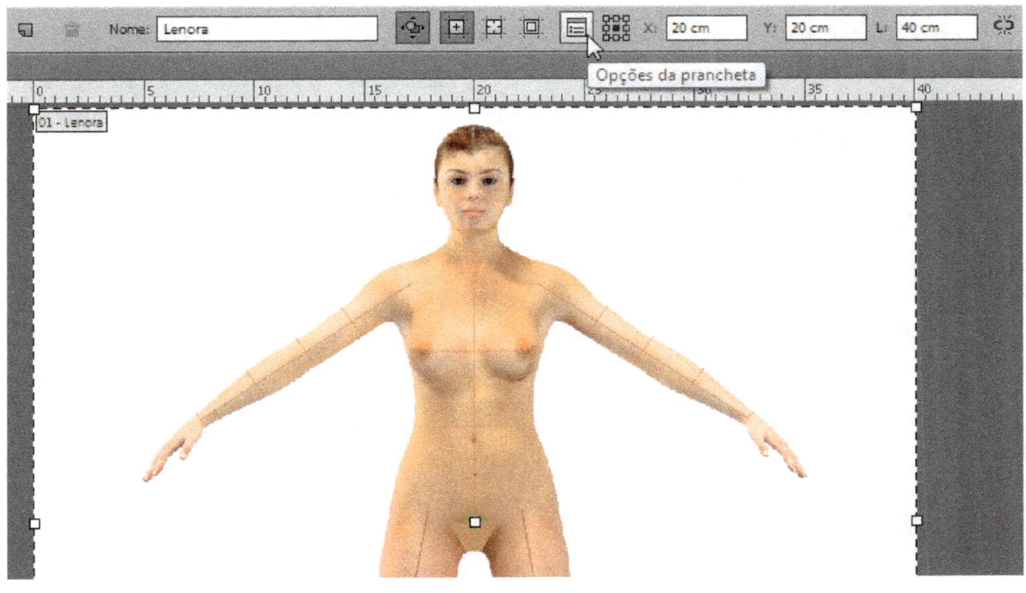
Nome: Lenora
X: 20 cm
Y: 20 cm
L: 40 cm
Opções da prancheta
01 - Lenora

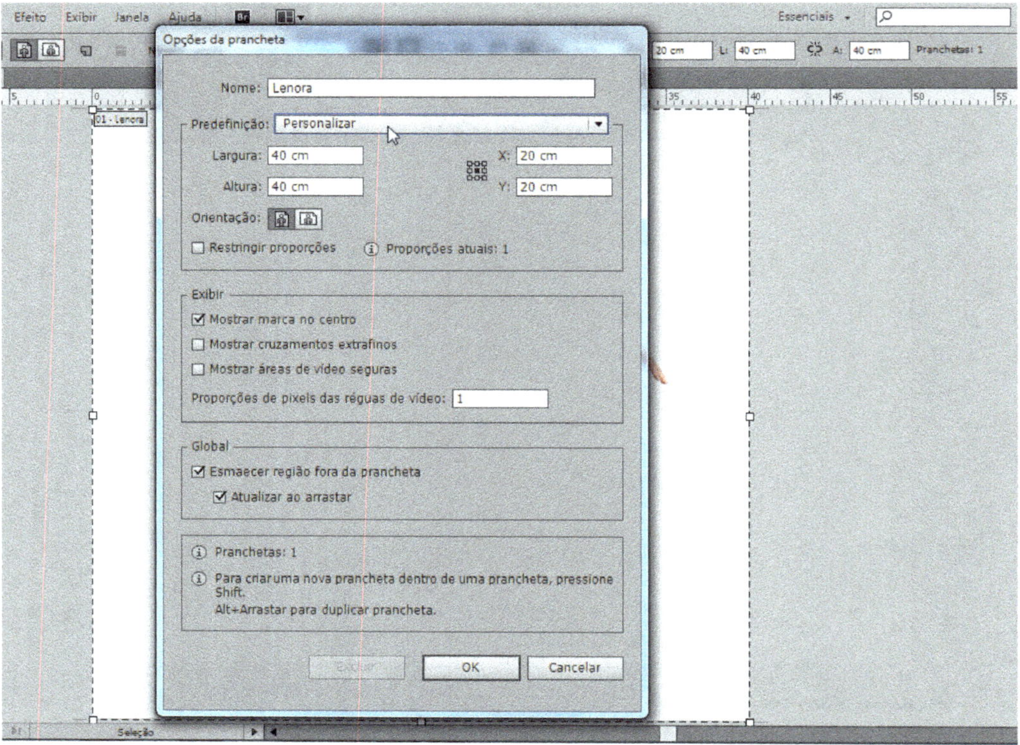

Você pode acrescentar novas pranchetas. Com a *Ferramenta Prancheta* selecionada, vá a *Nova prancheta*.

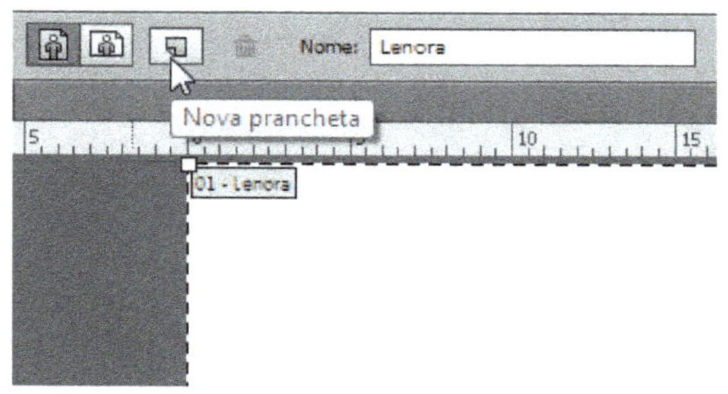

Aparecerá a área de uma prancheta igual à que já está em sua tela, acompanhando o cursor do mouse. Clique ao lado da prancheta que já está em sua tela.

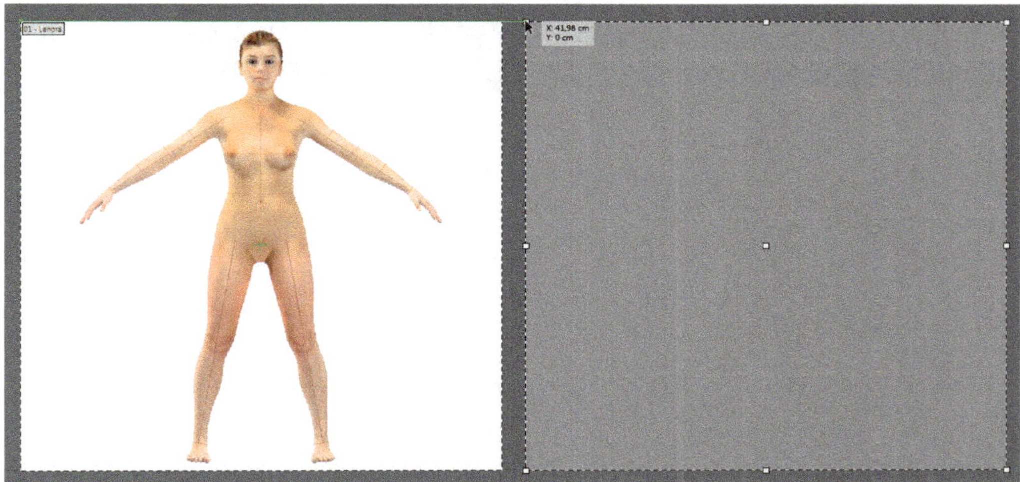

Aparecerá a nova prancheta com as mesmas opções de ajustes da primeira.

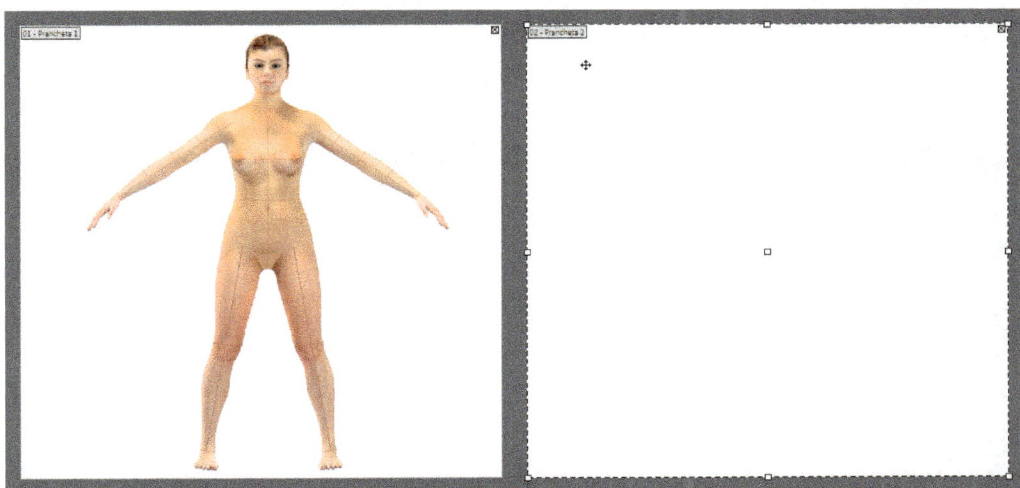

Você poderá colocar um nome na prancheta, modificar suas dimensões e colocar o centro – tudo como fez na primeira prancheta.

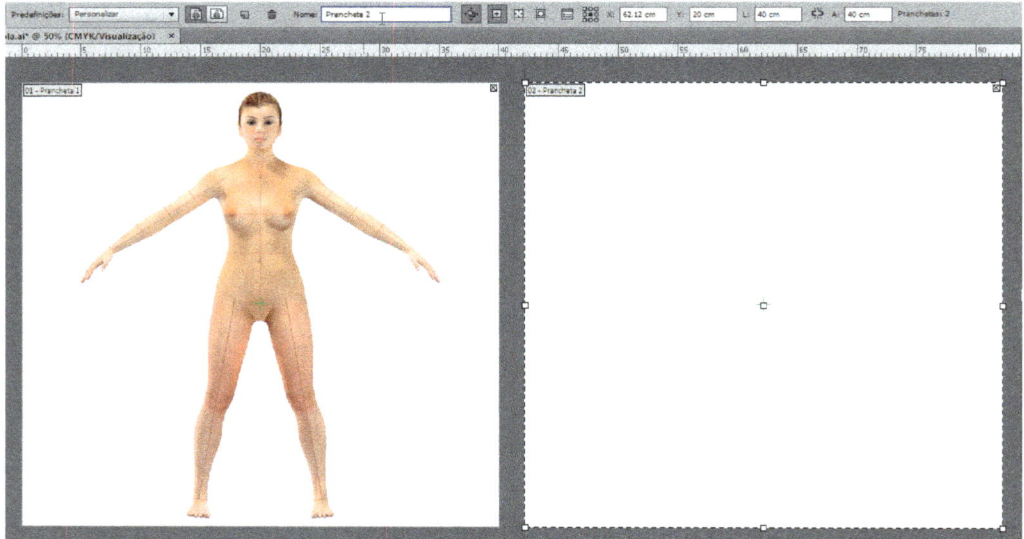

As pranchetas no Illustrator CC podem ser redimensionadas. Clique em sua base, no quadradinho branco, com a *Ferramenta Seleção* (seta preta), segure o dedo no mouse e arraste o cursor para cima. Solte o dedo do mouse.

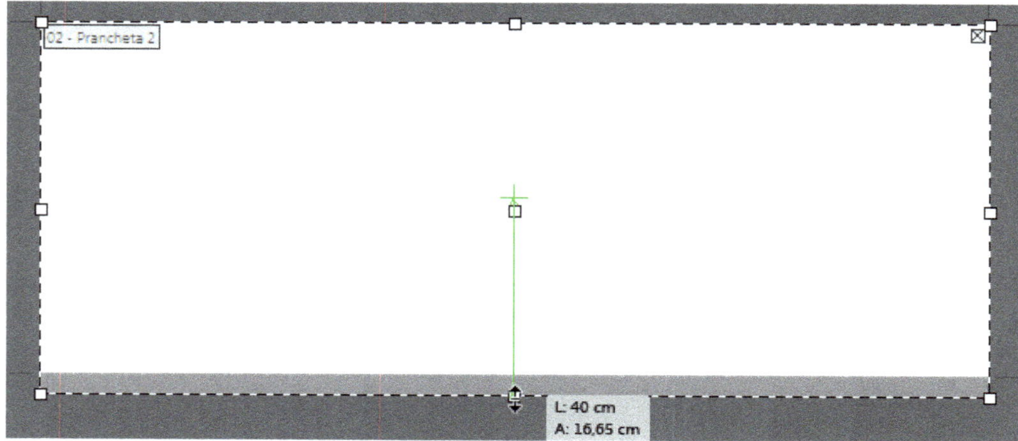

Faça experiências. Você pode criar diversas pranchetas como apoio ao seu trabalho e posicioná-las onde quiser na área de trabalho (ou *pasteboard*).

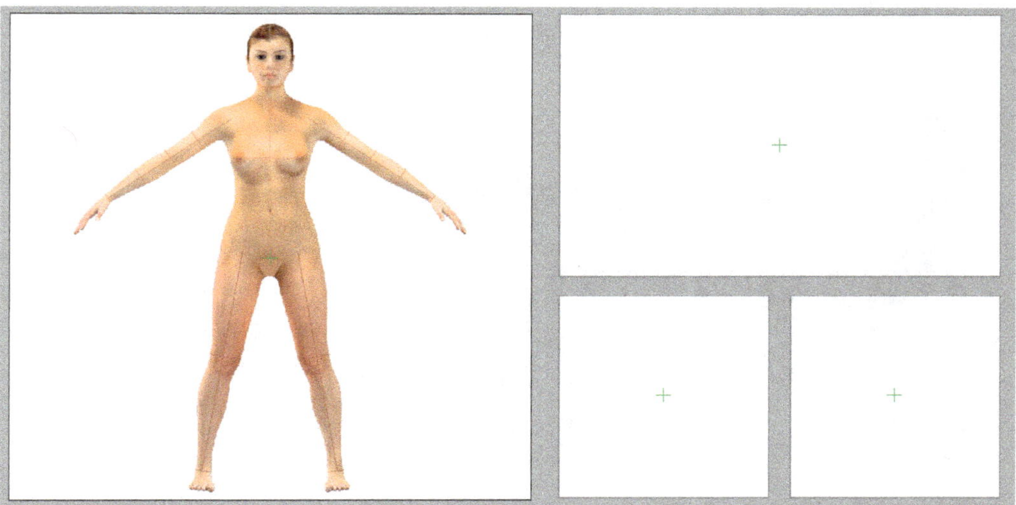

A qualquer momento, você pode criar as pranchetas e também fechá-las clicando no *X* no cantinho superior de cada uma delas.

Após personalizar a página do seu book, é interessante bloquear *Lenora* a fim de tornar mais fácil o desenho sobre ela. Assim, não há o problema de ela sair do lugar, caso você clique nela acidentalmente. Vá ao painel *Camadas*.

Depois, pressione a setinha ao lado do nome da camada.

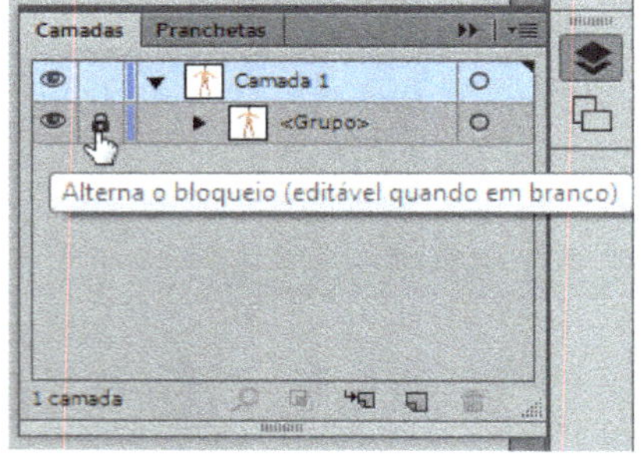

Clique na área vazia logo após o olhinho.

Com o cadeado, a camada de *Lenora* está bloqueada, impedindo assim que ela saia do lugar. Se quiser movimentá-la, clique novamente sobre o cadeado, e ela será desbloqueada.

Para desenhar a gola, vá a *Ferramenta Zoom* na caixa de ferramentas. Clique próximo à cabeça de *Lenora*, segure o dedo no mouse e arraste o cursor em diagonal, passando pelo pescoço, para aproximar a área.

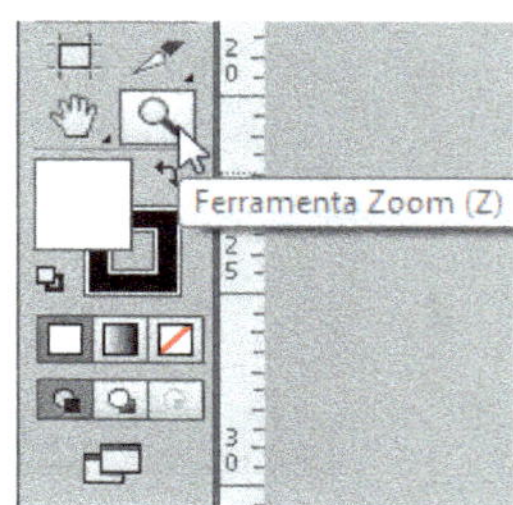

Clique no meio do pescoço de *Lenora*, solte o dedo do mouse e vá até a base do pescoço.

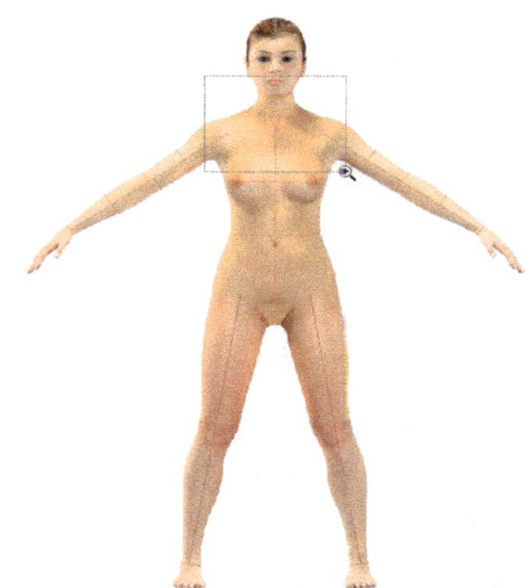

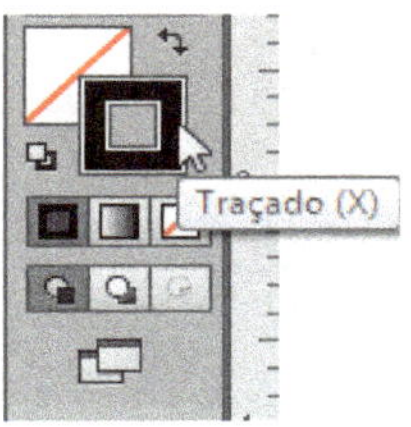

Verifique se está com a linha de contorno em preto e o preenchimento vazio. Vá a *Traçado*, no final da caixa de ferramentas, clique e escolha a cor preta no painel de amostras à direita da interface ou acima da caixa de ferramentas.

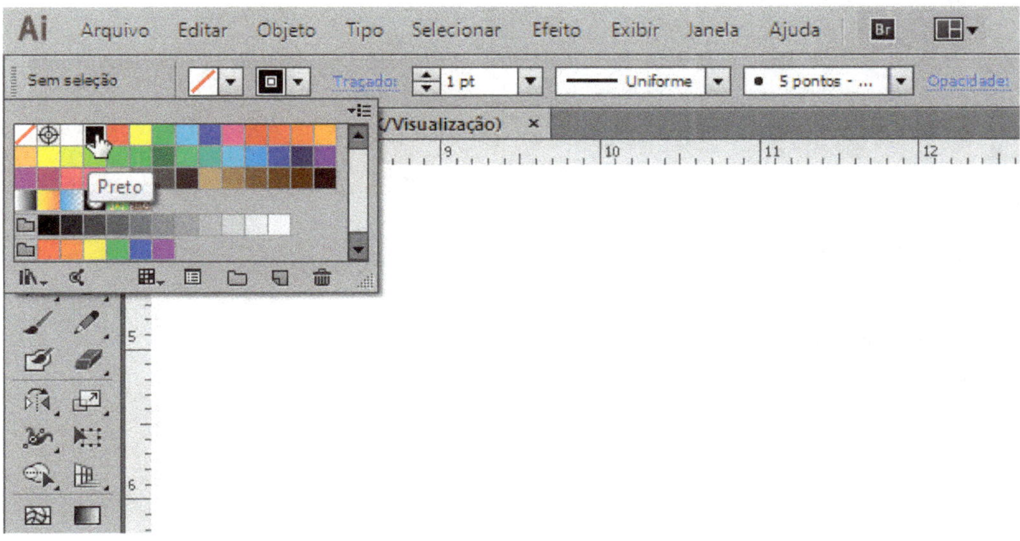

Vá à caixa de ferramentas e selecione a *Ferramenta Caneta*.

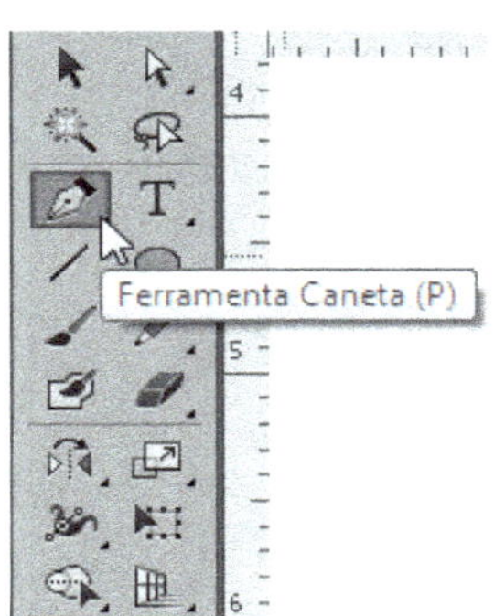

Clique no centro do pescoço de *Lenora*, solte o dedo do mouse e vá até a base do pescoço.

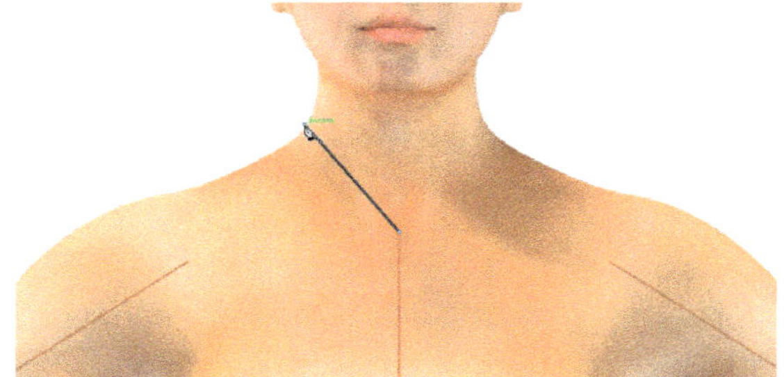

Clique uma vez e vá até o ombro; solte o dedo do mouse.

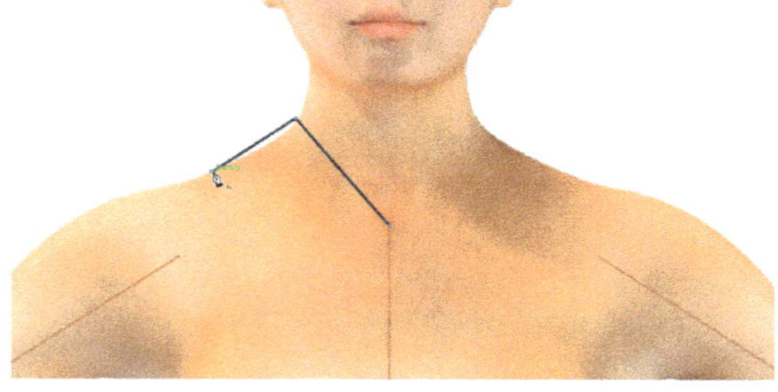

Vá até onde gostaria que fosse a ponta da gola. Solte o dedo do mouse e clique no primeiro ponto-âncora que fez para fechar o objeto.

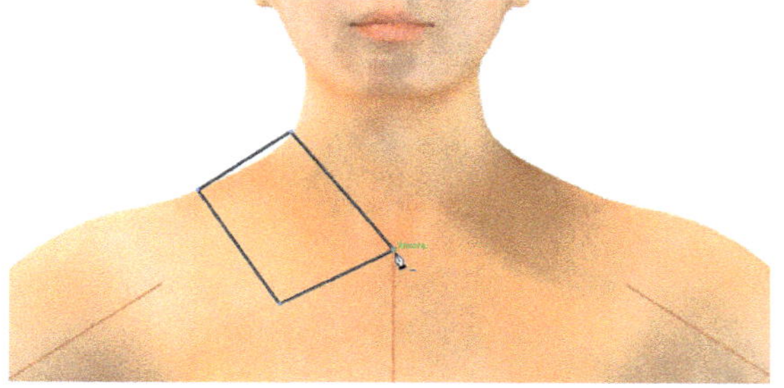

Para ajustar a gola, pressione a seta branca (*Ferramenta Seleção direta*). Selecione a gola, clique em um ponto-âncora, segure o dedo no mouse e arraste o cursor.

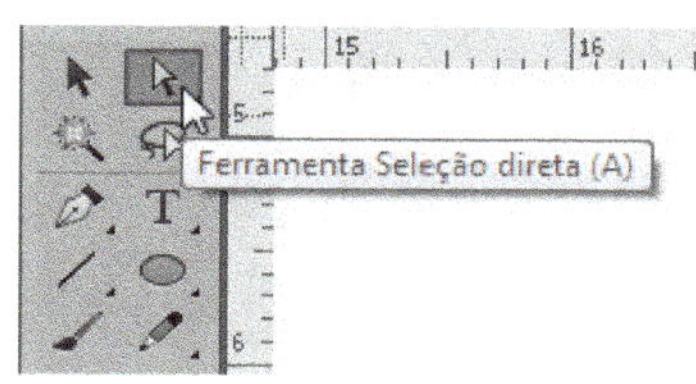

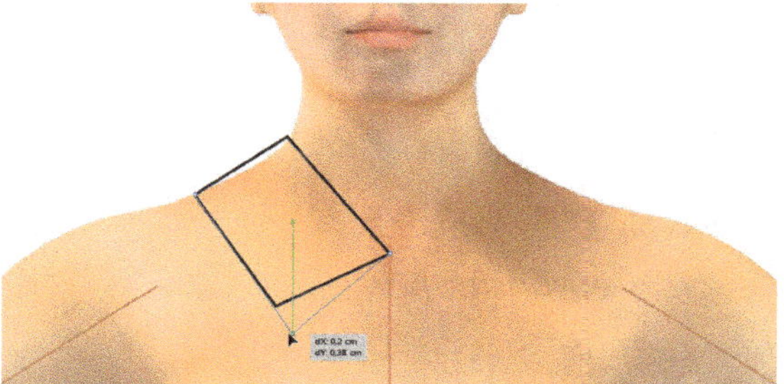

Ajuste todos os pontos-âncora para que a metade da gola fique de acordo com sua ideia e pesquisa.

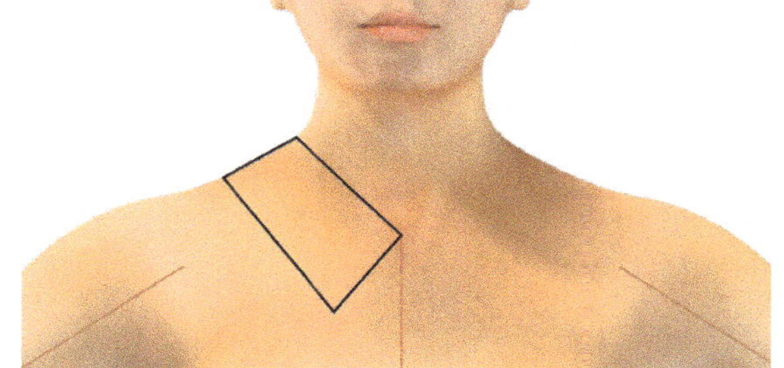

Selecione a gola com a *Ferramenta Seleção* (seta preta) e vá ao painel *Aparência*.

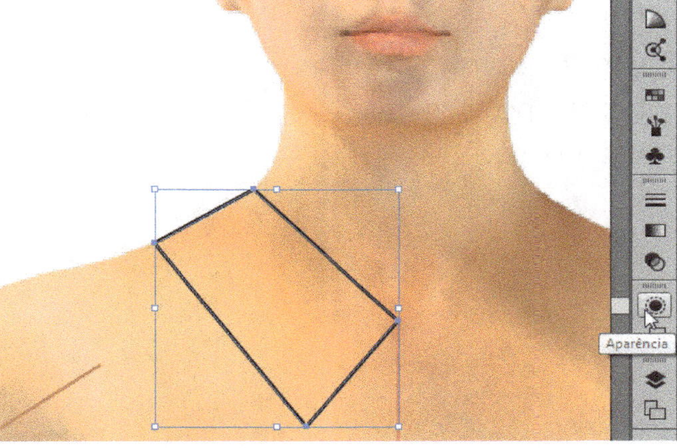

Nesse painel, vá a *Adicionar novo efeito*.

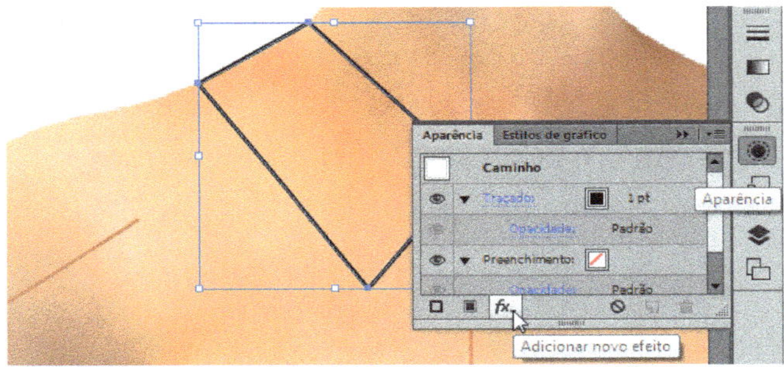

Escolha as opções *Distorcer e transformar*, *Transformar*.

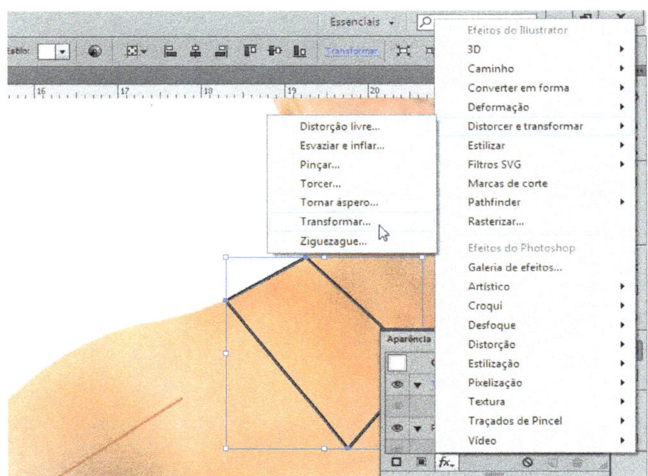

Em *Transformar*, escolha as opções mostradas ao lado.

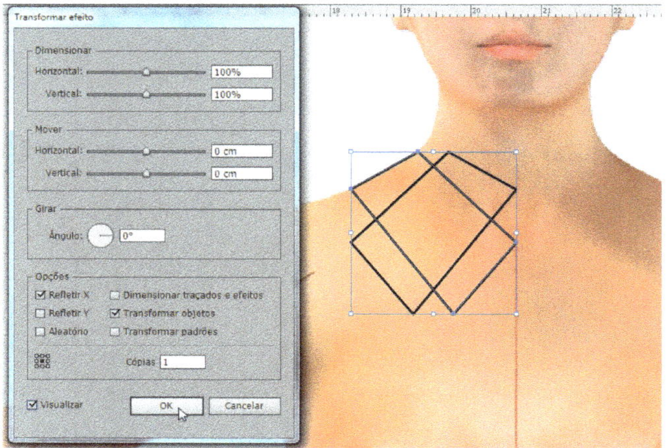

Clique também no posicionamento da gola para que ela fique na posição correta.

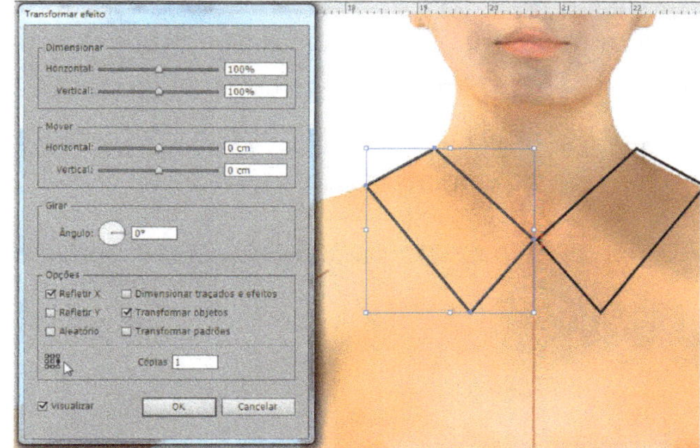

Todas as modificações que você fizer com a seta branca (*Ferramenta Seleção direta*) na metade da gola que desenhou refletirão na metade duplicada.

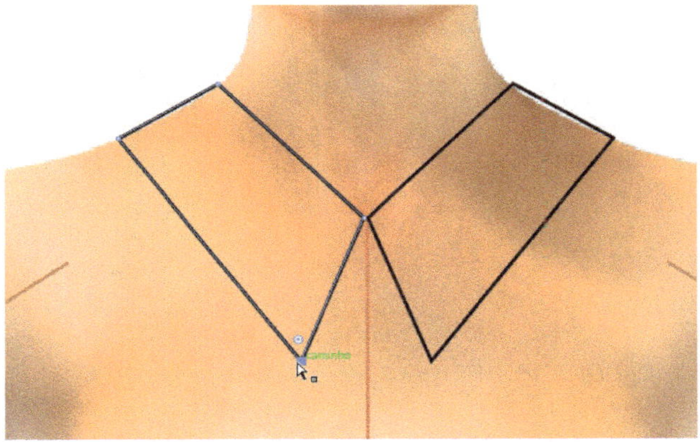

A primeira metade possui atributo de estrutura e a segunda, de aparência. A gola está em um modo de efeito no Illustrator CC. Para salvá-la como base para a criação de outras golas, você pode ocultar *Lenora*. Vá ao painel *Camadas* e clique no olhinho da camada da nossa modelo.

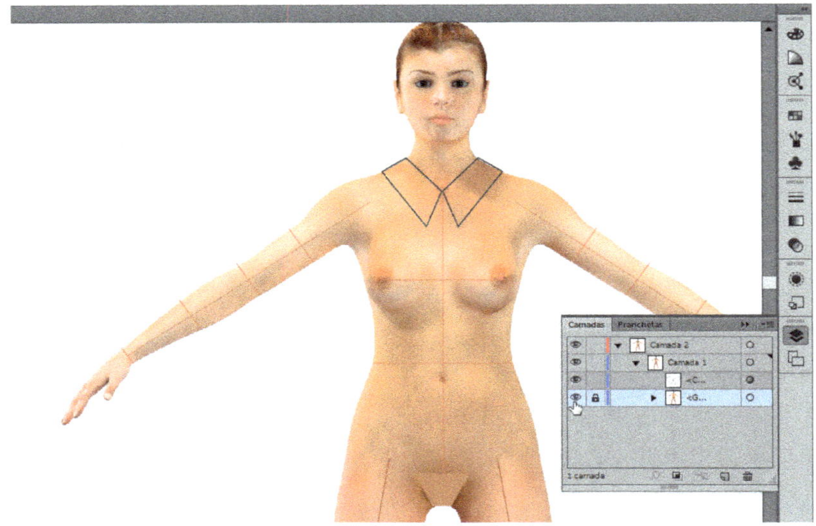

Lenora desaparecerá e ficará só a gola.

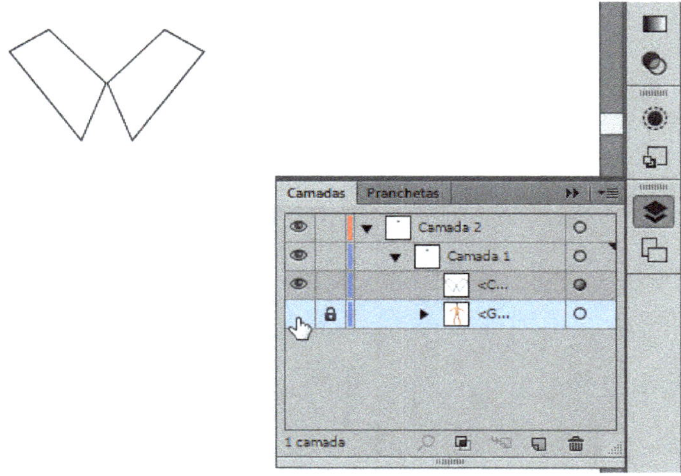

Se quiser salvar somente a gola (aconselhável), clique na camada de *Lenora* e arraste-a para o cestinho de lixo.

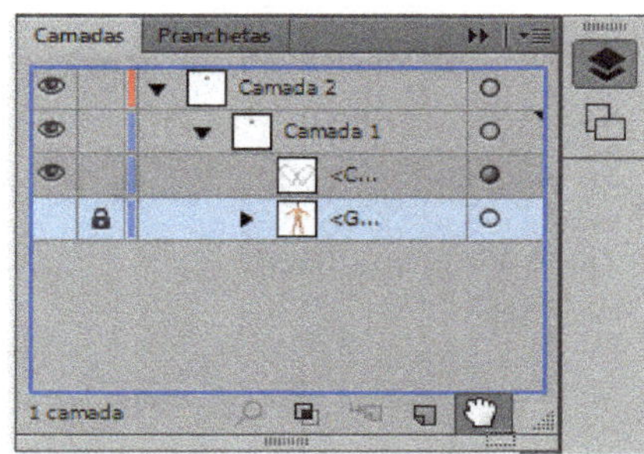

Para desenhar as costas da gola que aparecem quando ela é vista de frente, primeiro verifique se as guias inteligentes estão ativadas. Vá a *Exibir* e selecione a opção *Guias inteligentes*. Elas irão ajudá-lo no posicionamento da *Ferramenta Caneta* para o desenho das costas.

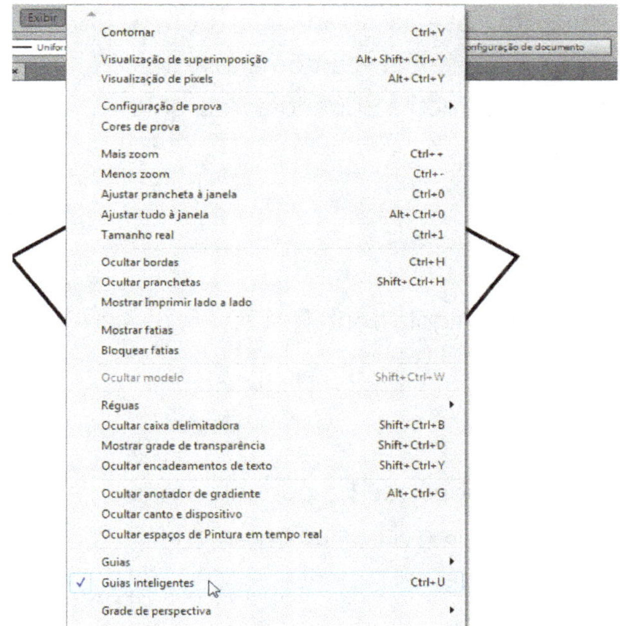

Selecione a *Ferramenta Caneta*, clique em uma ponta da gola, solte o dedo do mouse e vá até a outra ponta. Desça acompanhando a linha inclinada da gola frontal, clique e vá até o outro lado da gola.

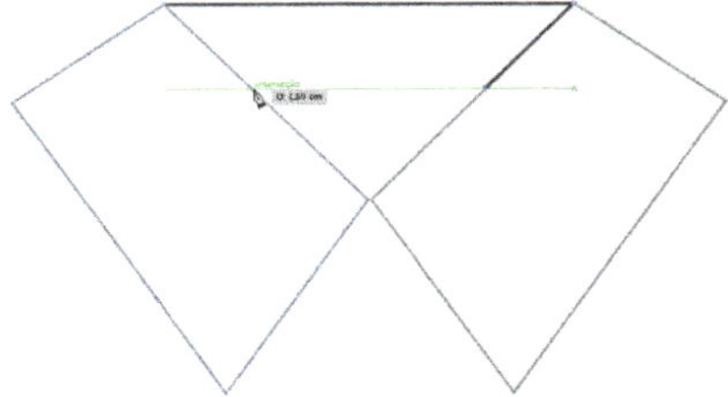

Veja que aparecem linhas de apoio que irão orientá-lo durante a construção. Por último, clique onde começou o desenho para fechá-lo.

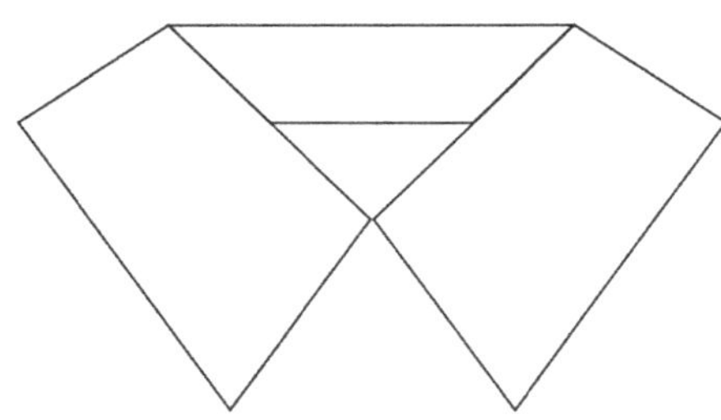

O desenho das costas também será feito com base na gola frontal. Com a *Ferramenta Caneta*, contorne os quatro pontos-âncora superiores da gola frontal.

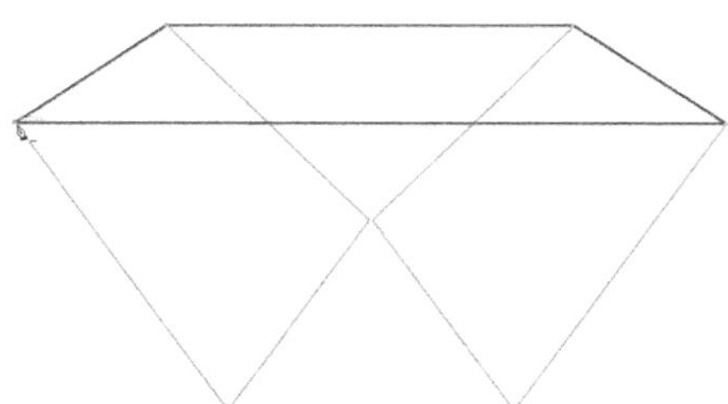

Apague a gola frontal.

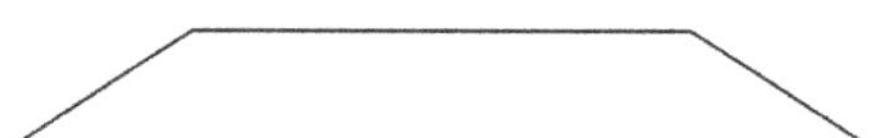

Se perceber que há pontinhas nos cantos da sua gola, selecione-a e vá a *Traçado*, no painel superior.

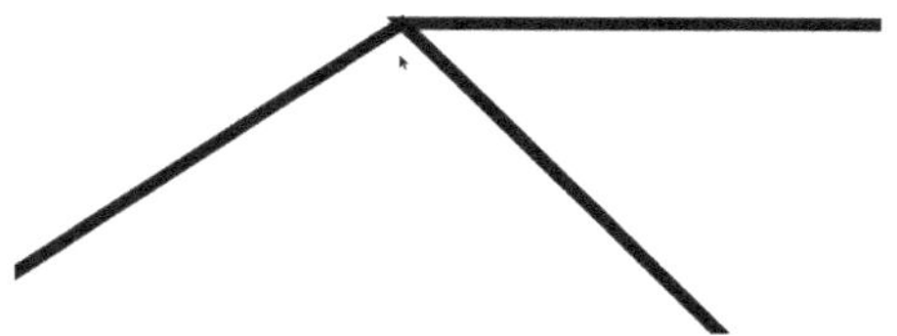

Em *Traçado*, escolha a opção *Junção arredondada*.

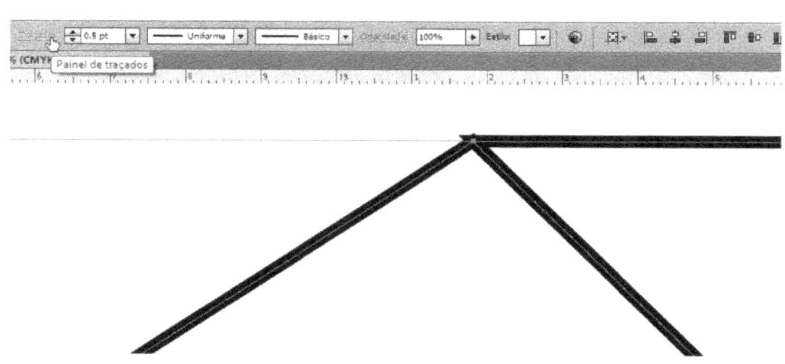

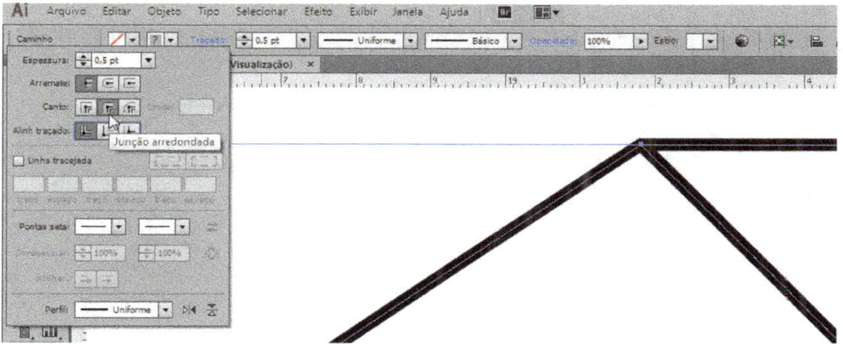

Com essa base, você poderá criar diversos modelos. Estude os acabamentos internos em golas reais e desenhe na sua gola também.

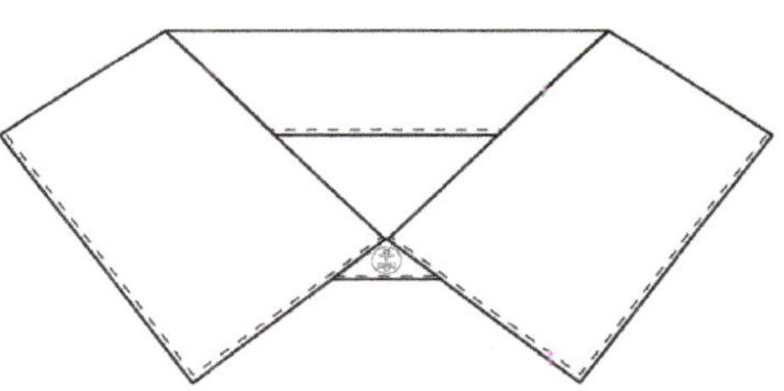

Para arredondar as pontas da gola, vá a *Ferramenta Ponto de ancoragem* na caixa de ferramentas.

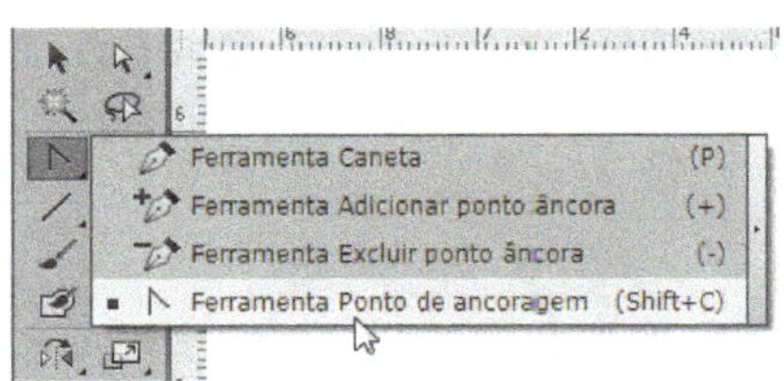

Clique na ponta com a ferramenta, segure o dedo no mouse e arraste o cursor na horizontal.

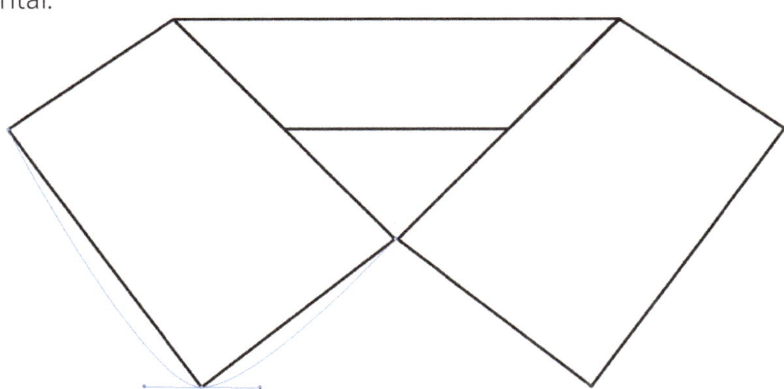

Faça os ajustes clicando nos vetores azuis com a *Ferramenta Ponto de ancoragem*.

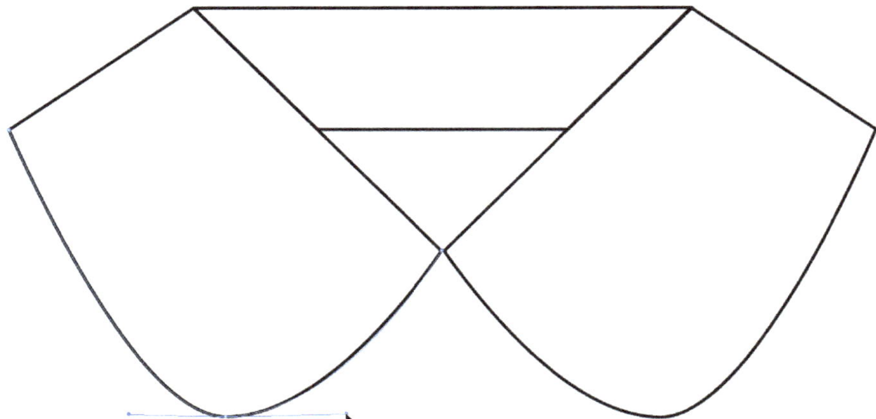

Se necessário, acrescente pontos-âncora para ajustar segmentos da gola. Vá a *Ferramenta Adicionar ponto-âncora*.

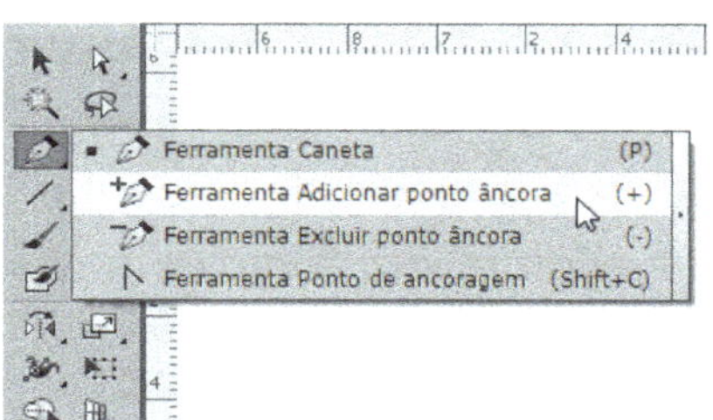

Clique no ponto do segmento da gola para acrescentar o ponto-âncora.

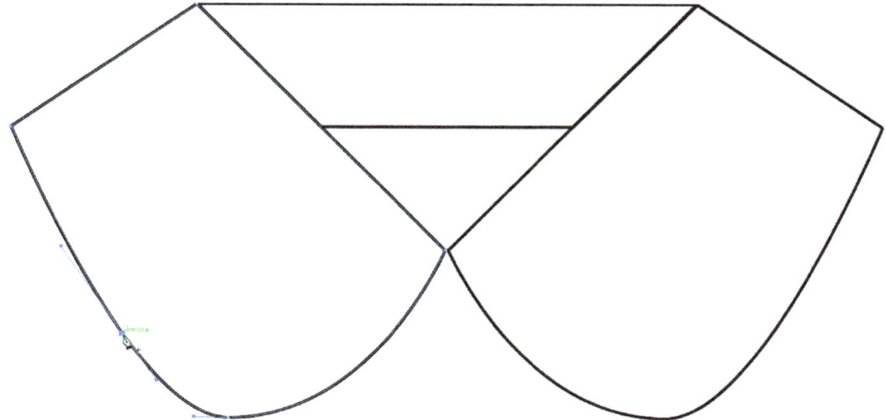

Selecione a seta branca (*Ferramenta Seleção direta*) e clique no vetor azul, segure o dedo no mouse e empurre o cursor em direção ao ponto--âncora.

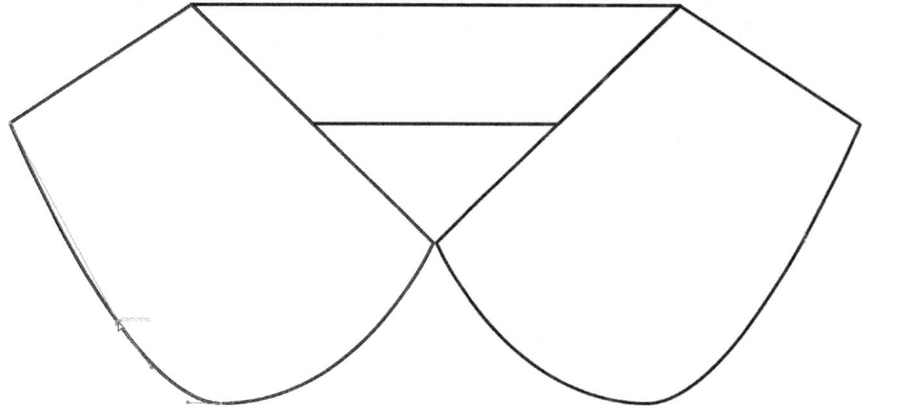

Ao empurrar um vetor em direção a um ponto-âncora, a linha curva se transforma em linha reta.

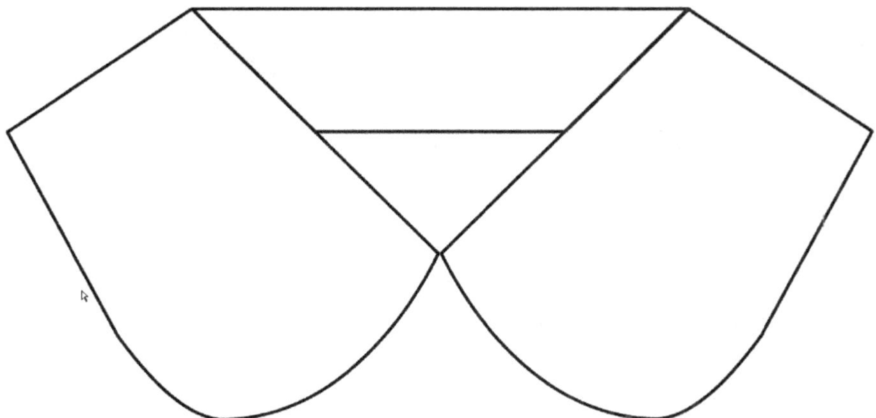

Para ajustar a ponta redonda da gola, com a seta branca (*Ferramenta Seleção direta*), clique no ponto-âncora que acrescentou e vá a *Converter pontos-âncora selecionados em suave* para suavizar a curva.

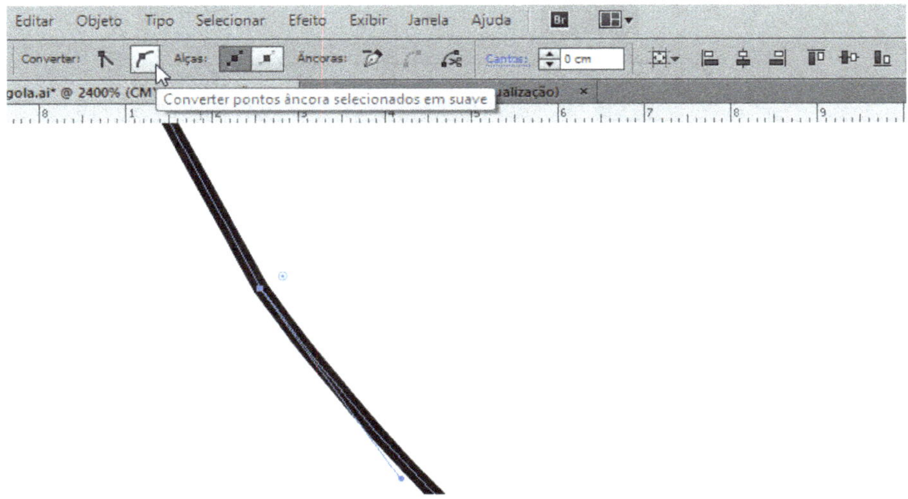

Faça o mesmo para o ponto-âncora na ponta da gola. Sempre ajuste os pontos-âncora com a seta branca.

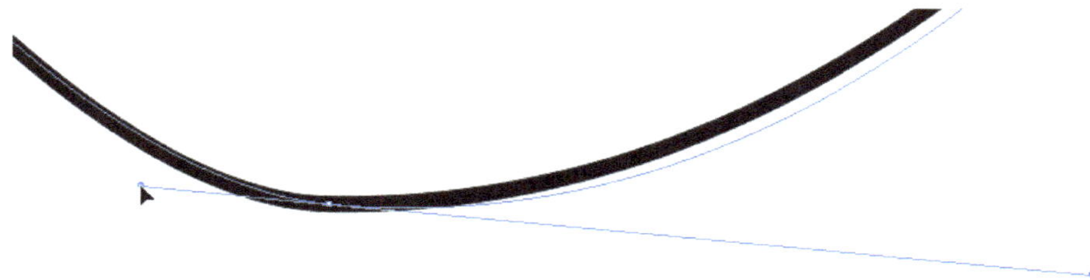

Veja como ficou a gola após o ajuste das linhas curvas. A metade da gola duplicada pelo painel *Transformar* acompanhará todas as mudanças.

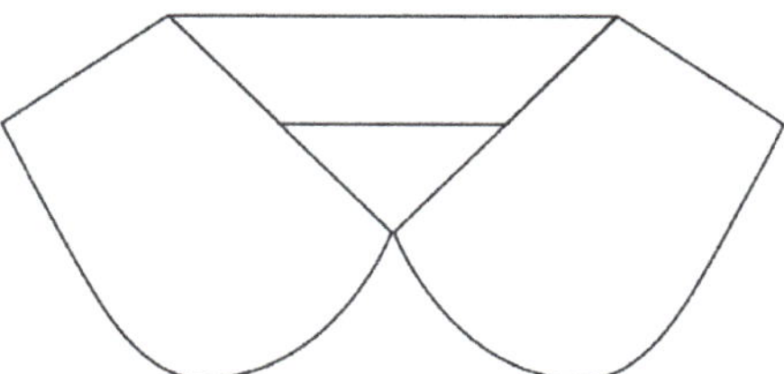

Crie uma pasta para colocar todas as golas que desenhar. Todas as vezes que precisar de uma gola, verifique se já não há uma em sua biblioteca ou procure desenhar a partir de uma base de gola que já criou.

Ao finalizar os ajustes da gola, vá a *Arquivo*, *Salvar como*, escolha sua pastinha de golas e salve a primeira gola como *Base da gola* (essa gola está com o efeito *Transformar* do Illustrator CC) e os modelos que criar com base nela.

Crie os modelos de gola que você usará em sua coleção. Para colocar costuras, clique na metade da gola que desenhou primeiro e vá a *Editar*, *Copiar*.

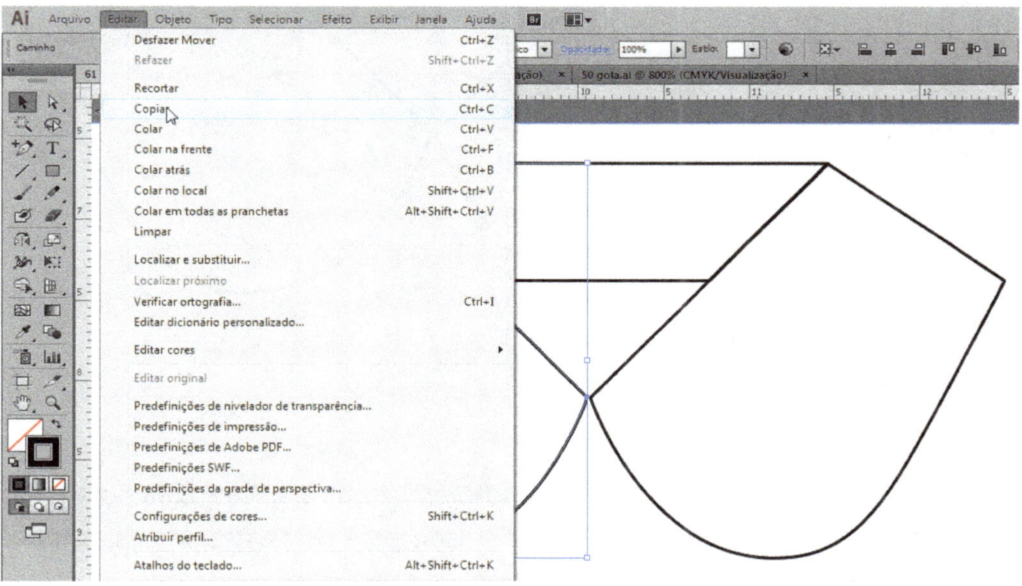

Depois, vá a *Editar*, *Colar na frente* para colar a metade exatamente em cima da primeira.

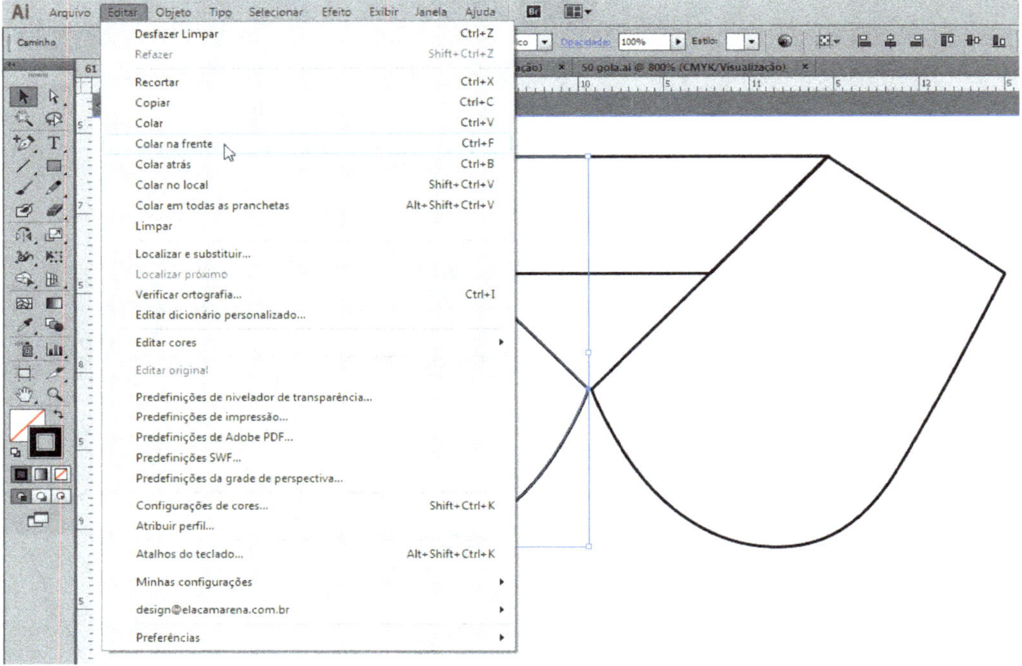

Com a seta branca (*Ferramenta Seleção direta*), faça os ajustes para posicionar a gola como costura. Você terá mais liberdade para os ajustes se desabilitar a opção *Guias inteligentes*. Vá a *Exibir* e clique em *Guias inteligentes* para desabilitar essa opção.

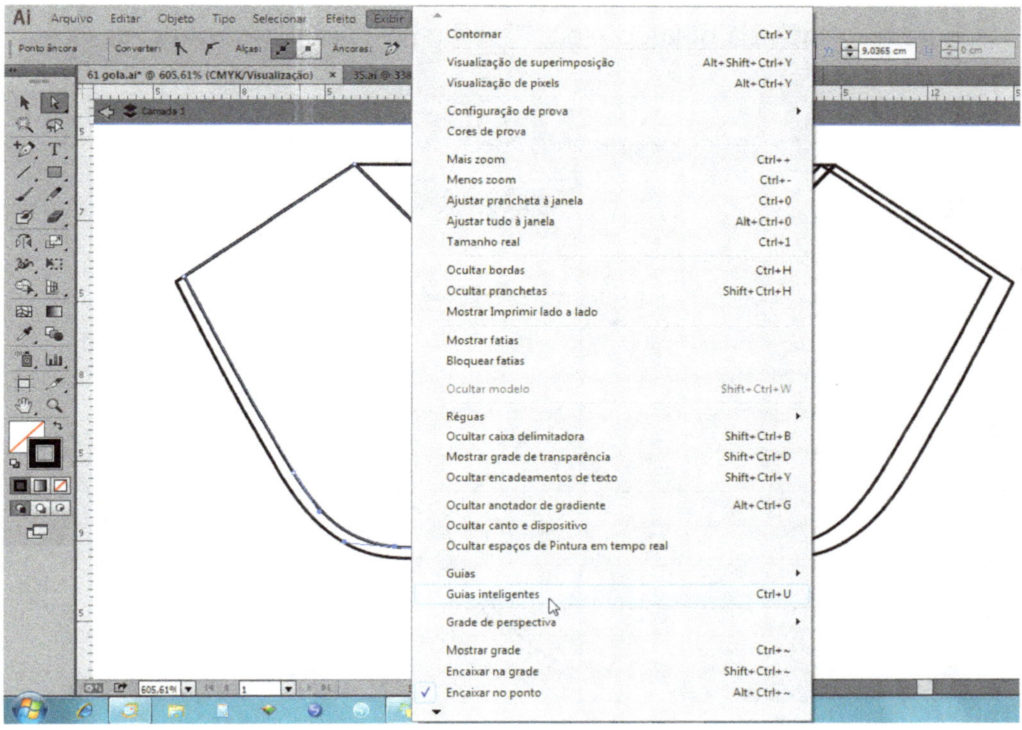

Quando você modifica a metade da gola que está usando para ser a costura, isso também se reflete na metade duplicada. Mas, neste caso, o posicionamento não ficará correto.

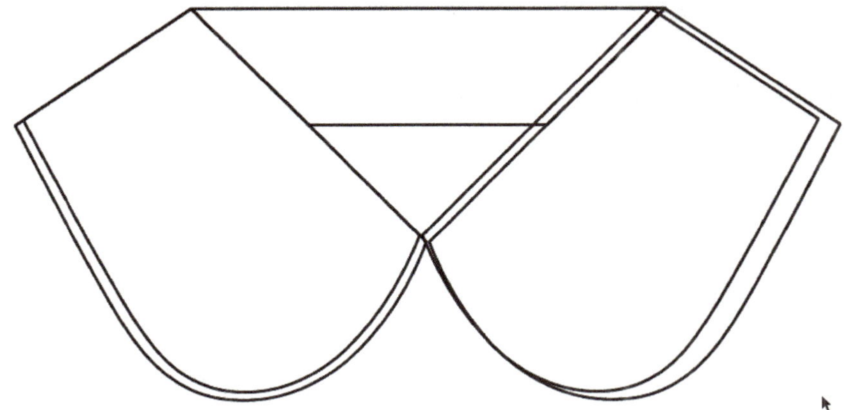

Libere a metade da gola do efeito *Transformar* clicando nas opções *Objeto, Expandir aparência*.

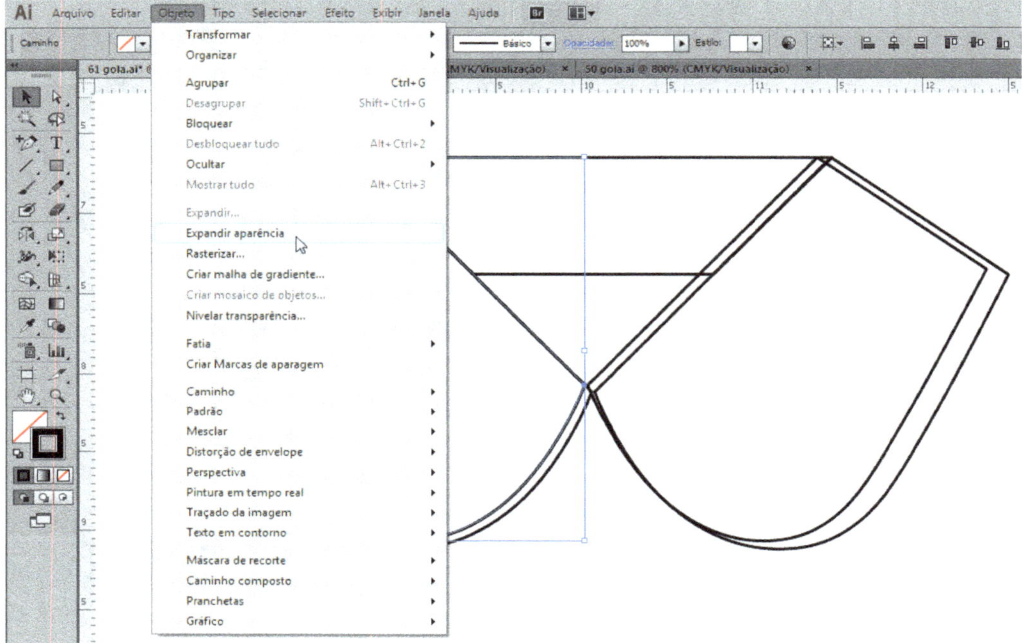

Quando você usa essa opção, o efeito *Transformar* deixa de atuar no objeto e passa a ter atributo de estrutura, não só de aparência.

Com o botão direito do mouse, clique novamente na metade que será usada como costura com a *Ferramenta Seleção* (seta preta) e escolha a opção *Desagrupar*. As duas partes da gola irão se separar.

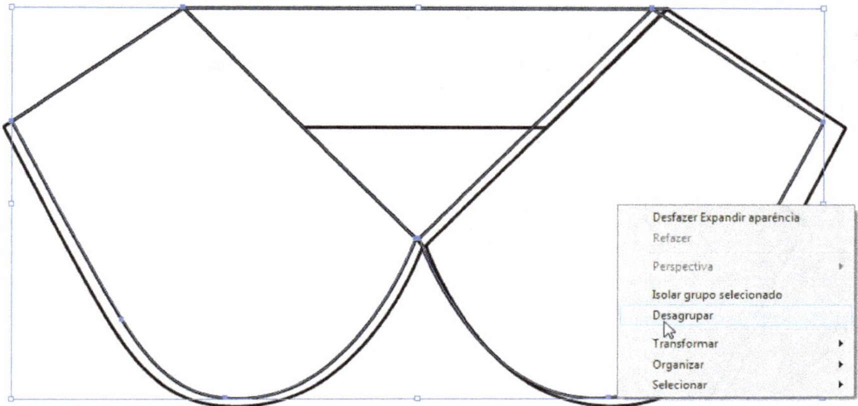

Agora, apague a metade que estava sob o efeito *Transformar*.

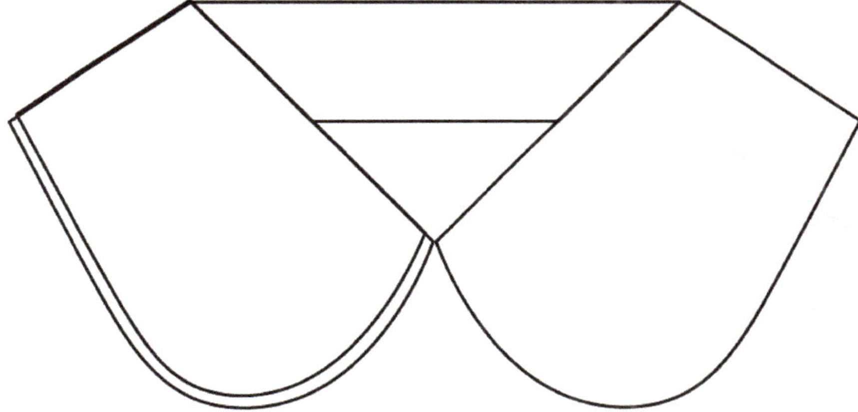

Para eliminar as linhas da gola que não farão parte da costura, clique no ponto-âncora com a seta branca (*Ferramenta Seleção direta*) e vá a *Recortar caminho nos pontos-âncora selecionados*.

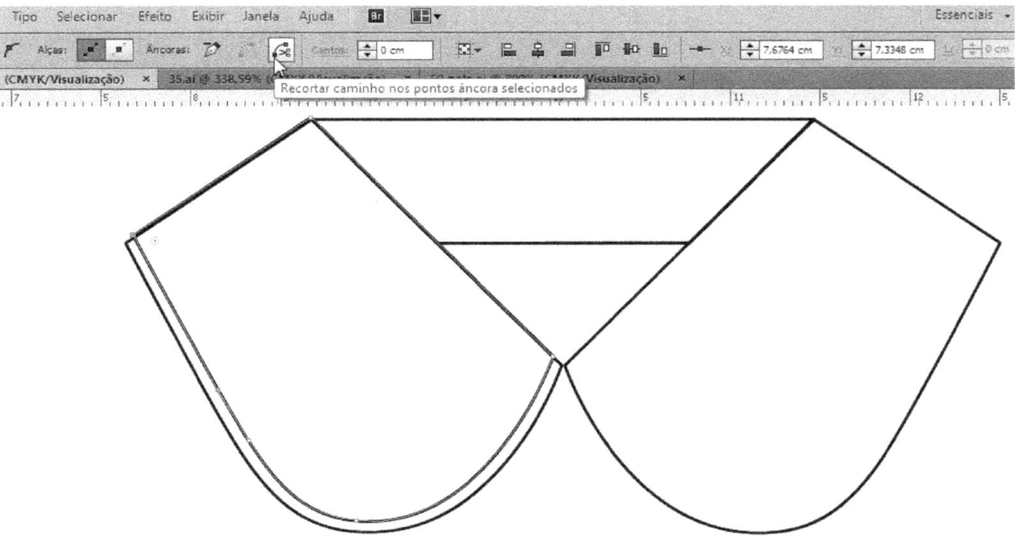

Faça o mesmo no outro ponto-âncora no centro da gola.

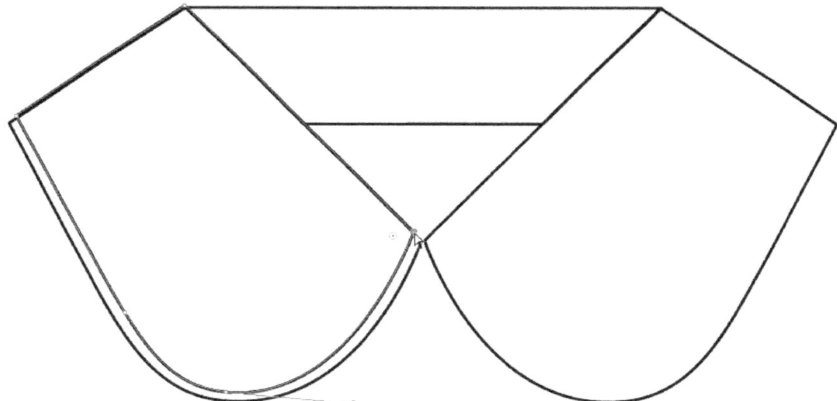

Com a seta branca (*Ferramenta Seleção direta*), clique nos segmentos que deverão ser apagados e pressione *Delete* (no teclado).

Lembre-se de que, para salvar cada gola para usar diversas vezes, vale a pena desenhar cada uma com bastante cuidado.

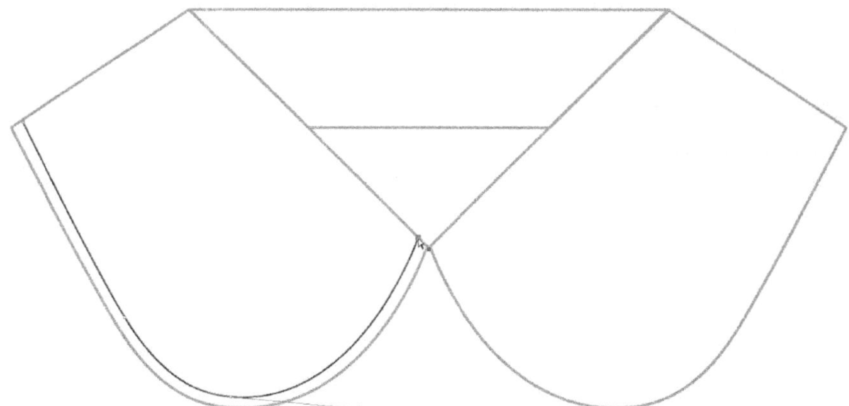

Ajuste a linha de costura, selecione a costura com a *Ferramenta Seleção* (seta preta) e coloque uma linha tracejada no painel *Traçado*.

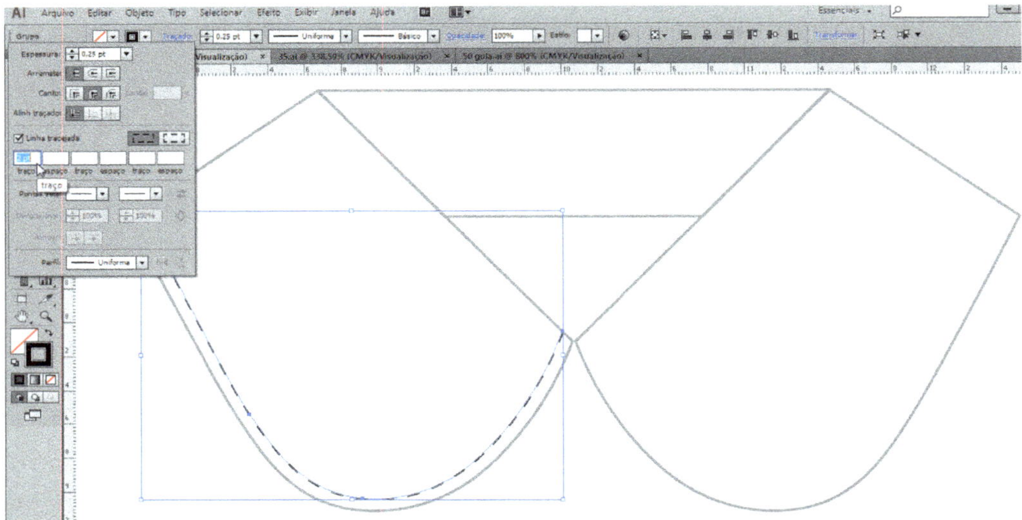

Para duplicar a costura, selecione-a com a *Ferramenta Seleção*, vá a *Editar*, *Copiar* e novamente a *Editar*, *Colar na frente*. Com a costura selecionada, vá a *Ferramenta Refletir*, na caixa de ferramentas.

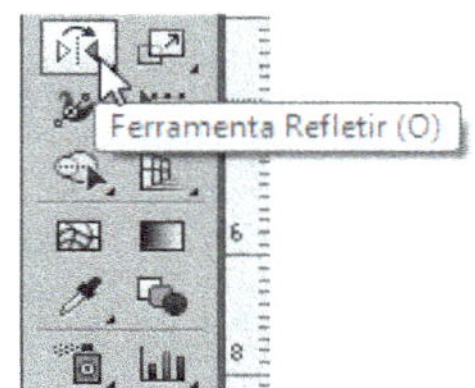

Clique no meio da primeira gola e arraste o cursor na horizontal com a tecla *Shift* pressionada para posicionar uma cópia refletida da metade da gola.

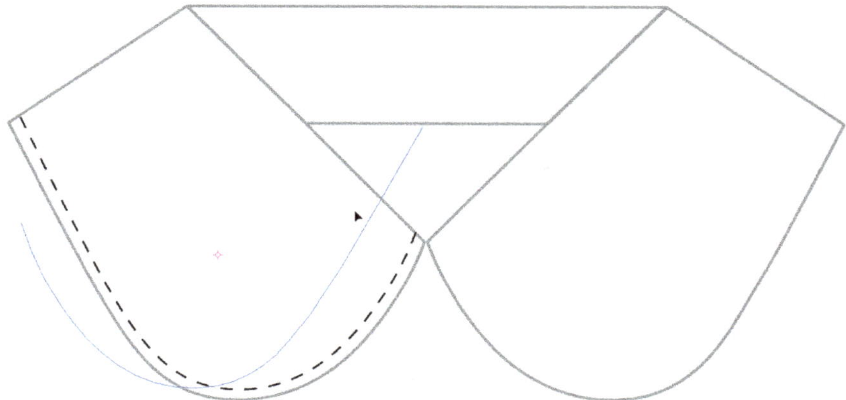

Posicione a costura na segunda metade da gola. Veja que agora a costura foi duplicada pela *Ferramenta Refletir*, que tem essa única função; portanto, ela não estará em modo de efeito, como o desenho da gola que você refletiu com a ferramenta *Transformar*. Para posicionar a costura, clique nela com a *Ferramenta Seleção* e, enquanto arrasta o cursor, pressione a tecla *Shift* para manter o alinhamento.

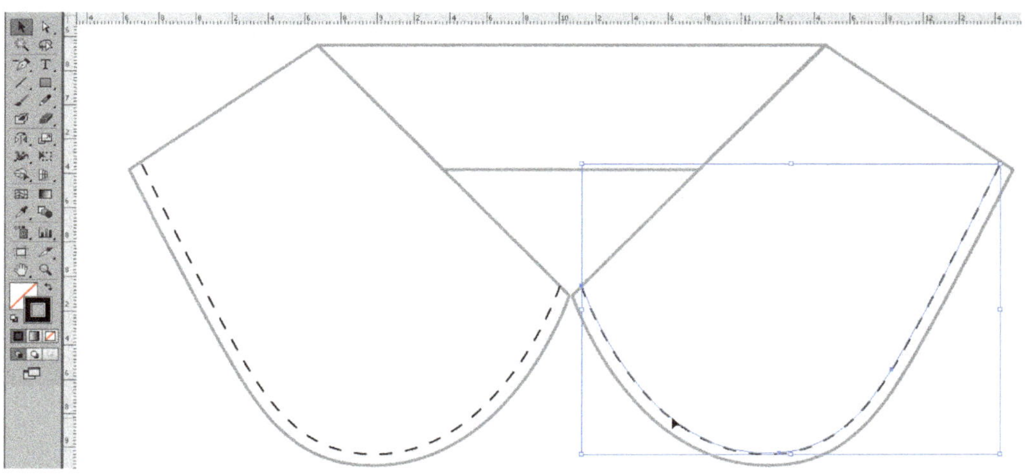

Coloque todos os detalhes na gola, como costuras e botão, mas faça isso com base na observação de uma peça real. Se quiser liberar a primeira metade da gola do efeito *Transformar* para modificar as duas metades de forma independente, clique na metade da gola e vá a *Objeto*, *Expandir aparência*.

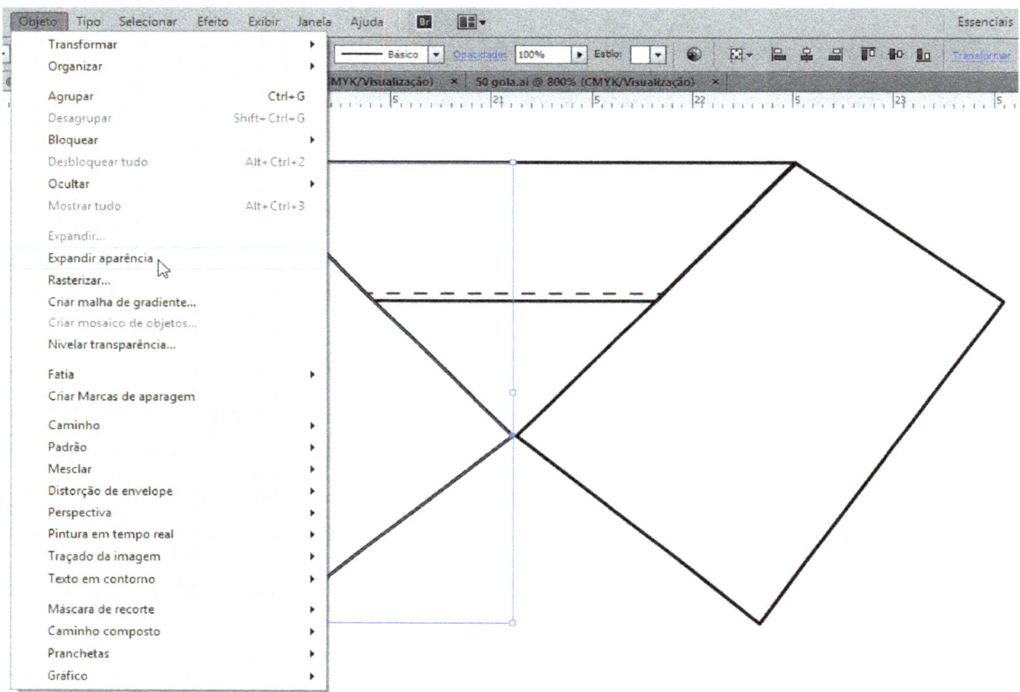

Feito isso, as duas metades ficarão independentes e deixarão o modo de efeito.

Agora, é possível distanciar uma metade da outra para criar um novo modelo de gola.

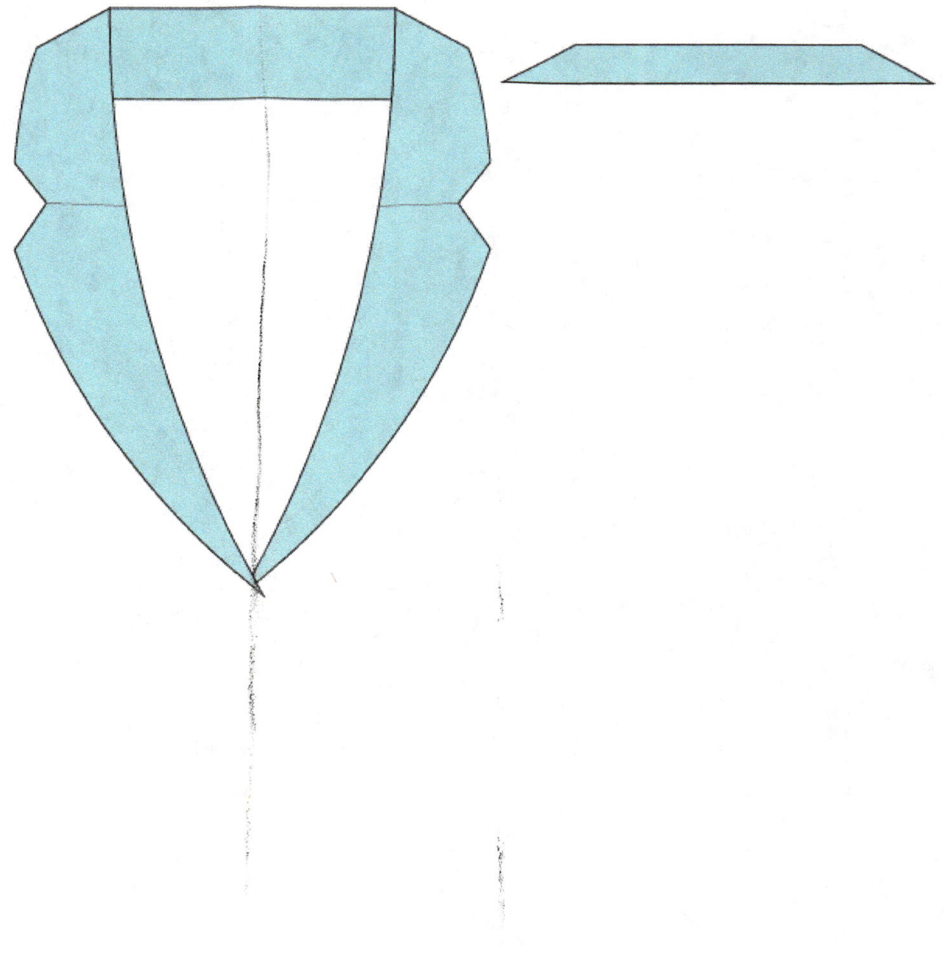

8. DECOTE

Abra o arquivo com o corpo digital *Lenora*. Vá a *Arquivo*, *Abrir* e à pastinha na qual salvou *Lenora*.

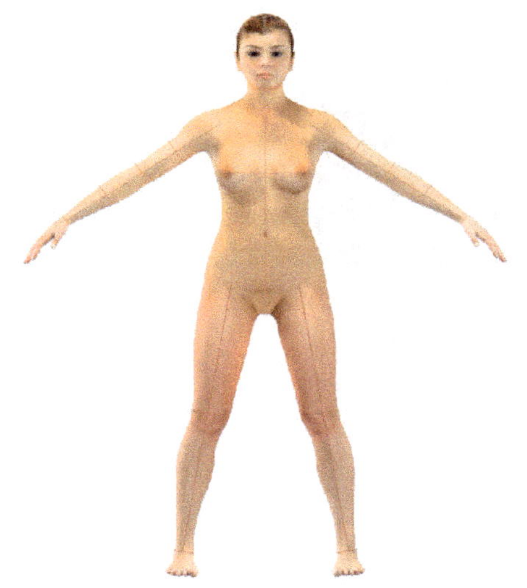

Vá a *Camadas* e bloqueie *Lenora* para poder desenhar sobre ela.

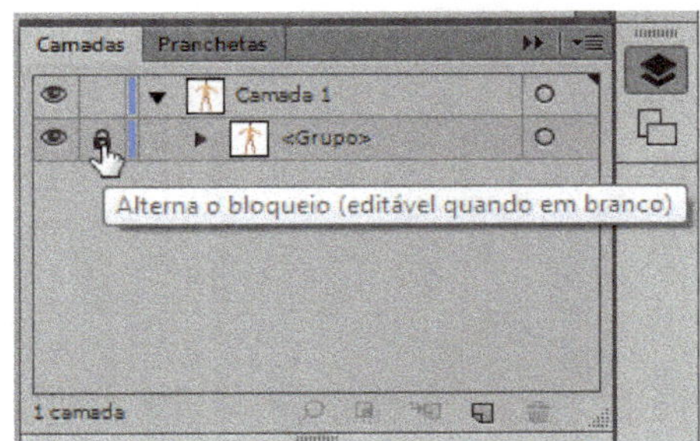

Com a *Ferramenta Zoom*, aproxime a região do pescoço do corpo digital.

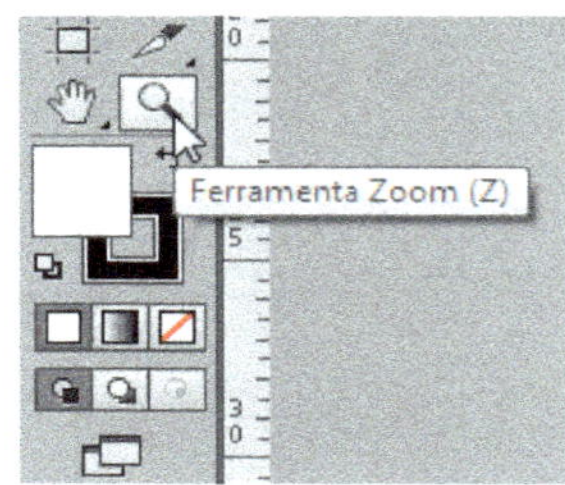

Na caixa de ferramentas, selecione a *Ferramenta Arco*.

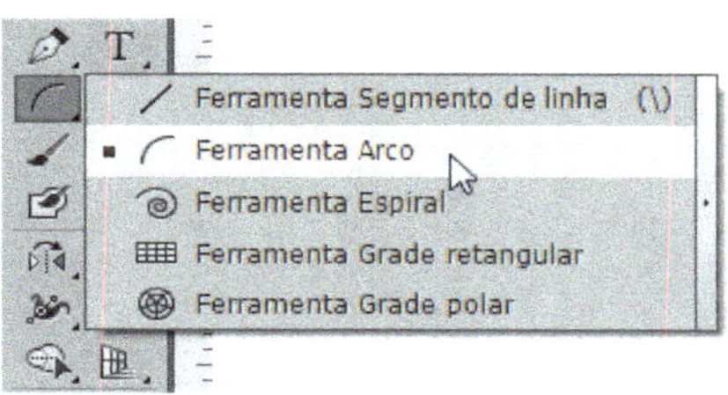

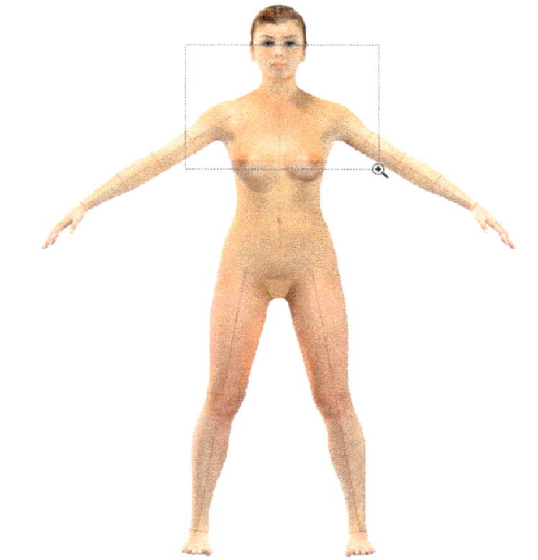

Clique na lateral do pescoço de *Lenora*, segure o dedo no mouse e arraste o cursor até o centro do pescoço.

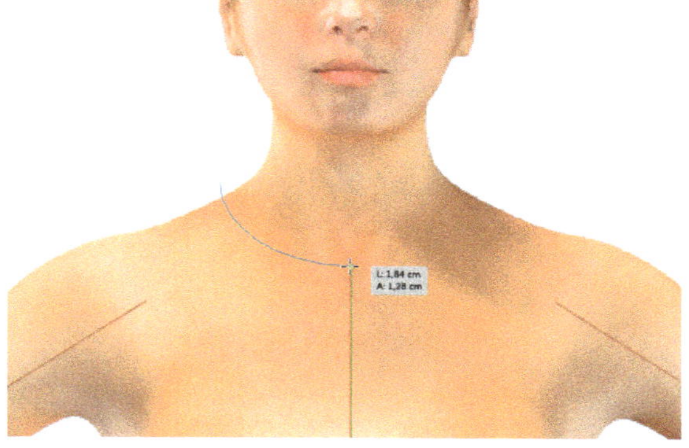

Solte o dedo do mouse.

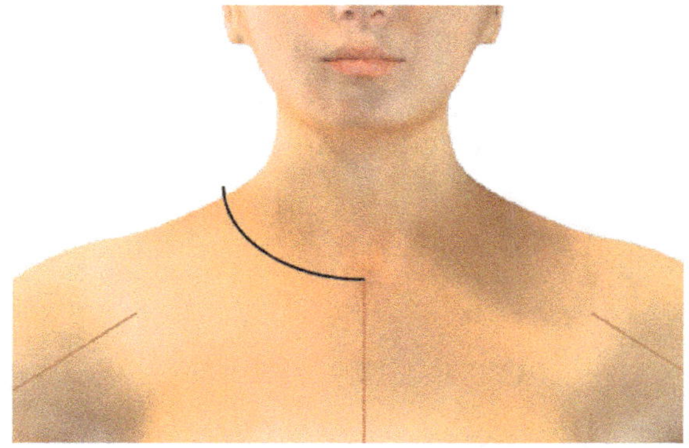

Com a linha selecionada com a *Ferramenta Seleção* (seta preta), vá à opção de espessura de linha e escolha um valor que esteja de acordo com a largura que quiser para o decote.

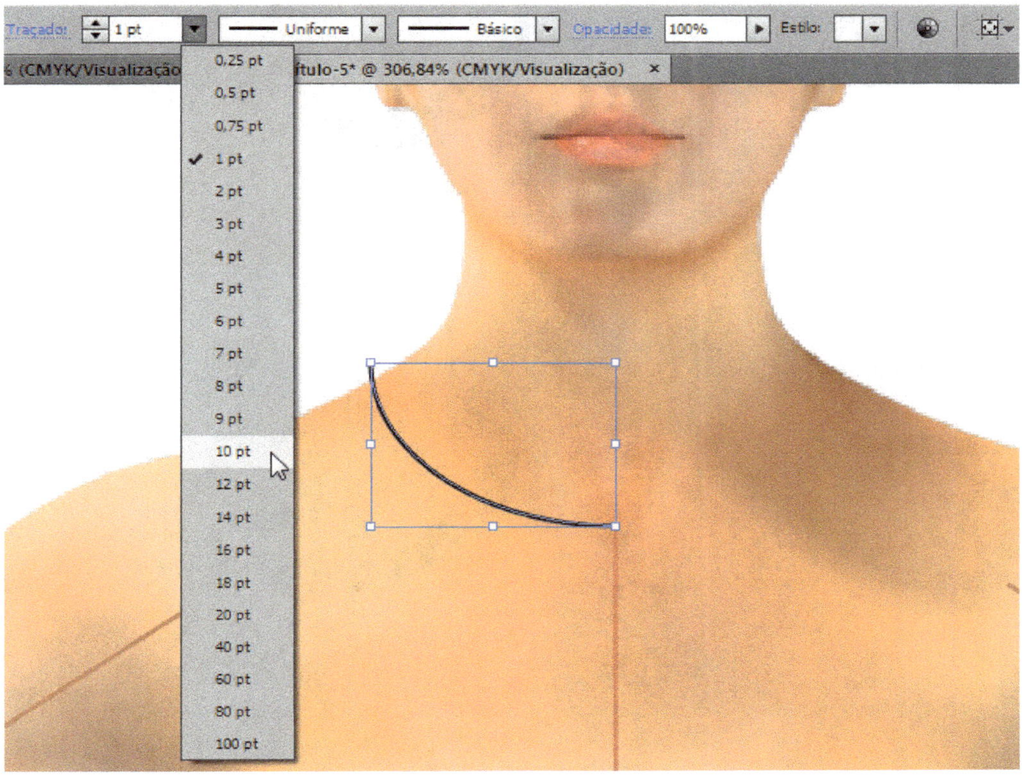

Anote o valor que escolheu, porque será o mesmo valor que usará para as costas do decote. Vá a *Objeto*, *Expandir* para transformar a linha em um objeto; assim, você poderá colorir o preenchimento e colocar uma linha de contorno.

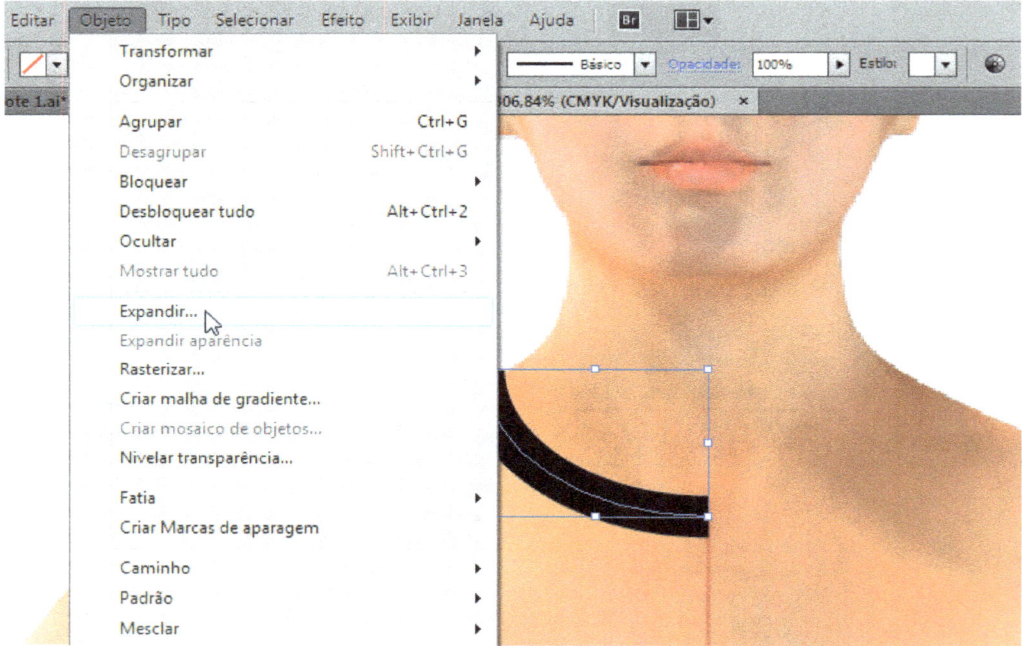

Na janelinha, clique em *OK*.

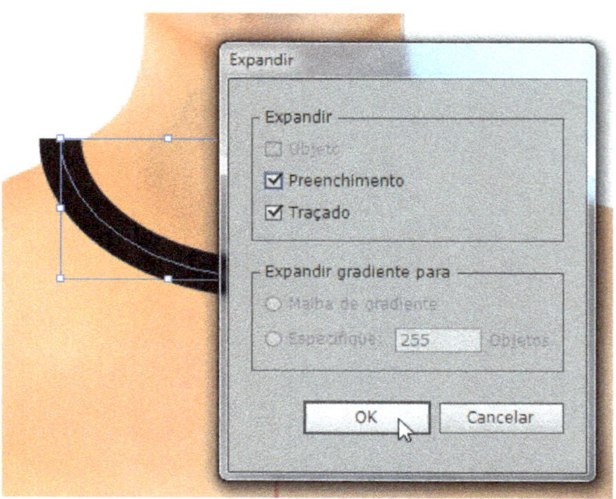

Com o objeto selecionado, vá a *Preenchimento e traçado padrão.*

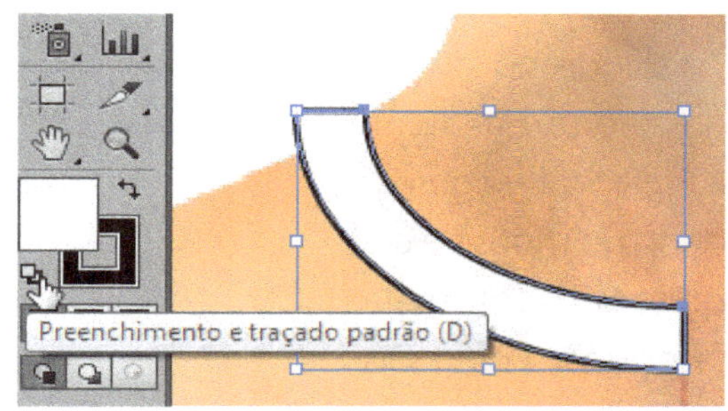

Se seu objeto ficar com contorno preto e preenchimento branco, significa que você fez tudo corretamente. Para eliminar o pedacinho além do ombro, clique próximo ao decote com a *Ferramenta Caneta*, solte o dedo do mouse e faça um desenho que envolva o pedacinho a mais. Chamo esse pedacinho de objeto de recorte, e ele envolverá o pedacinho do decote que precisa ser cortado para se ajustar ao ombro de *Lenora*.

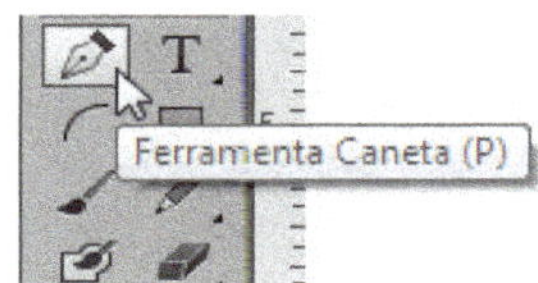

Lembre-se: clique uma vez com a *Ferramenta Caneta*, solte o dedo do mouse e vá até o próximo ponto.

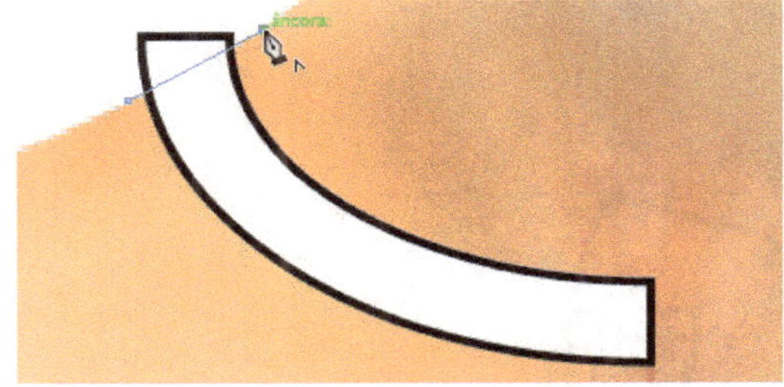

Clique novamente e solte o dedo do mouse; vá até o próximo ponto. Repita esse procedimento até clicar no primeiro ponto-âncora no qual começou o desenho para fechá-lo.

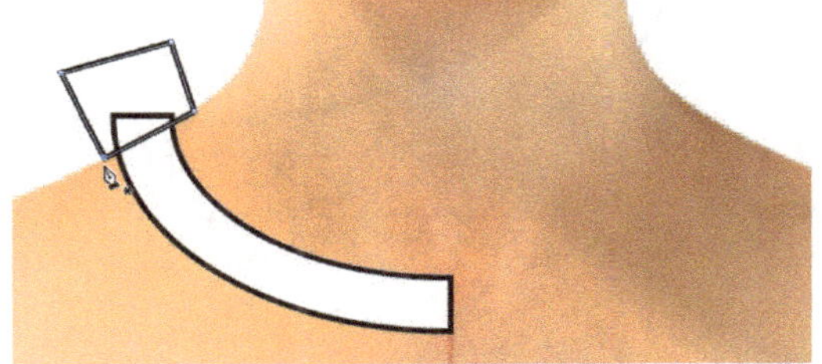

Clique no objeto de recorte, pressione a tecla *Shift*, segure o dedo no mouse e clique no decote para selecionar os dois objetos. Vá a *Janela*, *Pathfinder*.

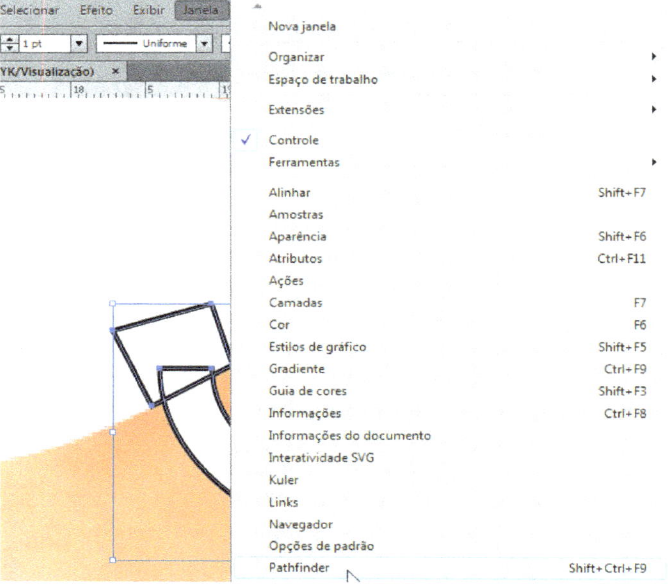

Com os dois objetos selecionados, clique em *Menos frente* do *Pathfinder*.

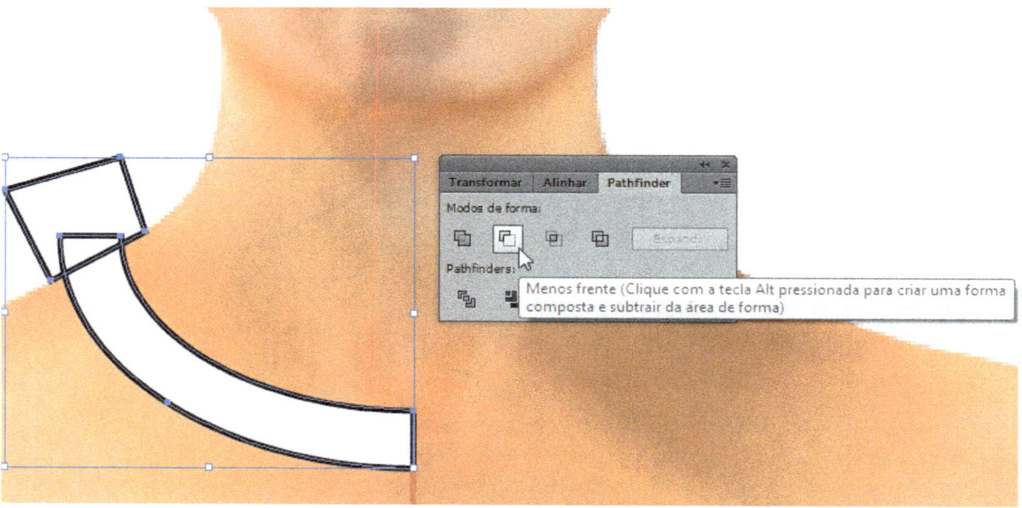

O pedacinho do decote além do ombro será cortado.

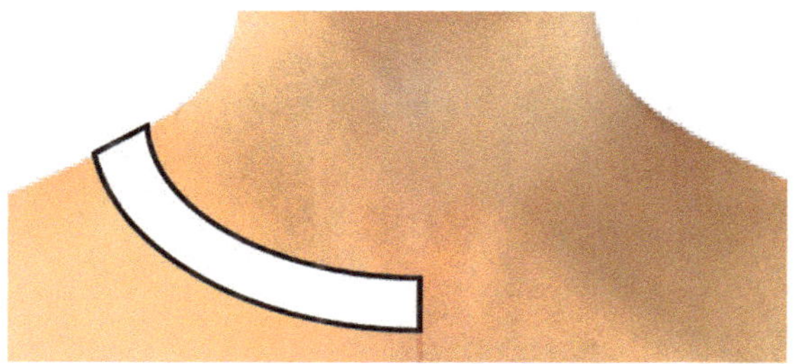

Selecione a metade do decote com a *Ferramenta Seleção* (seta preta) e vá ao painel *Aparência*.

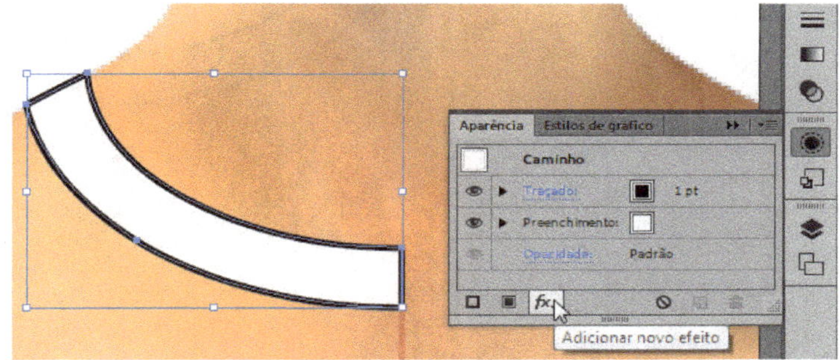

Vá a *Adicionar novo efeito* e escolha *Distorcer e transformar*, *Transformar*.

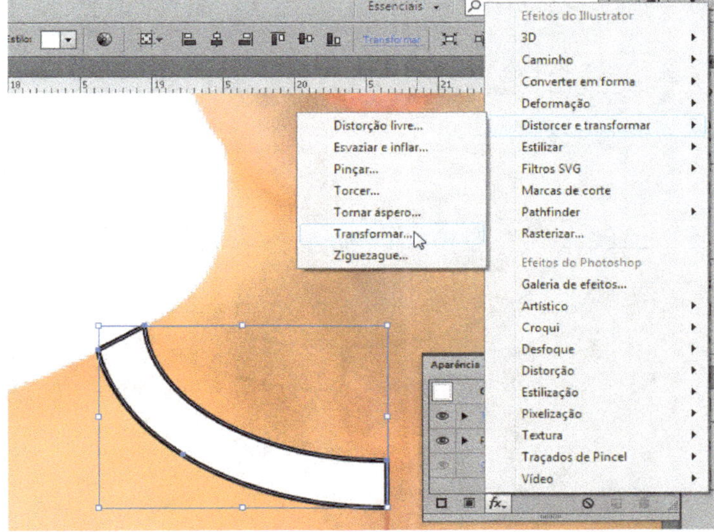

Escolha as opções *Refletir X*, *Transformar objetos* e *Cópias 1*.

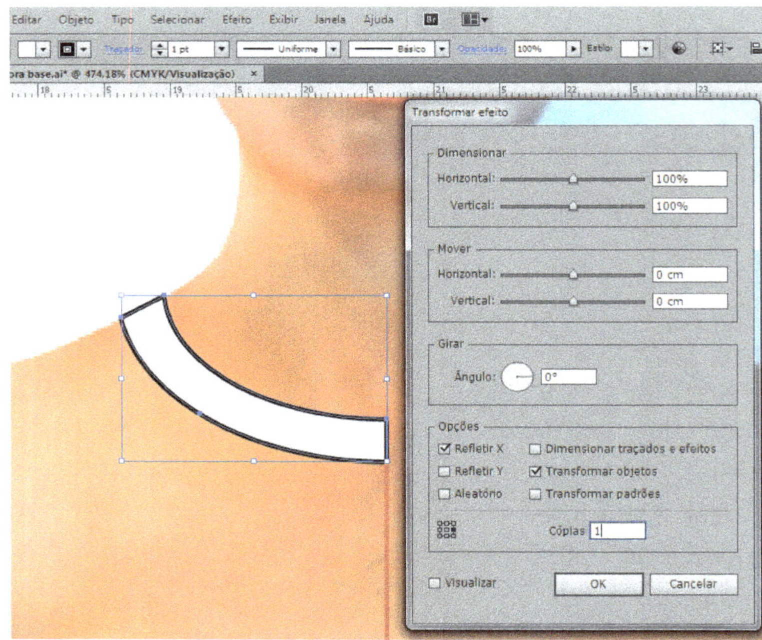

Para posicionar o duplicado, clique no quadradinho da direita (se quiser a cópia à direita).

Clique em *Visualizar* e *OK*.

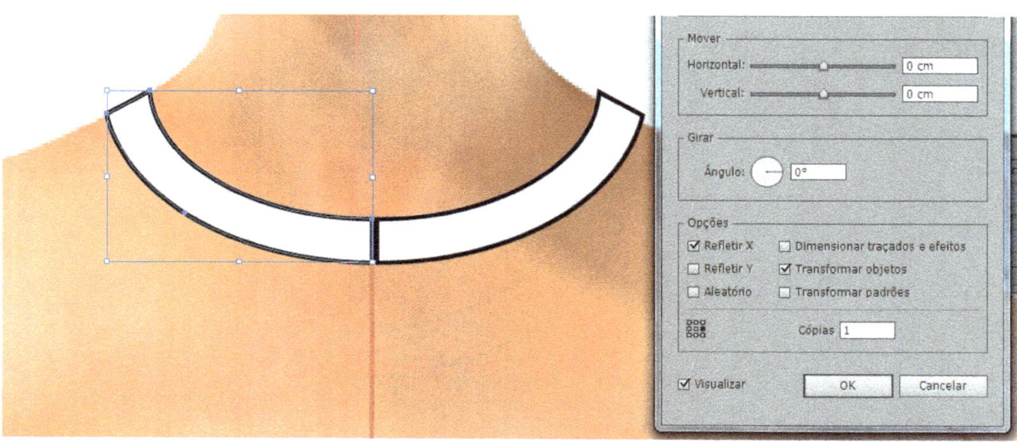

Você terá as duas partes do decote.

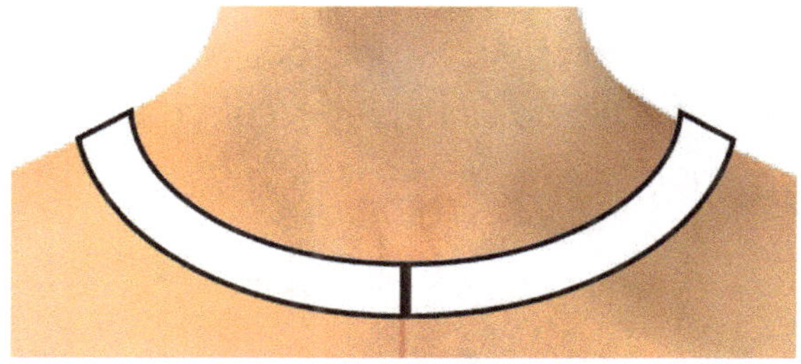

Para uni-las em um único objeto, selecione a metade desenhada e vá a *Objeto*, *Expandir aparência* para que o objeto deixe o efeito *Transformar*.

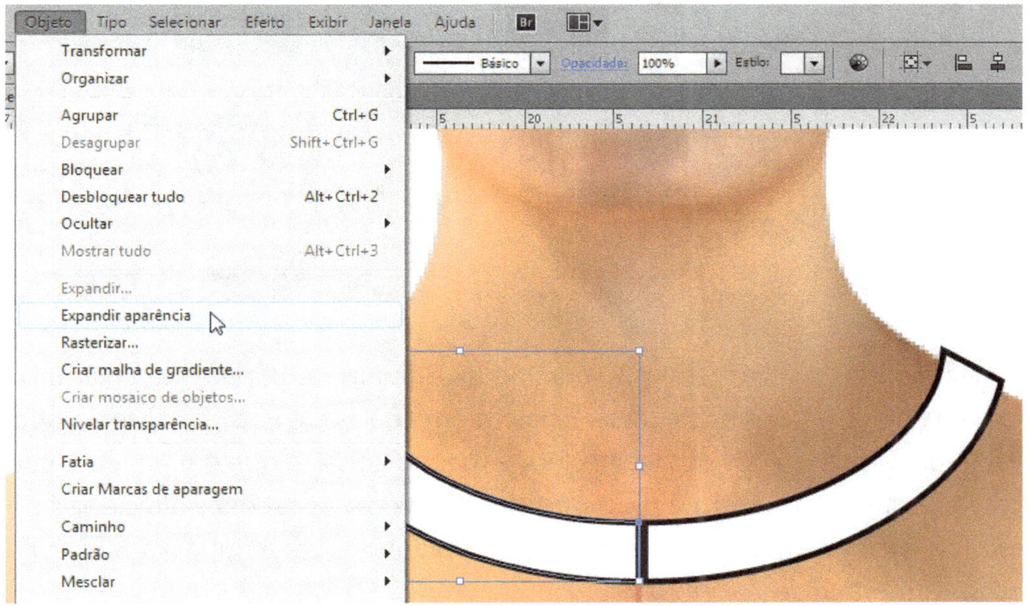

Após expandir, os dois objetos estarão agrupados. Clique neles com a *Ferramenta Seleção* (seta preta), com o botão direito do mouse, e escolha a opção *Desagrupar*.

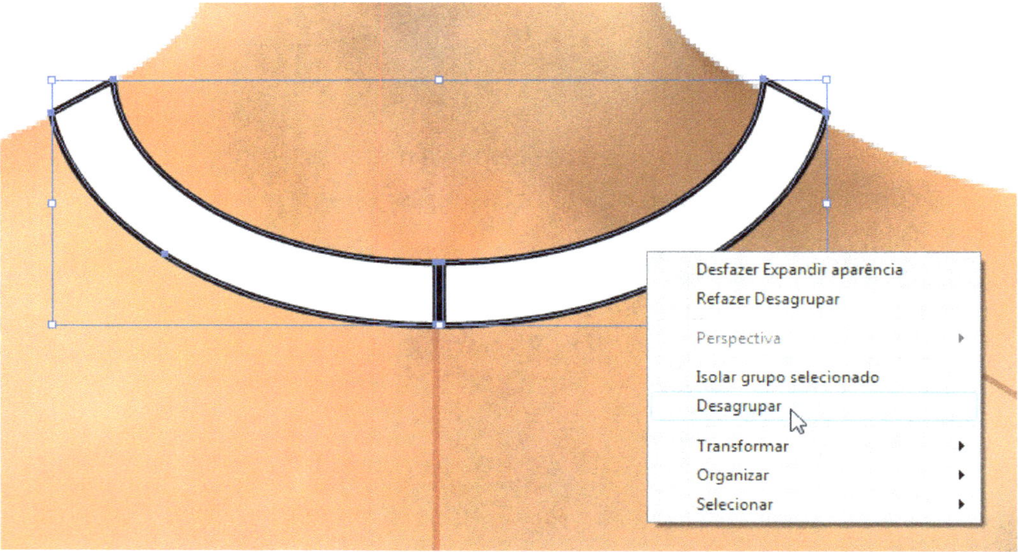

Para uni-los no Illustrator CC, imagine duas folhas de papel. Para colar uma folha na outra, você precisa passar cola em uma delas e colocá-la sobre a outra. Para unir as duas partes do decote, faça a mesma coisa. Clique em uma metade com a *Ferramenta Seleção* e pressione algumas vezes as setinhas direcionais do teclado, até que uma metade esteja um pouquinho sobre a outra. Vá a *Janela* e clique em *Pathfinder*.

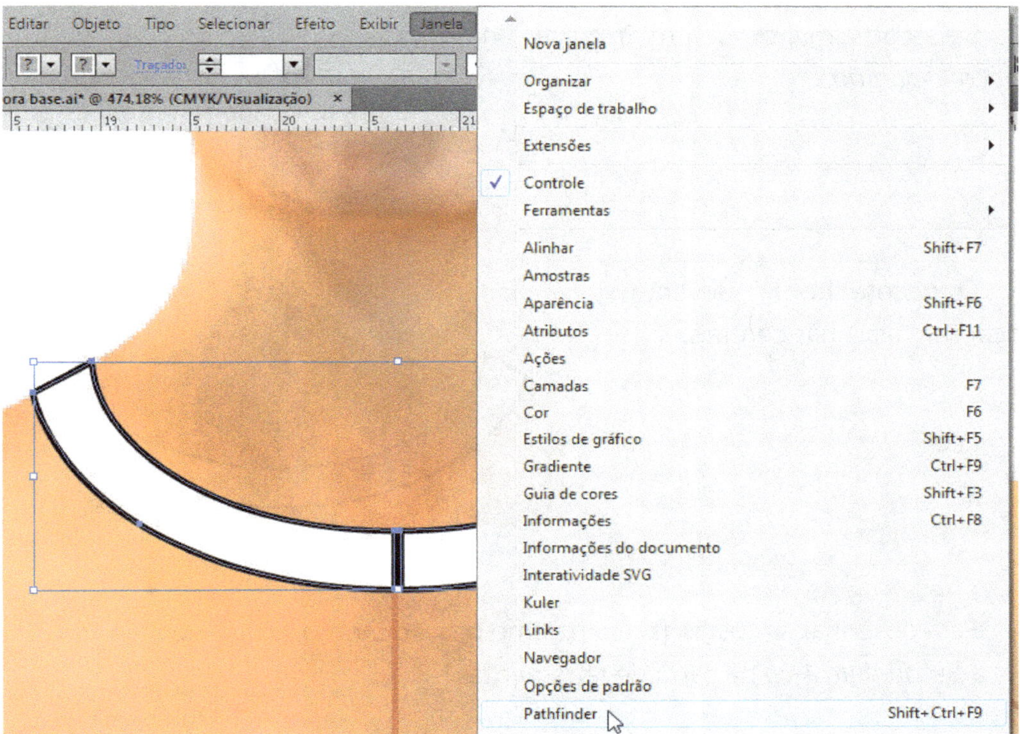

Com as duas partes selecionadas (e sobrepostas), clique em *Unir*.

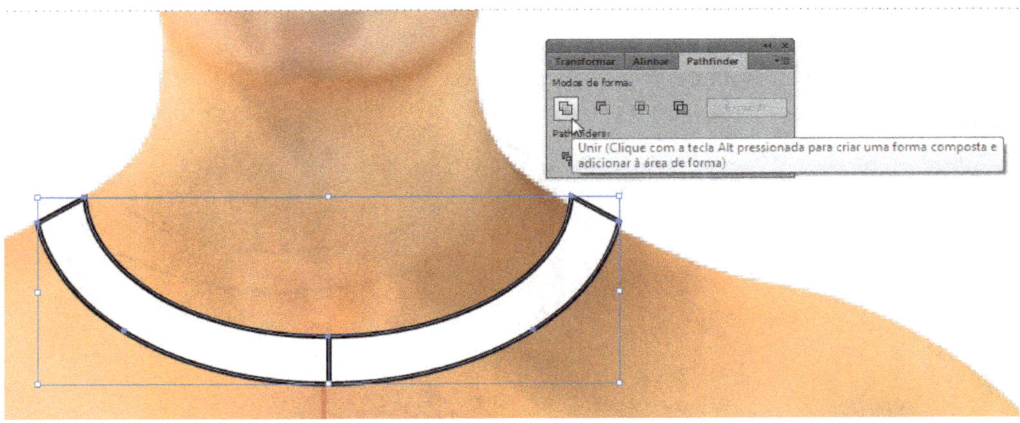

Se a cor sumir, clique em *Preenchimento e traçado padrão*.

O decote frontal deverá ficar sem as linhas centrais.

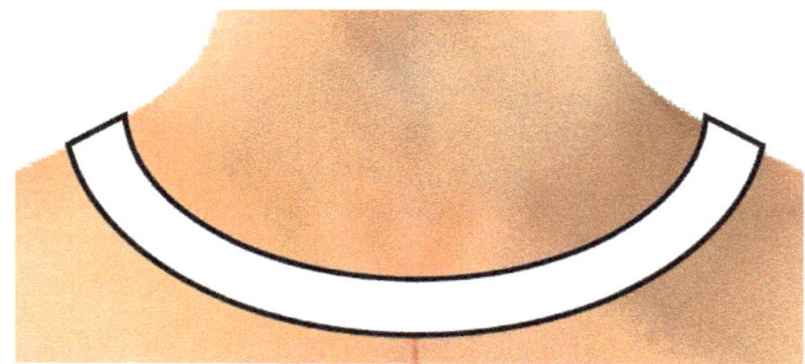

Para desenhar as costas, faça o mesmo procedimento; vá a *Ferramenta Arco* na caixa de ferramentas.

Clique onde serão as costas do decote.

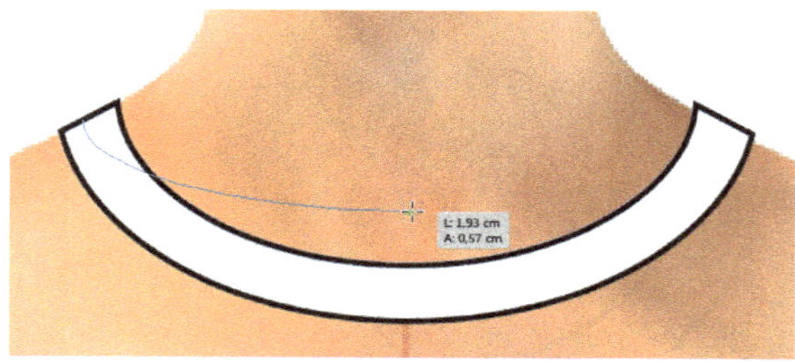

Solte o dedo do mouse e coloque a mesma espessura de linha do decote frontal.

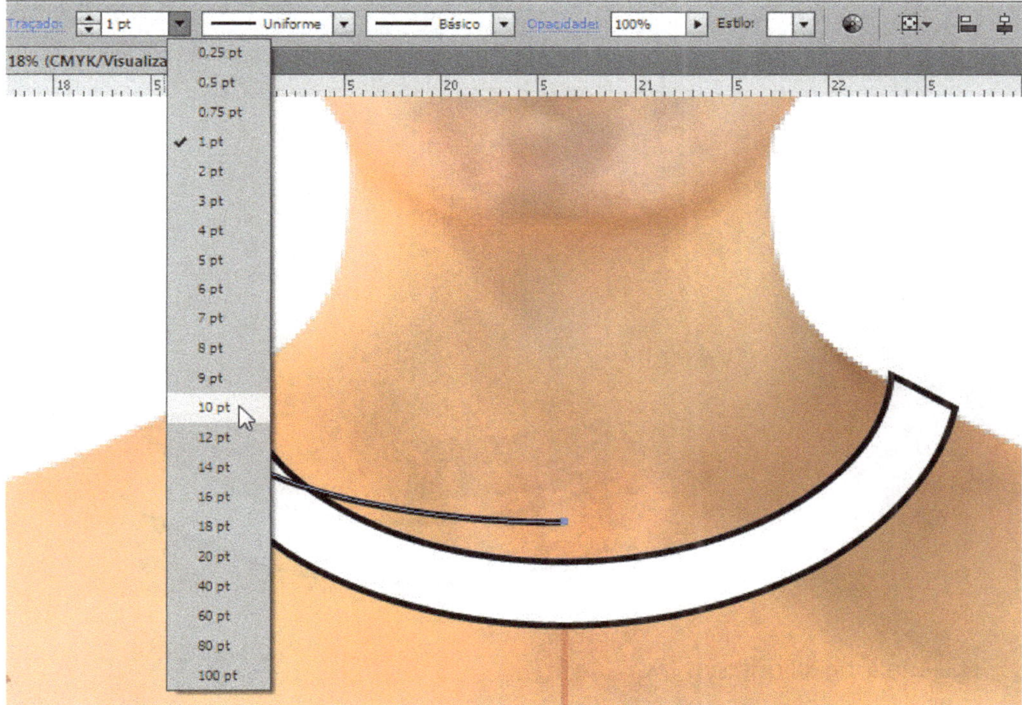

Selecione o decote das costas com a *Ferramenta Seleção* (seta preta), segure o dedo no mouse e ajuste a posição conforme a figura.

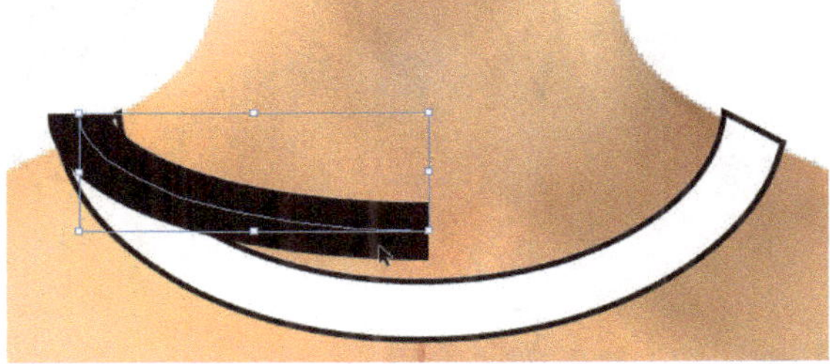

Com a metade selecionada, vá a *Objeto*, *Expandir*.

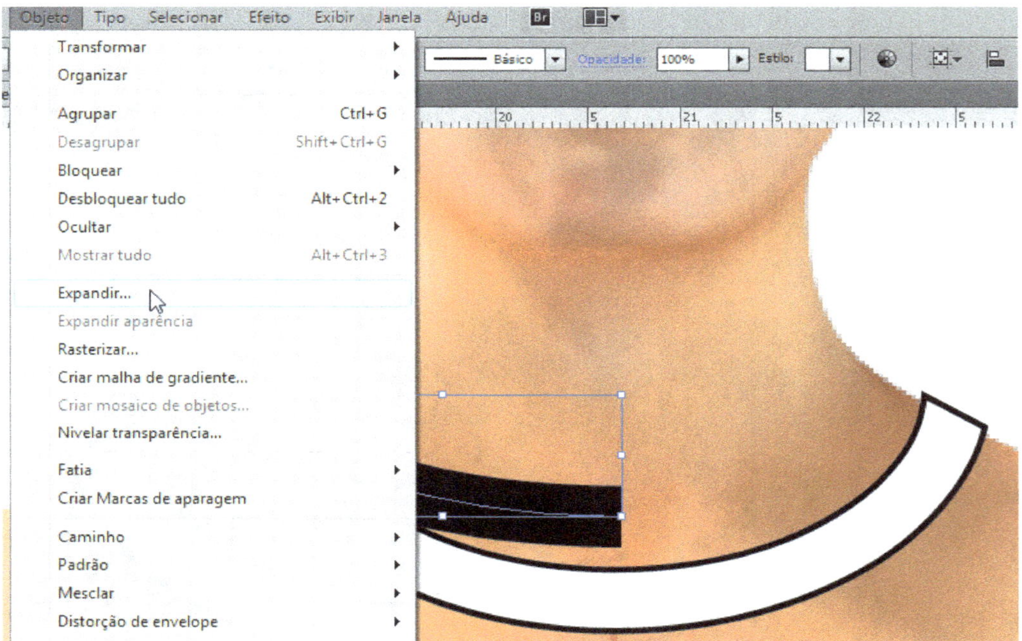

Na janelinha, clique em *OK*.

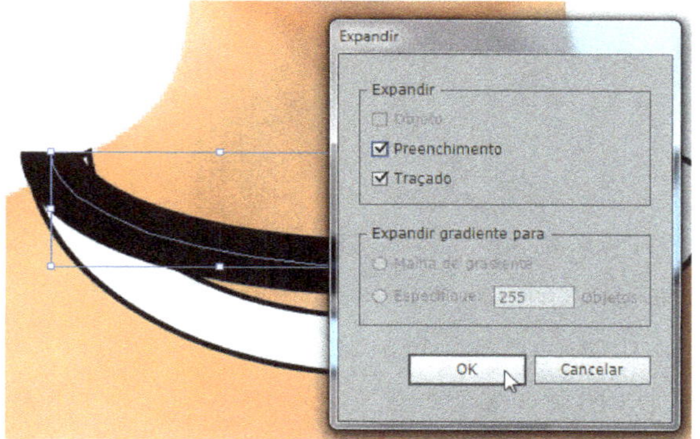

Vá a *Preenchimento e traçado padrão*.

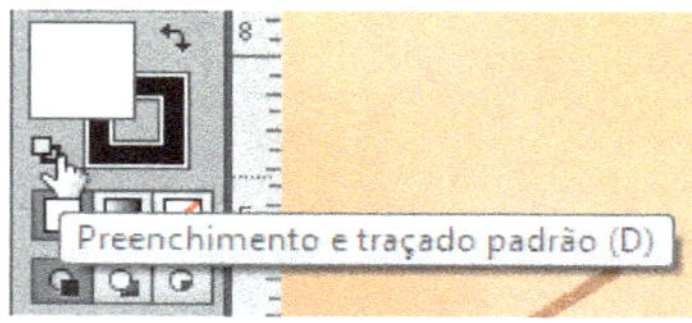

Com a metade selecionada, vá ao painel *Aparência* e clique em *Adicionar novo efeito*.

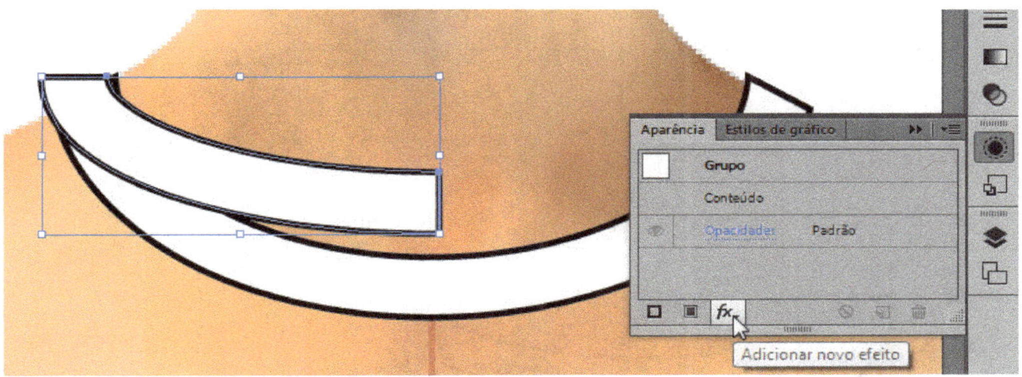

Selecione, como fez antes, a opção *Distorcer e transformar*, *Transformar*.

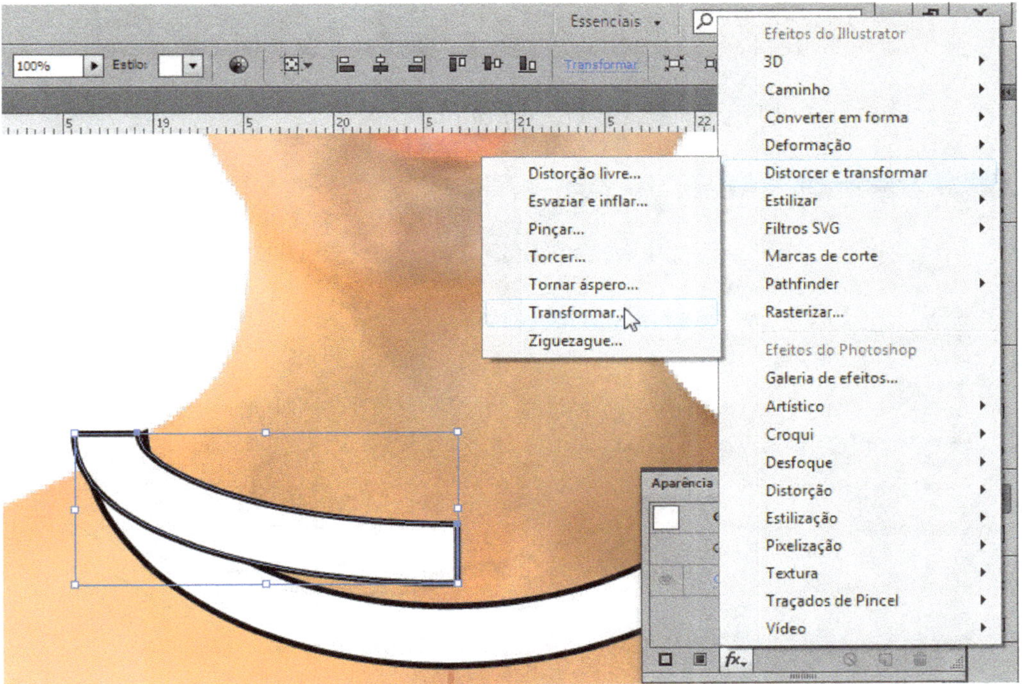

Em *Transformar*, escolha novamente as opções *Refletir X*, *Transformar objetos*, posição do duplicado e refletido: clique no quadradinho à direita, *Cópias 1*, *Visualizar* (confirme se o objeto foi duplicado e refletido). Clique em *OK*.

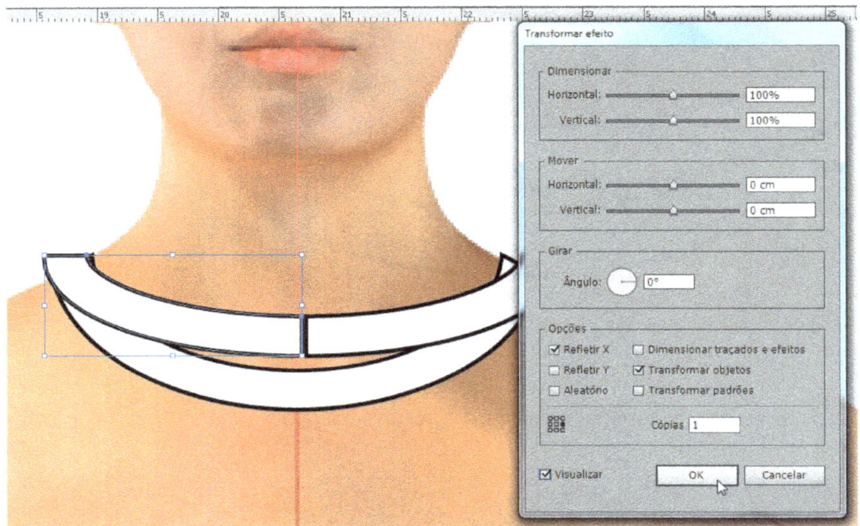

Selecione um objeto e vá a *Objeto*, *Expandir aparência*.

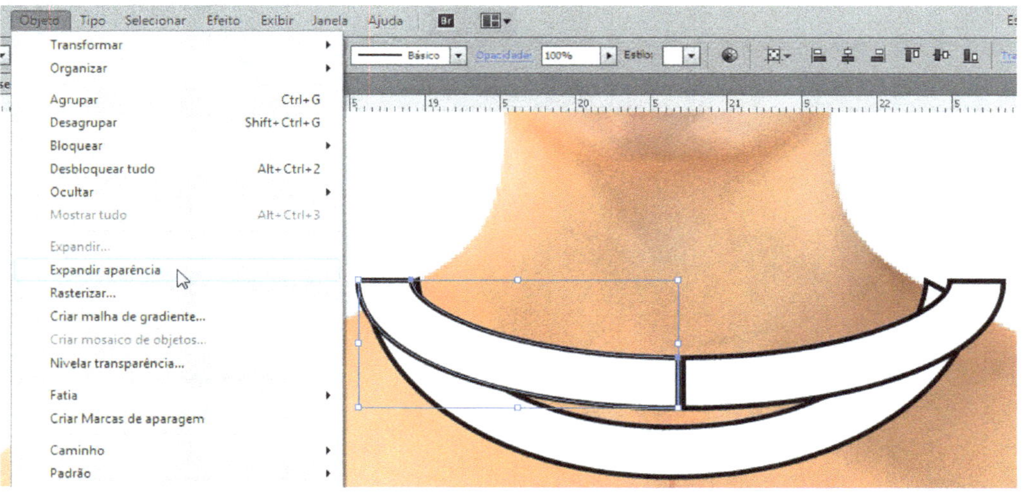

Clique sobre o objeto com a *Ferramenta Seleção* (seta preta), com o botão direito do mouse, e selecione *Desagrupar*.

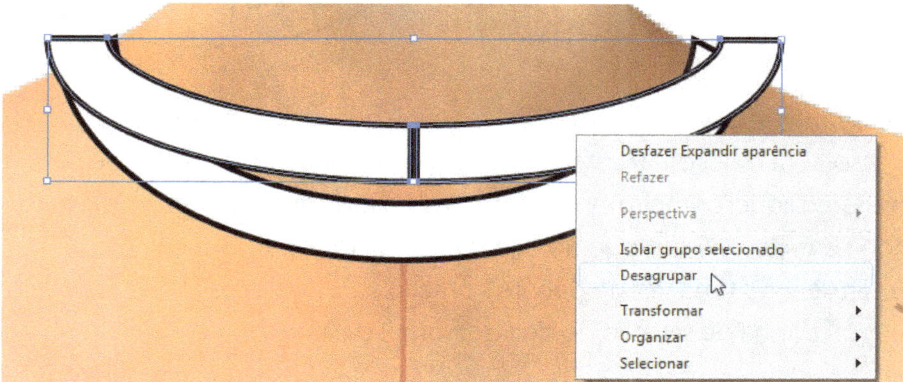

Com um dos objetos selecionado, coloque-o sobre o outro usando as setinhas direcionais do teclado.

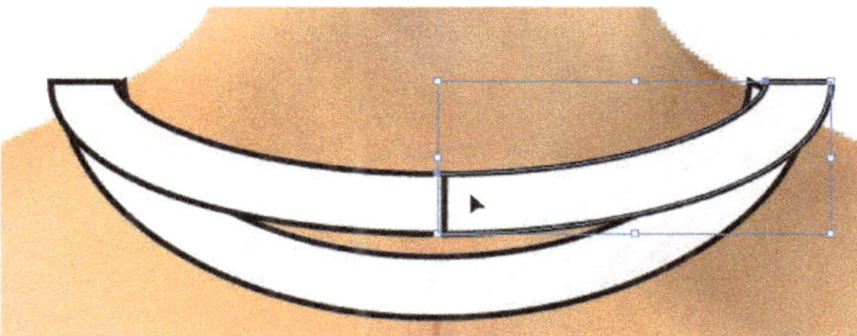

Selecione as duas metades e, em *Pathfinder*, clique em *Unir*.

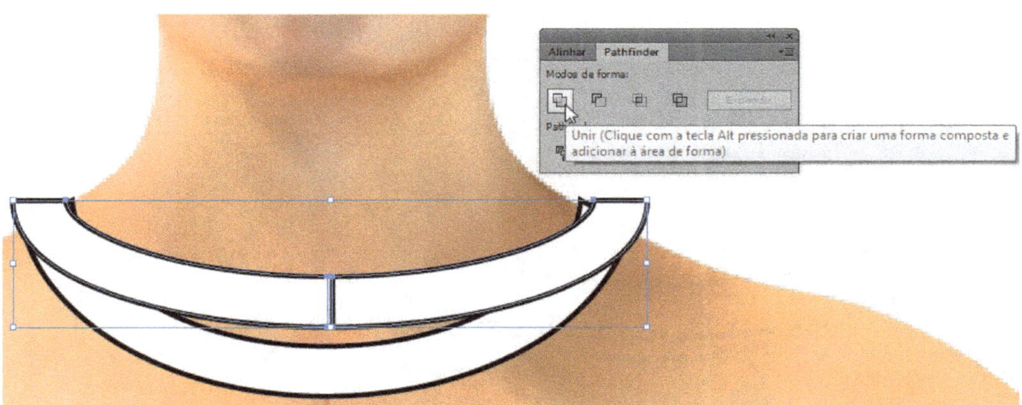

As linhas no centro do decote deverão sumir.

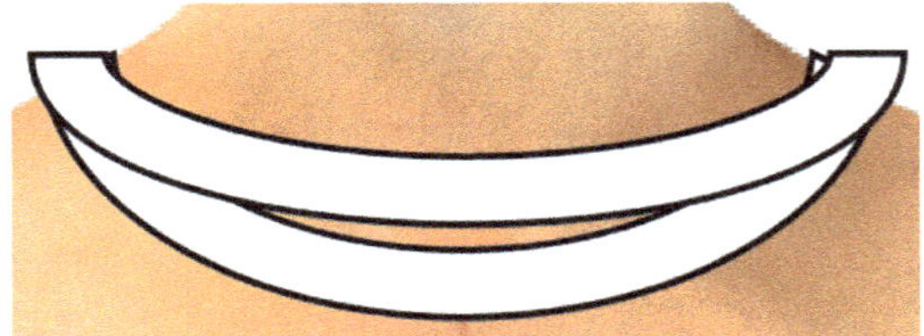

Para alinhar os dois objetos, primeiro defina qual deles não deverá sair do lugar; neste caso, será o decote frontal, por estar posicionado no pescoço de *Lenora*.

Por isso, clique primeiro no decote das costas (que está em branco), depois pressione a tecla *Shift* e clique no decote frontal (que está em cinza). Solte a tecla *Shift* e clique mais uma vez no decote frontal para definir que ele comandará o alinhamento; a linha de seleção do decote frontal deverá ficar em azul e mais grossa.

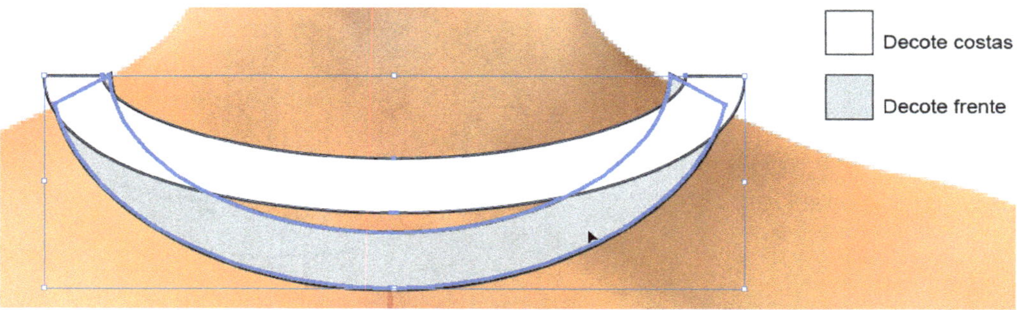

Vá ao painel superior e selecione *Alinhamento horizontal centralizado*.

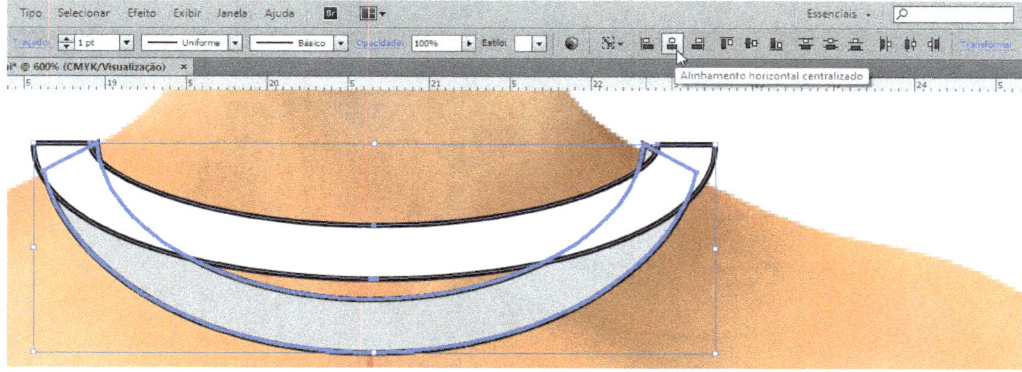

Essa forma de fazer o alinhamento é uma característica do Illustrator CC. Todas as vezes que quiser alinhar um objeto ao outro e definir qual servirá de referência no alinhamento, faça como foi explicado. Com os objetos alinhados, clique no decote frontal (em cinza) e faça uma cópia; vá a *Editar*, *Copiar* e depois a *Editar*, *Colar na frente*.

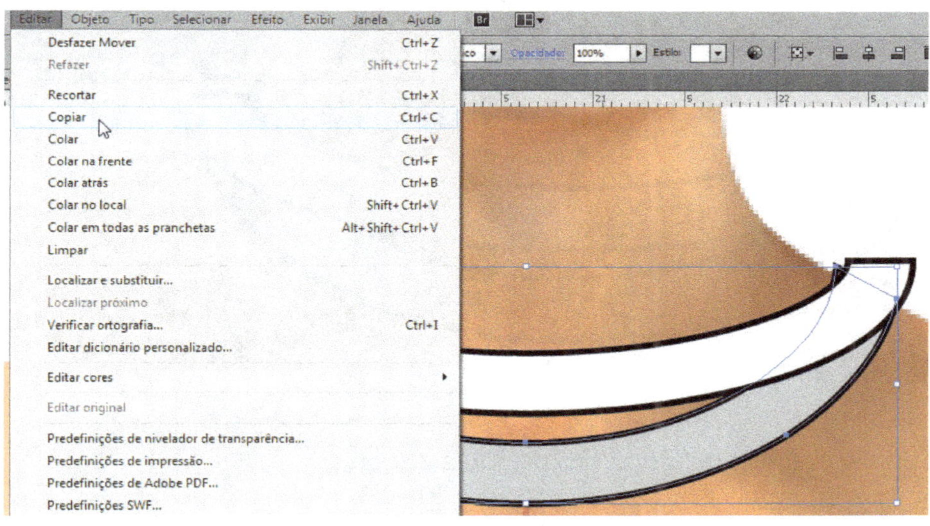

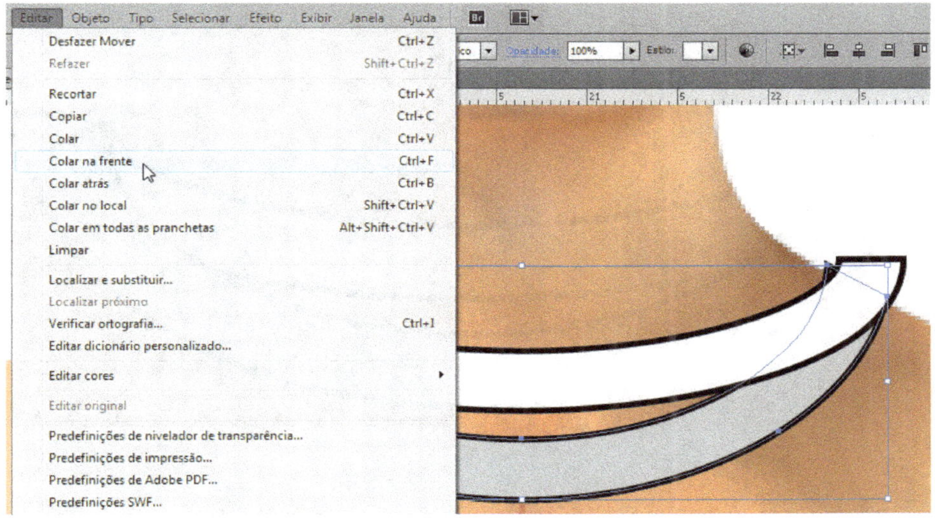

Para cortar o decote das costas, selecione o decote frontal (em cinza), pressione a tecla *Shift*, segure o dedo no mouse e clique no decote das costas (em branco). Vá a *Pathfinder* e selecione a opção *Menos atrás*.

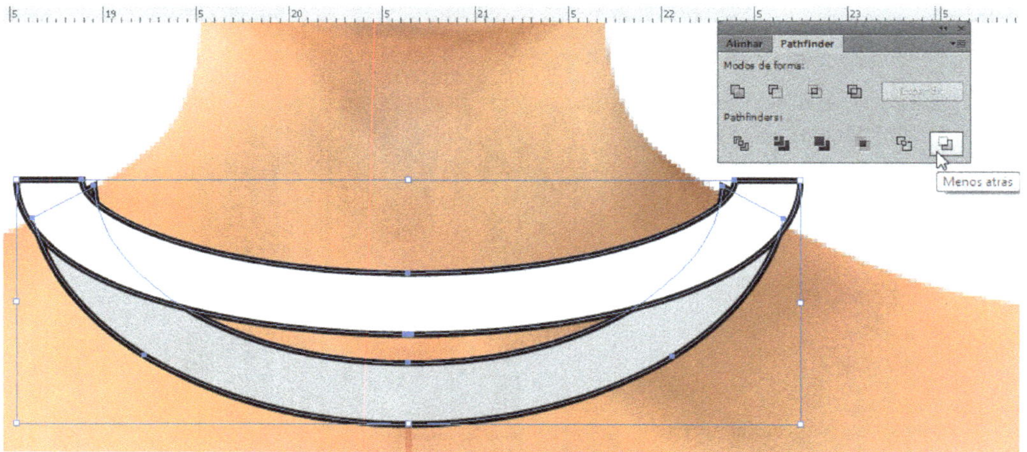

Seu decote deverá ficar como na figura a seguir.

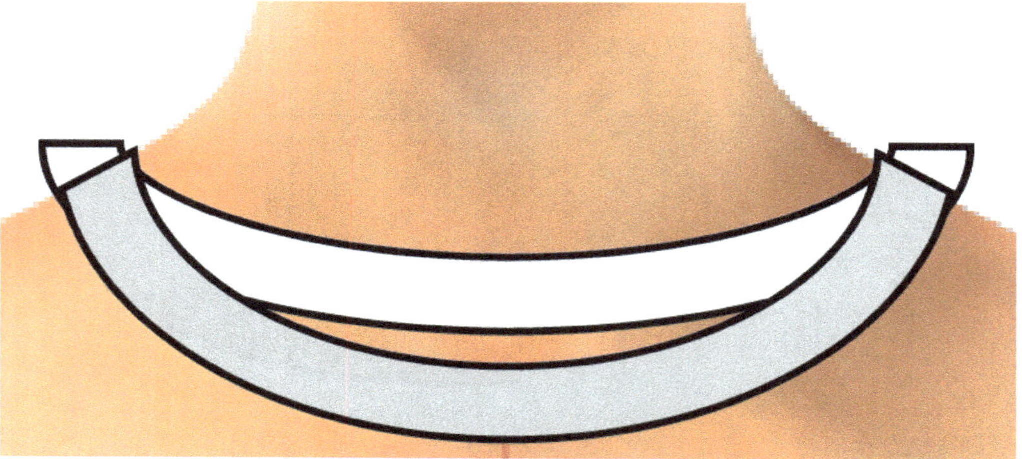

Para apagar os pedacinhos a mais do decote das costas (em branco), clique nele com a *Ferramenta Seleção* (seta preta), com o botão direito do mouse, e selecione *Desagrupar*.

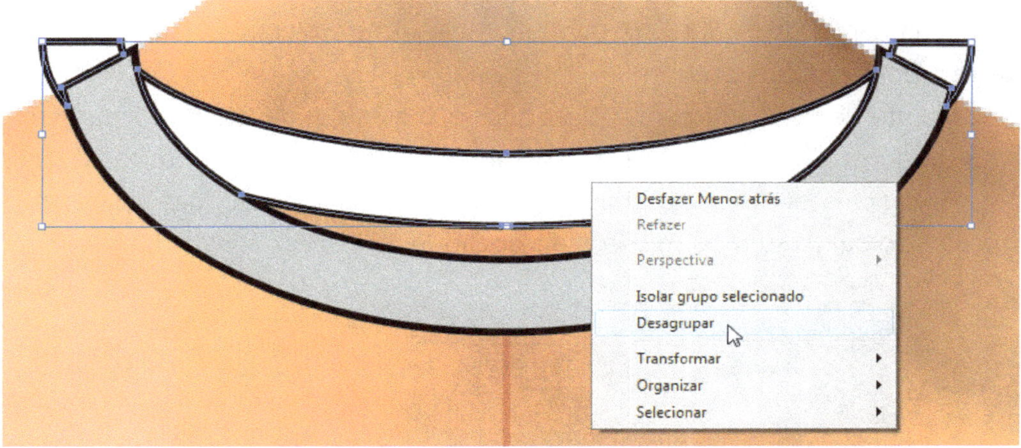

Clique nos pedacinhos que estão a mais com a *Ferramenta Seleção* e apague pressionando *Delete* (no teclado).

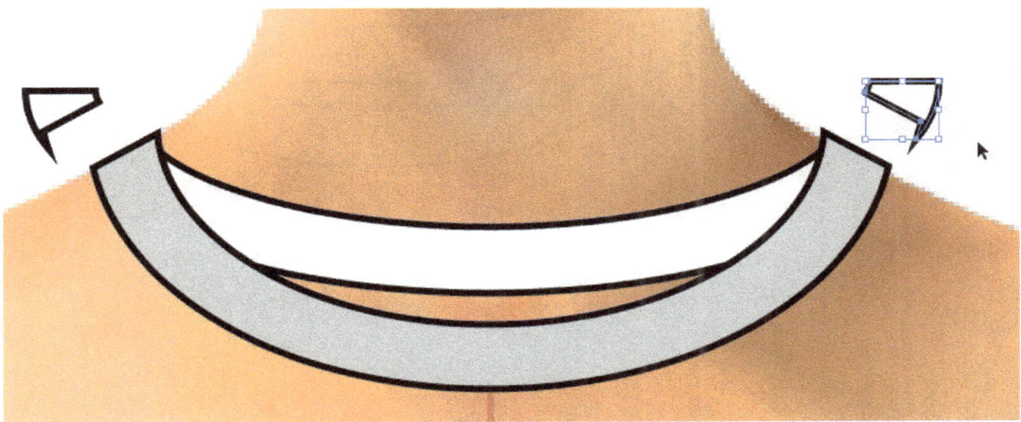

Coloque as duas partes na mesma cor sempre! Há designers de moda que acreditam que as costas devem ser pintadas na cor cinza para indicar o lado da roupa. Se olhar para as costas de uma camiseta com decote careca (ou qualquer outro decote ou gola), verá que a cor interna é a mesma da frente (se não tiver forro). Ela não é cinza. Por isso, para não criar um problema com o modelista, deixe tudo na mesma cor.

Só pinte de outra cor para indicar o forro, e essa cor deverá ser exatamente a cor do forro. Coloque a espessura de linha que pretende usar em toda a sua coleção, e, para deixar os cantinhos sem pontas, selecione as duas partes, vá a *Traçado*, no painel superior, e escolha a opção *Junção arredondada*.

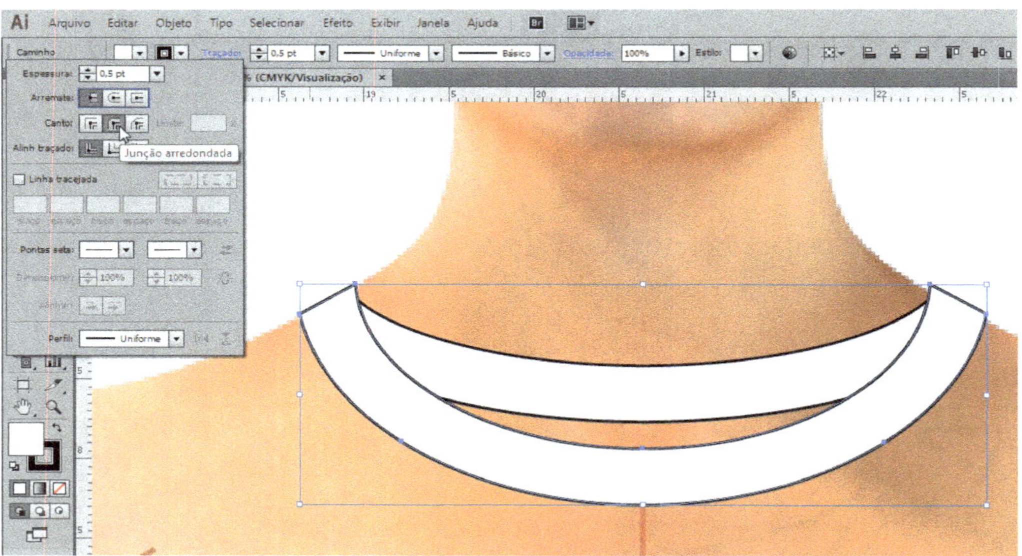

Selecione as duas partes, clique com o botão direito do mouse e vá a *Agrupar*.

Para desenhar as costas do decote, o procedimento é o mesmo. Use o decote da frente como base. Vá a *Ferramenta Arco* e desenhe um arco sobre as costas do decote.

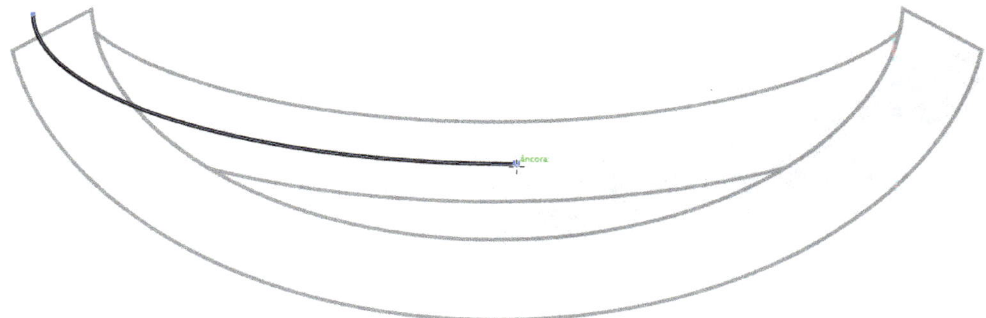

Coloque a mesma espessura que usou no decote frontal.

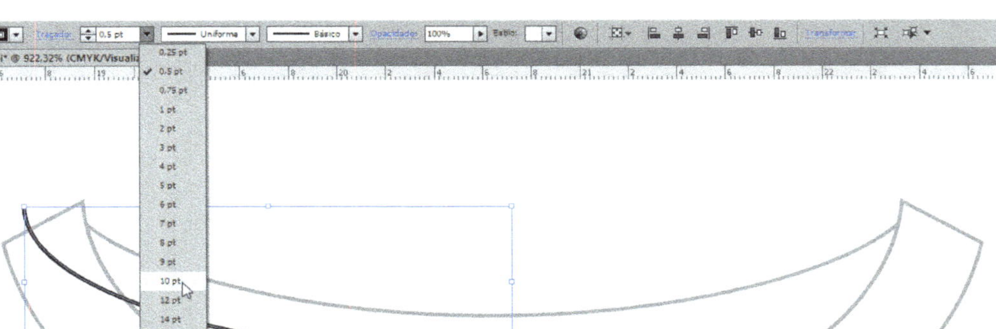

Com a seta branca (*Ferramenta Seleção direta*), clique no ponto-âncora externo do decote e ajuste para que a linha fique sobre as costas do decote desenhado. Se necessário, ajuste também pelos vetores (linhas azuis) com a seta branca.

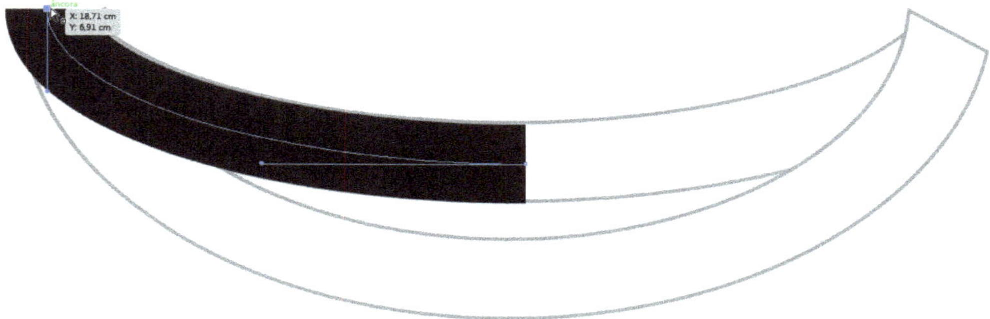

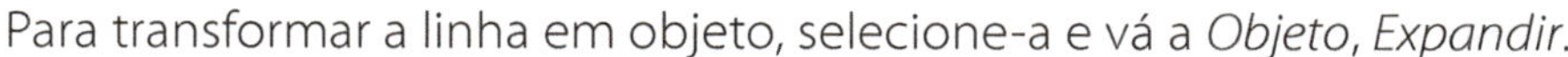

Para transformar a linha em objeto, selecione-a e vá a *Objeto*, *Expandir*.

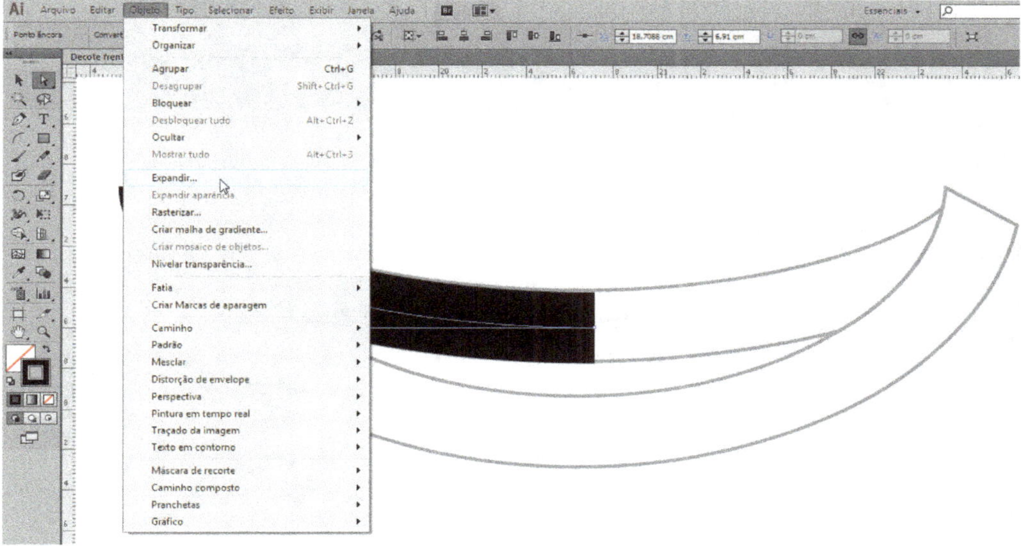

Na janelinha, clique em *OK*.

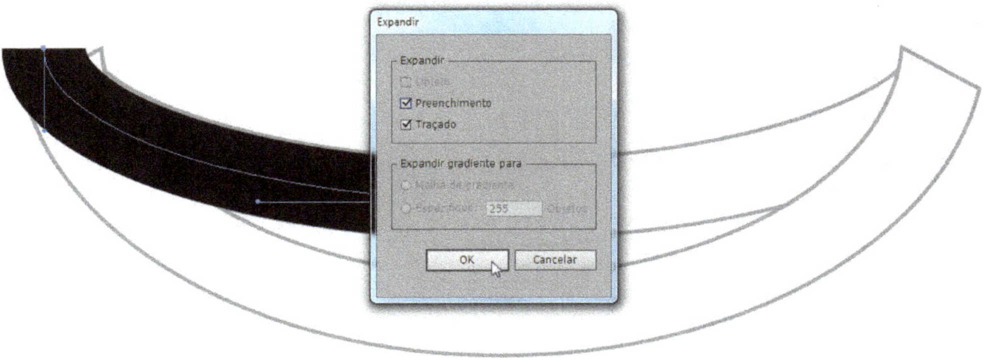

Pinte com a opção de preenchimento e traçado-padrão e coloque na espessura de linha do decote frontal.

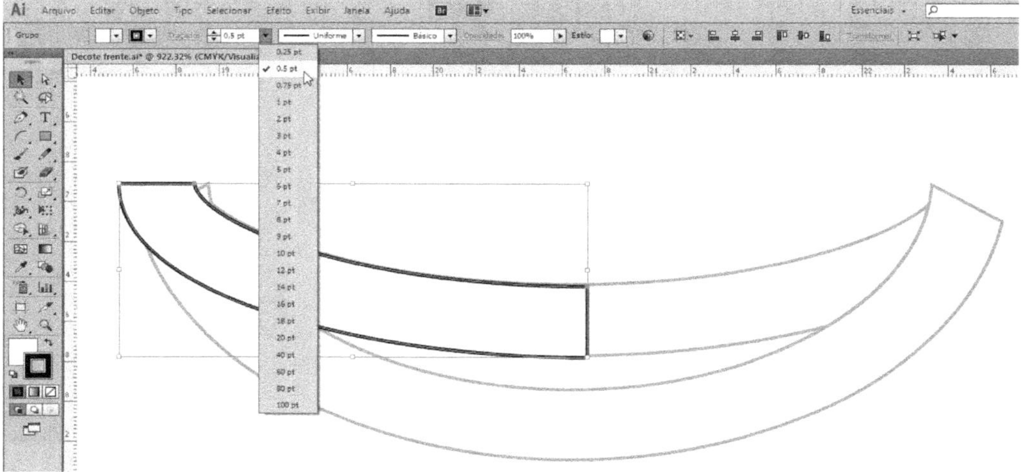

Com a *Ferramenta Caneta*, construa um objeto de corte para apagar o pedacinho do decote das costas.

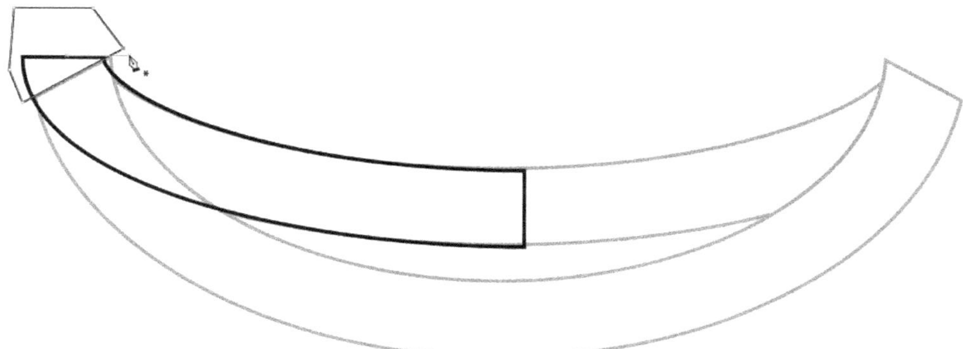

Com o objeto de corte selecionado e o decote das costas, vá a *Pathfinder* e clique em *Aparar*.

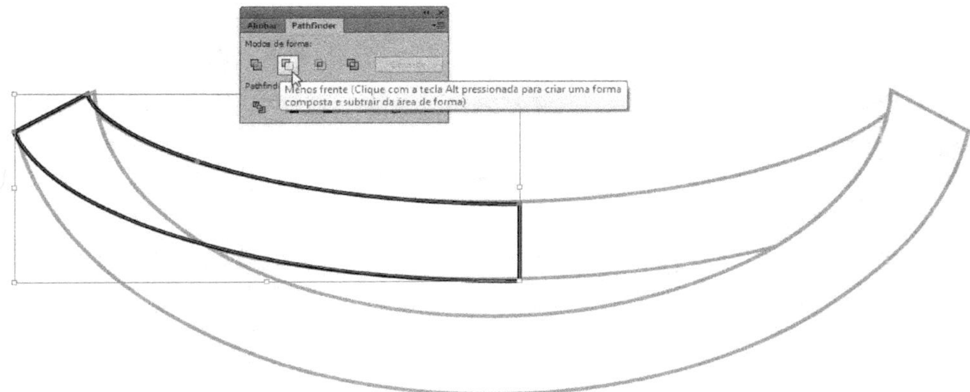

Clique no objeto e vá a *Aparência*; escolha *Adicionar novo efeito*. Selecione *Distorcer e transformar*, *Transformar*.

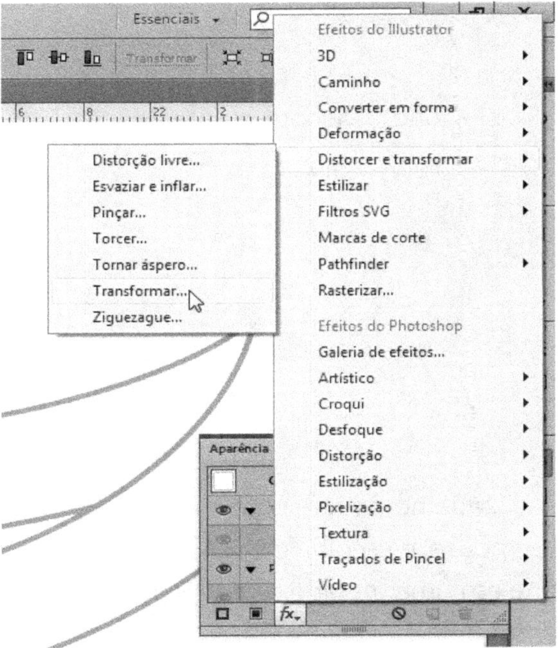

Em *Transformar*, escolha as opções que já fez no decote frontal. Clique em *OK*.

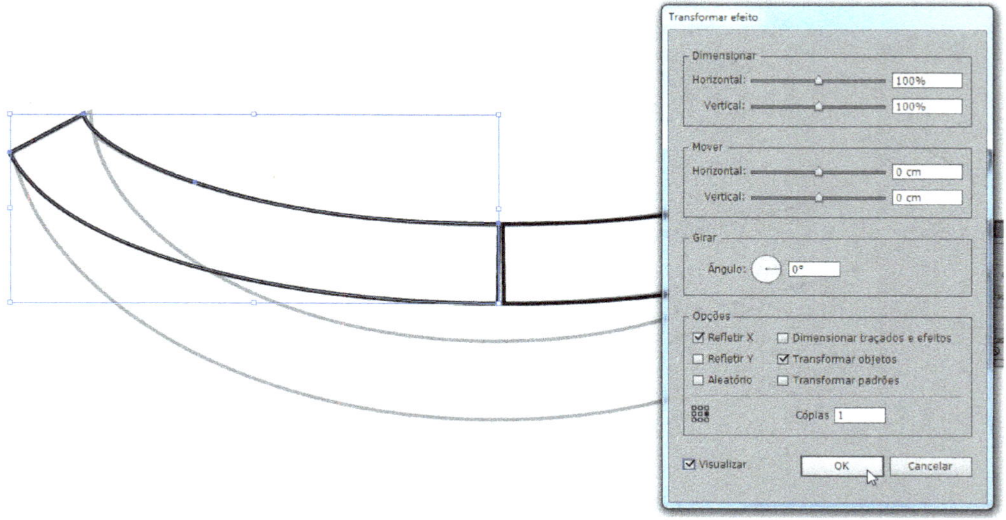

Selecione o decote e vá a Objeto, Expandir.

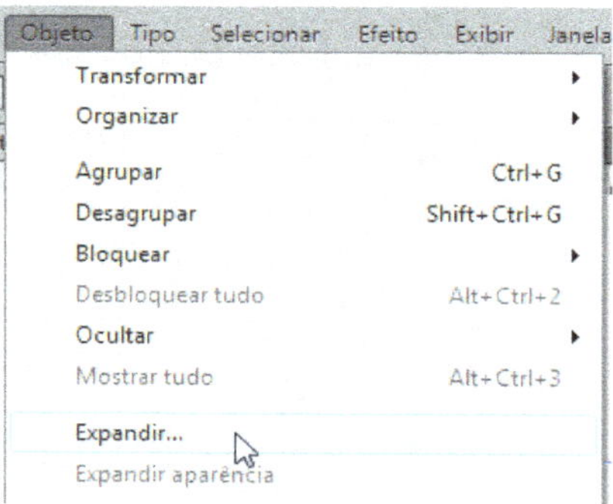

Clique no decote com a *Ferramenta Seleção* (seta preta), com o botão direito do mouse, e escolha a opção *Desagrupar*. Clique em uma área vazia. Depois, clique em uma metade e pressione as setinhas direcionais no teclado para colocar uma metade sobre a outra. Veja que o decote das costas deverá ficar sobre o decote frontal que você já desenhou.

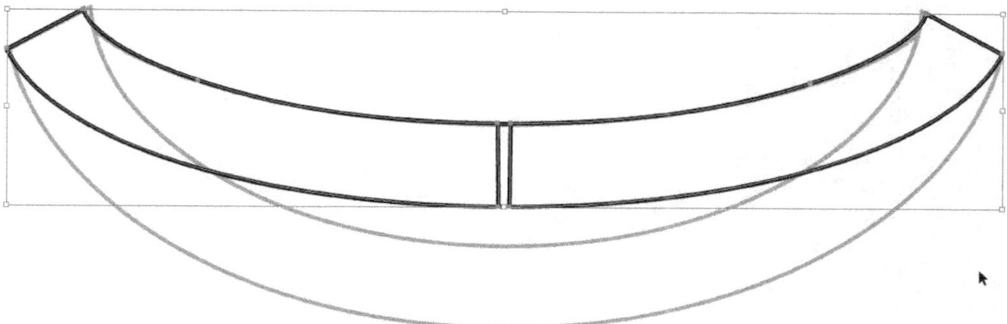

Vá a *Pathfinder*, com as duas metades selecionadas, e escolha a opção *Unir*.

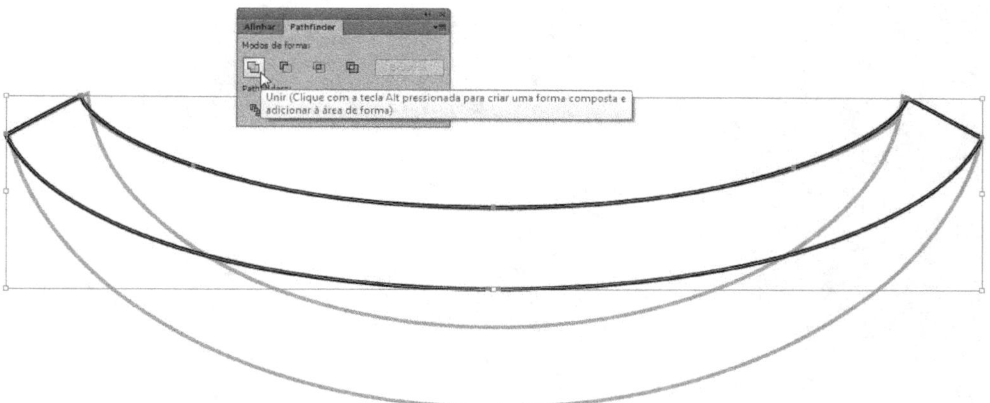

Posicione o decote frontal ao lado do decote das costas, clique em *Arquivo*, *Salvar como* e salve na pastinha do seu computador.

Vale a pena fazer o desenho do decote com capricho, porque você poderá utilizá-lo diversas vezes, não sendo preciso desenhar tudo sempre do começo ao fim.

9. BLUSA

Todo desenho técnico parte da observação de uma peça real; só assim é possível desenhar qualquer modelo sem precisar lembrar como um ou outro professor ou designer faz.

A dificuldade nesse tipo de desenho está na falta de repertório técnico e conhecimento de como uma peça de vestuário realmente é, sem se deixar levar pelas interferências ilustrativas. Por isso, vá ao seu guarda-roupa e pegue uma blusa básica que sirva de referência para a construção do modelo que será explicado a seguir.

Sempre use o corpo digital *Lenora* para o desenho técnico feminino. Vá a *Arquivo*, *Abrir* e clique onde ele foi salvo.

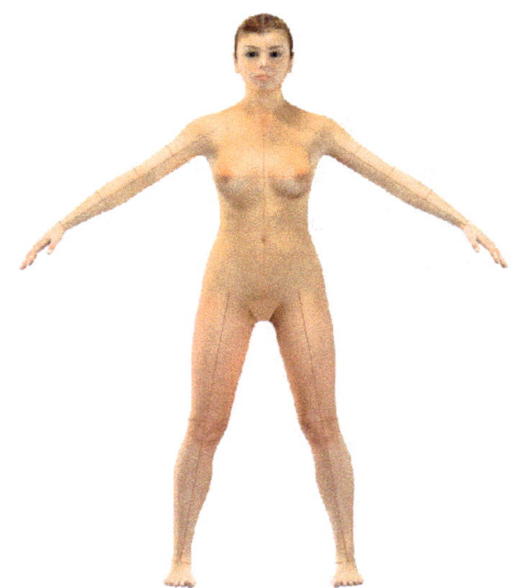

Lembre-se de selecionar *Lenora* e bloqueá-la. Vá ao painel *Camadas* e clique na área vazia na frente da camada *Grupo* de *Lenora*.

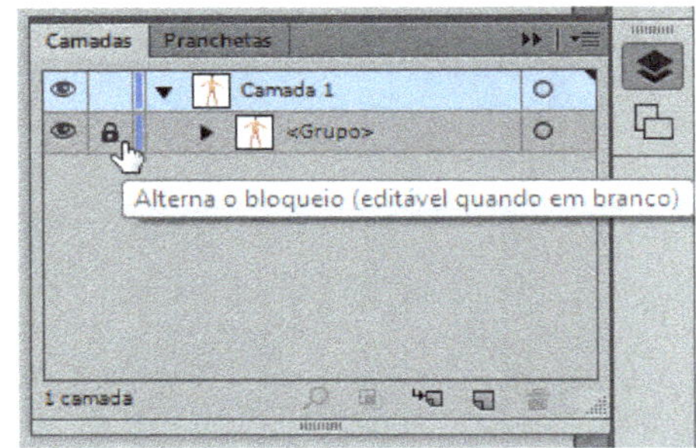

Depois, vá a *Ferramenta Zoom* na caixa de ferramentas.

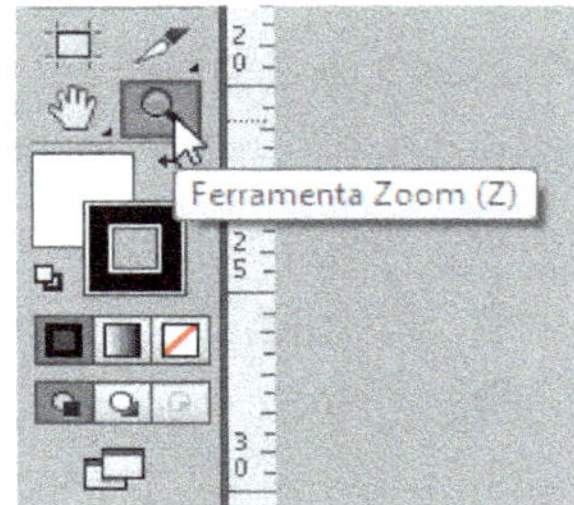

Clique um pouco acima do ombro de *Lenora*, segure o dedo no mouse, arraste o cursor em diagonal até um pouquinho abaixo da cintura e solte o dedo do mouse.

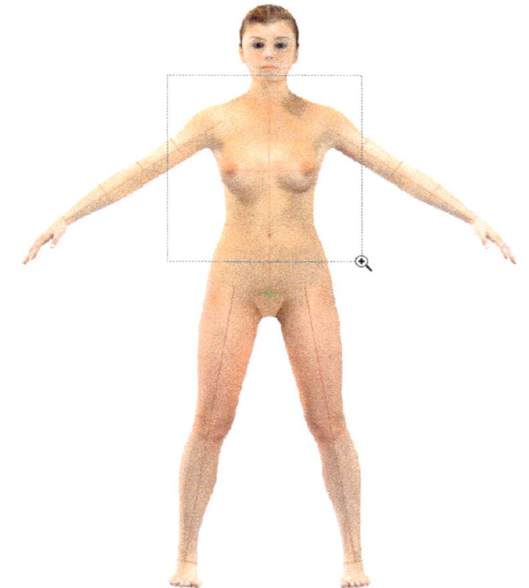

Assim, você aproximará a área na qual trabalhará neste momento e facilitará o desenho da blusa. Mas, antes de começar a desenhar, selecione o contorno preto e o preenchimento *Nenhum*. Ficará mais fácil visualizar a construção do seu desenho.

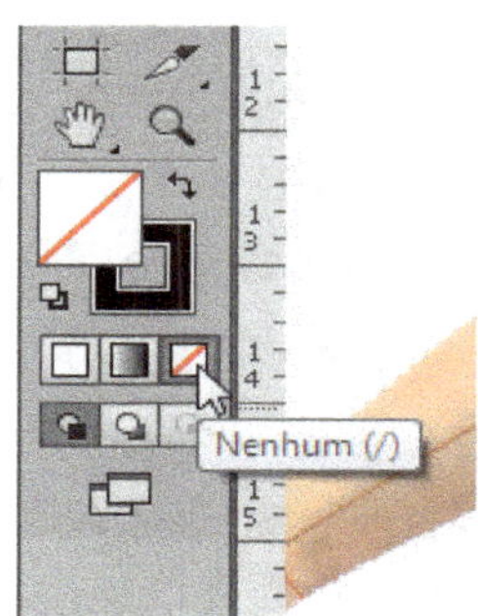

Selecione a *Ferramenta Caneta*, na caixa de ferramentas, e vá ao centro de *Lenora*.

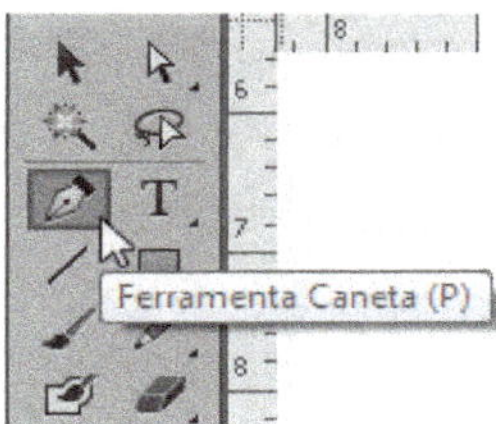

Clique uma vez, solte o dedo do mouse, vá até a base do pescoço, clique mais uma vez, solte o dedo do mouse e vá até o ombro.

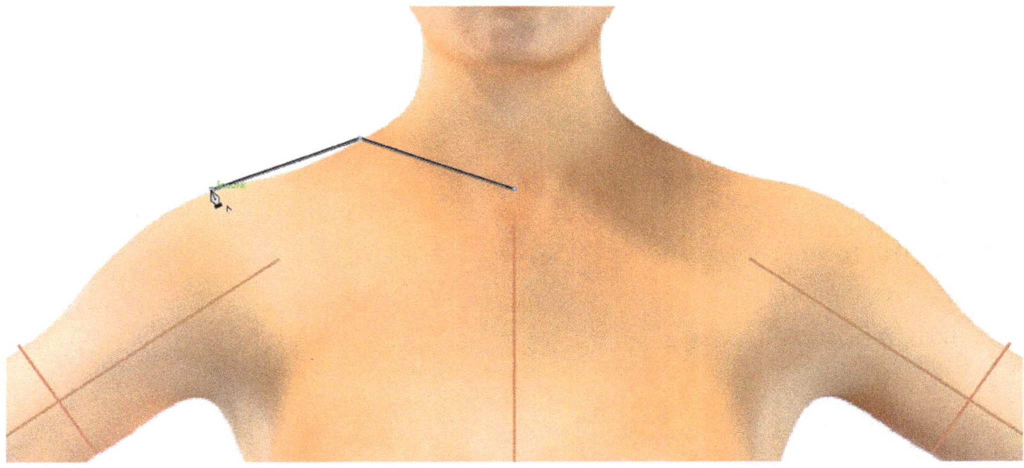

Continue o desenho. Vá até a linha do braço, faça a boca da manga e siga até a axila. Desça até a barra, vá ao centro do corpo e clique. Por último, suba até o primeiro ponto-âncora que você criou para fechar o objeto.

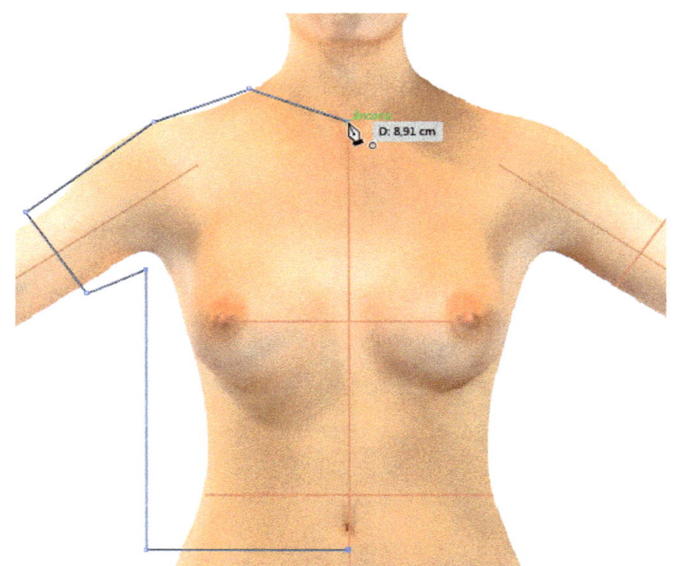

Não se preocupe com a precisão; selecione a seta branca (*Ferramenta Seleção direta*) e ajuste o desenho.

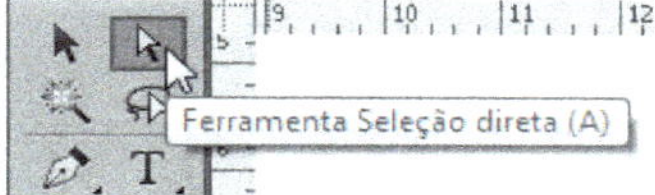

Clique uma vez na linha e novamente no ponto-âncora, segure o dedo no mouse e arraste o cursor para ajustar esse ponto.

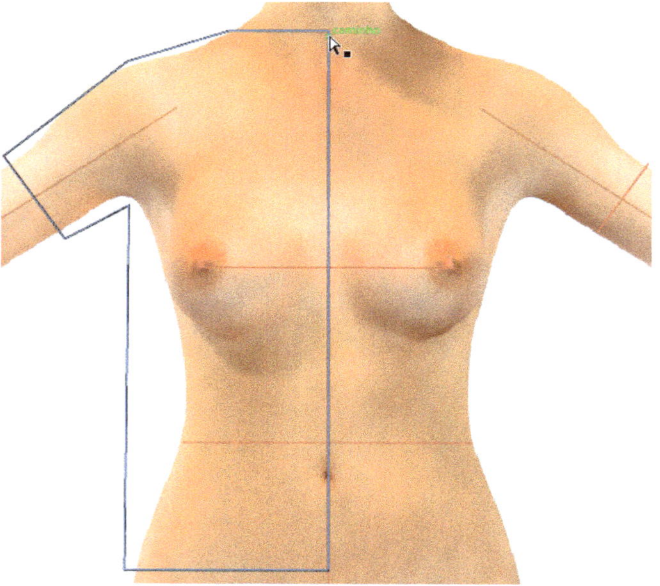

Para fazer a cava, clique com a *Ferramenta Caneta* no ponto superior do ombro, solte o dedo do mouse e clique no cantinho sob o braço. Segure o dedo no mouse e arraste um pouco o cursor à esquerda para que seja feita uma curva.

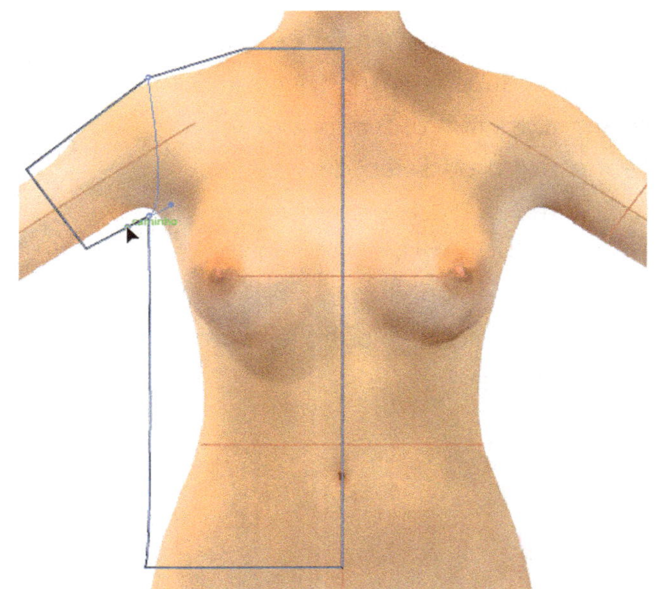

Solte o dedo do mouse e, se quiser ajustar a curva, selecione a seta branca (*Ferramenta Seleção direta*) e ajuste pelos vetores.

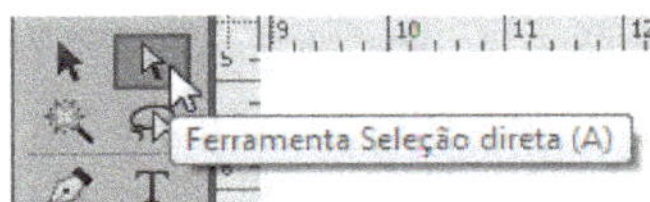

Clique na linha da cava com a seta branca e ajuste para que fique de acordo com a sua referência (blusa real que você pegou no guarda-roupa).

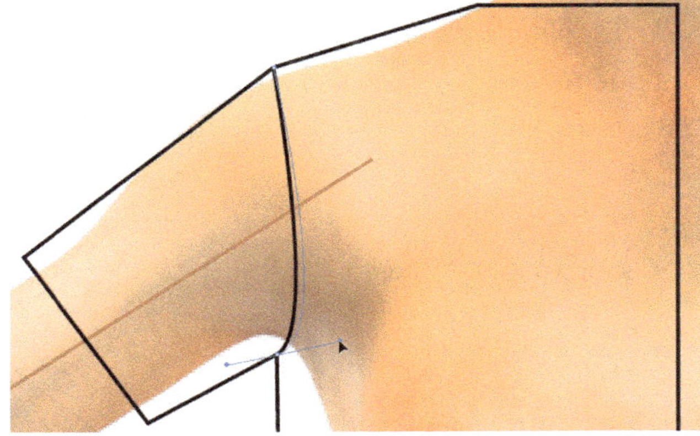

Faça também as linhas de costura da manga; será uma costura se sua blusa for confeccionada em tecido plano ou serão duas se ela for de malha. Faça a linha com a *Ferramenta Caneta*; clique uma vez na lateral da manga, solte o dedo do mouse e clique no outro lado da manga, embaixo do braço.

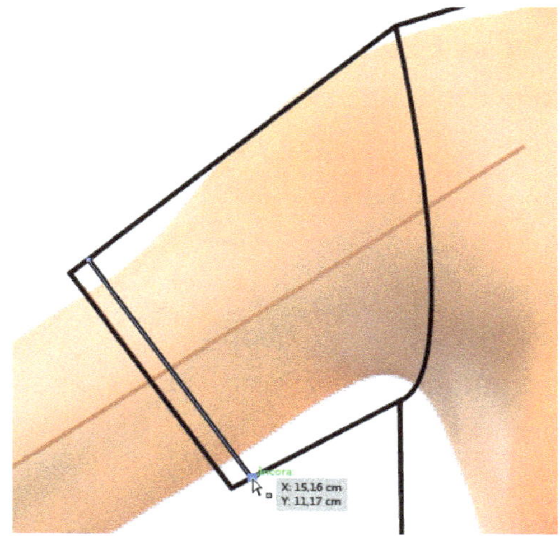

Se quiser fazer mais uma linha, com a *Ferramenta Seleção* (seta preta), clique na linha e vá a *Editar*, *Copiar*, *Editar*, *Colar na frente*. Clique na linha e arraste o cursor na posição para indicar uma costura dupla; selecione as duas linhas e vá a *Traçado*. Escolha uma espessura mais fina que o contorno da blusa e, em *Linha tracejada*, coloque *2*.

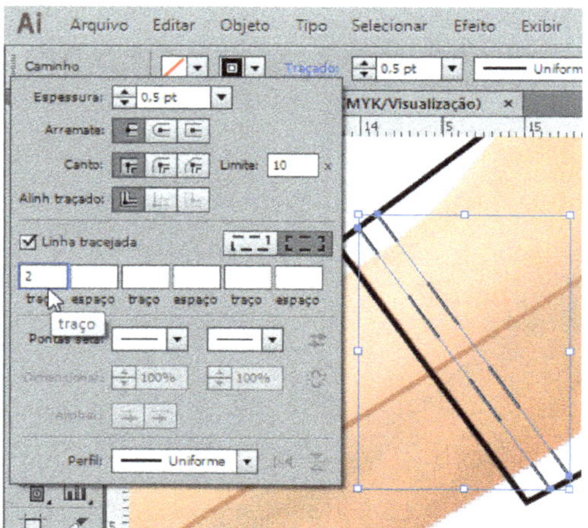

Clique fora do painel.

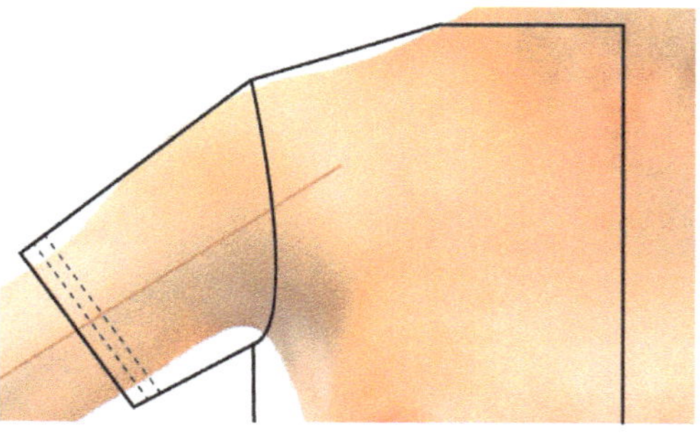

Selecione a metade com a cava e as costuras. Clique com o botão direito sobre uma linha e escolha a opção *Agrupar*. Você também pode selecionar todos os objetos; para isso, pressione a tecla *CTRL* (*Command* no Macintosh), segure o dedo no mouse e na tecla *A*, depois solte as duas teclas. Para agrupar, vá ao painel superior e clique em *Objeto*, *Agrupar*.

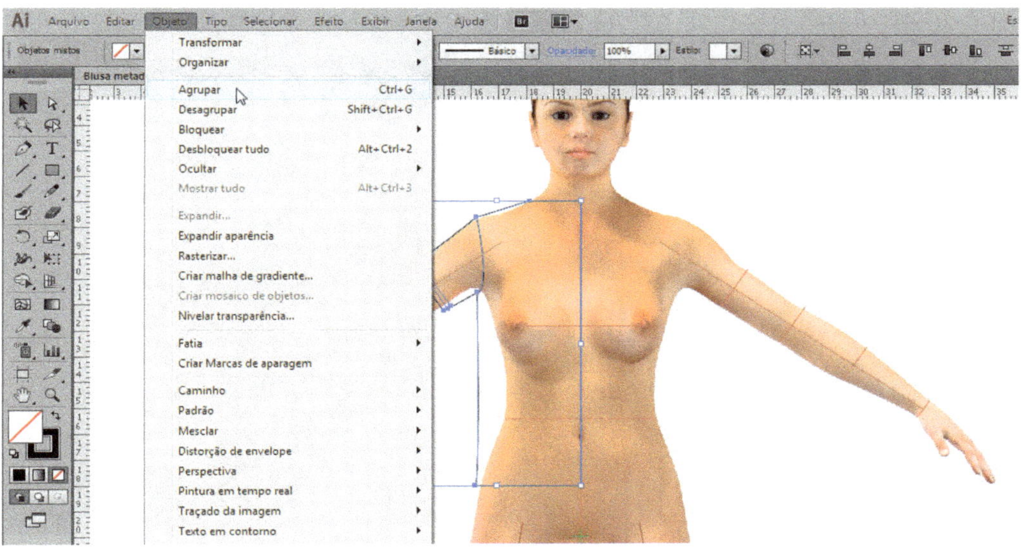

Essa base de blusa poderá ser salva para que você a utilize diversas vezes para criar novos modelos. Não coloque decote ou gola neste momento, isso será feito somente depois; assim, com uma mesma base será possível criar várias blusas.

Se quiser deixar a manga da base da blusa pronta para ser colorida com uma cor diferente do corpo, é preciso separá-la. Com a *Ferramenta Seleção* (seta preta), clique duas vezes na cava até entrar no modo de isolamento do grupo. Você verá que a linha da cava ficará com uma cor mais escura e tudo que está na prancheta ficará mais claro no modo de isolamento do grupo.

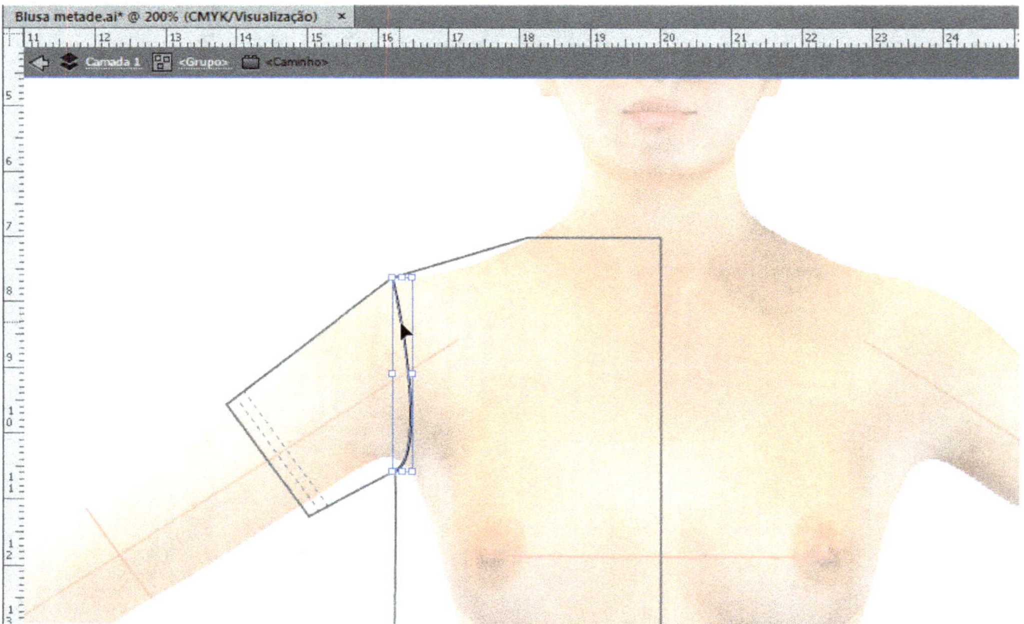

Nos programas vetoriais, uma linha pode ser usada para recortar um objeto, mas é importante que a linha seja maior que o objeto que será recortado. É como se você usasse uma tesoura para o recorte: você posiciona a tesoura antes do papel para começar a recortá-lo.

No caso da blusa, usaremos a linha da cava como caminho para o corte, porém, ela precisa ser aumentada para que dê certo. Vá à pontinha superior da cava e, com a seta branca (*Ferramenta Seleção direta*), clique uma vez na linha da cava para selecioná-la e depois no ponto-âncora. Segure o dedo no mouse e arraste o cursor um pouquinho para cima até que a linha ultrapasse a manga.

Aproxime bastante a imagem com a *Ferramenta Zoom* para facilitar esse movimento. Faça o mesmo procedimento na pontinha da linha sob a manga.

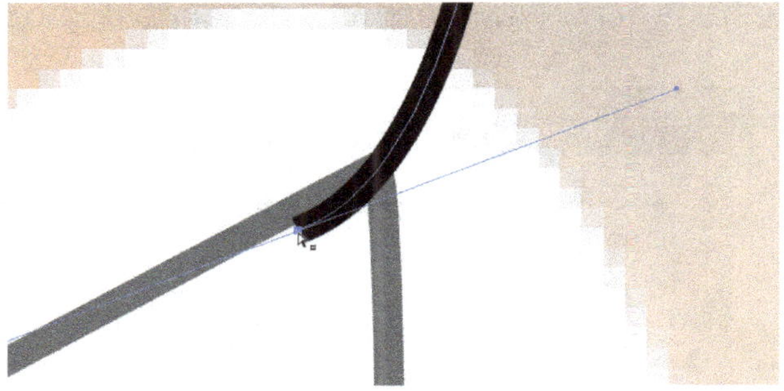

Vá a *Voltar um nível* para poder selecionar a metade da blusa.

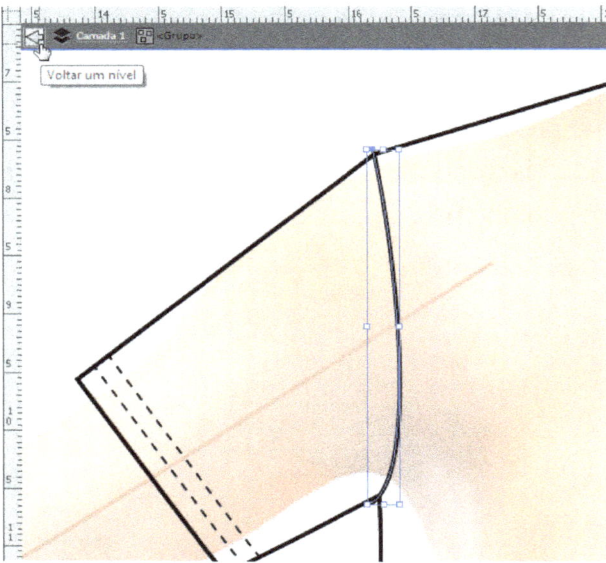

Se sentir dificuldade em trabalhar dentro do modo de isolamento, desagrupe todos os objetos. Ainda com a cava selecionada, pressione a tecla *Shift* e clique na linha da blusa. Em *Pathfinder*, selecione a opção *Dividir*. Clique em uma área vazia.

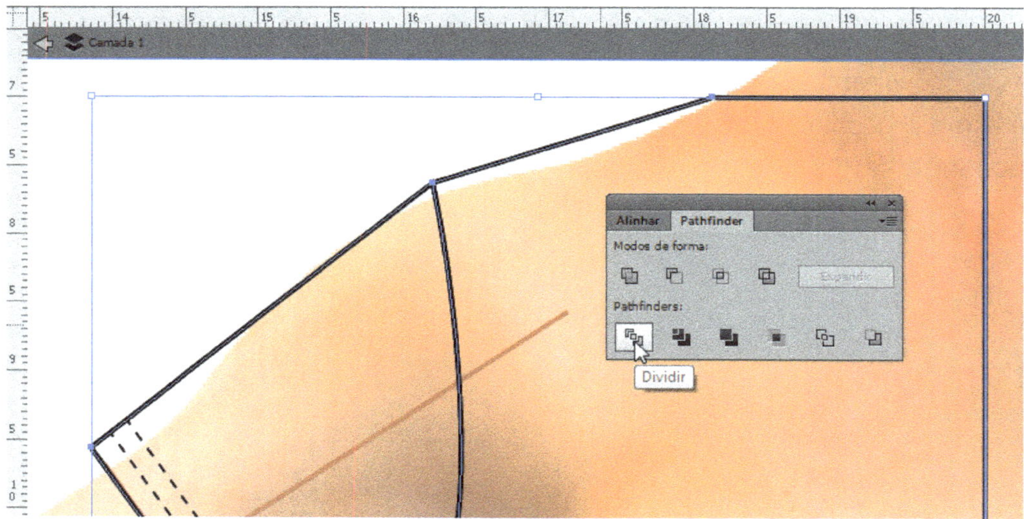

Vá a *Ferramenta Seleção* (seta preta), clique novamente na camisa com o botão direito do mouse e escolha a opção *Desagrupar*. Clique em uma área vazia.

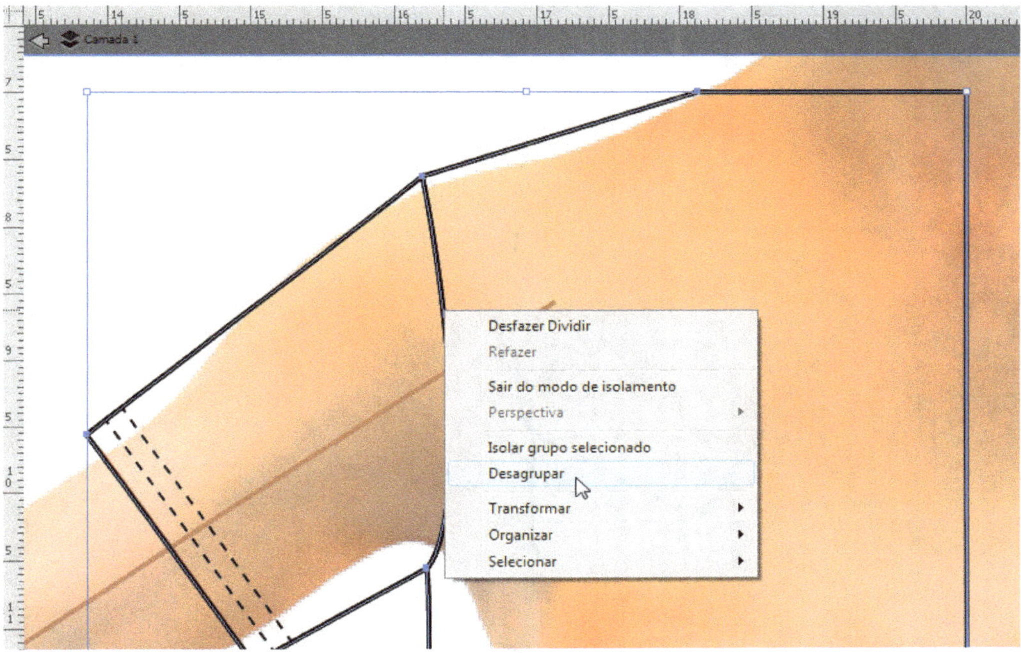

A manga estará separada do corpo da blusa; para certificar-se, clique na manga com a *Ferramenta Seleção* e pinte-a de uma cor. Veja que a caixa delimitadora (o retângulo azul que aparece ao redor da manga) já indica que só a manga está selecionada.

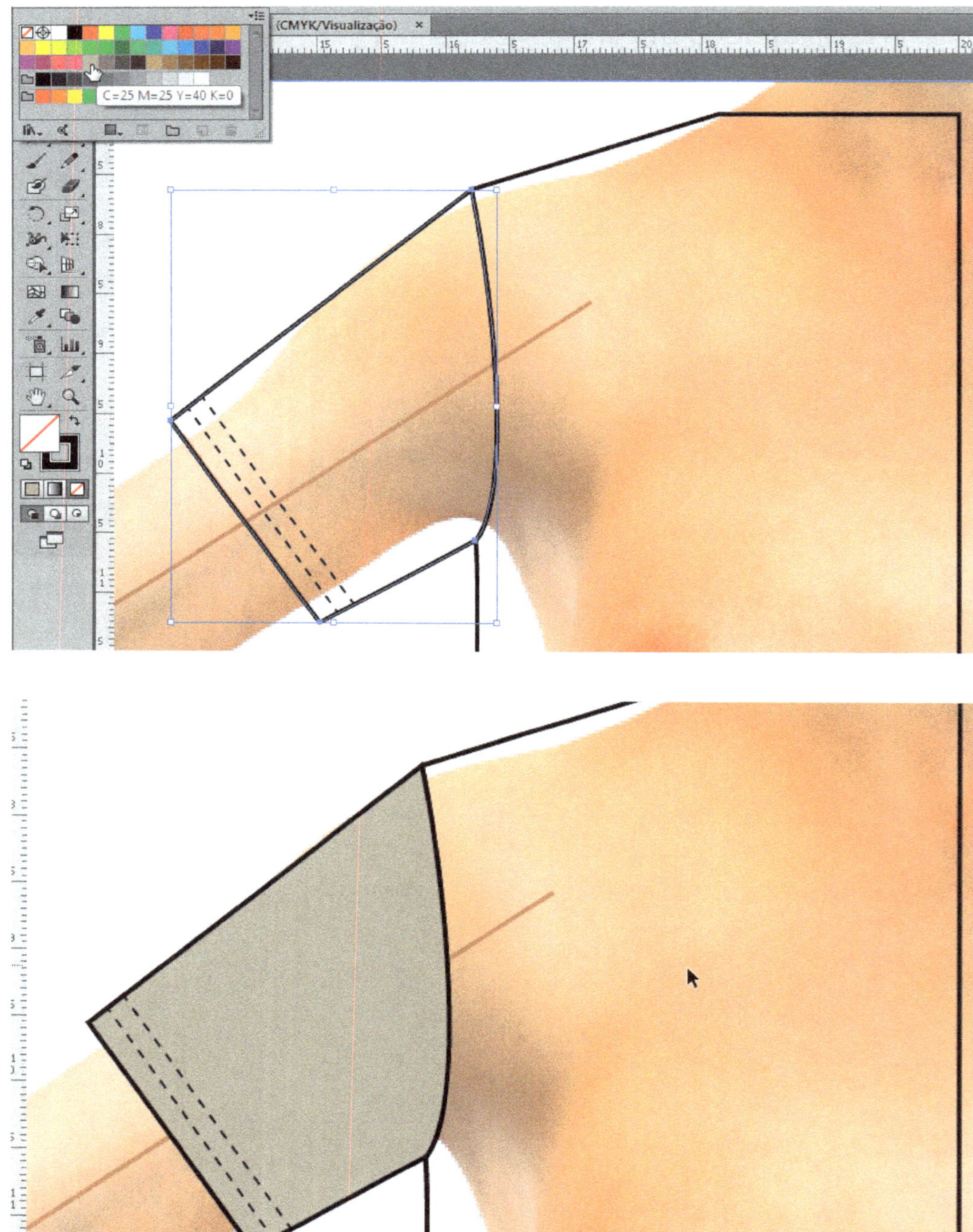
(CMYK/Visualização)
C=25 M=25 Y=40 K=0

Para sair do modo de isolamento, pressione a tecla *ESC*. Com a metade da blusa selecionada, vá a *Arquivo*, *Salvar como* e salve-a em uma pastinha de modelos de blusa. Selecione a metade da blusa com a *Ferramenta Seleção*, clique com o botão direito do mouse em uma linha e selecione *Agrupar*.

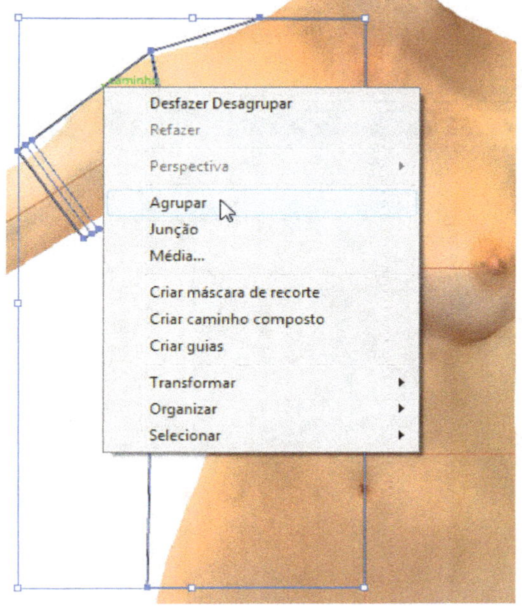

Novamente, usaremos a opção *Transformar*. Ela será usada sempre que for preciso trabalhar com simetria. Com a metade agrupada e selecionada, vá ao painel *Aparência* e clique nas opções *Adicionar novo efeito*, *Distorcer e transformar*, *Transformar*.

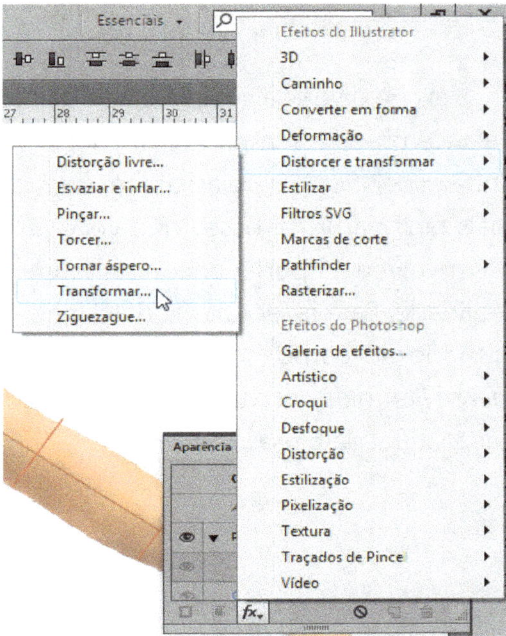

Em *Transformar*, ajuste as opções como você fez anteriormente.

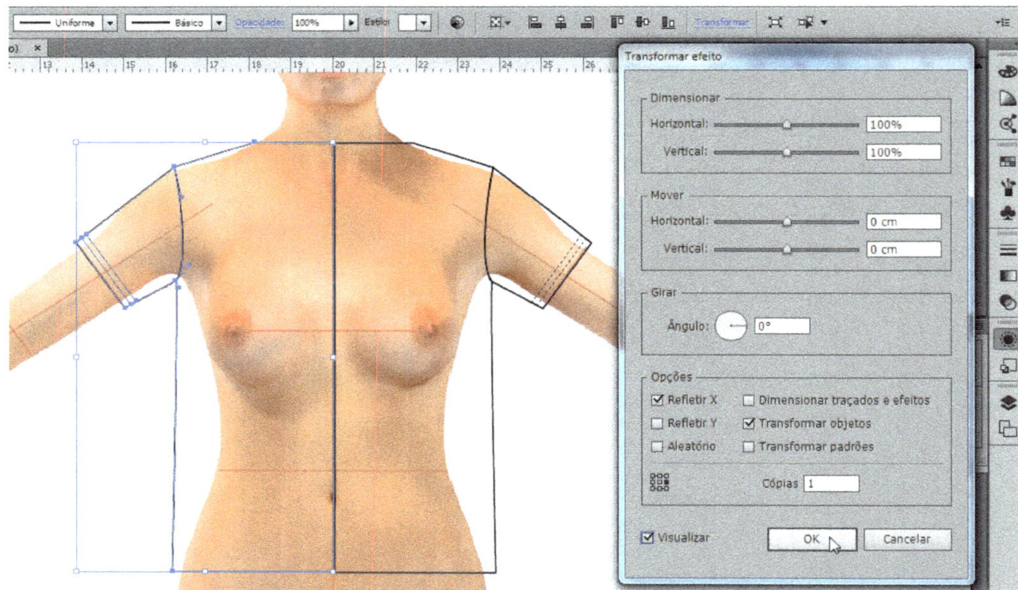

Mais uma vez, salve essa etapa da blusa para desenvolver modelos com base nela. Lembre-se sempre de organizar suas pastas. Salve as blusas em uma pastinha específica para elas; assim, quando desenvolver suas coleções, ficará bem mais fácil partir de bases que você já desenvolveu e pode encontrar com facilidade. Para fazer um modelo mais ajustado ao corpo, selecione a *Ferramenta Ponto de ancoragem* e clique na linha lateral da blusa.

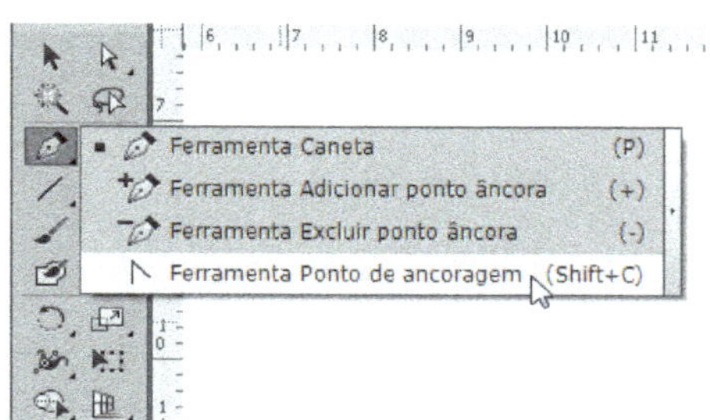

Clique na linha, segure o dedo no mouse e empurre, fazendo uma curva suave.

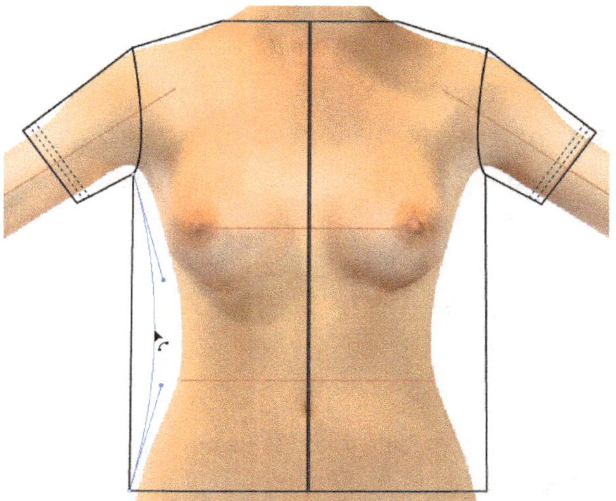

A blusa está com o efeito *Transformar*, por isso, tudo o que fizer na metade que desenhou refletirá na metade duplicada. Isso é bem interessante, pois você poderá desenhar seus modelos por simetria a partir de uma única base e já ver se as modificações estão de acordo com suas ideias para a coleção.

Sempre que finalizar o uso de uma ferramenta, clique na *Ferramenta Seleção* e em uma área vazia da prancheta para liberar as operações seguintes.

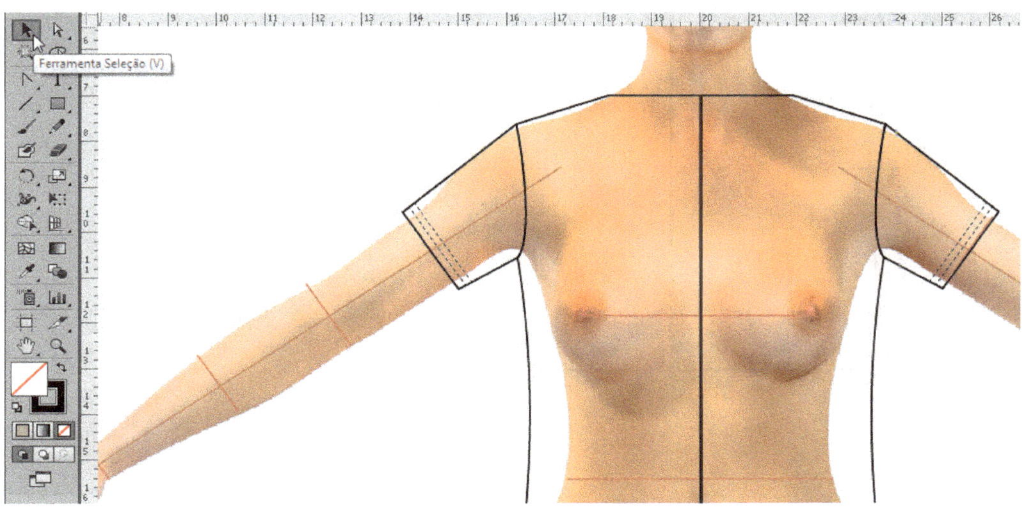

No caso da base da blusa, mantenha *Lenora* sob ela e salve tudo. Todas as vezes que for criar um novo modelo, faça-o a partir desse arquivo. Se quiser escondê-la para visualizar só a blusa, vá ao painel *Camadas* e clique no olhinho ao lado da camada *Lenora*.

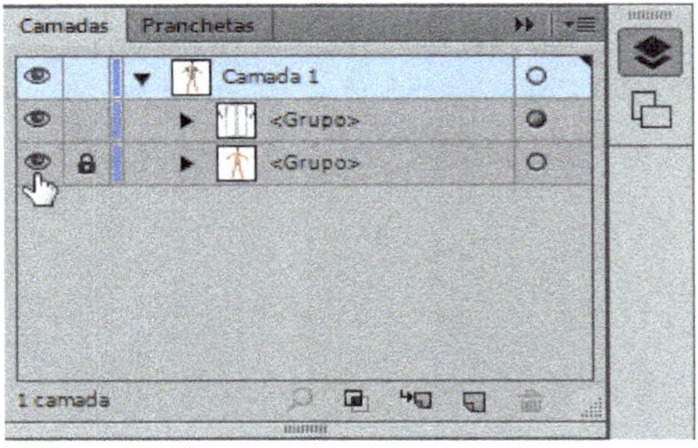

Ao clicar, o olhinho desaparece e *Lenora* continua na prancheta, mas não visivelmente.

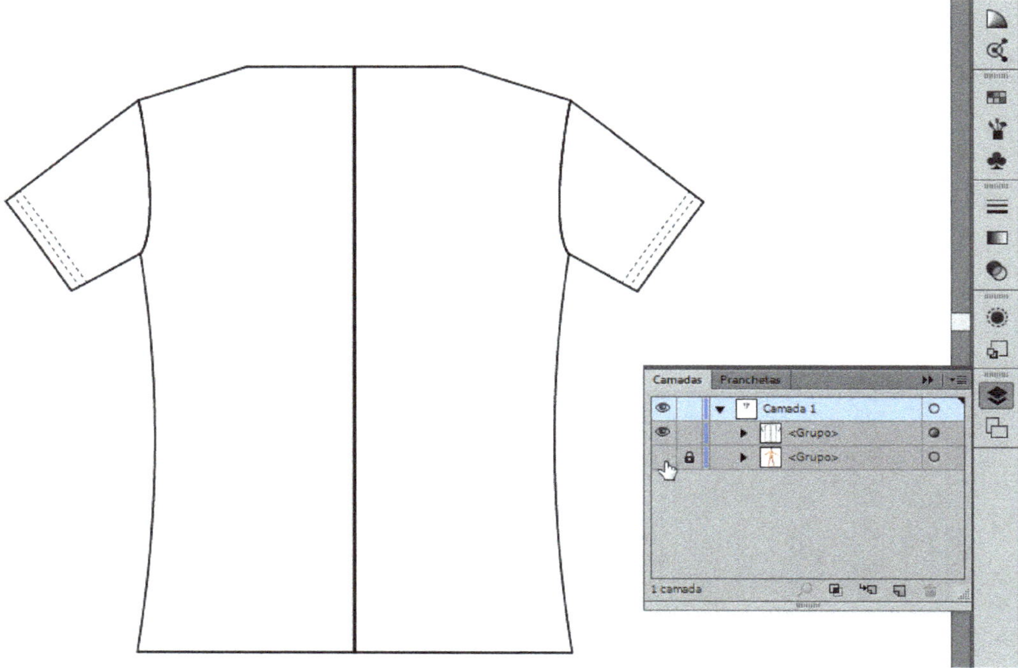

Faça todos os ajustes que quiser e que estejam de acordo com seu projeto de coleção. Crie outros modelos. Com a seta branca (*Ferramenta Seleção direta*), clique na boca da manga e arraste o cursor até o pulso de *Lenora*.

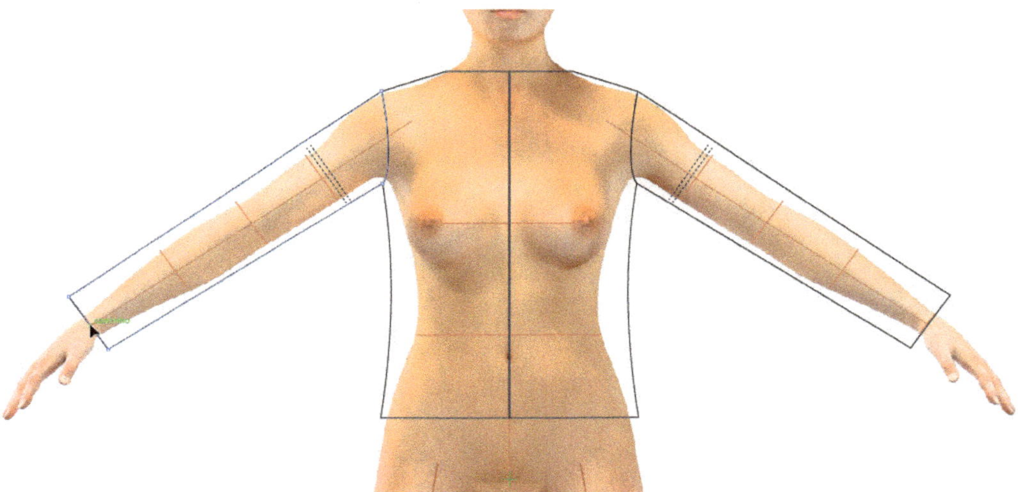

Ainda com a seta branca, clique nos pontos-âncora e ajuste a boca da manga para criar um modelo novo. Veja que, novamente, a metade duplicada seguirá todas as modificações ocorridas na metade que você desenhou.

Para ajustar as costuras, com a *Ferramenta Seleção* (seta preta), clique duas vezes sobre a costura para entrar no modo de isolamento. Pressione a tecla *Shift*, segure o dedo no mouse e clique na outra linha de costura.

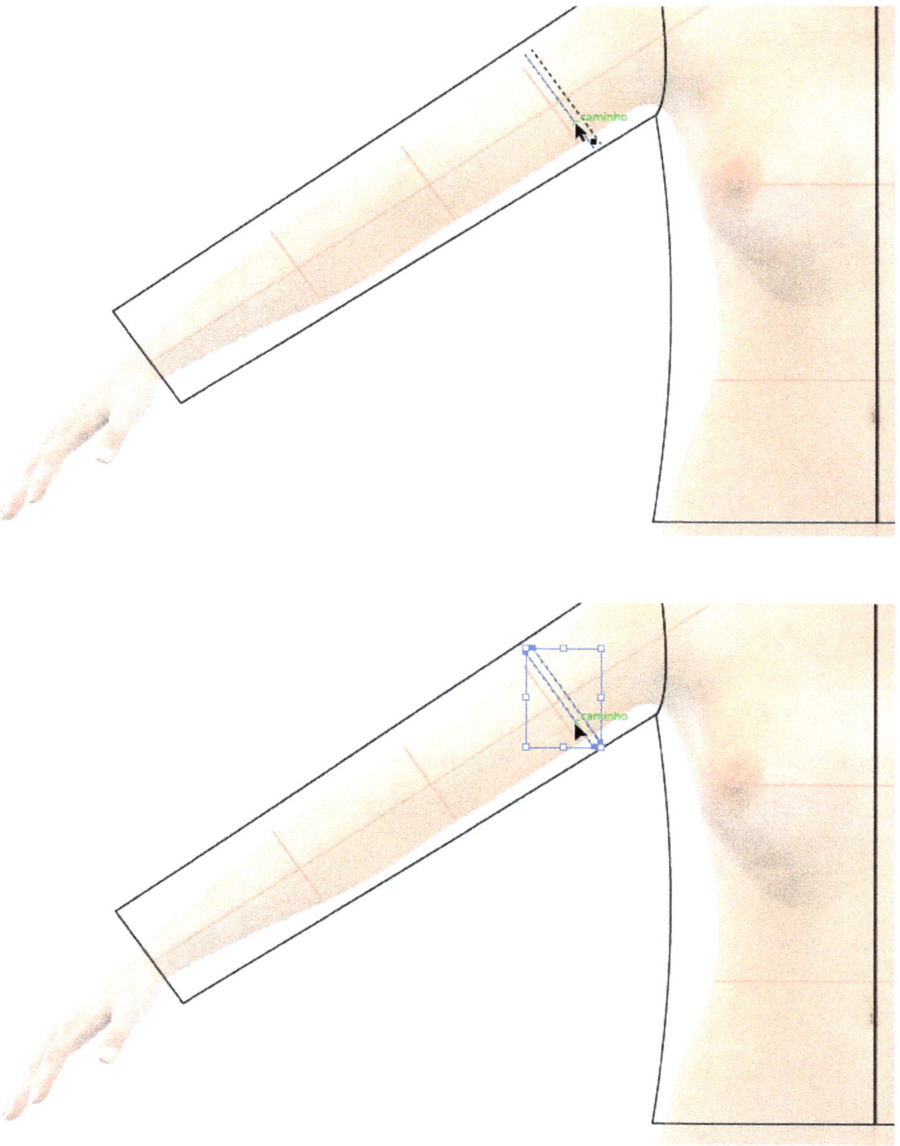

Clique com o botão direito do mouse e, na janelinha, selecione a opção *Agrupar*.

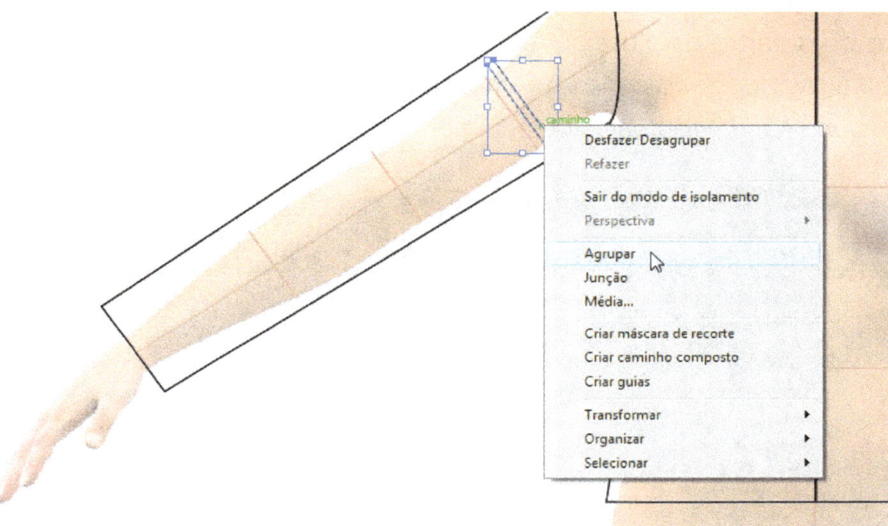

Com a *Ferramenta Seleção* (seta preta), clique nas linhas de costura, segure o dedo no mouse e arraste o cursor até o punho. Ajuste, com a seta branca (*Ferramenta Seleção direta*), o punho e as costuras.

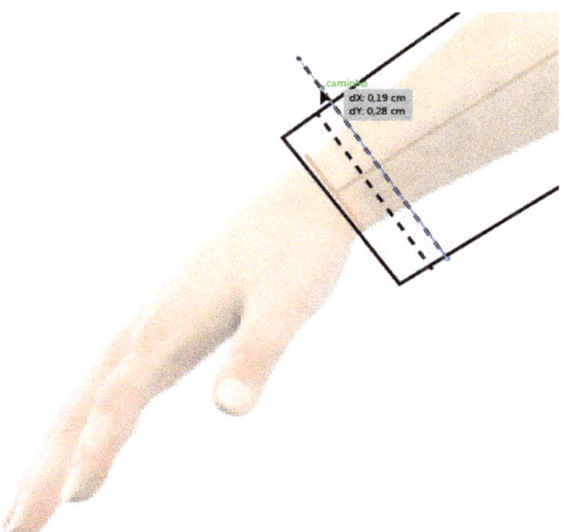

Sempre aproxime a área do desenho com a *Ferramenta Zoom* para facilitar seu trabalho. Faça todas as modificações e salve na pastinha *Bases de blusas*. Para unir as duas partes da blusa de manga comprida, por exemplo, pressione a tecla *ESC* para sair do modo de isolamento. Selecione a metade desenhada e vá a *Objeto*, *Expandir aparência* para liberar a metade duplicada do efeito *Transformar*.

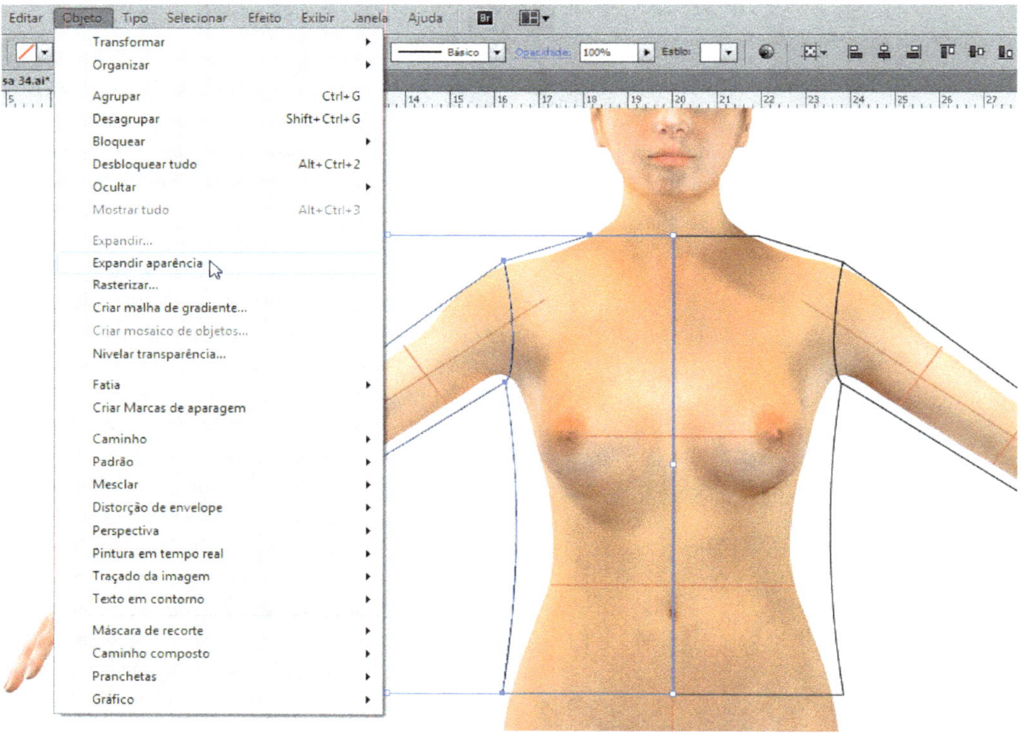

Em seguida, com a *Ferramenta Seleção* (seta preta), clique com o botão direito do mouse e selecione *Desagrupar*. Clique em uma área vazia da prancheta.

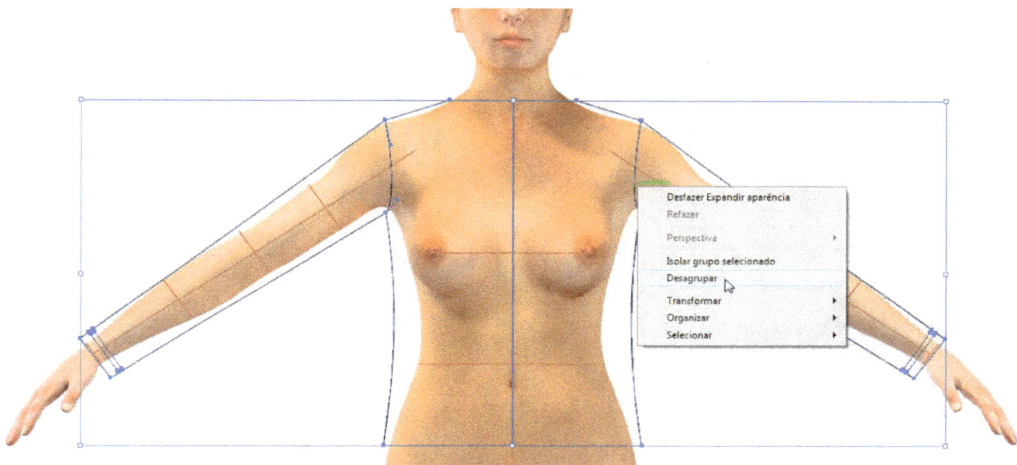

Com a *Ferramenta Seleção*, passe o cursor sobre uma metade e certifique-se de que selecionou linhas contínuas e tracejadas.

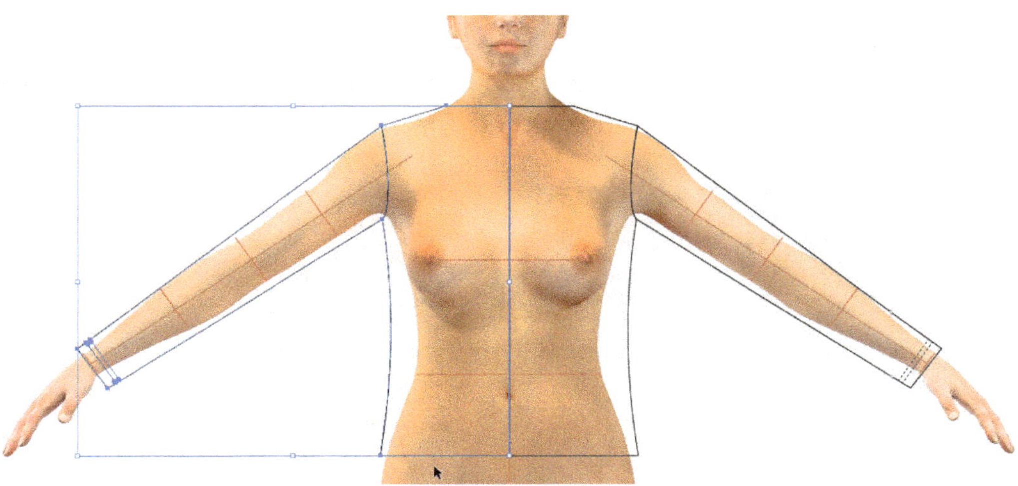

Com a metade selecionada, pressione as setinhas direcionais para sobrepô-la à outra metade; neste caso, pressione duas vezes a setinha (ou mais) para que o objeto se desloque para a direita e se sobreponha à metade à direita.

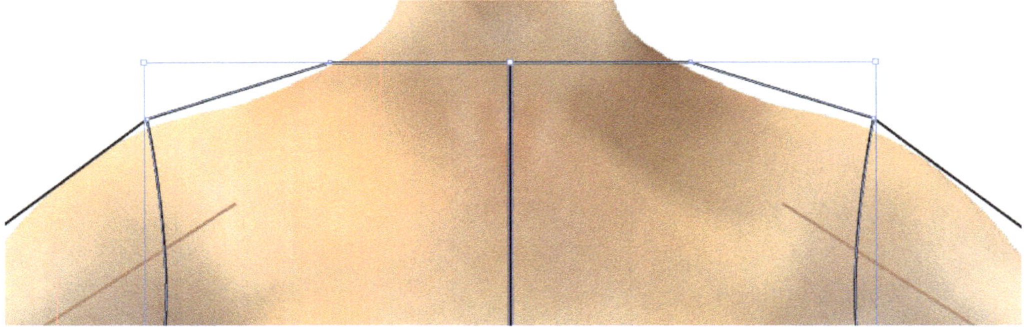

Certifique-se de que todos os objetos estejam desagrupados; clique com o botão direito do mouse na linha da blusa e selecione *Desagrupar*. O corpo de cada metade deve estar desagrupado; para ter certeza, clique em cada metade com a *Ferramenta Seleção* e verifique se a caixa delimitadora (retângulo azul) está contornando somente a metade do corpo (excluindo a manga).

Para unir as duas partes do corpo da blusa, clique em uma parte com a *Ferramenta Seleção*, pressione a tecla *Shift*, clique na outra parte e solte o botão do mouse. Vá a *Pathfinder* e selecione a opção *Unir*. As linhas centrais devem desaparecer; se isso não acontecer, os objetos não estão sobrepostos.

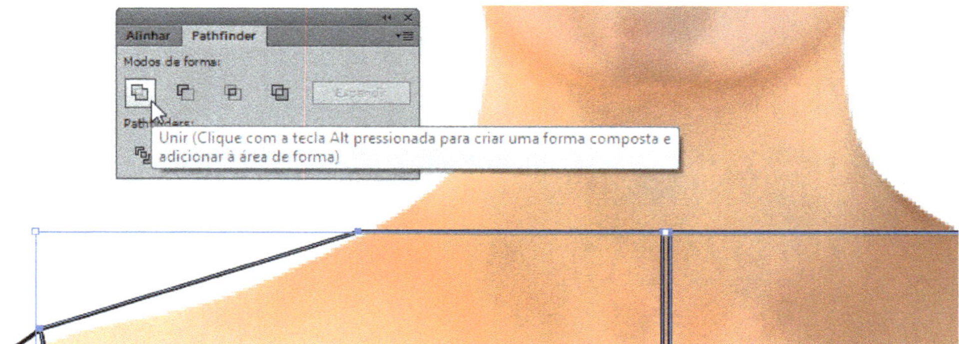

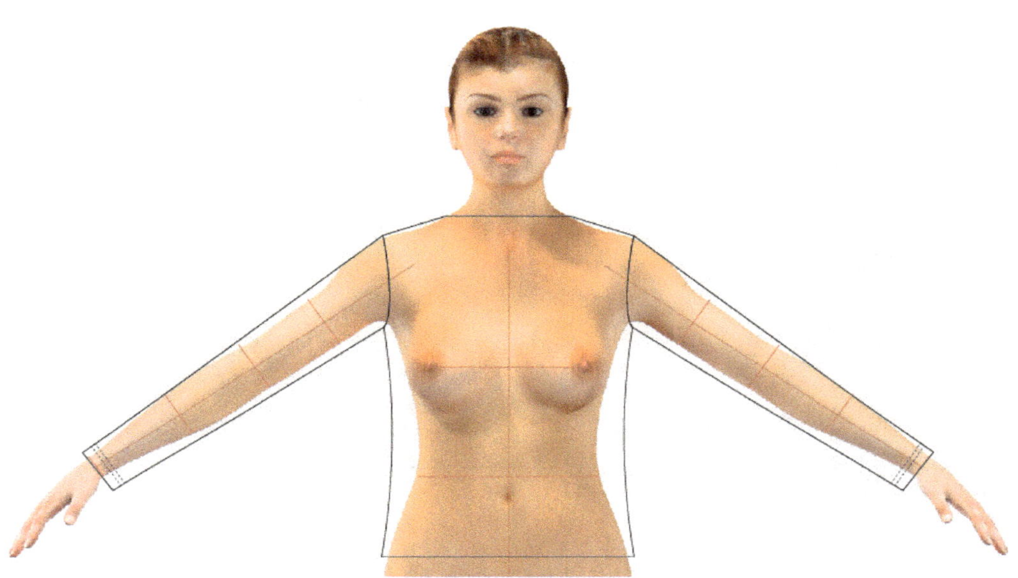

Coloque as linhas de costura na barra. Clique na *Ferramenta Caneta*.

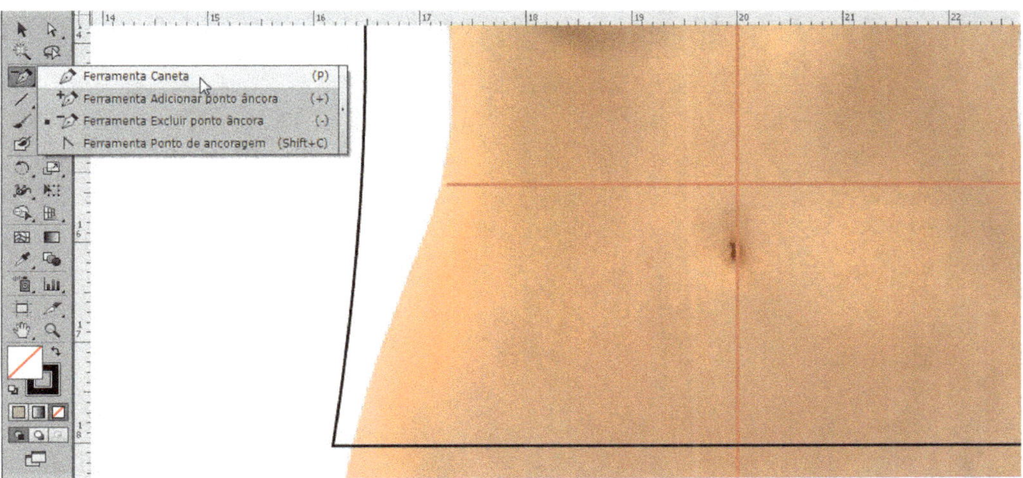

Clique um pouco acima da barra da blusa, solte o dedo do mouse, vá até o outro lado da blusa e clique mais uma vez. Solte o dedo do mouse.

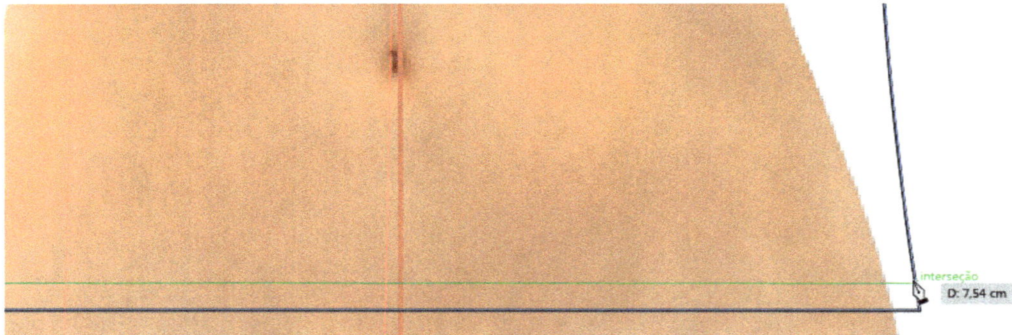

Repita o processo novamente e coloque a segunda linha um pouco acima da primeira. Selecione as duas linhas e agrupe. Vá a *Traçado*, no painel superior, e defina a espessura da linha e o tipo de tracejado.

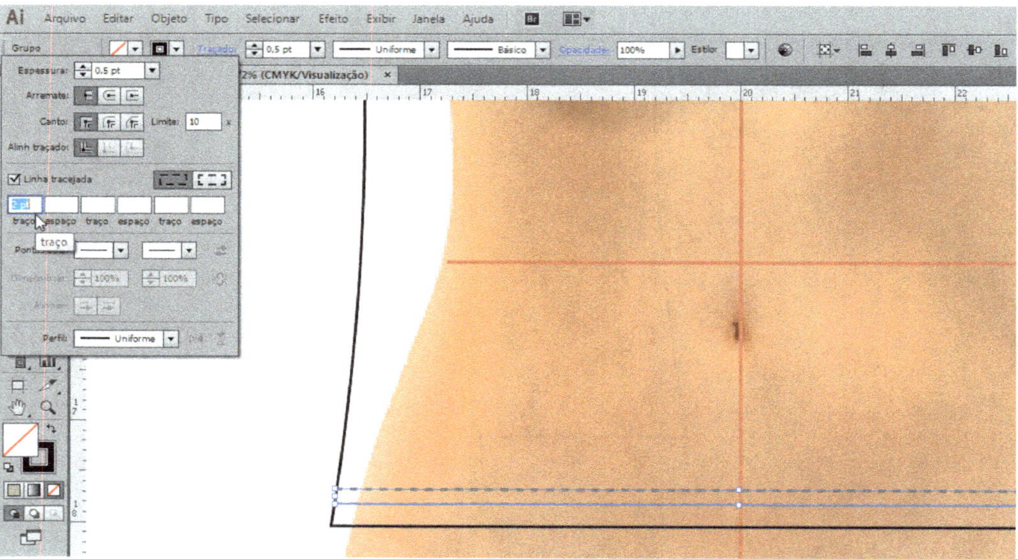

Repita o procedimento na blusa de manga curta. Para salvar os modelos, vá a *Camadas* e apague *Lenora*. Clique na camada em que ela está, segure o dedo no mouse e arraste-a para o lixinho.

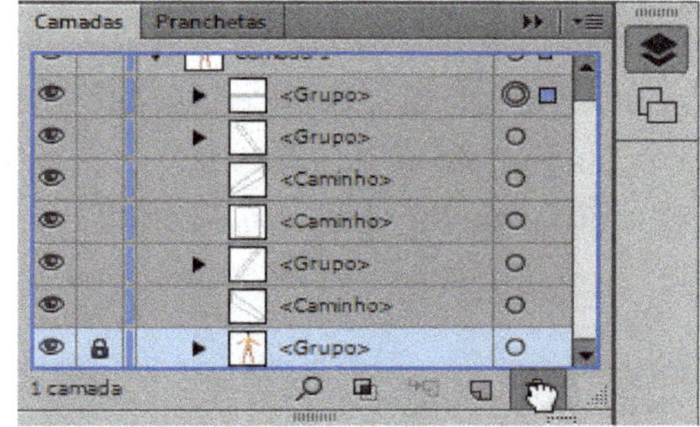

Vá a *Arquivo*, *Salvar como* e salve a pasta da coleção. Só mantenha *Lenora* nas bases das blusas enquanto não tiver tirado o efeito *Transformar*; assim, você poderá modificar as bases sempre que quiser e criar modelos.

Vá a *Arquivo* e abra um decote que desenhou. Com a página do decote aberta, selecione a frente e as costas e vá a *Editar*, *Copiar*. Vá à página na qual está a blusa e depois a *Editar*, *Colar*. Se o decote estiver agrupado, clique com o botão direito do mouse e vá a *Desagrupar*.

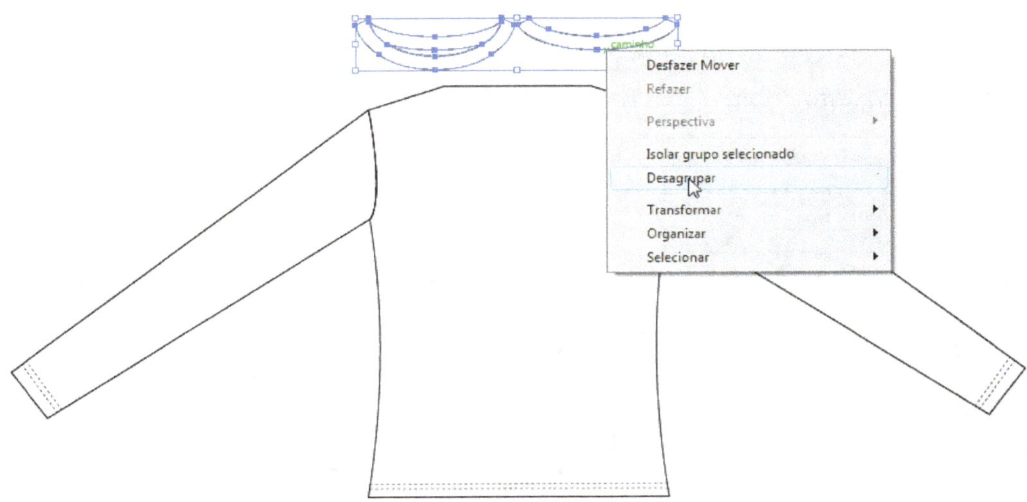

Selecione a frente do decote; certifique-se de que ele esteja agrupado, arraste o cursor e coloque o decote sobre a blusa. Clique no decote com a *Ferramenta Seleção*, pressione a tecla *Shift* e clique na blusa; solte o dedo do mouse e clique mais uma vez na blusa para definir que ela comandará a ação. Vá ao painel superior e escolha a opção *Alinhamento horizontal centralizado*.

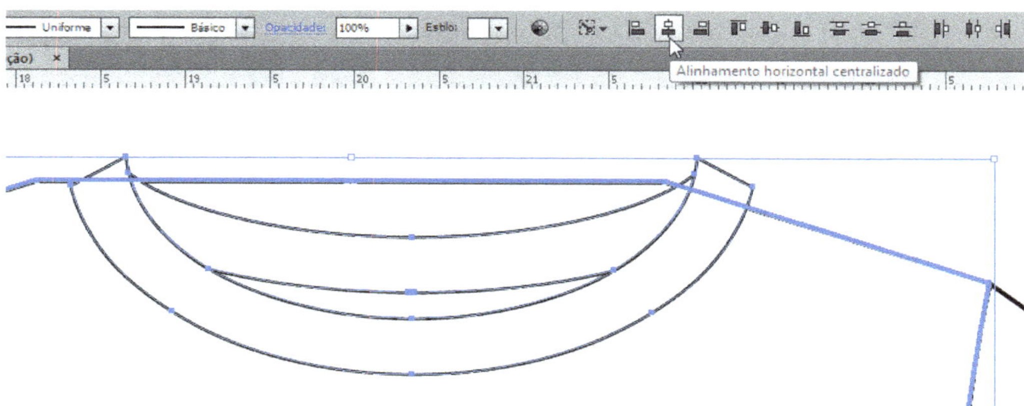

Assim, o decote irá se alinhar à blusa. Aproxime bastante a área do decote com a *Ferramenta Zoom* e vá a *Ferramenta Excluir ponto-âncora*.

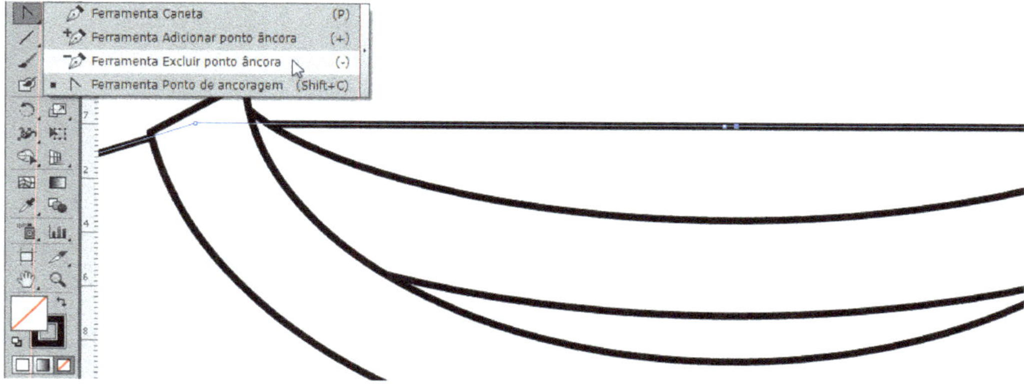

Clique nos pontos-âncora que estão na linha da blusa para apagá-los.

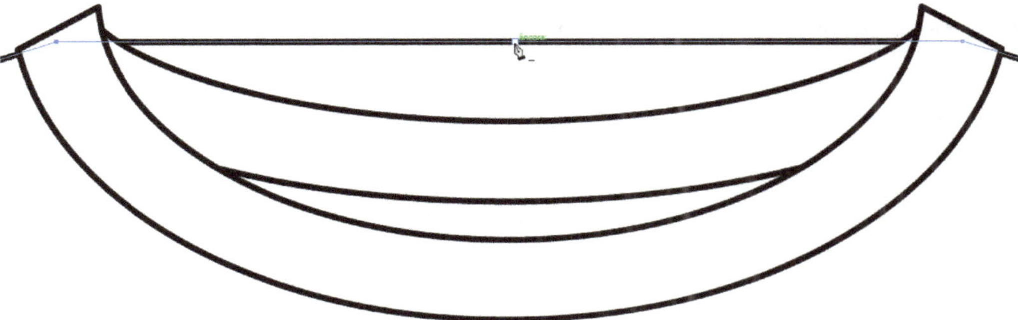

Após apagar os pontos-âncora, vá a *Ferramenta Ponto de ancoragem*, clique na linha novamente e curve-a para baixo a fim de que fique atrás do decote.

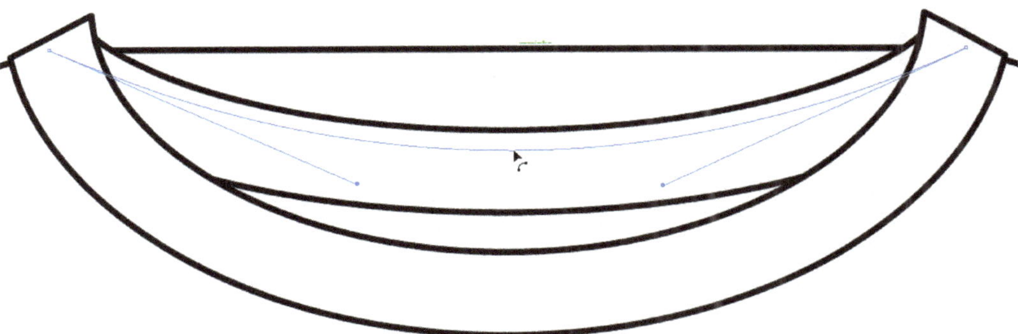

Selecione a base da blusa e vá a *Editar*, *Copiar*, *Editar*, *Colar* para ter a base para a criação das costas da blusa. Posicione o decote das costas da mesma forma que fez com o decote frontal.

Crie, portanto, uma biblioteca de bases de blusas e, depois, insira decotes ou golas e todos os detalhes que quiser, como botões, bolsos e recortes, para criar coleções com as mesmas bases, só mudando os detalhes.

MODELOS

10. SAIA

Também usaremos *Lenora* para o desenho da saia; novamente, seu estudo de modelos é muito importante. Veja uma saia real e estude todos os detalhes, como o cós, o botão e o zíper – enfim, tudo que existe nela e que seja necessário indicar para a pessoa que for confeccionar o seu modelo, a fim de que não restem dúvidas.

Vá a *Arquivo*, *Abrir* e depois à pastinha na qual está *Lenora*. Bloqueie-a para desenhar sobre ela com mais facilidade; vá ao painel *Camadas* e clique na área cinza no *Grupo* de *Lenora*.

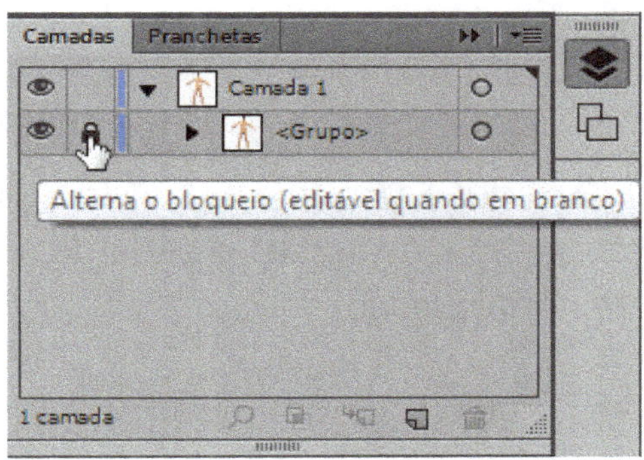

Verifique se a linha de contorno está em preto e o preenchimento, vazio. Vá às opções de cores abaixo do painel de ferramentas. Clique no quadradinho do preenchimento e no quadradinho com uma linha vermelha ao centro. Veja que o quadradinho do preenchimento está na frente do contorno.

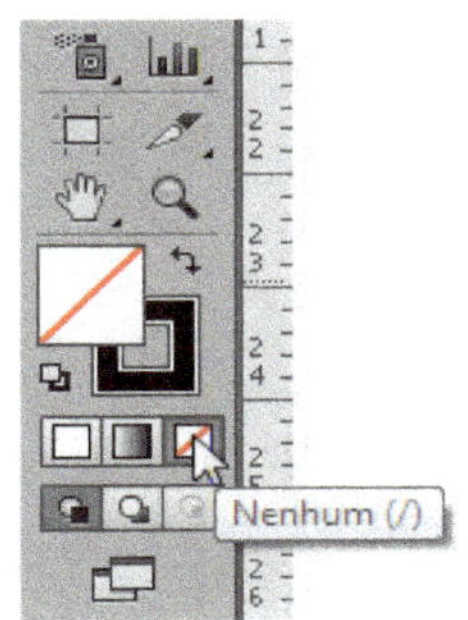

Com a *Ferramenta Zoom*, aproxime a região em que a saia será desenhada; clique uma vez acima da cintura de *Lenora*, segure o dedo no mouse e arraste o cursor na diagonal.

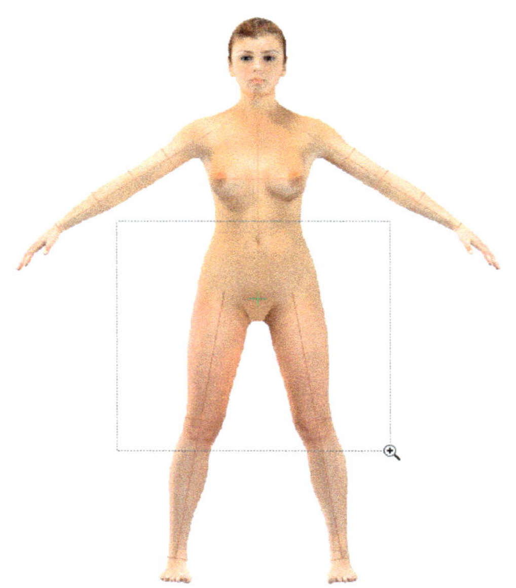

Selecione a *Ferramenta Caneta* e clique no meio da cintura de *Lenora*, solte o dedo do mouse e vá até a lateral do quadril.

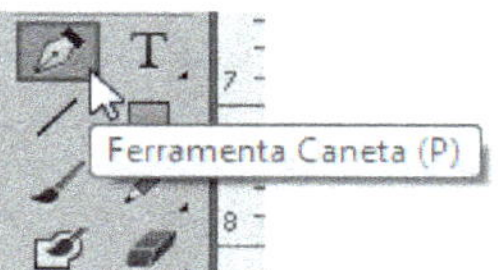

Continue o desenho até chegar ao ponto-âncora do início e clique nele.

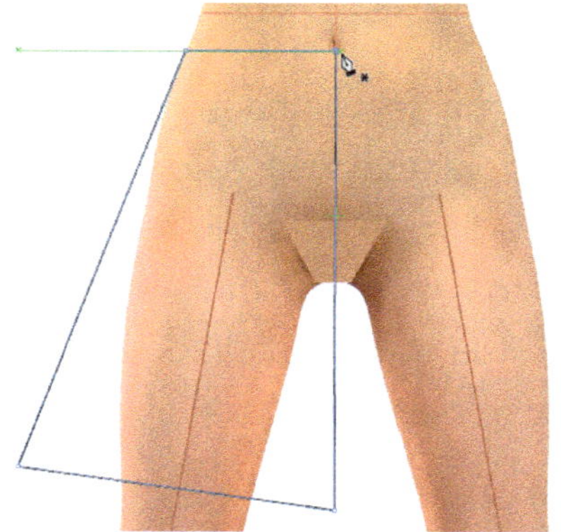

Com a *Ferramenta Ponto de ancoragem*, ajuste a lateral da saia. Coloque uma leve curva próxima ao quadril.

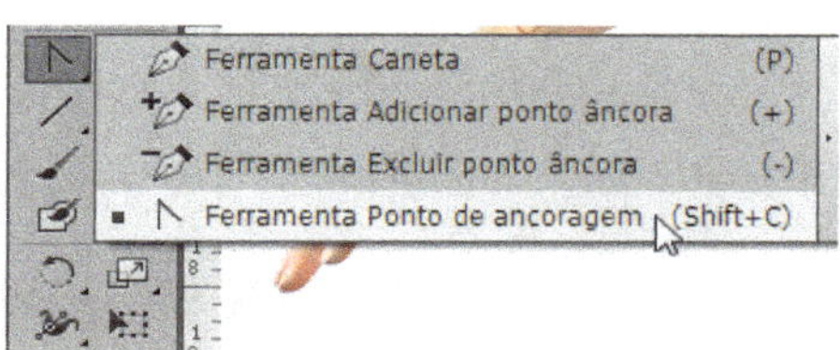

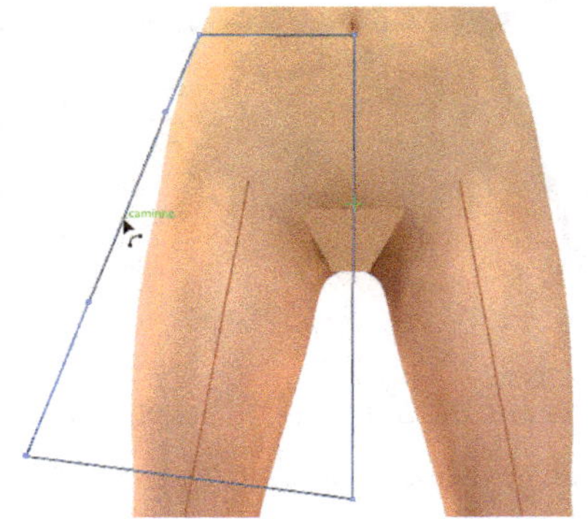

Clique na *Ferramenta Arco* e crie uma linha curva saindo da lateral da saia.

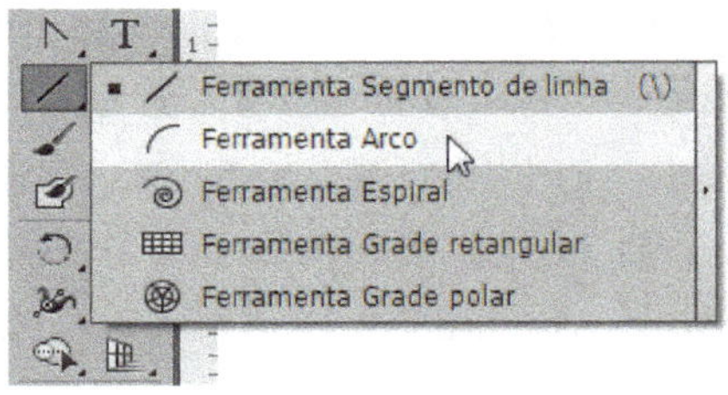

Clique, segure o dedo no mouse e arraste o cursor em direção ao centro do desenho.

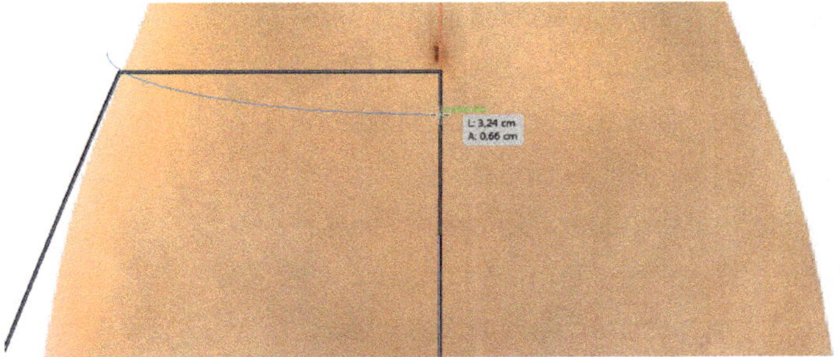

Com a *Ferramenta Seleção* (seta preta), clique na linha, segure e arraste para posicioná-la; certifique-se de que ela passe pelo cantinho da cintura da saia.

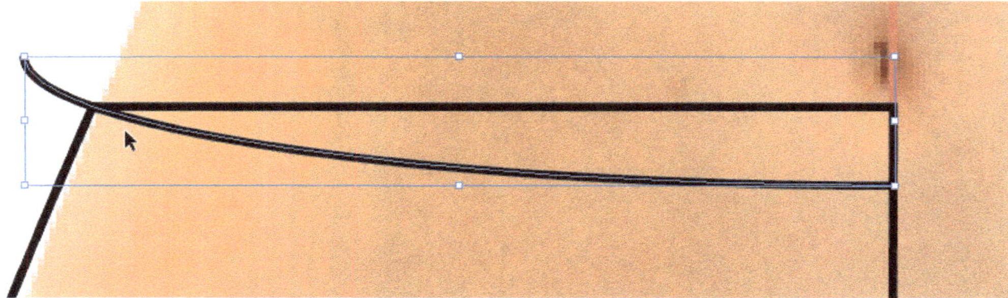

Veja que a linha ultrapassa a cintura da saia, e precisa ser assim para que você execute a etapa seguinte. Essa linha será o começo do desenho da cintura da saia visto de frente. Para ter certeza de que a frente é mais baixa que as costas, olhe para uma saia (que não tenha cintura alta) e comprove.

Também veja se a cintura das costas da saia não está voltada para cima, como vemos em alguns desenhos técnicos de moda. Da mesma forma, olhe para as costas de uma saia e veja como é essa linha.

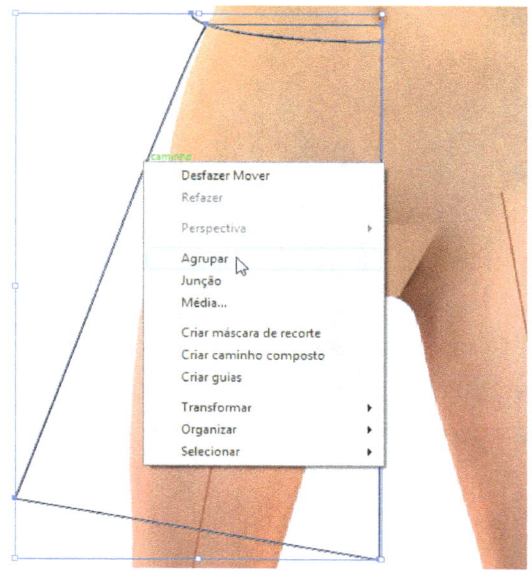

Não acredite em um desenho antes de ver uma peça de vestuário. Comprove a posição das linhas sempre a partir de um modelo real e faça seus desenhos técnicos com base na observação dessas peças.

Na continuação do desenho, selecione a saia e a linha da cintura, clique com o botão direito do mouse sobre uma linha e agrupe.

Vá ao painel *Aparência* e selecione *Adicionar novo efeito*. Selecione *Distorcer e transformar* e clique em *Transformar*.

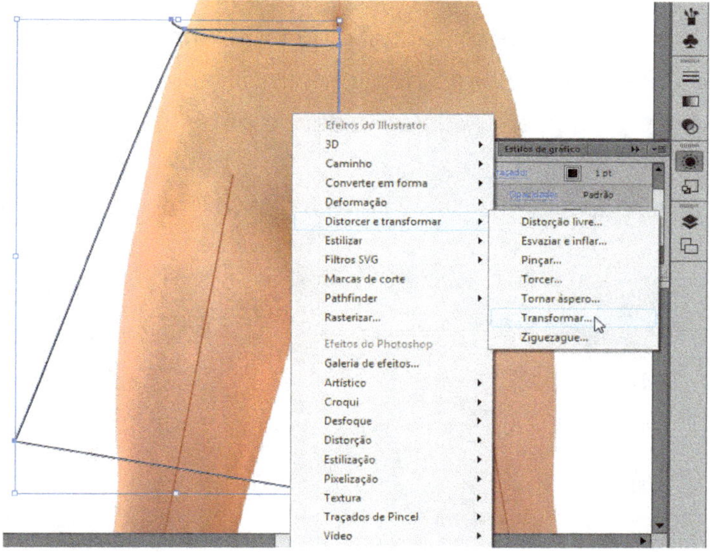

No painel, escolha as opções *Refletir X*, *Transformar objetos*, *Cópias 1*.

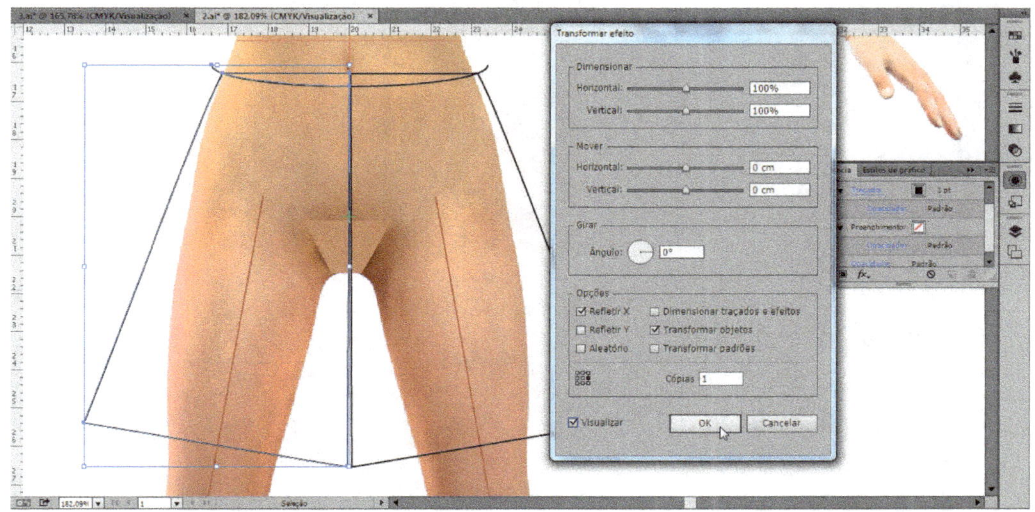

Lembre-se de selecionar o quadradinho da direita se o objeto duplicado for ficar à direita; clique em *Visualizar* e depois em *OK*.

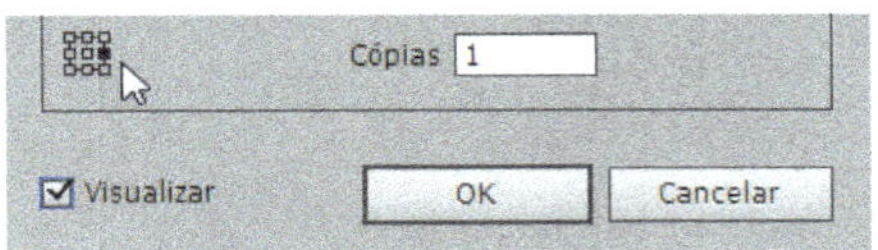

Clique na linha da saia e vá a *Objeto, Expandir aparência*.

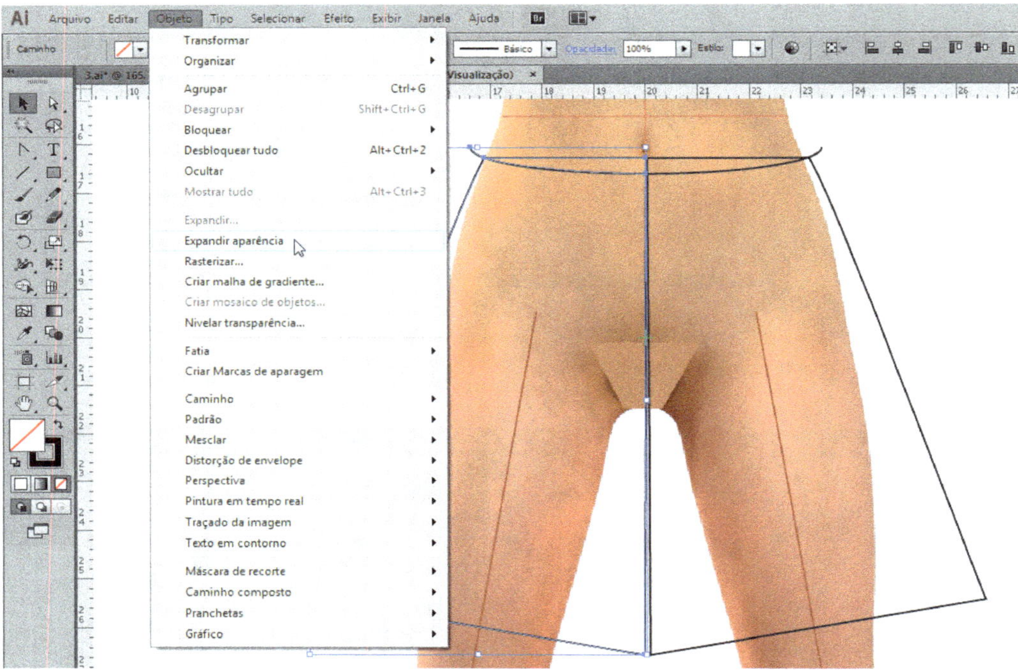

Clique na linha da saia com o botão direito do mouse, com a *Ferramenta Seleção* (seta preta), e escolha a opção *Desagrupar*.

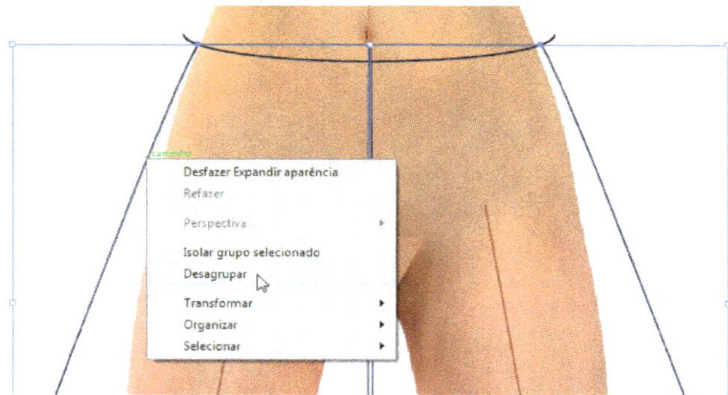

Certifique-se de que todo o objeto esteja desagrupado. Clique nas linhas com o botão direito do mouse e veja se a opção *Desagrupar* está desabilitada. Clique na linha da cintura e de novo vá a *Objeto*, *Expandir aparência*. Clique em uma área vazia; clique novamente na linha e desagrupe.

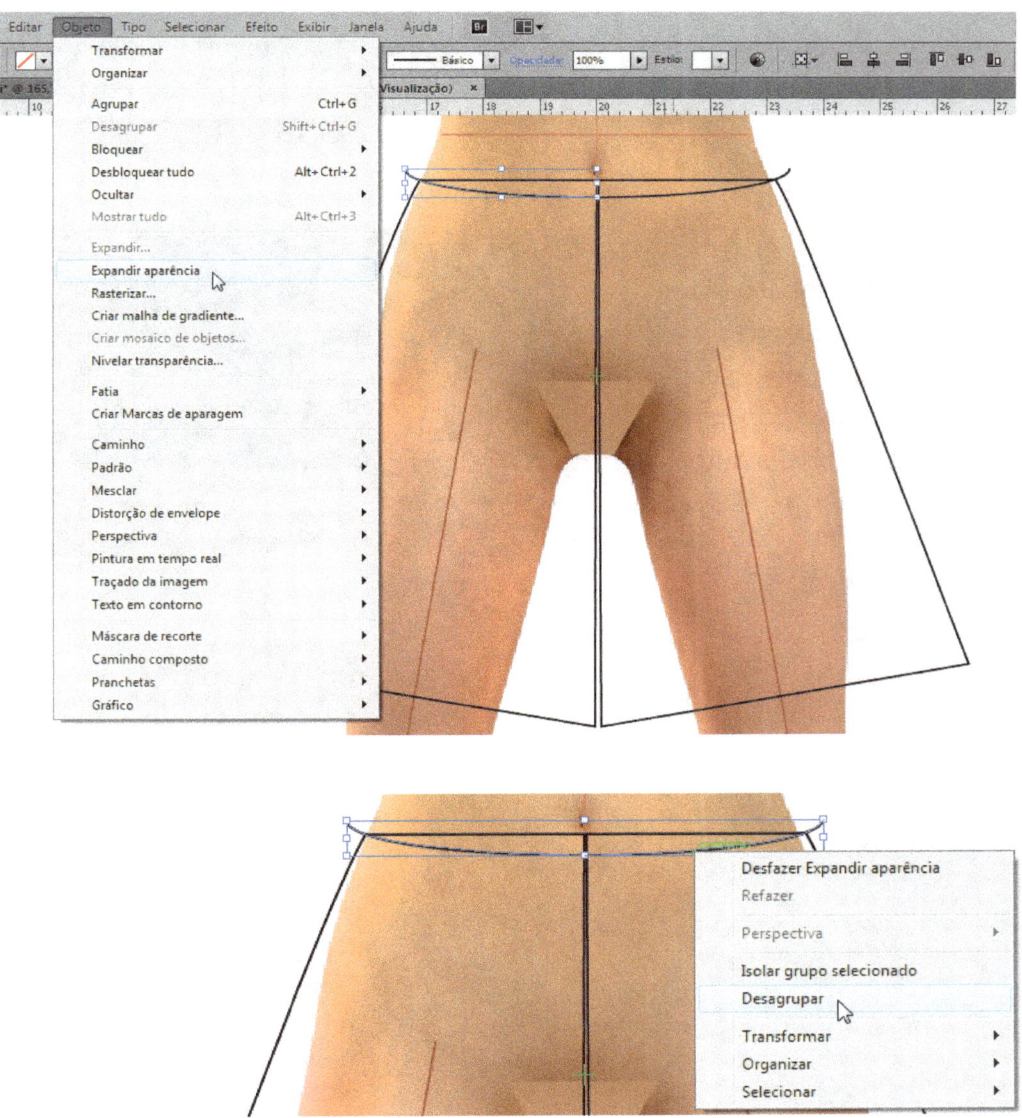

Clique nas linhas da cintura e desagrupe mais uma vez cada uma.

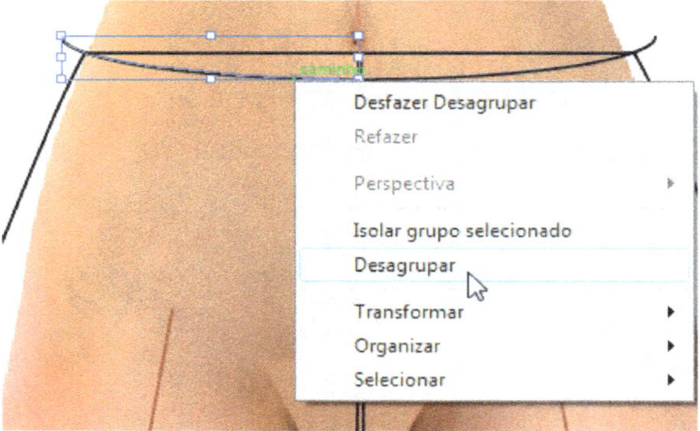

Selecione uma parte da saia com sua linha da cintura e, no teclado, pressione as setinhas direcionais algumas vezes, até posicionar uma metade sobre a outra.

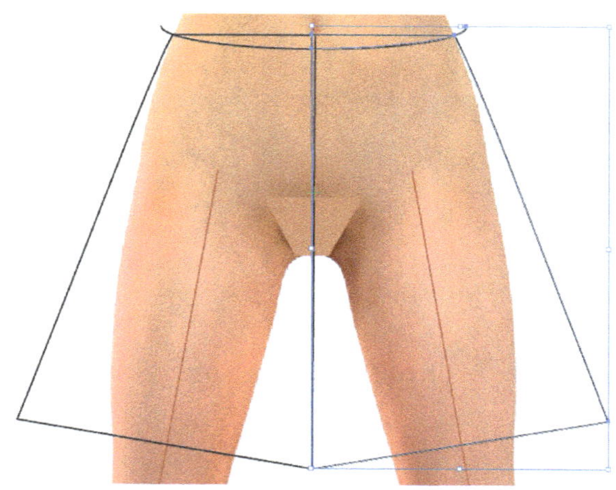

Vá ao menu *Janela* e clique em *Pathfinder*.

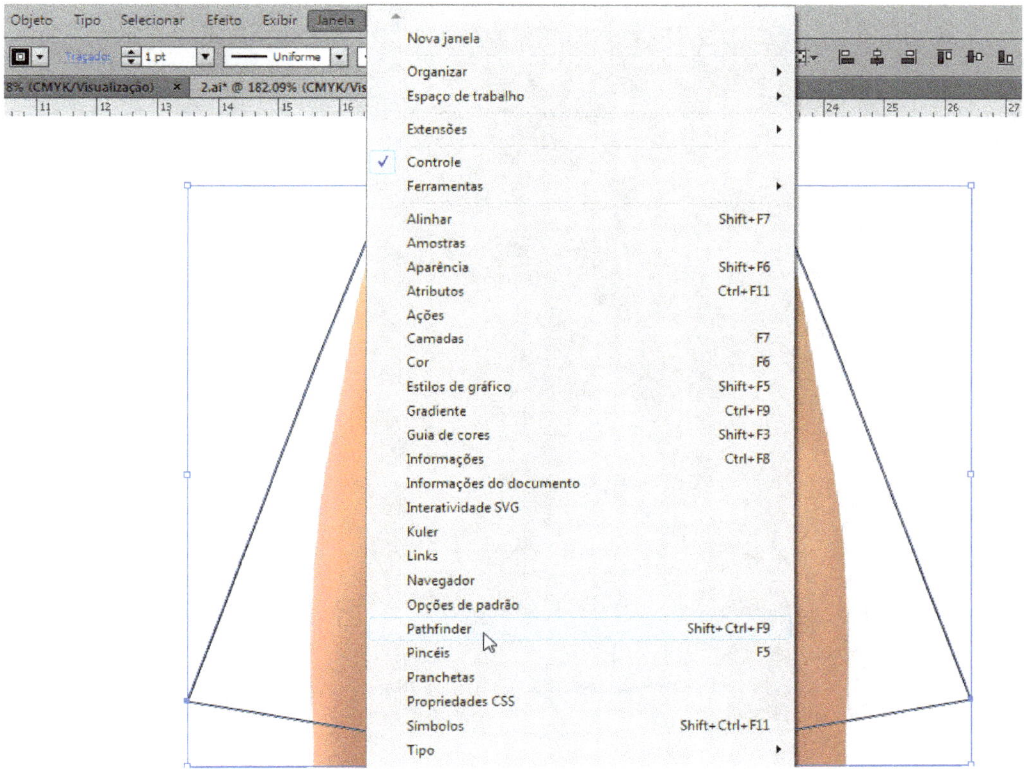

Certifique-se de que todas as partes da saia estejam desagrupadas. Com a *Ferramenta Seleção* (seta preta), clique em uma parte da saia (só da saia, não selecione a linha da cintura), pressione a tecla *Shift* e clique na outra parte. Solte o dedo do mouse.

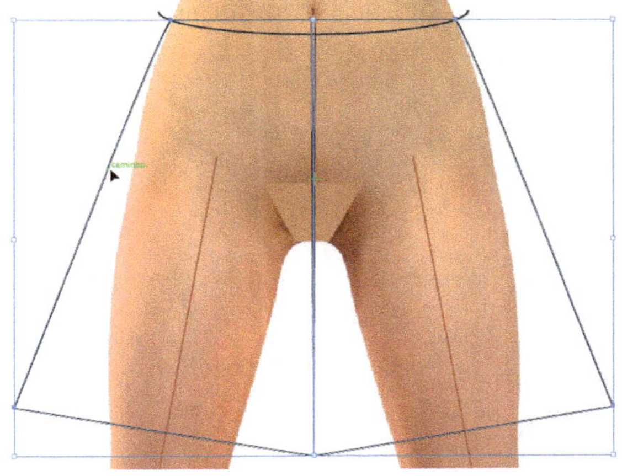

Com as duas partes selecionadas, clique em *Unir*, no *Pathfinder*.

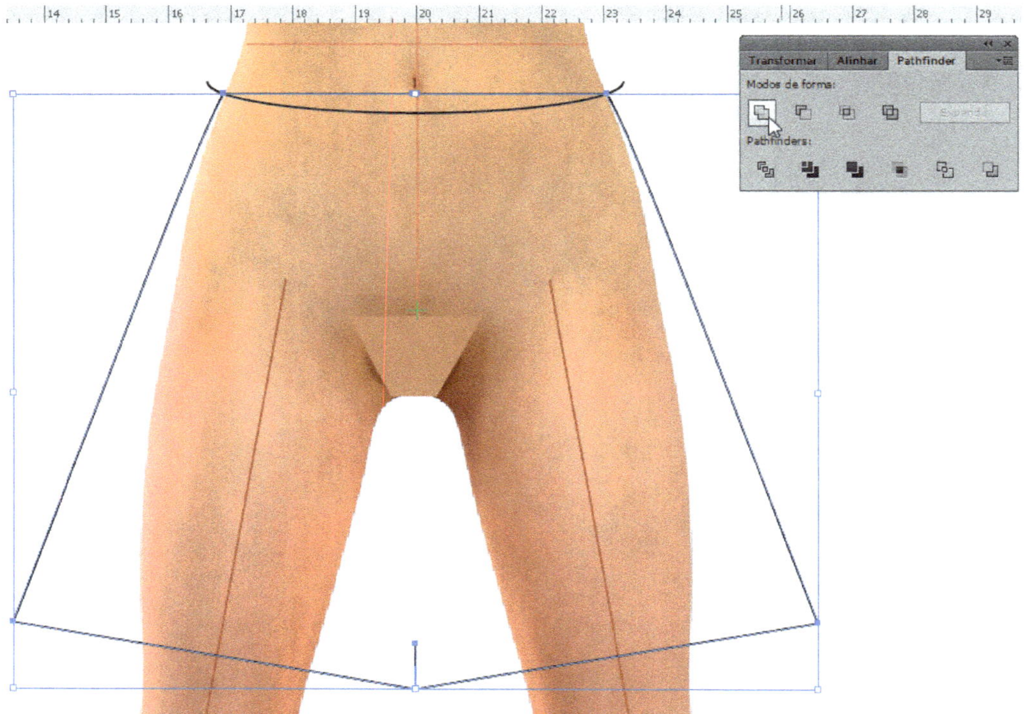

Veja que, na barra da saia, restou uma linha; para apagá-la, vá a *Ferramenta Excluir ponto-âncora*.

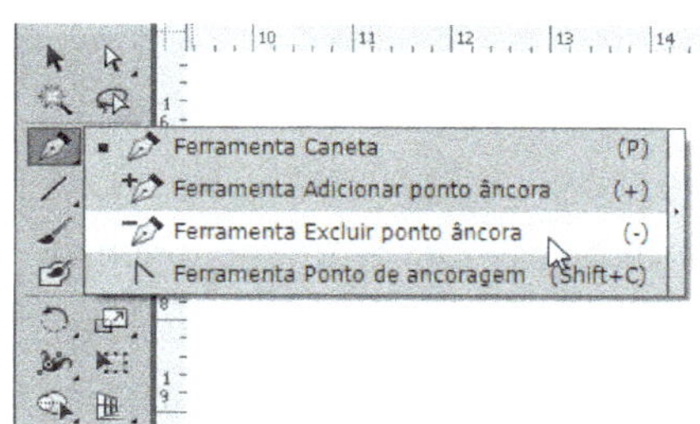

Com essa ferramenta, clique no ponto-âncora para apagá-lo.

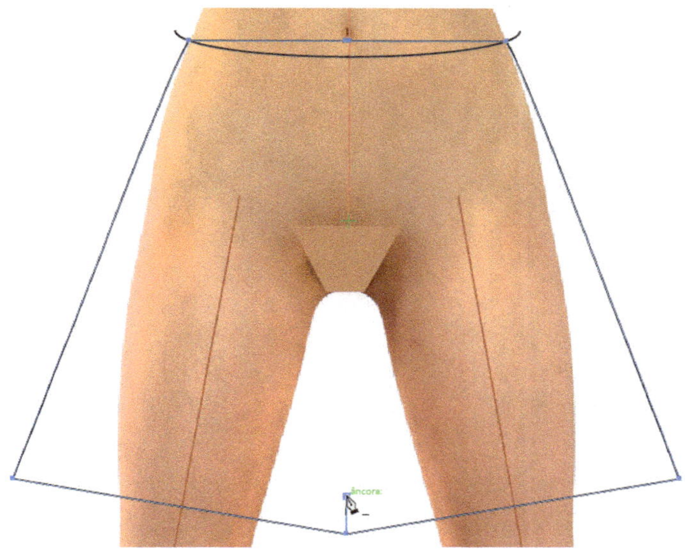

Apague também o ponto-âncora na linha da barra da saia.

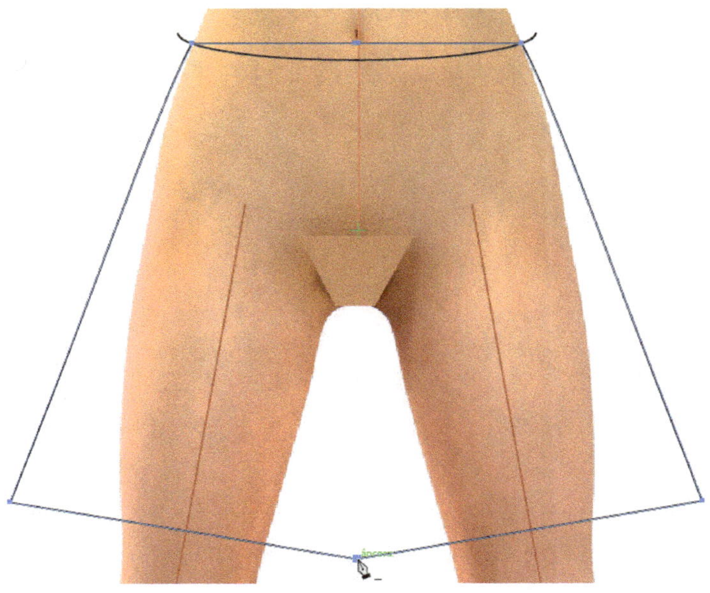

A barra da saia ficará reta.

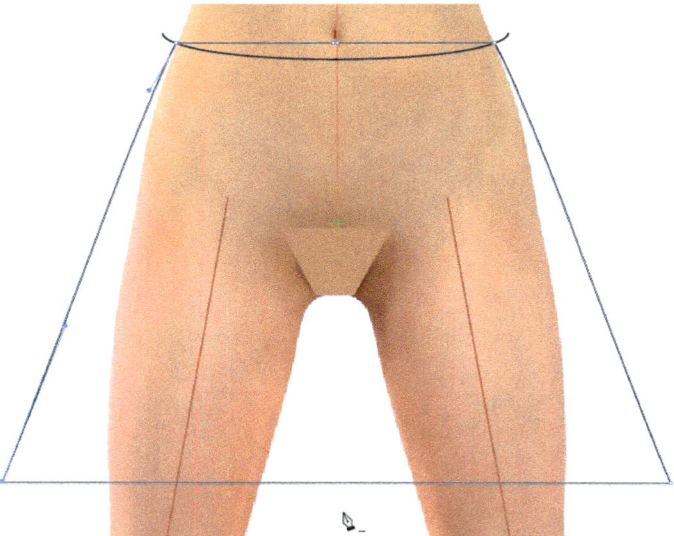

Com a *Ferramenta Ponto de ancoragem*, clique na barra e curve-a; clique na linha da barra, segure o dedo no mouse e arraste o cursor para baixo.

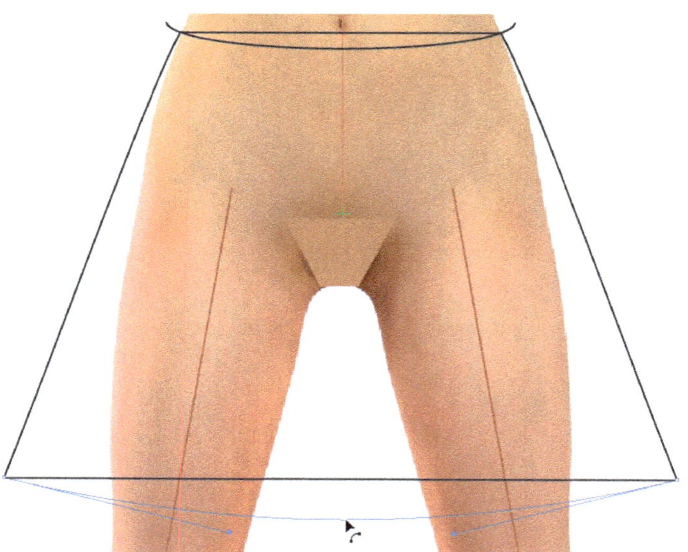

Apenas para indicar que é uma saia com volume, clique na *Ferramenta Caneta* e depois clique na linha curva da barra da saia para acrescentar alguns pontos. Eles serão importantes para que você crie um movimento na saia, indicando que ela tem volume.

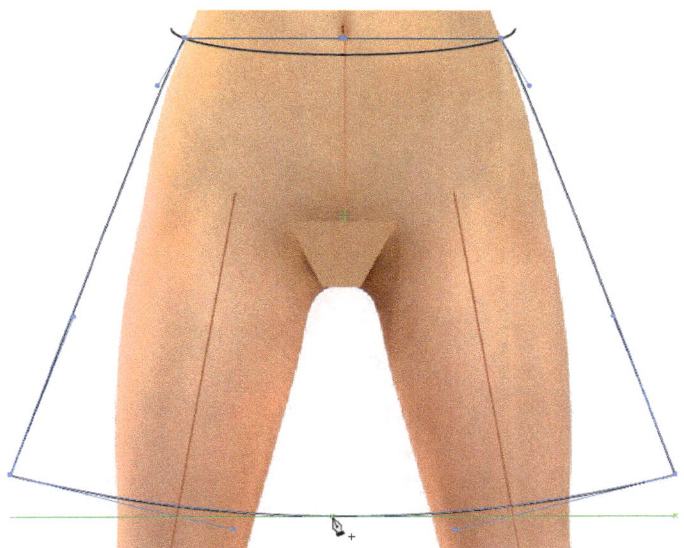

Clique na seta branca (*Ferramenta Seleção direta*), então clique nos pontos-âncora e ajuste para que eles se assemelhem ao movimento da barra de uma saia.

Clique em um ponto-âncora e veja que aparecem os vetores, linhas azuis com uma bolinha na ponta. Clique na bolinha, segure o dedo no mouse e arraste o cursor para movimentar a linha. É importante exercitar esse movimento para que se torne cada vez mais fácil o uso da ferramenta e para que você consiga obter o resultado desejado.

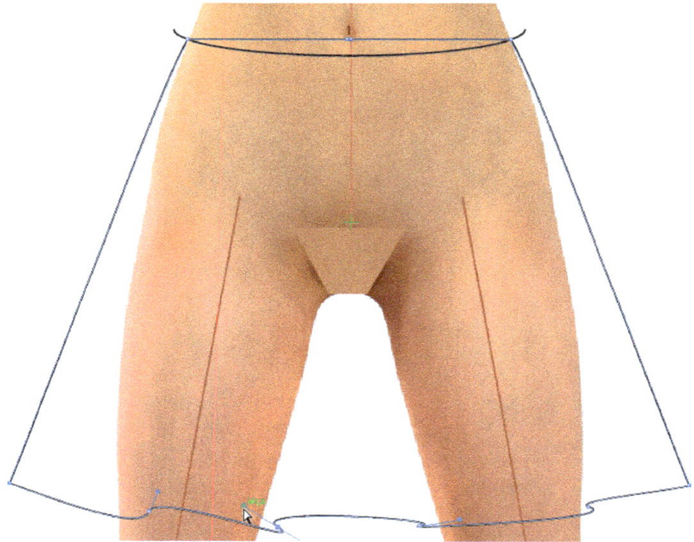

Esse movimento é um dos poucos aspectos ilustrativos que utilizo em meus desenhos técnicos e, na ficha técnica, coloco o tipo de volume que quero na saia, se é 180° ou godê simples, ou 360° quando godê duplo ou guarda-chuva.

Acrescente linhas a partir da barra. Clique na *Ferramenta Segmento de linha*, que faz uma linha de cada vez.

Clique na barra da saia, solte o dedo do mouse, vá até um pouco abaixo da cintura, clique mais uma vez e solte o dedo do mouse.

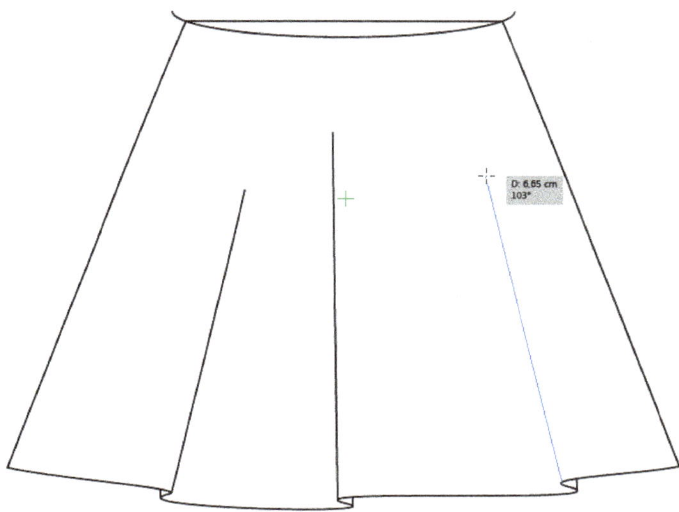

Ajuste as curvas da barra da saia. Coloque as linhas e mude sua espessura. Selecione todas as linhas internas da saia, vá a *Traçado* e escolha uma espessura menor.

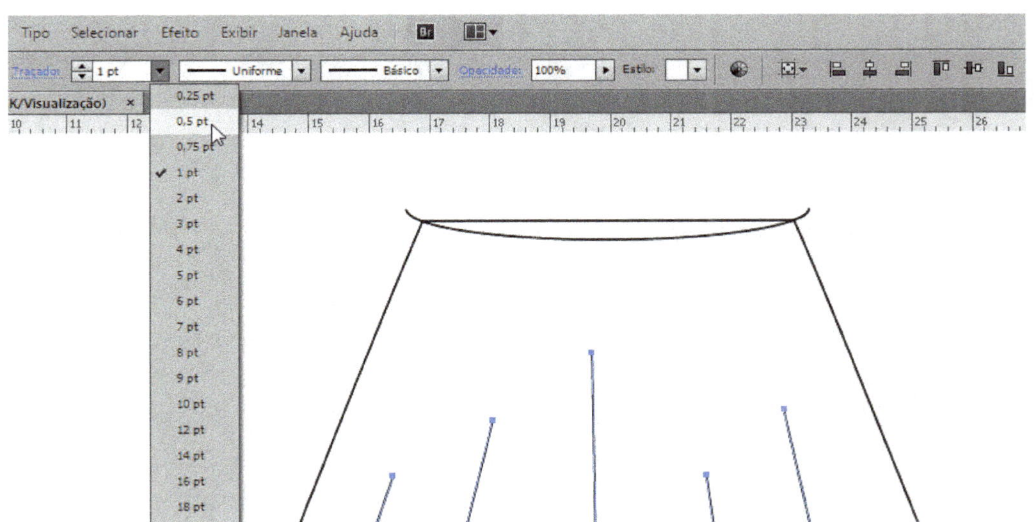

Selecione o contorno e as linhas internas da saia, com exceção da linha curva da cintura. Vá a *Arquivo, Copiar, Arquivo, Colar*. Com a *Ferramenta Seleção* (seta preta), clique na linha do objeto copiado, segure o dedo no mouse e arraste o cursor para o lado para que essa cópia seja as costas da saia.

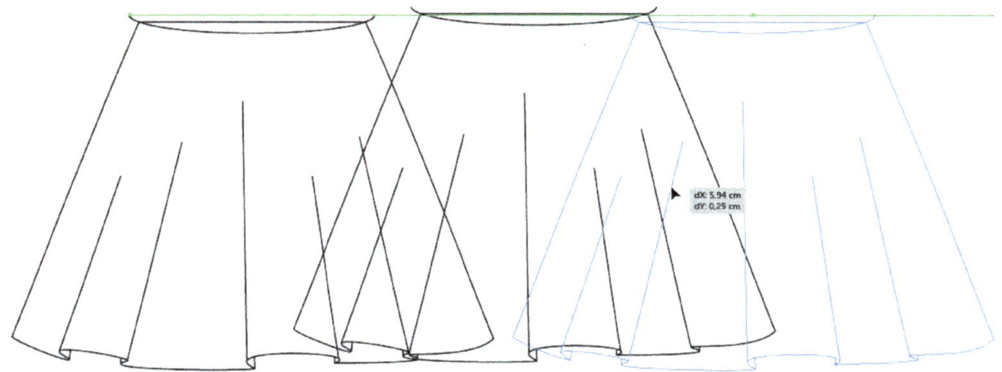

Se tiver dificuldade em arrastar todos os elementos juntos, agrupe-os antes de copiar. Veja que a linha curva da cintura não foi selecionada; ela não está azul.

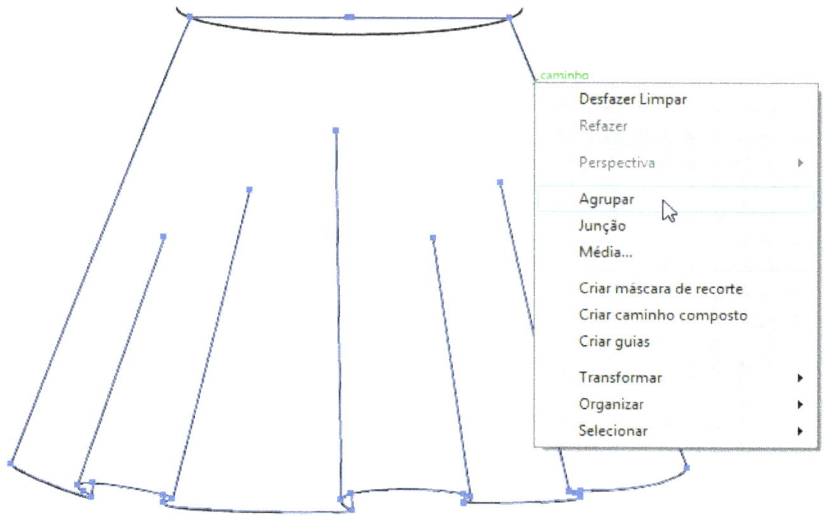

Na saia da frente, clique na linha curva, pressione a tecla *Shift* e clique na saia. Vá a *Pathfinder* e clique em *Dividir* para que a linha curva corte a saia.

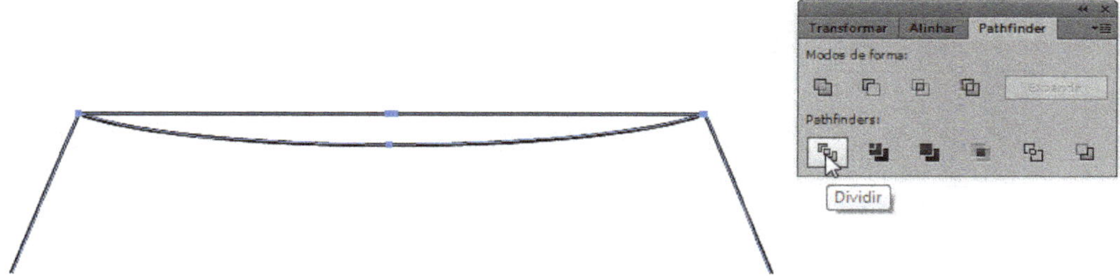

Clique na saia e desagrupe. Assim, caso queira colorir as costas da saia com outra cor, esse pedacinho estará separado do restante, possibilitando a coloração. Mas nunca pinte de cinza para indicar que são as costas da saia; pinte da cor que for o tecido. Coloque as costuras da saia.

Se quiser inverter as costas da saia, selecione a saia e vá a *Ferramenta Refletir*.

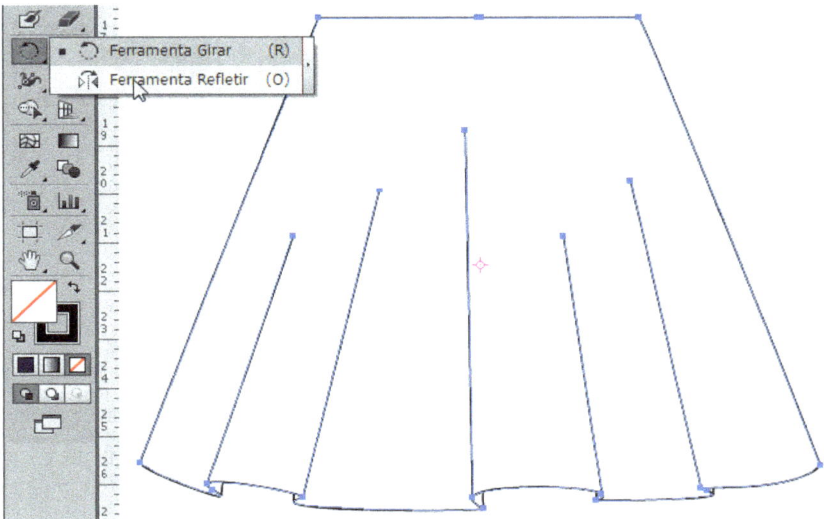

Com a saia selecionada, clique na lateral esquerda, segure o dedo no mouse e trace uma linha imaginária paralela ao cós. Enquanto faz esse movimento, pressione a tecla *Shift*. Solte o dedo do mouse e depois a tecla *Shift* novamente.

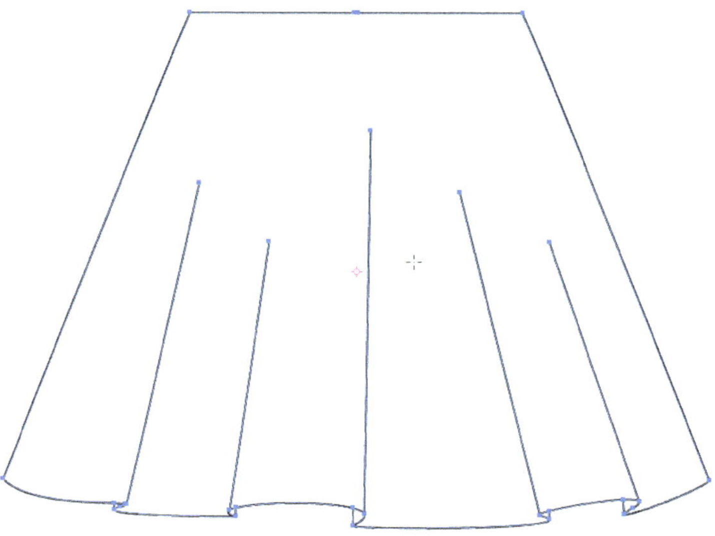

Esse é só o início do desenho de uma saia; a partir dele, faça todas as variantes de acordo com suas ideias para a coleção.

SAIA JEANS

Olhe para uma saia jeans e analise todos os detalhes. Veja como são as costuras, como é o fechamento, a barra e tudo o que precisará estar no desenho técnico. Comece a desenhar da mesma forma que a saia-base; neste caso, sem o volume. Lembre-se de bloquear a camada de *Lenora*. Desenhe metade da saia com a *Ferramenta Caneta*, finalize o desenho sempre clicando no primeiro ponto-âncora que fez.

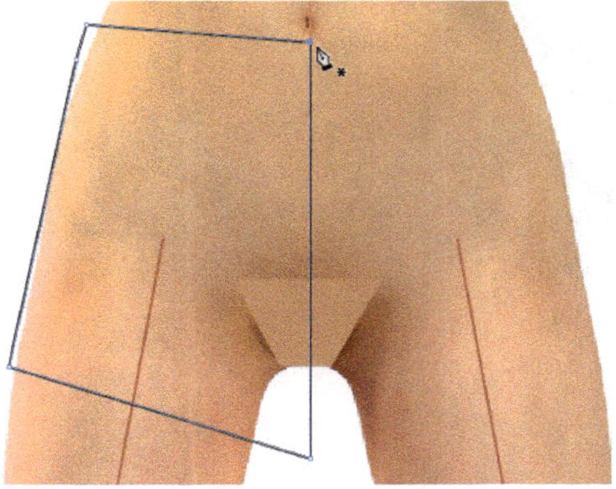

Com a *Ferramenta Ponto de ancoragem*, faça a curva do quadril. Clique na linha, segure o dedo no mouse e arraste o cursor. Solte o dedo do mouse.

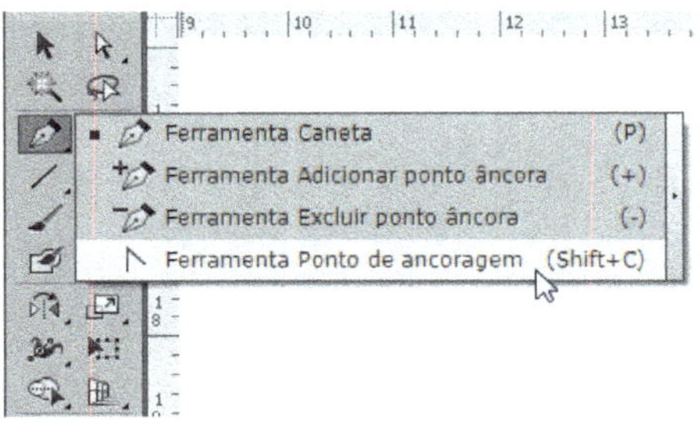

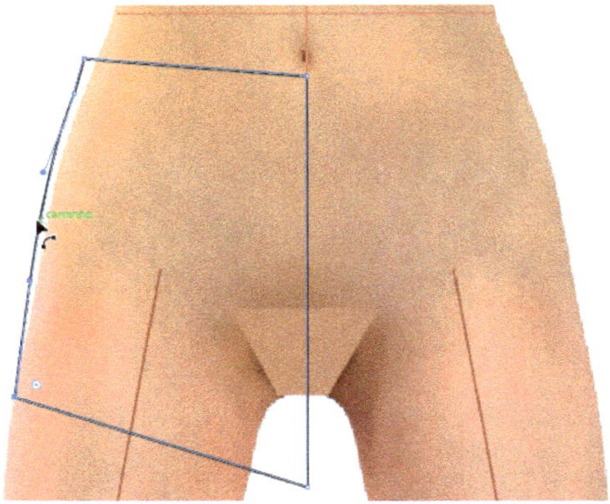

Selecione a *Ferramenta Arco* e faça metade da linha da cintura.

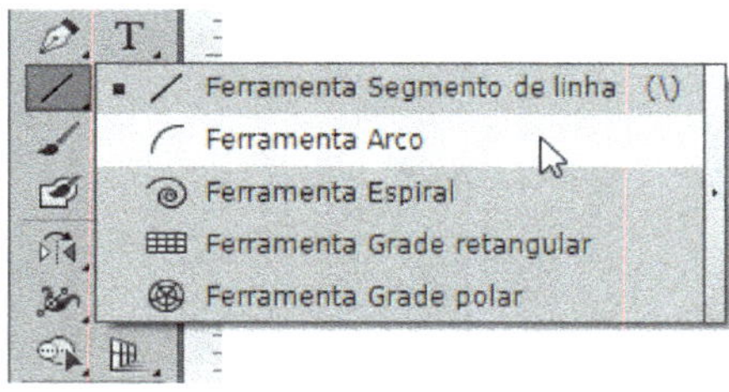

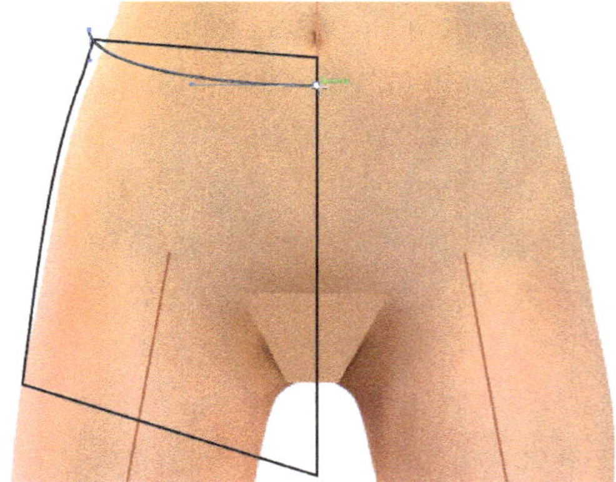

Selecione a seta branca (*Ferramenta Seleção direta*) e ajuste a linha curva. Clique nos pontos-âncora para que apareçam os vetores; clique neles e ajuste a linha.

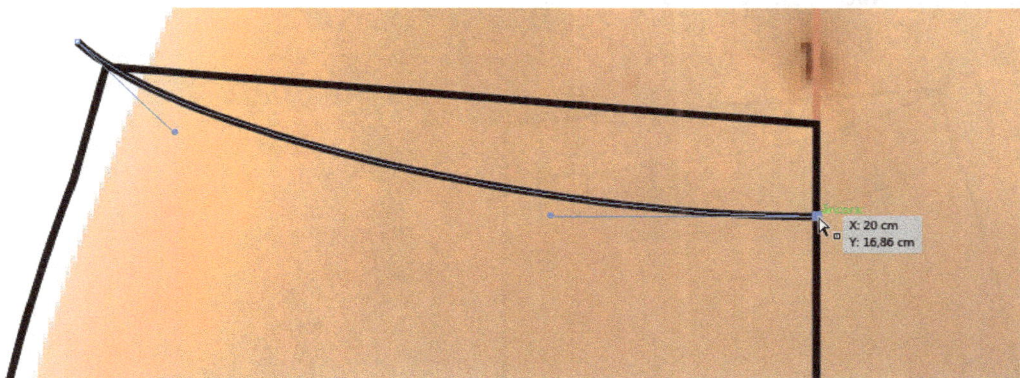

Lembre-se de que a linha da cintura precisa passar pelo cantinho superior à esquerda das costas da cintura. Coloque a linha curva com uma espessura mais fina.

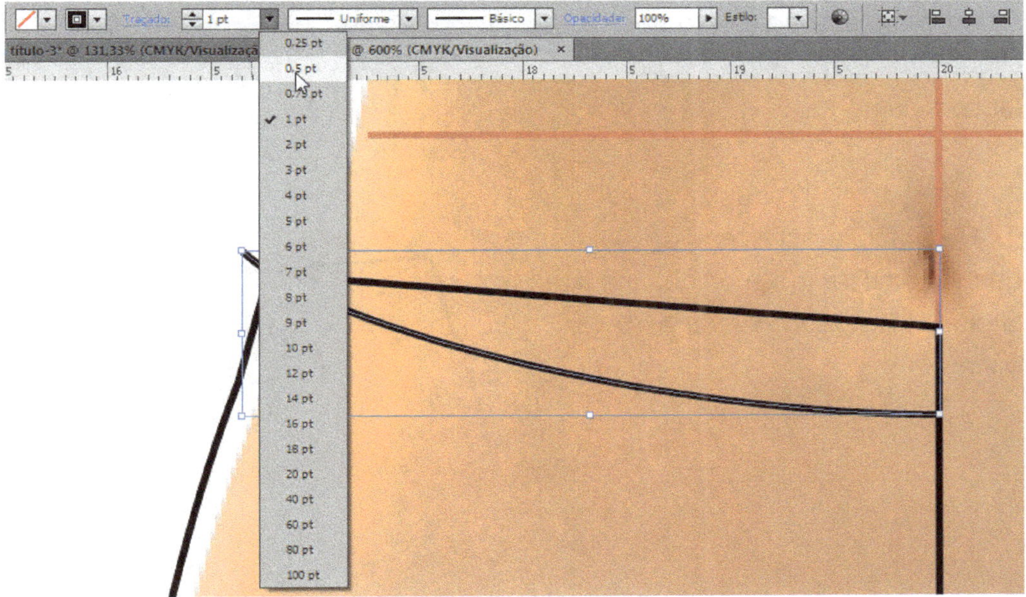

Com a linha curva selecionada, vá a *Arquivo, Copiar, Arquivo, Colar na frente*. Com a *Ferramenta Seleção* (seta preta), clique na linha, segure o dedo no mouse e arraste o cursor. Solte o dedo do mouse e clique em uma área vazia da prancheta.

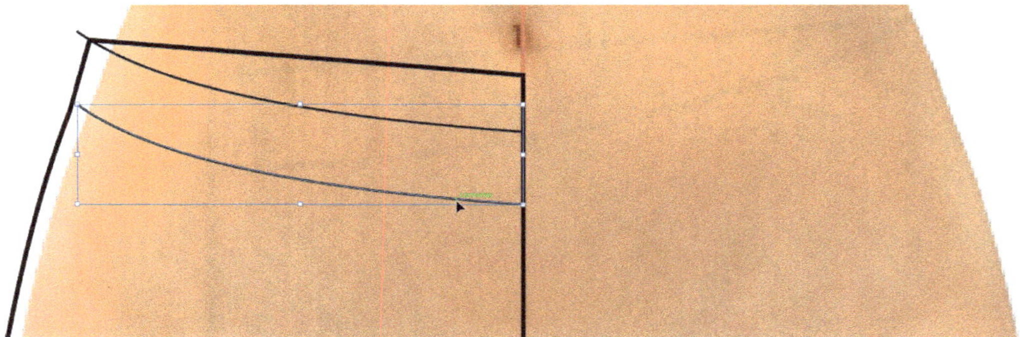

Essa segunda linha deverá descer para fazer a largura do cós. No cantinho externo da linha, com a *Ferramenta Adicionar ponto-âncora*, clique um pouco antes do ponto--âncora da ponta.

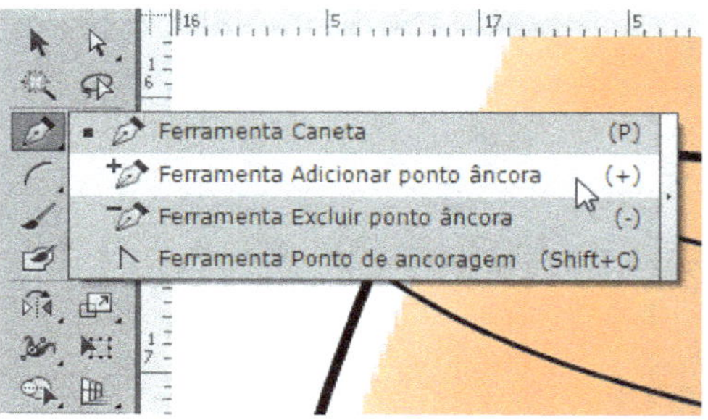

Ele então é acrescentado para que você possa puxar a linha até a lateral da saia, sem alterar a curva do cós.

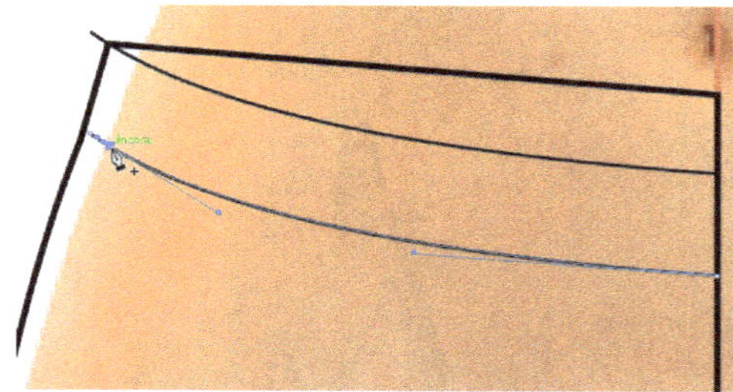

Selecione a seta branca (*Ferramenta Seleção direta*), clique no ponto-âncora, segure o dedo no mouse e arraste o cursor até a lateral da saia. Solte o dedo do mouse e clique em uma área vazia da prancheta.

Veja como deve estar sua saia.

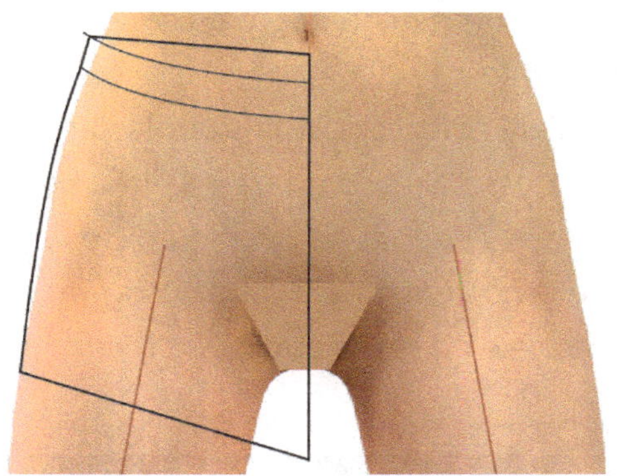

Construa os outros elementos da saia. Com a *Ferramenta Caneta*, faça uma linha reta no local onde será o bolso frontal.

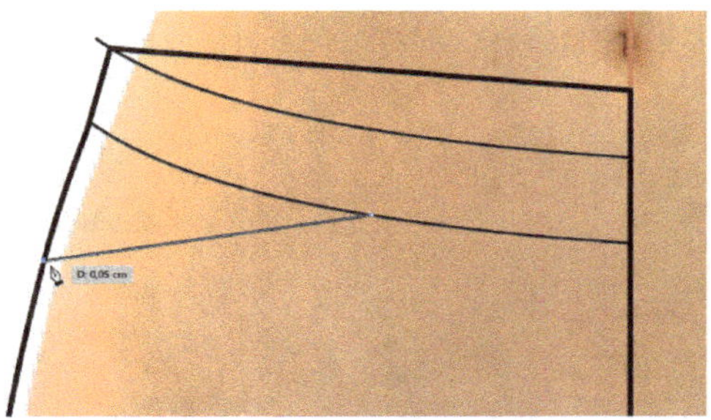

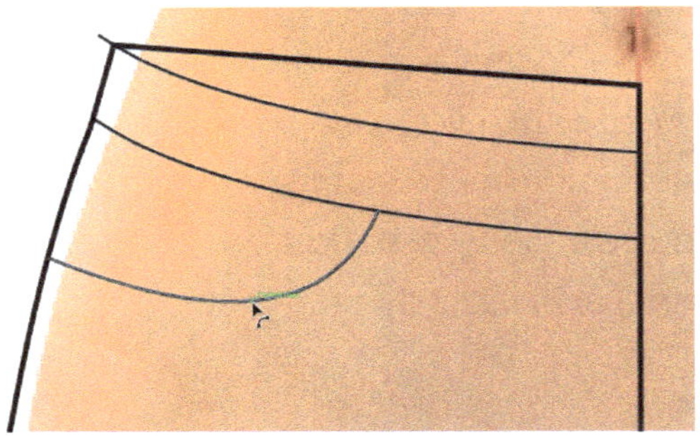

Com a *Ferramenta Ponto de ancoragem*, clique na linha, segure o dedo no mouse e arraste o cursor para curvá-la. Solte o dedo do mouse, clique na *Ferramenta Seleção* (seta preta) e em uma área vazia da prancheta.

Clique na linha com a *Ferramenta Seleção*, vá a *Arquivo, Copiar, Arquivo, Colar na frente.*

Para colocar costuras duplas, crie um pincel com esse aspecto para usá-lo diversas vezes. Com a *Ferramenta Segmento de linha*, clique em uma área da prancheta, segure o dedo no mouse e arraste o cursor.

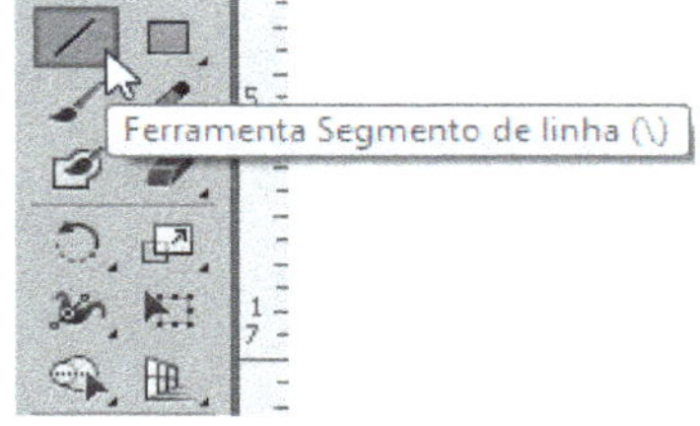

Com a linha selecionada pela *Ferramenta Seleção*, vá a *Traçado*, escolha uma espessura e coloque a linha tracejada.

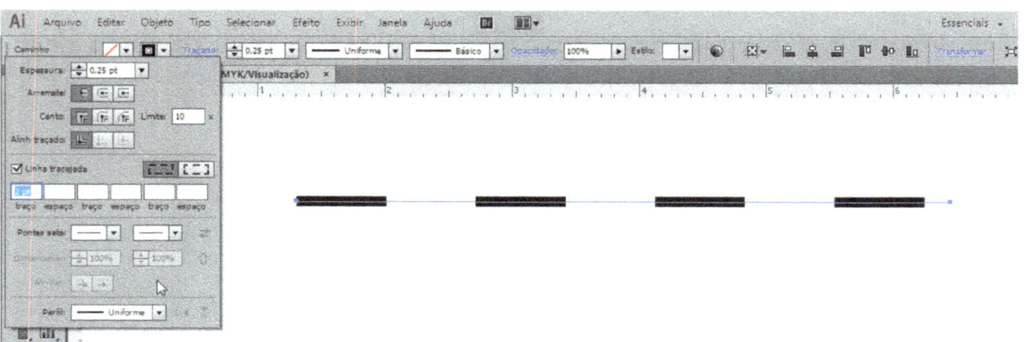

Em *Espessura*, coloquei *2*, mas faça testes para ver qual espessura é a mais adequada ao seu trabalho. Clique na linha tracejada, vá a *Arquivo*, *Copiar*, *Arquivo*, *Colar na frente*. Clique na linha, pressione a tecla *Shift* para manter o alinhamento e desça a linha.

Com a *Ferramenta Seleção*, selecione as duas linhas e clique na caixa delimitadora à direita no centro, segure o dedo no mouse e mova o cursor para reduzir a linha tracejada.

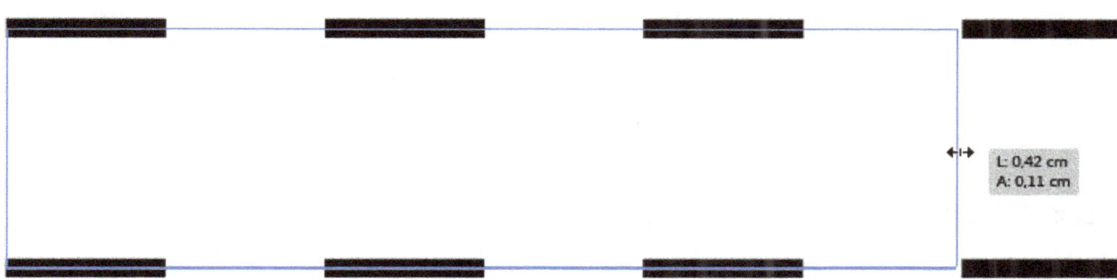

Veja que ficará um espaço no final da linha tracejada.

Esse será o padrão que usaremos para criar um pincel no Illustrator CC, que será utilizado por você na saia jeans. Com as duas linhas selecionadas, vá ao painel *Pincéis*.

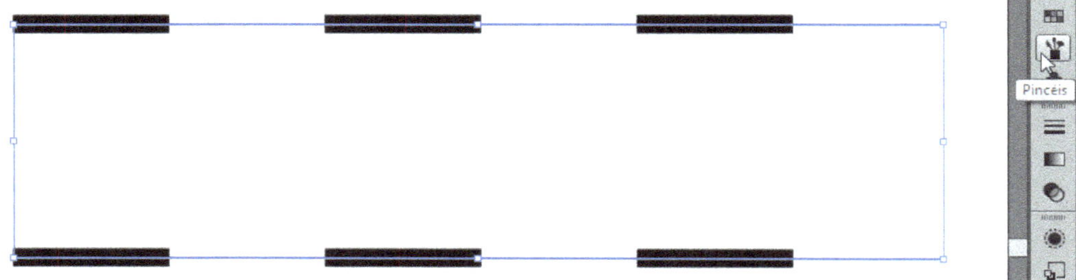

Clique no ícone no cantinho superior à direita.

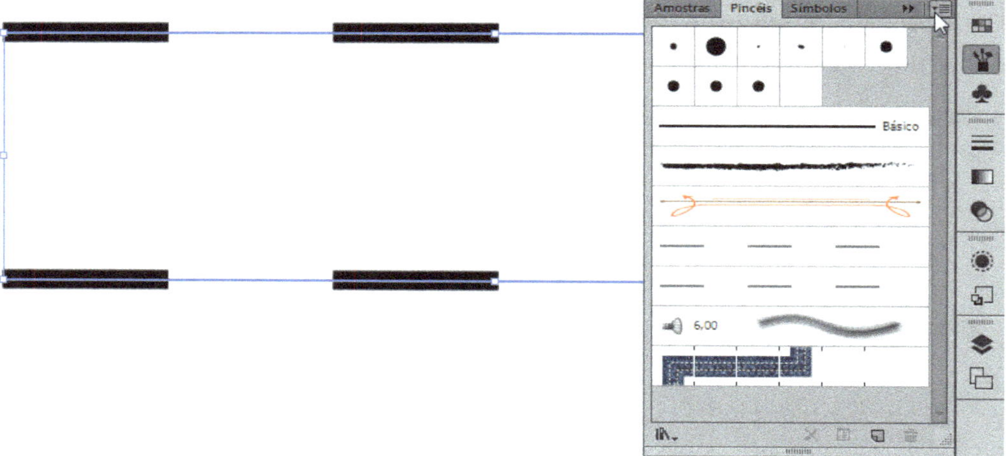

Escolha a opção *Novo pincel*.

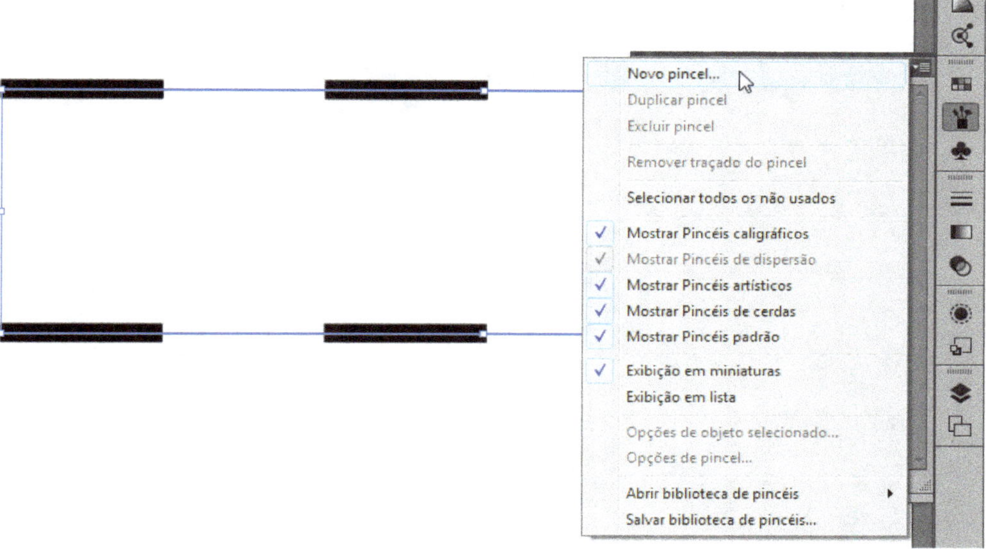

Escolha *Pincel artístico* e clique em *OK*.

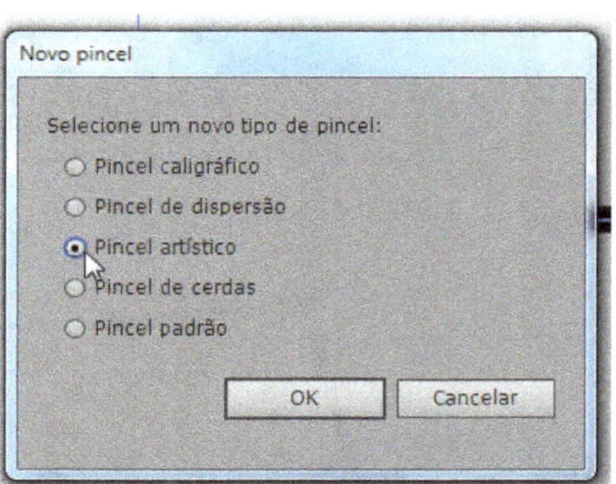

Coloque um nome e clique em *OK*.

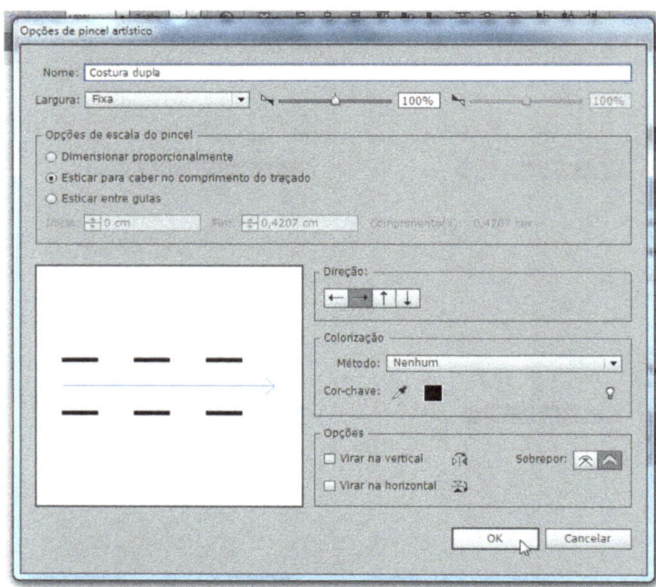

Clique na linha do bolso na saia e vá a *Arquivo*, *Copiar*, *Arquivo*, *Colar na frente*. Com a linha selecionada, clique, segure o dedo no mouse, desça um pouquinho e, com a *Ferramenta Seleção* (seta preta), clique na caixa delimitadora; depois clique na seleção do meio da caixa, segure o dedo no mouse e arraste o cursor para a direita, neste caso.

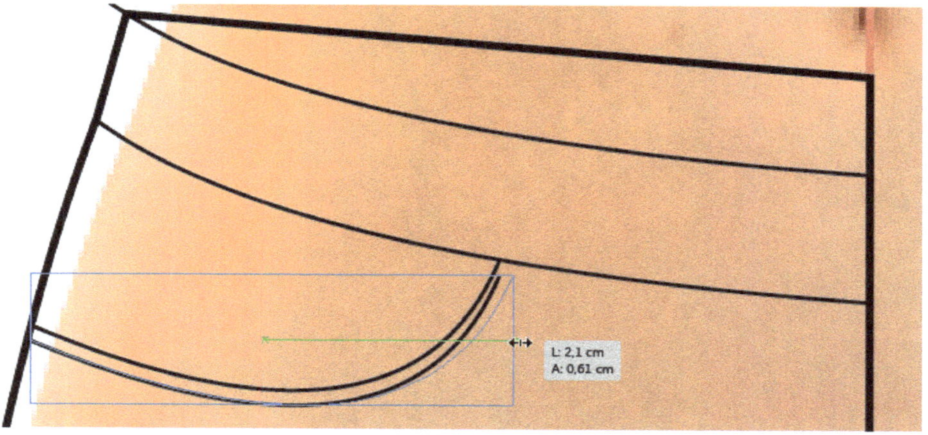

Ajuste a linha com a seta branca (*Ferramenta Seleção direta*) e acrescente pontos-âncora, como fez antes, a fim de puxar com a seta branca um pedacinho da linha para que encoste no cós.

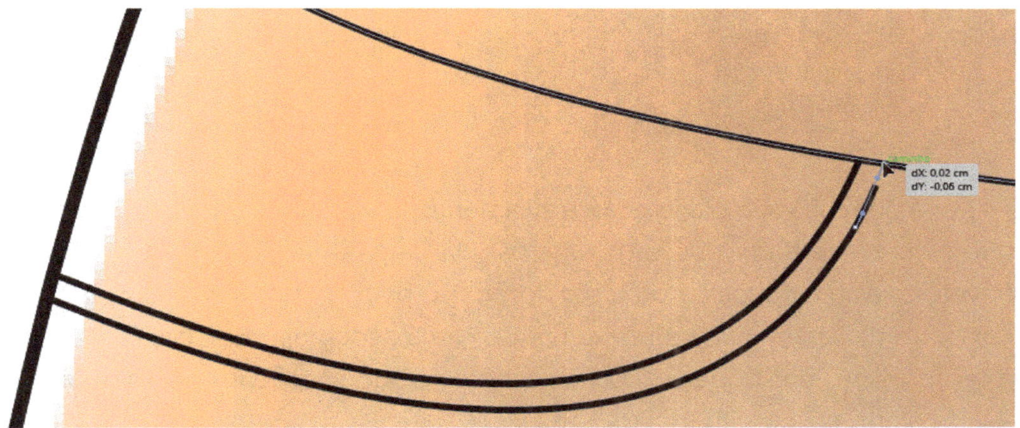

Com a linha selecionada, vá ao painel *Pincéis* e escolha a linha dupla tracejada que você criou.

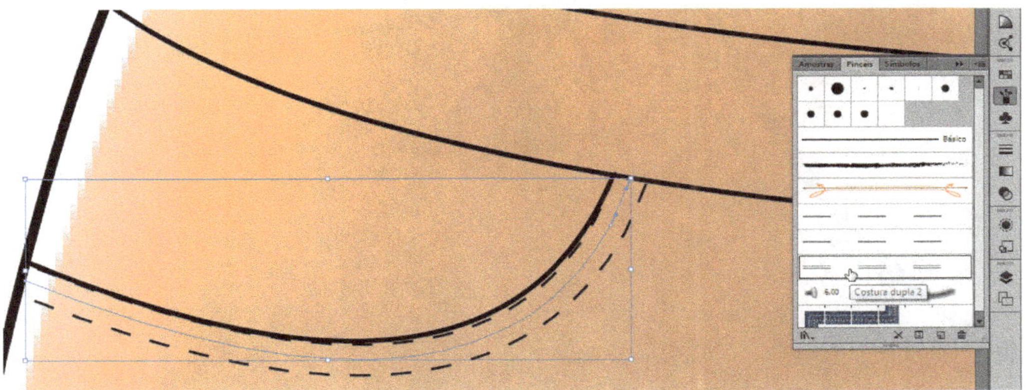

Se necessário, faça mais alguns ajustes na linha com a seta branca (*Ferramenta Seleção direta*).

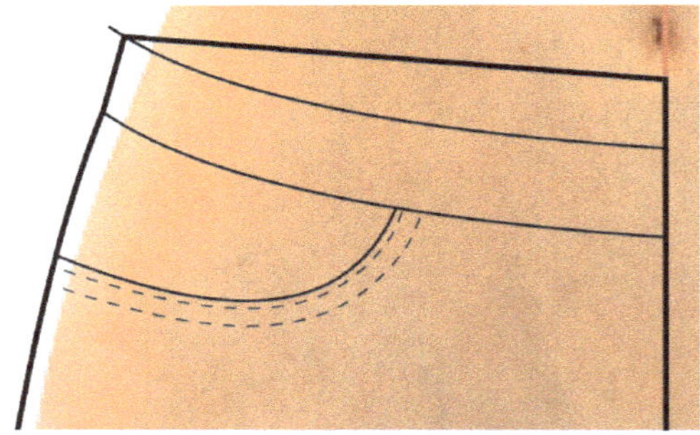

Você pode ir à sua biblioteca de aviamentos e abrir o arquivo do travete. Clique nele e vá a *Arquivo*, *Copiar*; vá à página da saia e a *Arquivo*, *Colar*. Com o travete selecionado, passe o cursor do mouse pelo cantinho dele e veja que o cursor mudará para uma setinha curva. Segure o dedo no mouse e acompanhe a rotação, assim você poderá colocar o travete no ângulo da costura dupla da saia.

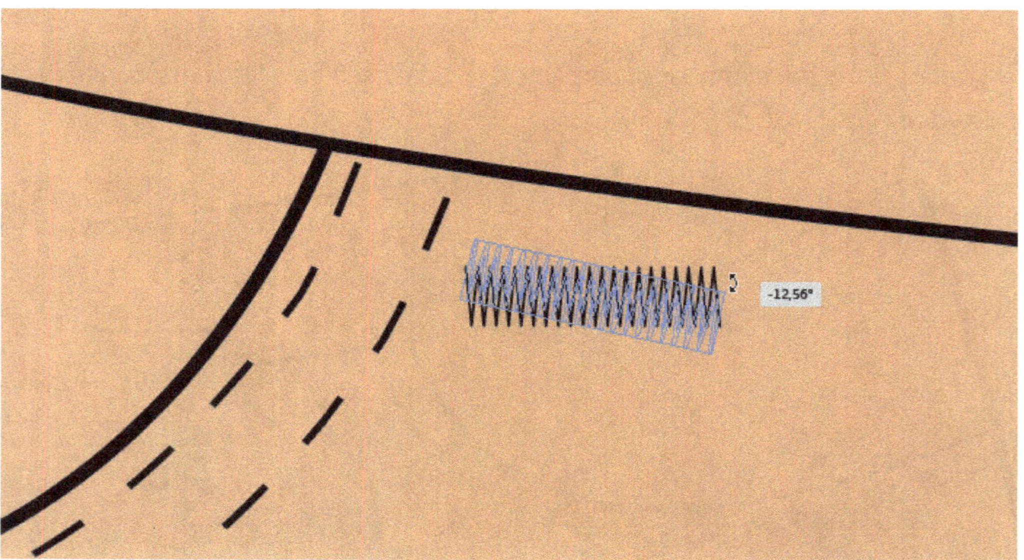

Quando estiver no ângulo certo, solte o dedo do mouse. Redimensione o travete, clique em um cantinho, segure o dedo no mouse e empurre com a tecla *Shift* pressionada para manter a proporção do travete.

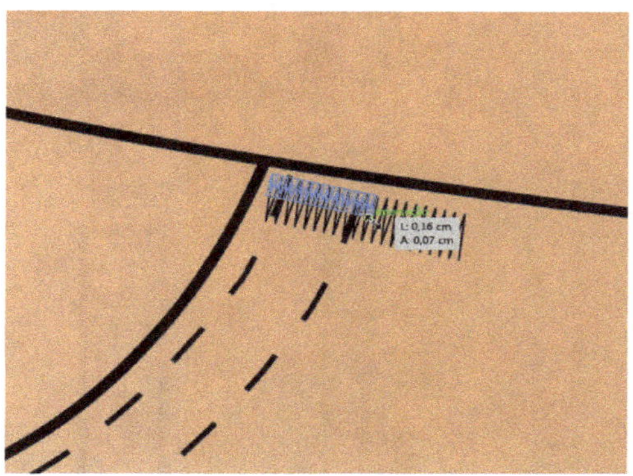

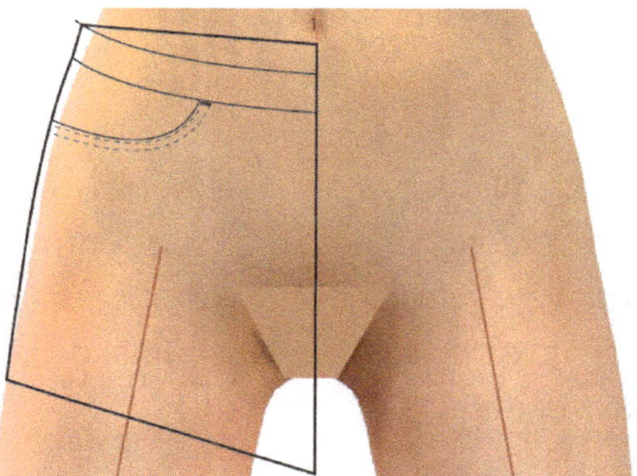

Para fazer o passante, vá a *Ferramenta Retângulo*, clique na prancheta, segure o dedo no mouse e arraste o cursor para construí-lo.

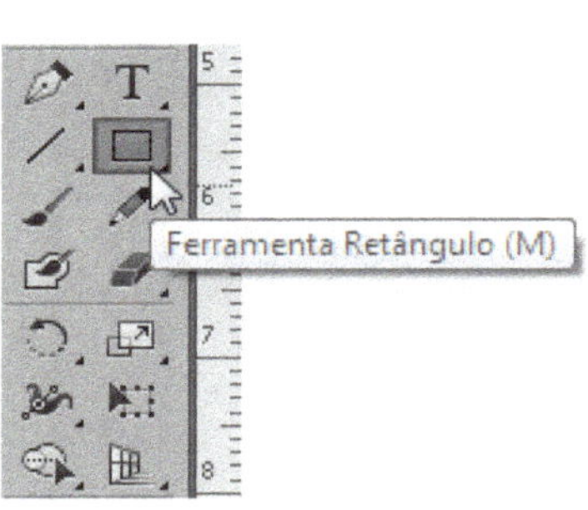

Se quiser, com a *Ferramenta Retângulo*, clique uma vez na prancheta para fazer aparecer as configurações da ferramenta. Coloque as medidas e clique em *OK*.

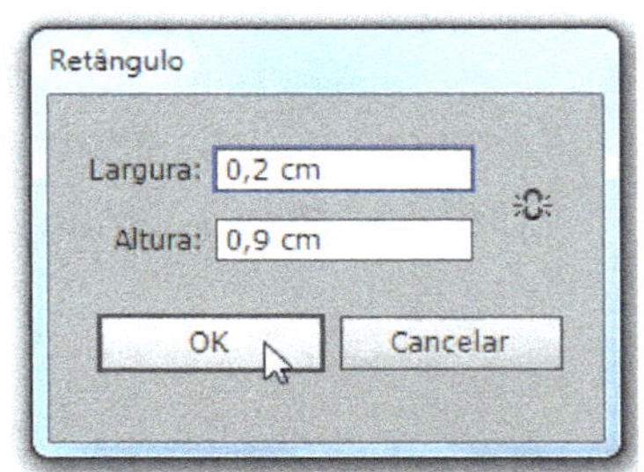

Certifique-se de que o passante esteja com preenchimento branco e contorno preto. Com ele selecionado, vá às opções (*Preenchimento e traçado padrão*) no final do painel de ferramentas.

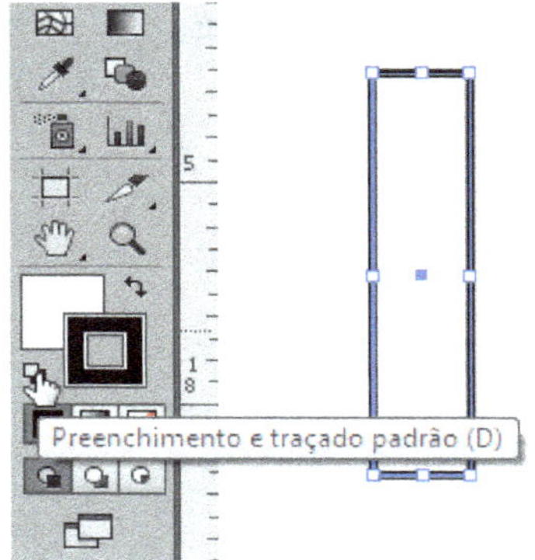

Escolha uma espessura para o retângulo de acordo com seu desenho.

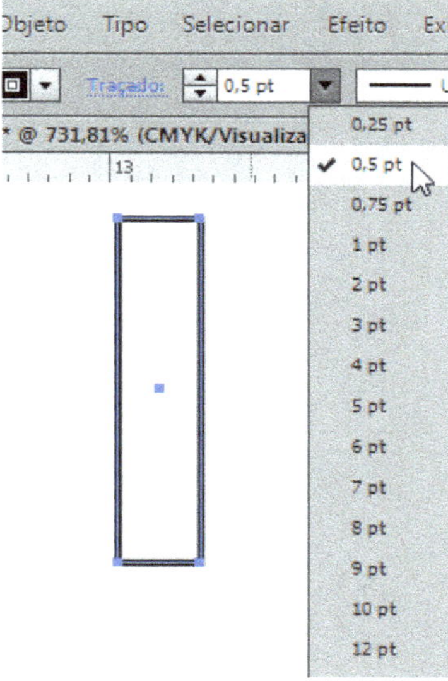

Coloque as linhas tracejadas e os travetes; veja como eles são na saia (real) que está usando de referência. Se colocar algum elemento no passante e ele ficar atrás, clique nele com a *Ferramenta Seleção* (seta preta) e vá a *Organizar*, *Enviar para trás*.

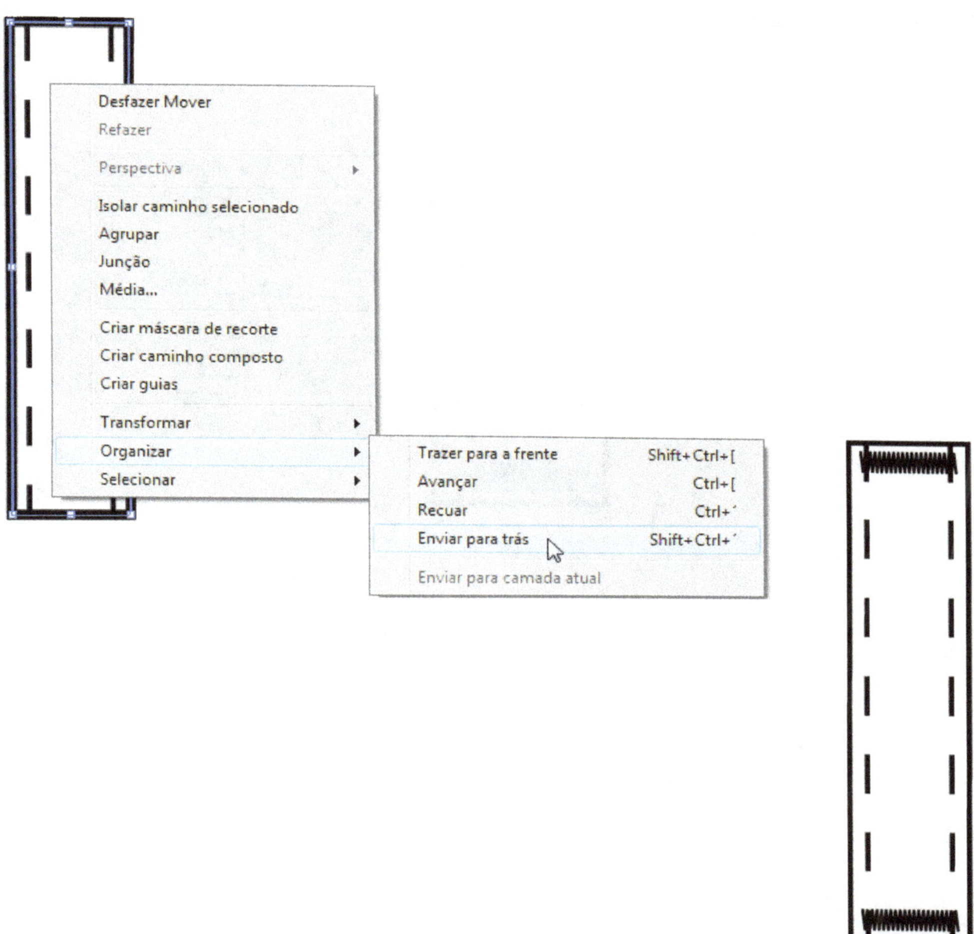

Você também pode ver todos os objetos no painel *Camadas*. Veja que os travetes estão selecionados e, no painel, há um quadradinho azul na frente da camada selecionada.

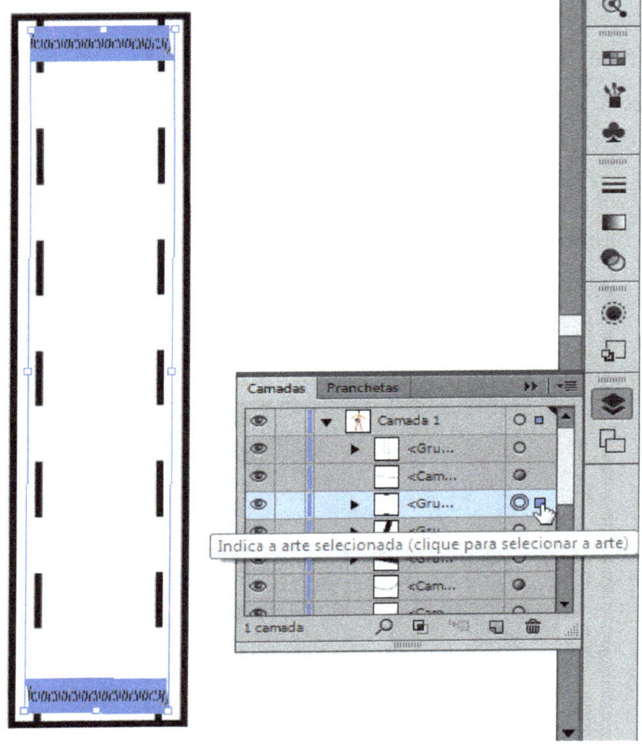

É possível movimentar os objetos também pelo painel *Camadas*. Clique em uma camada, segure o dedo no mouse e arraste o cursor para a posição escolhida.

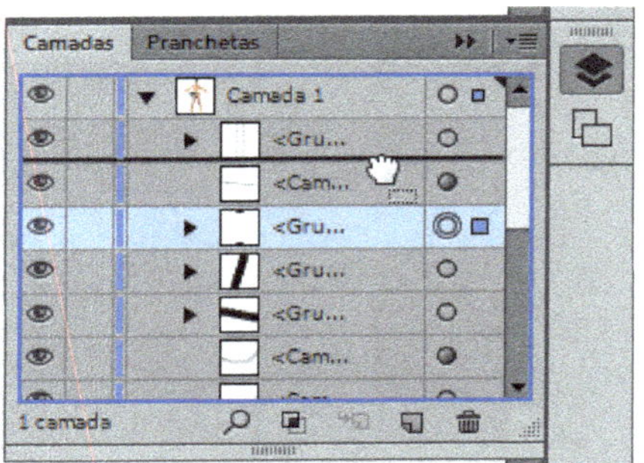

Selecione o passante com todos os seus elementos e, com a *Ferramenta Seleção* (seta preta), clique em uma linha do passante com o botão direito do mouse e escolha a opção *Agrupar*.

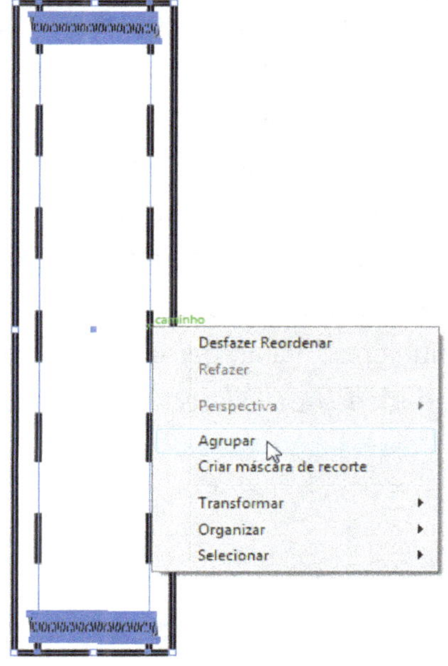

Copie (*Editar, Copiar*) e cole (*Editar, Copiar*) para fazer uma cópia do passante. Clique nele e posicione-o na saia. Sempre desenhe os elementos dos modelos fora deles para depois posicioná-los em seus respectivos locais. Desenhe o passante e também o bolso-relógio.

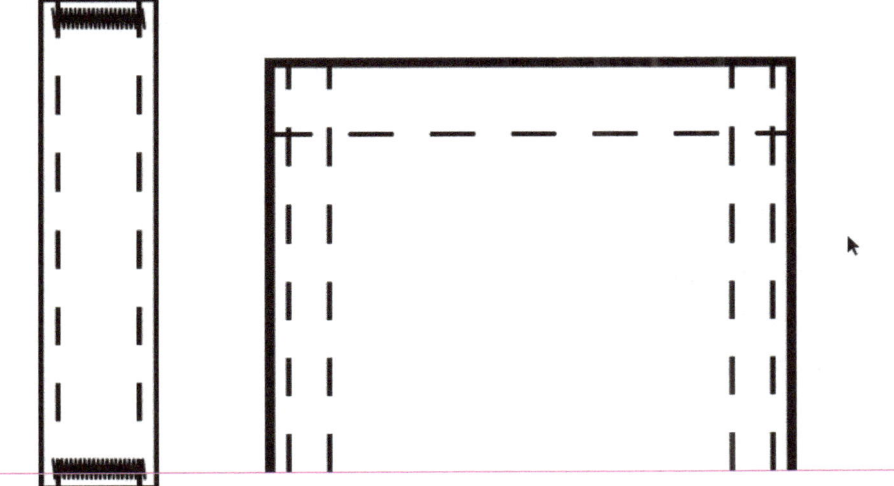

Salve tudo referente à sua coleção. Porém, salve o passante separadamente em uma pastinha de detalhes da coleção para usá-lo outras vezes, assim como o bolso-relógio. Salve a cartela de cores como já fez e, neste caso, salve também a costura dupla que criou. Vá ao painel *Pincéis* e depois ao *Menu de bibliotecas de pincéis*.

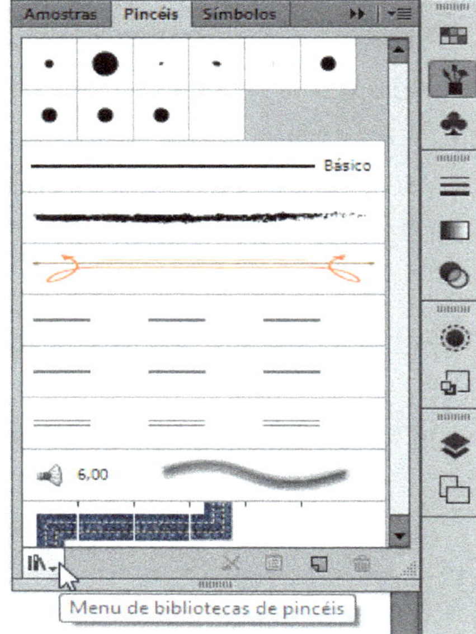

Vá a *Salvar pincéis*.

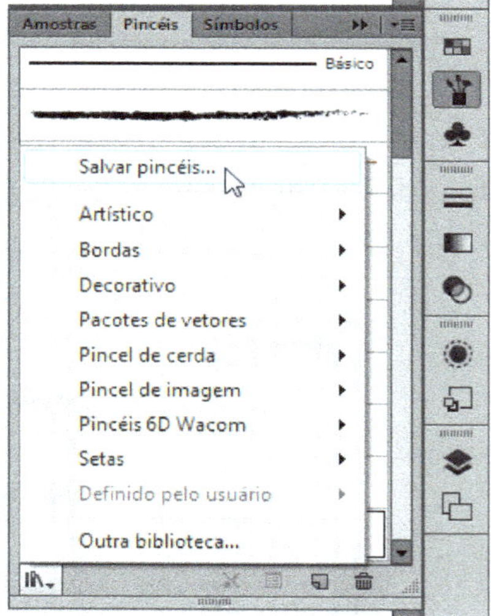

Salve a costura dupla ou as costuras que criou para a sua coleção. Coloque um nome e clique em *Salvar*.

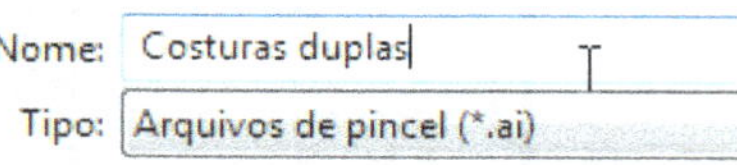

Quando precisar das costuras para um novo modelo, vá ao painel *Pincéis* e *Biblioteca*, *Definido pelo usuário* (que é você) e selecione a costura criada.

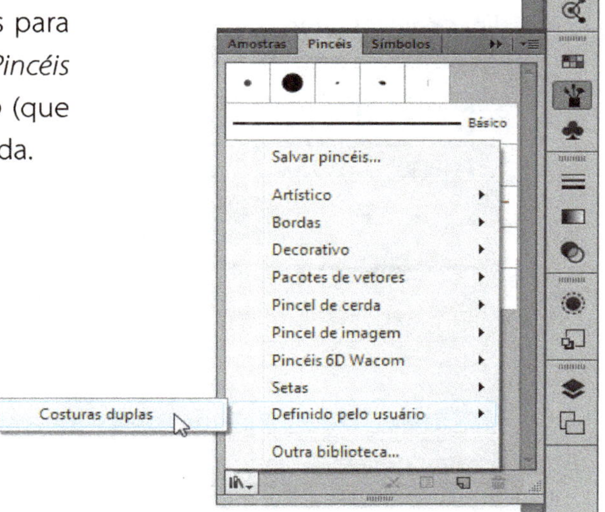

Aparecerá uma caixinha com as costuras e, para vê-las, com a *Ferramenta Seleção* (seta preta), clique no final dela, segure o dedo no mouse e arraste o cursor para baixo.

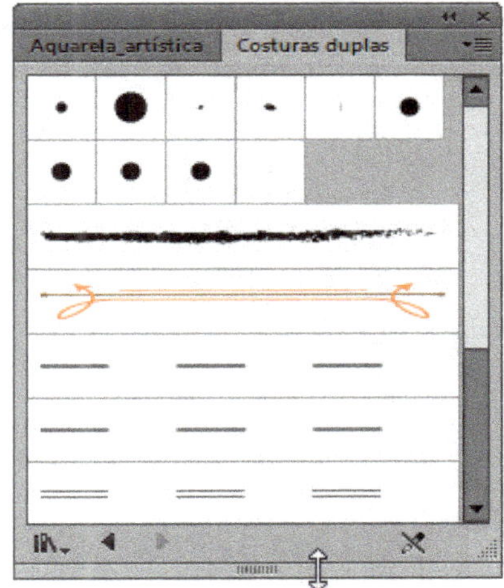

Ao clicar nas costuras, elas aparecerão no painel *Pincéis*.

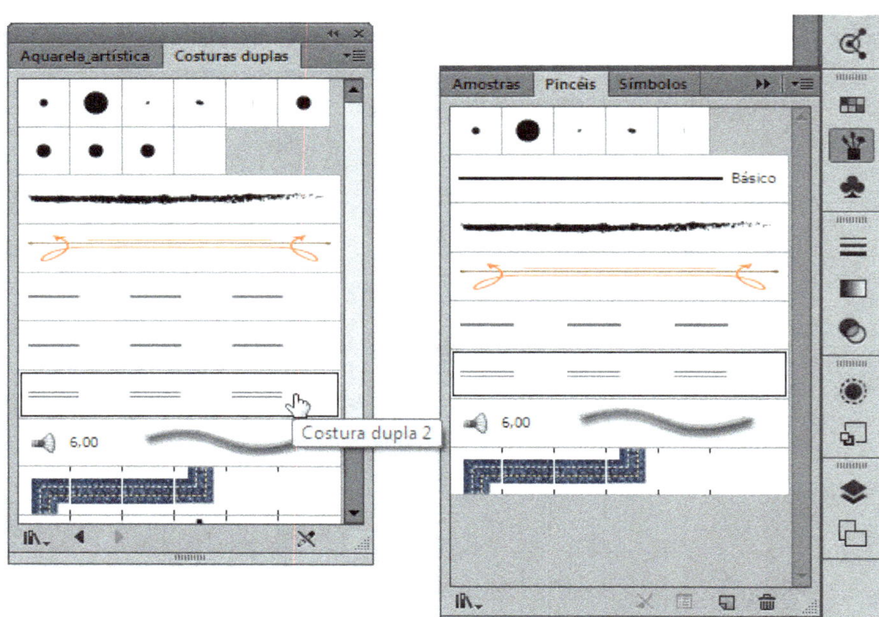

Selecione a metade da saia e agrupe.

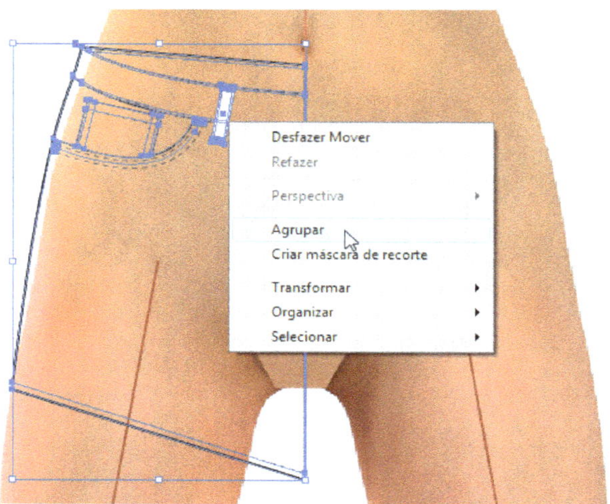

Com a saia selecionada, vá ao painel *Aparência*, *Adicionar novo efeito*, *Distorcer e transformar*, *Transformar*.

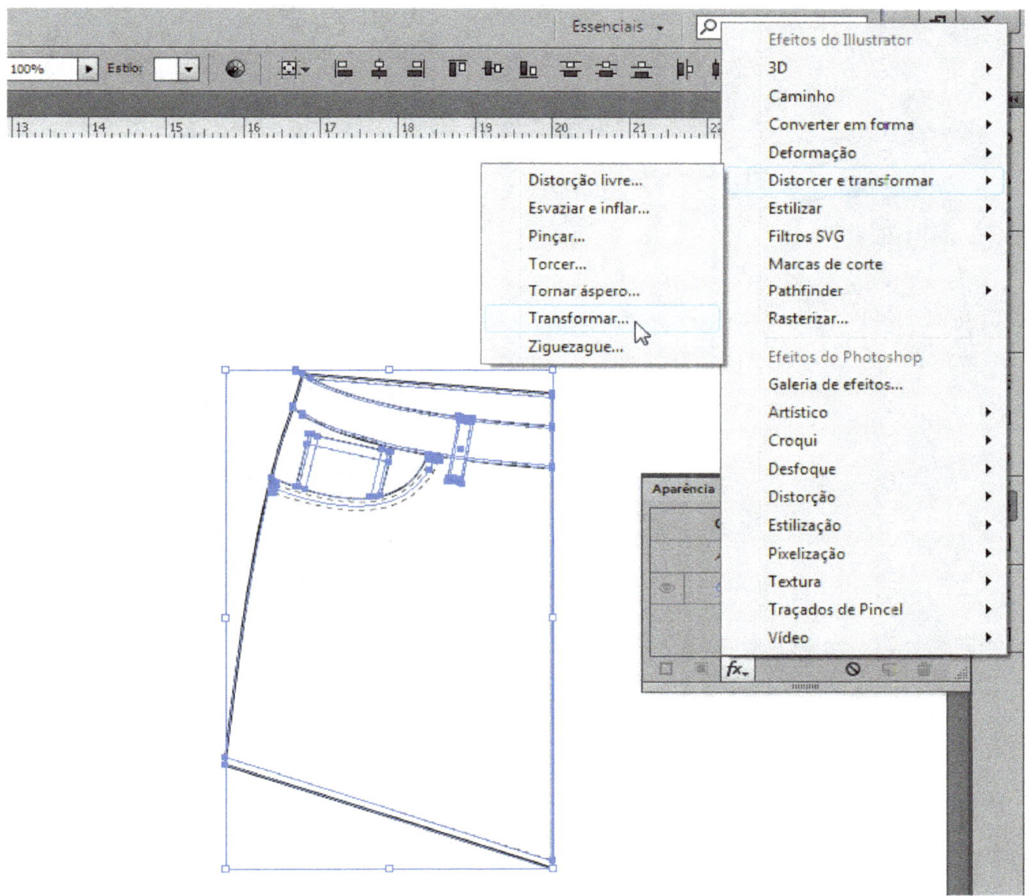

Em *Transformar efeito*, escolha as opções *Refletir X*, *Transformar objetos*, *Cópias 1* e selecione a posição em que a saia será duplicada e refletida. Clique em *OK*.

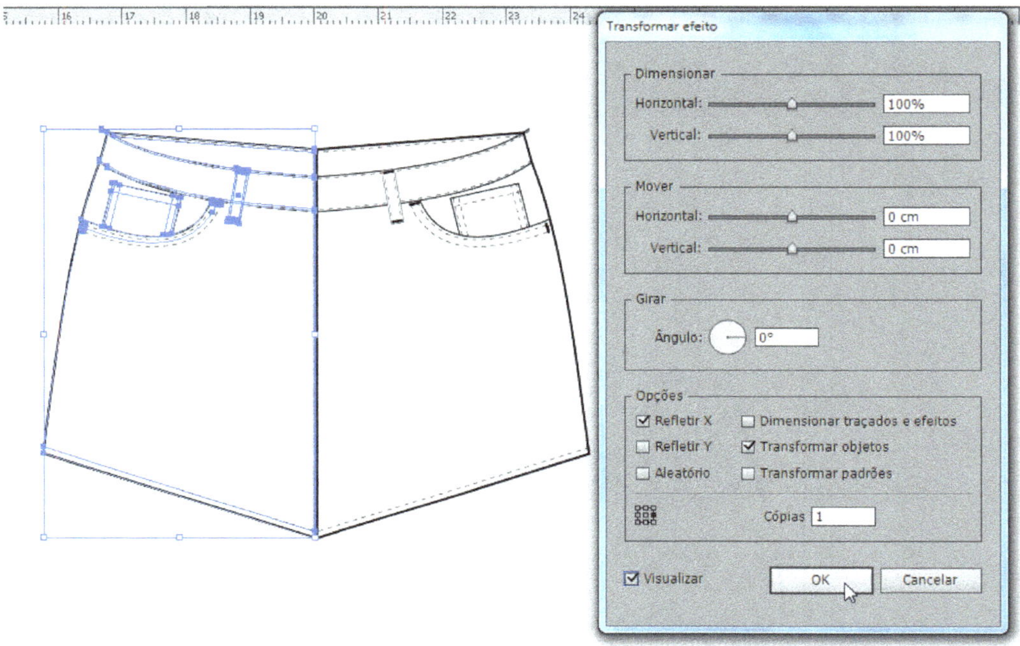

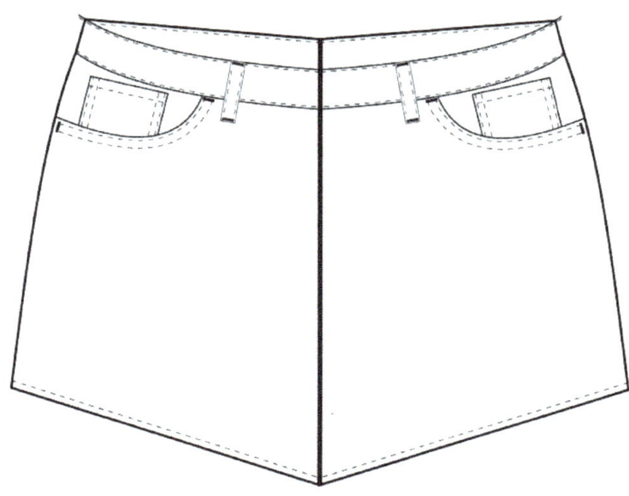

Separe as duas partes, selecione a metade da saia que desenhou e vá a *Objeto*, *Expandir aparência*.

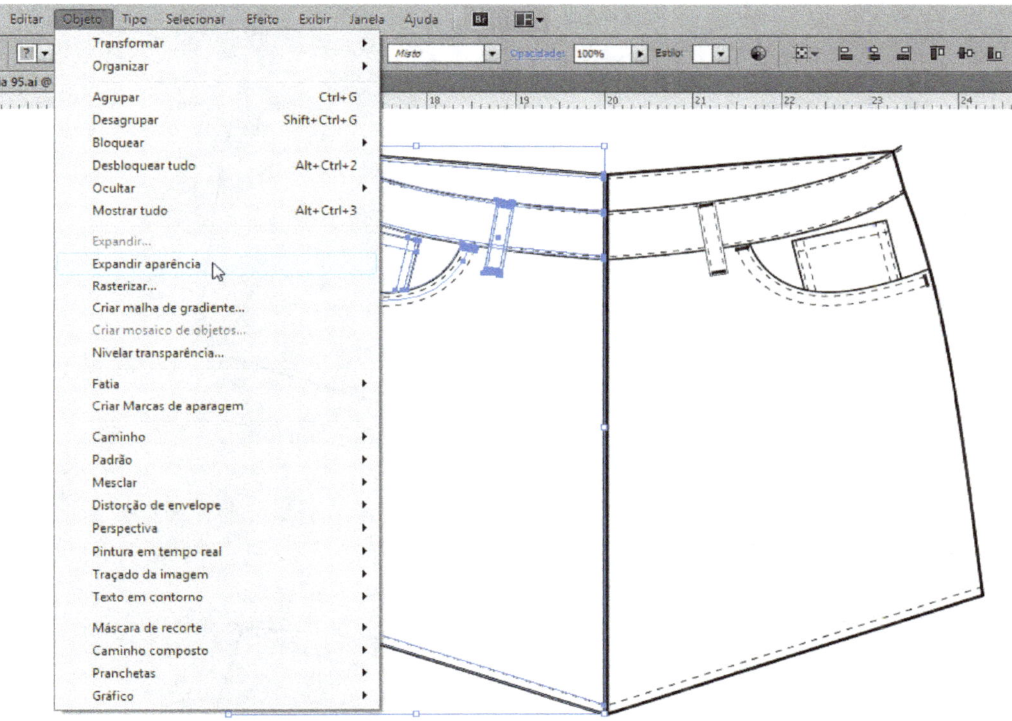

Desagrupe tudo.

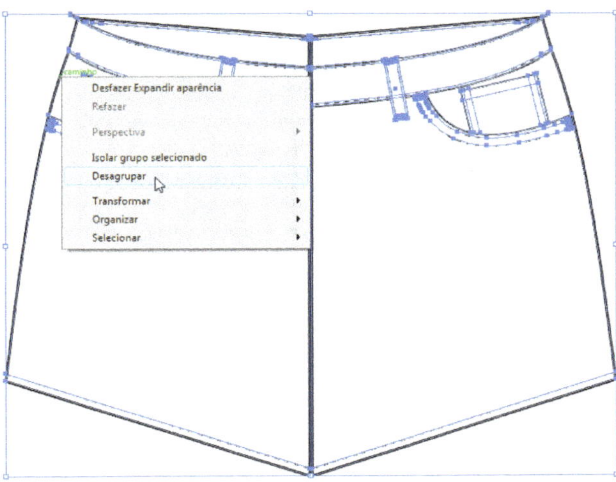

Posicione uma metade com todos os seus elementos sobre a outra metade.

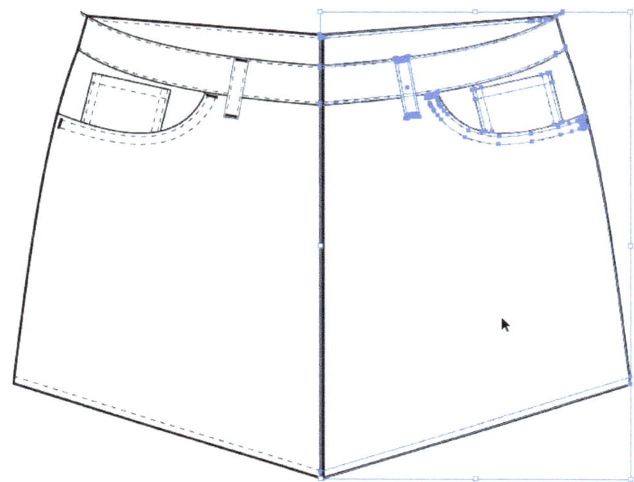

Selecione cada metade e desagrupe novamente.

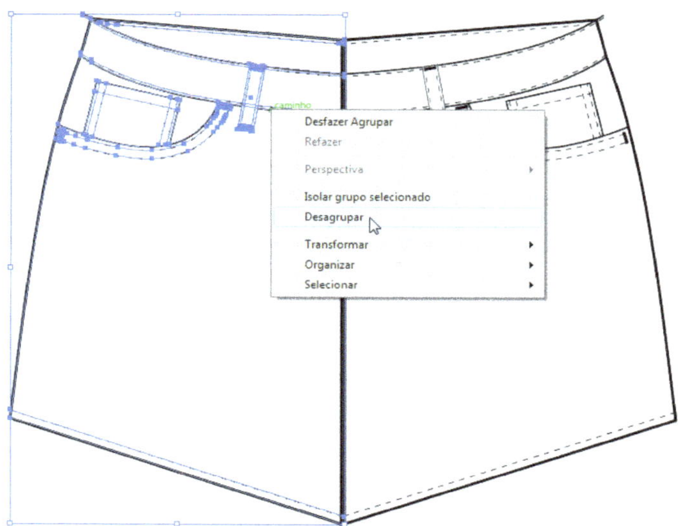

Selecione somente o corpo das duas metades da saia e vá a *Pathfinder*, *Unir*.

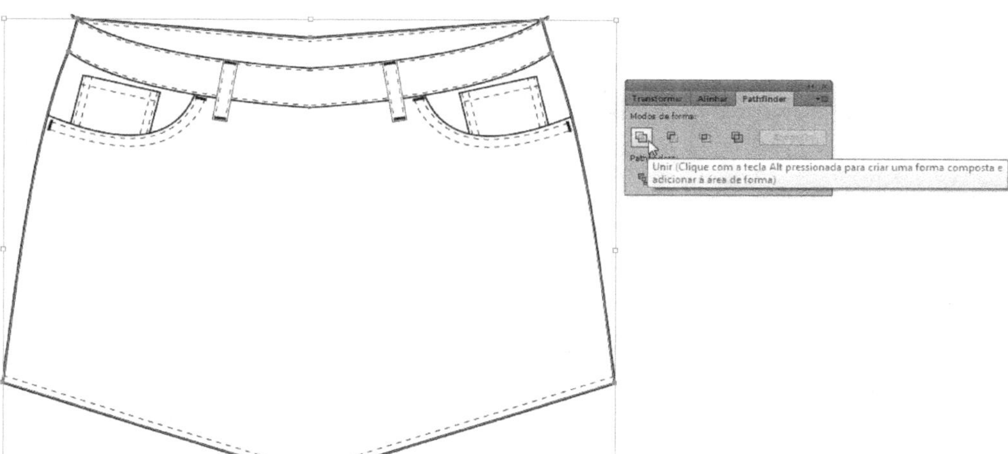

Agora, finalize o desenho com as diferenças nas duas metades; por exemplo, coloque o J, no qual está localizado o zíper, na frente da saia e apague o bolso-relógio da direita. Apague os pontos-âncora a mais com a *Ferramenta Excluir ponto-âncora*.

Selecione as duas linhas tracejadas no cós e vá a *Objeto*, *Camadas*, *Junção* para unir as linhas. Se a linha perder o tracejado, utilize novamente o painel *Traçado*. Repita o processo para todas as linhas da saia.

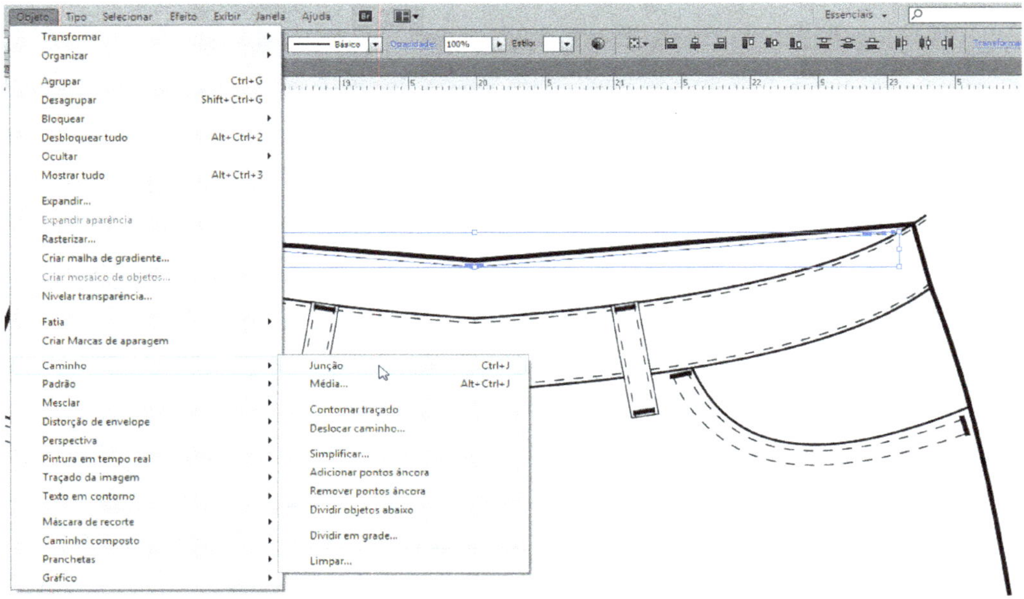

Suavize essas linhas. Com a seta branca (*Ferramenta Seleção direta*), selecione o ponto-âncora da cintura e vá a *Converter pontos-âncora selecionados em suave*.

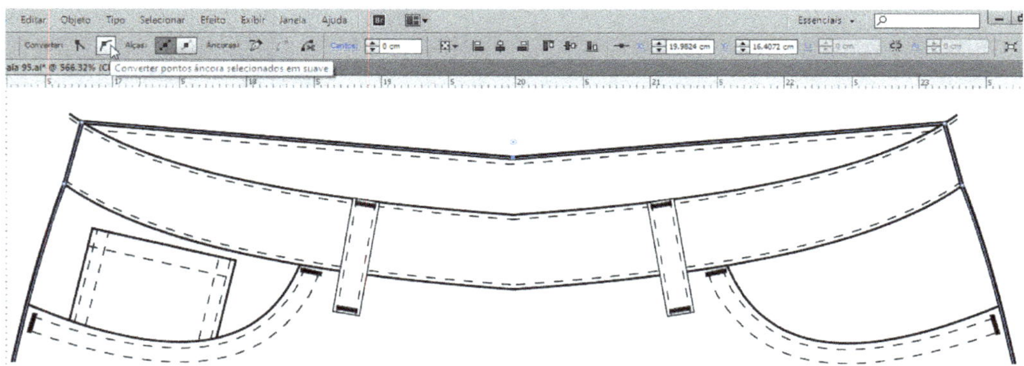

Essa opção funciona bem se tiver um ponto-âncora apenas; portanto, antes de usá-la, apague com a *Ferramenta Excluir ponto-âncora* todos os pontos-âncora que estão a mais e ajuste todas as linhas. Se achar mais fácil, coloque as linhas tracejadas após duplicar o corpo da saia.

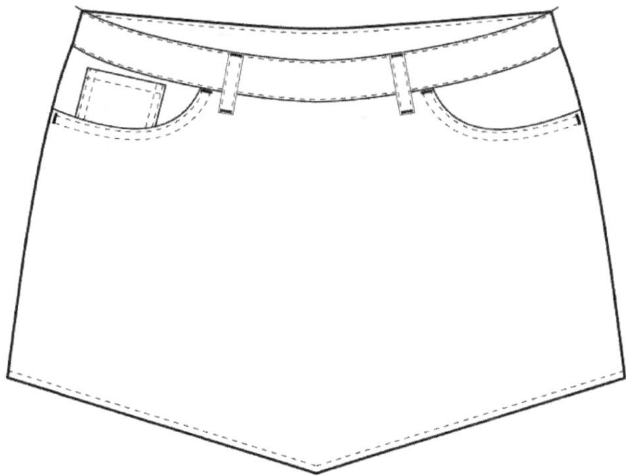

Desenhe a frente da saia com a *Ferramenta Caneta*. Faça as linhas conforme seus estudos a partir de uma saia real. Veja que a linha do J está com a base reta; é mais fácil fazer as linhas retas e depois curvá-las com a *Ferramenta Ponto de ancoragem*.

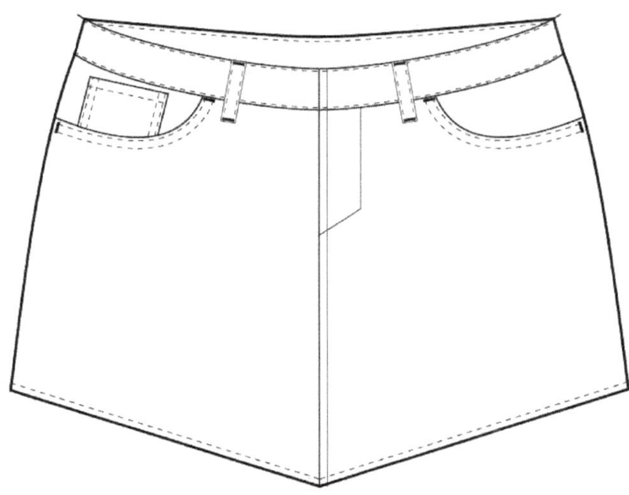

Clique nas linhas e selecione, na definição de pincel, a linha tracejada dupla que você criou.

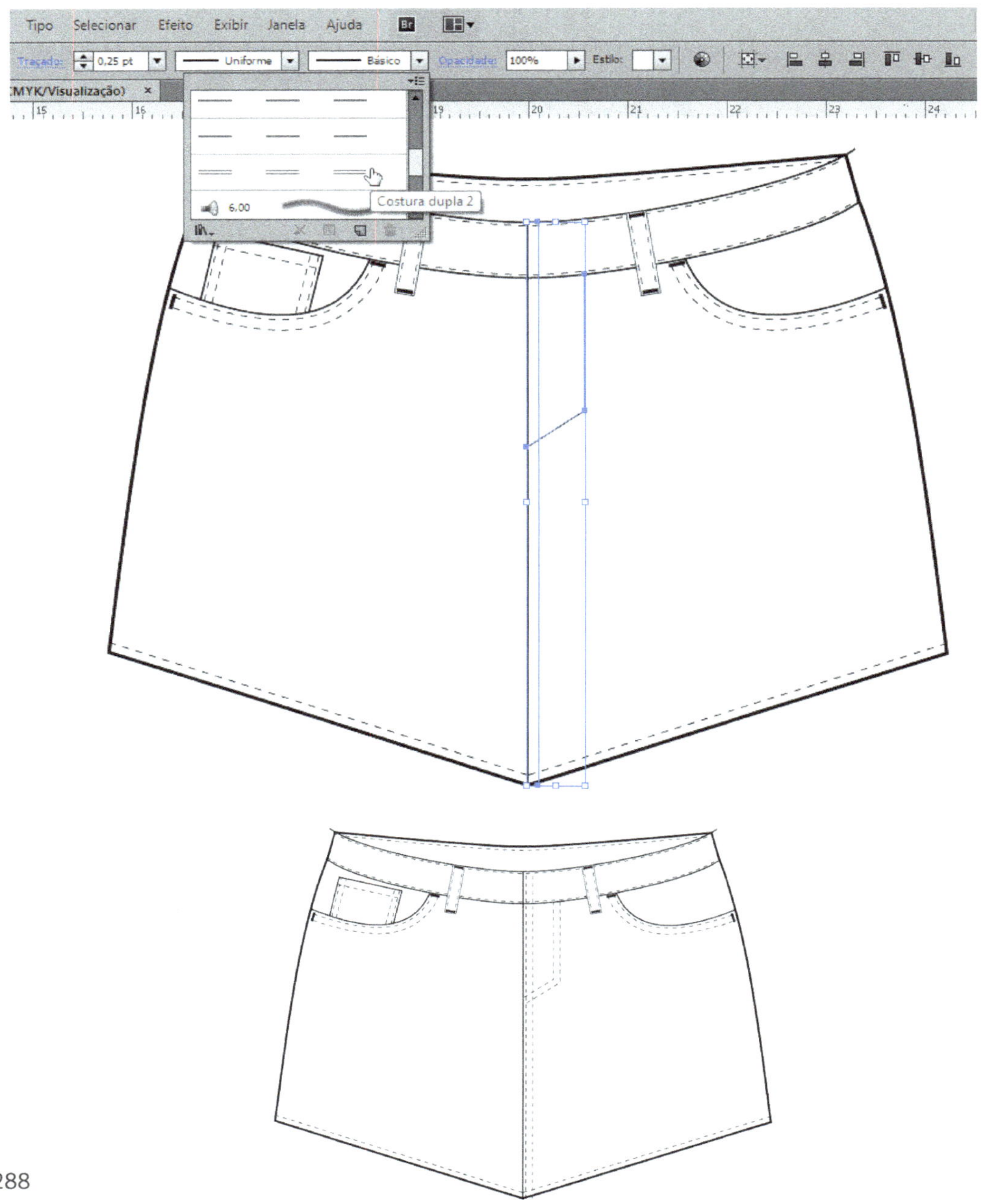

Aproxime a região do J e, com a *Ferramenta Ponto de ancoragem*, clique na linha reta inclinada, segure o dedo no mouse e arraste para baixo.

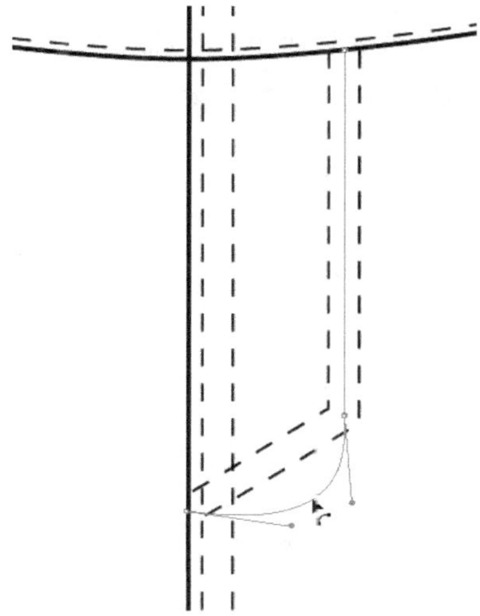

Coloque os travetes nas costuras frontais da saia.

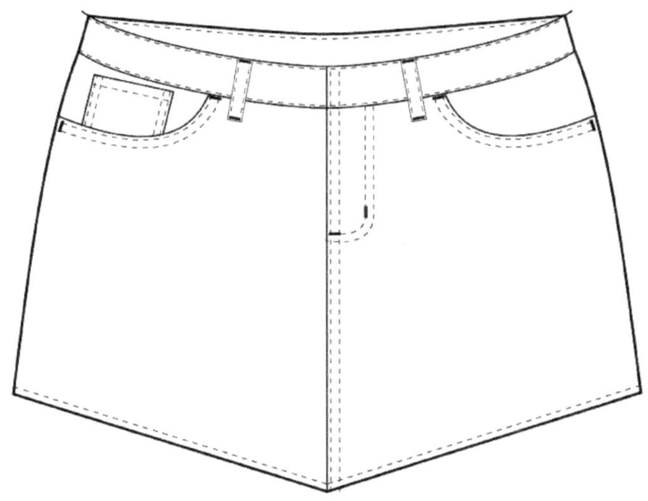

Separe as linhas da costura central, pois uma delas não vai até o cós. Selecione a costura, vá a *Objeto*, *Expandir aparência* e, em seguida, desagrupe as linhas.

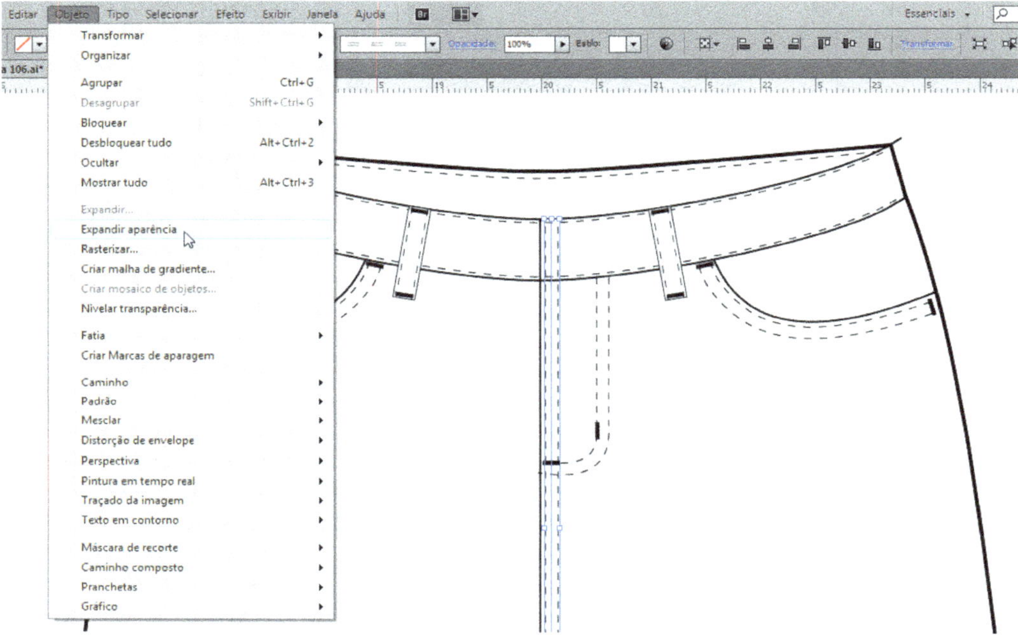

Com a seta branca (*Ferramenta Seleção direta*), clique uma vez na linha tracejada, clique novamente no ponto-âncora, segure o dedo no mouse e arraste o cursor para baixo até a curva do J. Solte o dedo do mouse.

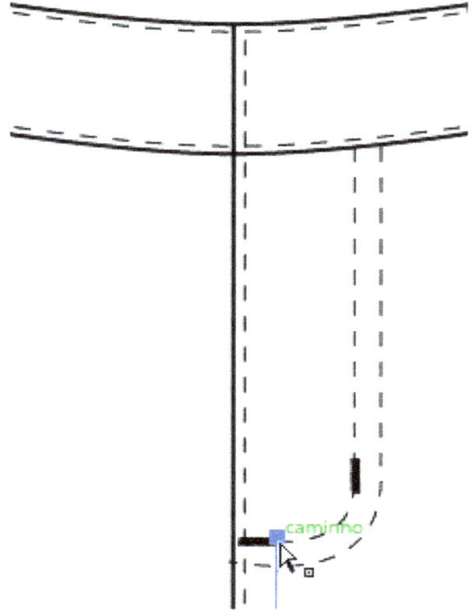

Clique na linha curva da cintura, pressione a tecla *Shift*, segure o dedo no mouse e clique na saia. Vá a *Pathfinder* e selecione *Dividir*. Se quiser colorir as costas da saia de uma cor diferente para indicar um forro, esse pedacinho estará separado.

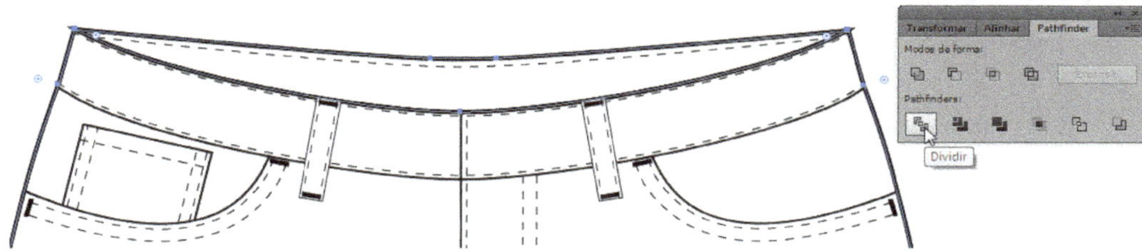

Para tirar as pontinhas do cós, clique nas costas da saia, vá a *Traçado* e selecione *Junção arredondada*.

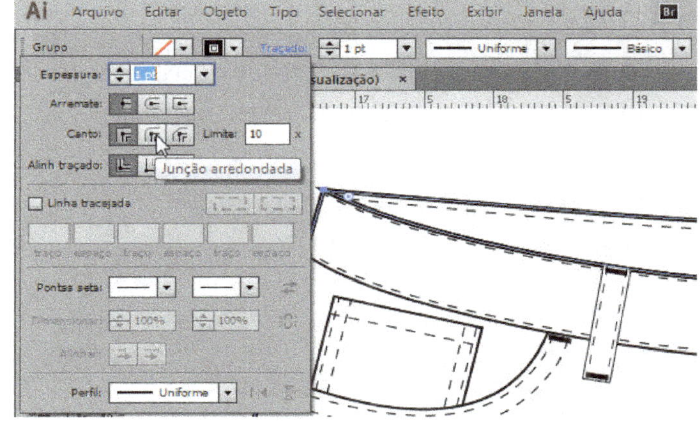

Vá ao arquivo que salvou com seus botões da coleção e abra-o. Selecione um dos botões, copie (*Editar*, *Copiar*), vá à página da saia e cole (*Editar*, *Colar*). Posicione o botão no cós da saia.

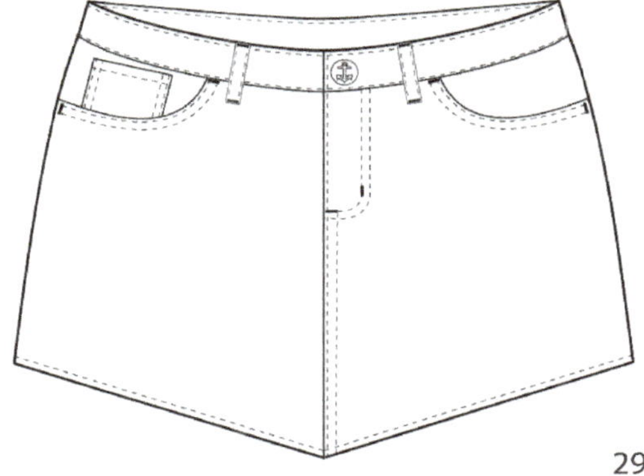

Para desenhar as costas da saia, selecione a linha mais externa dela. Copie (*Editar, Copiar*) e cole (*Editar, Colar na frente*).

Clique na linha da saia copiada, segure o dedo no mouse e arraste o cursor para o lado da saia da frente. Solte o dedo do mouse e clique em uma área vazia. Por observação, construa as costas com as mesmas ferramentas que usou para o desenho frontal.

BOLSO DA SAIA

Desenhe o bolso para a sua saia em uma prancheta à parte. Faça o desenho como foi ensinado no capítulo "Bolso".

Com o bolso finalizado, coloque as costuras que criou para a saia. Neste caso, se quiser reduzir as costuras duplas do bolso, selecione-as com a *Ferramenta Seleção* (seta preta).

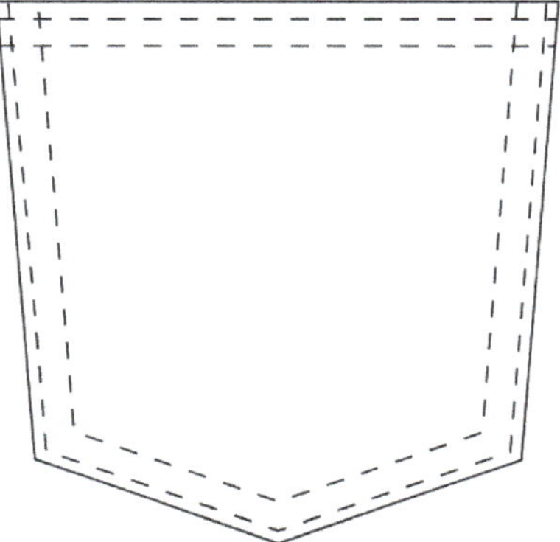

Vá ao painel *Pincéis* e encontre a costura que criou. Crie uma cópia da costura para não modificar a existente; vá a *Duplicar pincel*.

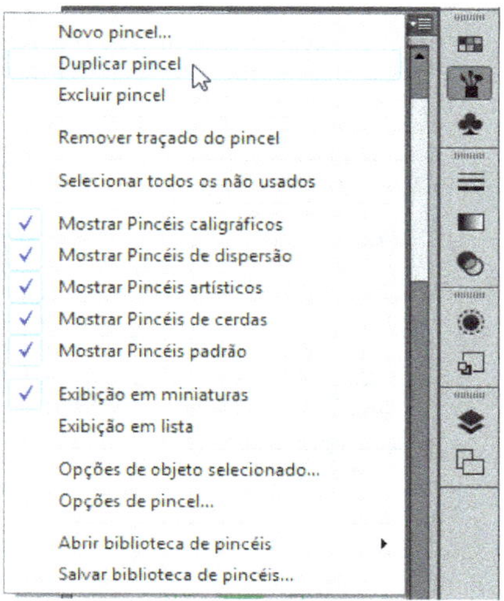

Ao duplicar o pincel, aparecerá uma costura igual à que você criou; clique nela e veja se está com o nome do arquivo que criou e a palavra copiar.

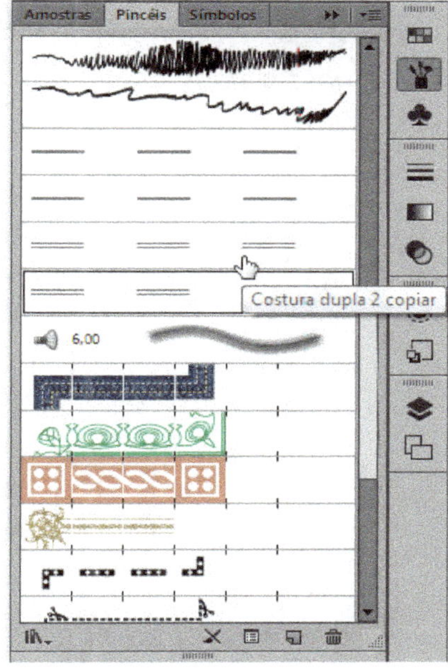

Clique duas vezes na costura que duplicou e faça novos ajustes. Coloque um novo nome para essa costura e modifique seu tamanho, alterando a porcentagem para 50%, por exemplo. Clique em *OK*.

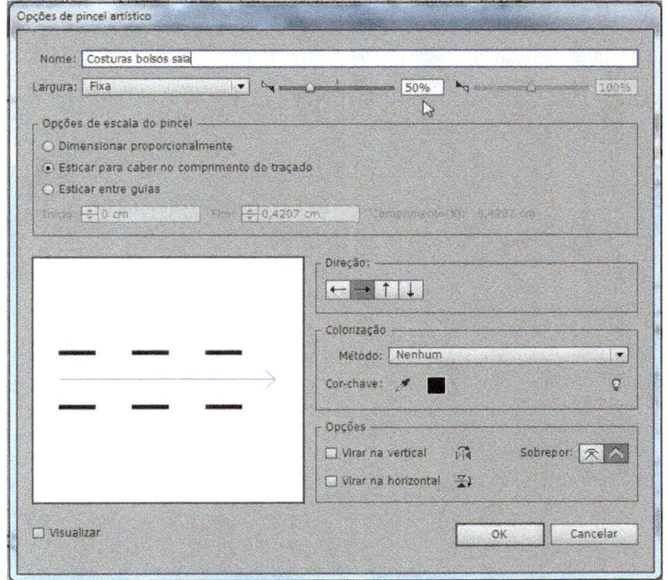

Na janela, selecione *Aplicar aos traçados*.

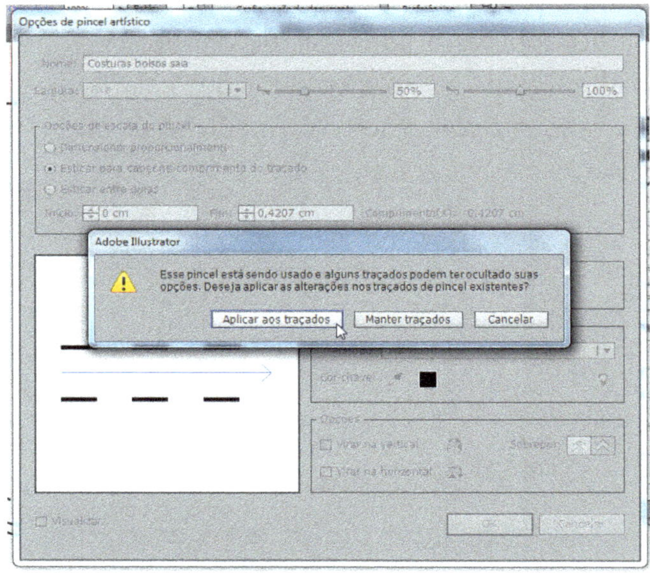

A costura do bolso da saia tornou--se menor. Faça testes nas costuras sempre a partir de uma cópia, assim você não perde as costuras que já criou.

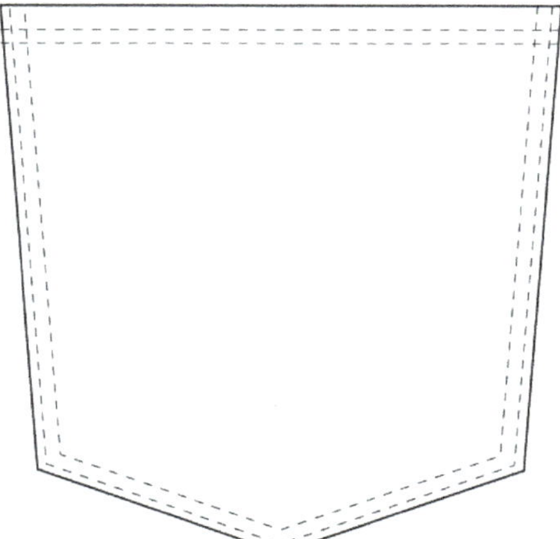

Salve as costuras para usá-las em outros modelos; vá a *Menu de bibliotecas de pincéis*.

Selecione *Salvar pincéis*.

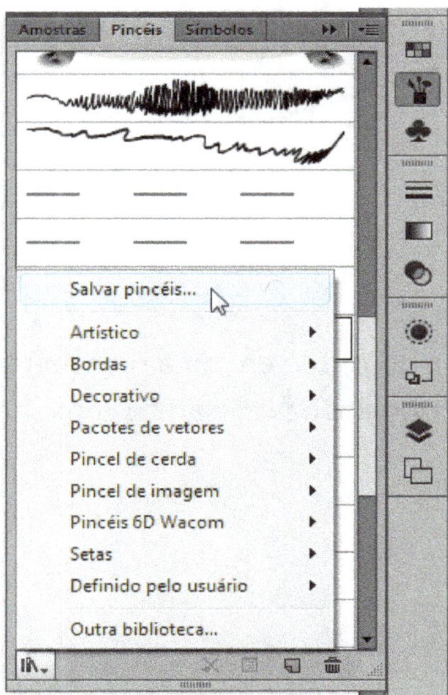

Coloque um nome para os pincéis e salve. Monte as costas da saia com suas costuras e bolsos e coloque também o travete que criou no capítulo "Bolso".

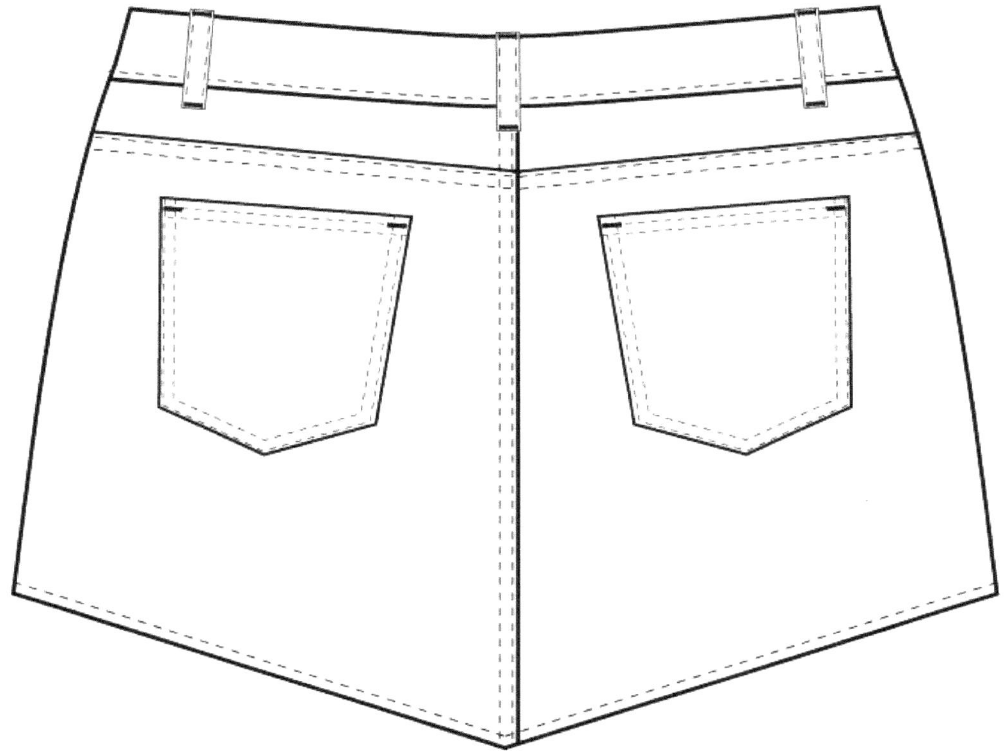

Coloque em uma prancheta a frente e as costas da saia. Salve na pastinha de modelos da coleção ou como base para criar outros modelos de saia a partir dela.

Crie os modelos de saia para sua coleção com as ferramentas ensinadas. Lembre-se de sempre observar uma peça real como base para colocar todos os detalhes de costura, bolsos e aviamentos de que precisa para que a peça seja desenvolvida de acordo com suas ideias.

11. CALÇA

Crie uma base de calça a partir da observação de uma calça real. Abra o arquivo de *Lenora* e aproxime as pernas do corpo digital com a *Ferramenta Zoom*.

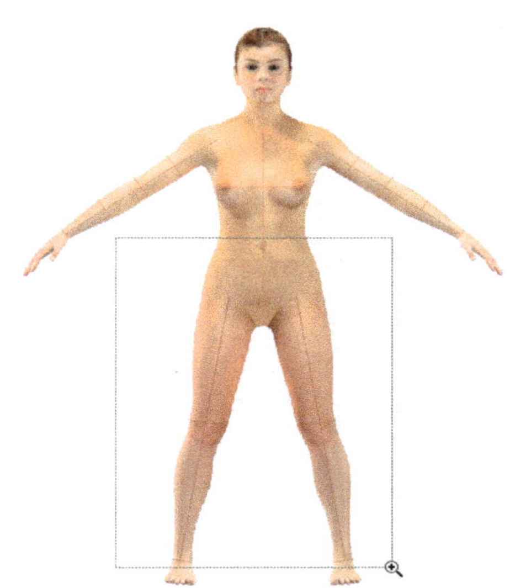

Vá ao painel *Camadas* e bloqueie *Lenora*.

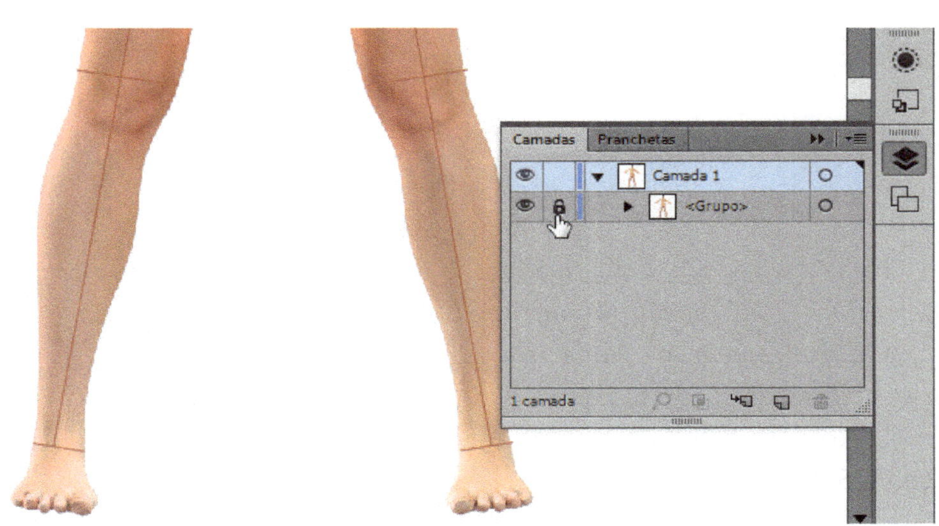

Com a *Ferramenta Caneta*, comece o desenho da calça pelo centro de *Lenora*. Clique uma vez com a ferramenta, solte o dedo do mouse, vá até a lateral do quadril e desça pela perna sem se preocupar com a curva do quadril.

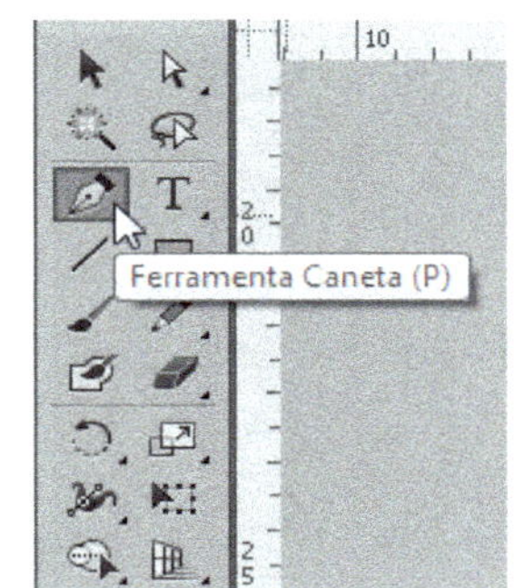

Veja que a boca da calça está alinhada à linha no tornozelo de *Lenora*.

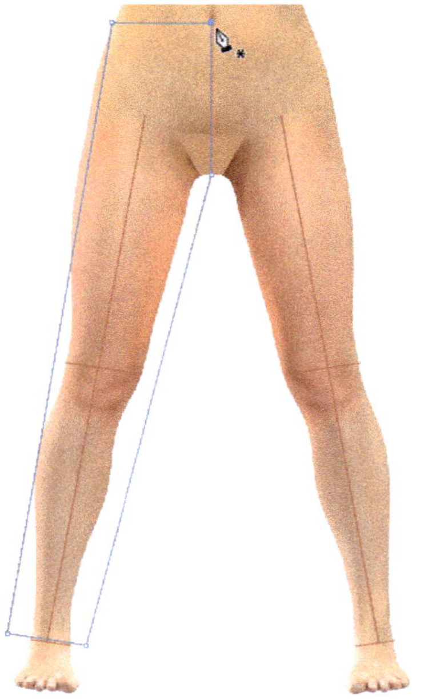

Para fazer a curva do quadril, selecione a *Ferramenta Ponto de ancoragem*, clique na linha próxima ao quadril, segure o dedo no mouse e puxe a linha para fazer a curva. Solte o dedo do mouse.

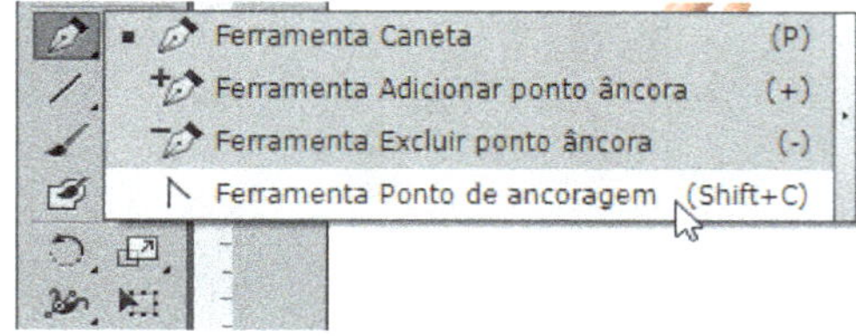

Com a seta branca (*Ferramenta Seleção direta*), ajuste as linhas clicando nos vetores (linhas azuis com uma bolinha na extremidade). Essa linha é a mais externa da calça. Assim como fez no desenho da saia, com a linha externa definida, acrescente todos os elementos que compõem a frente de uma calça.

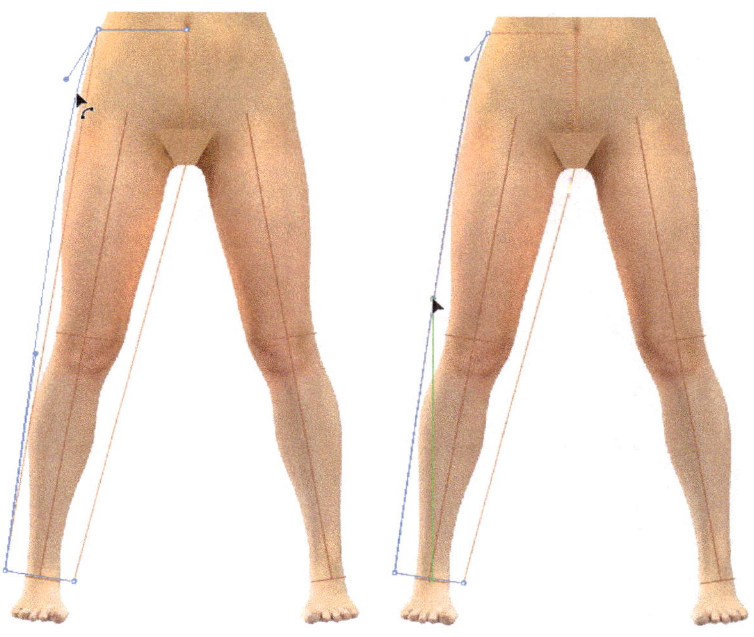

Sempre faça a metade do modelo com base em uma peça real. Coloque todos os detalhes e sempre use o contorno em preto.

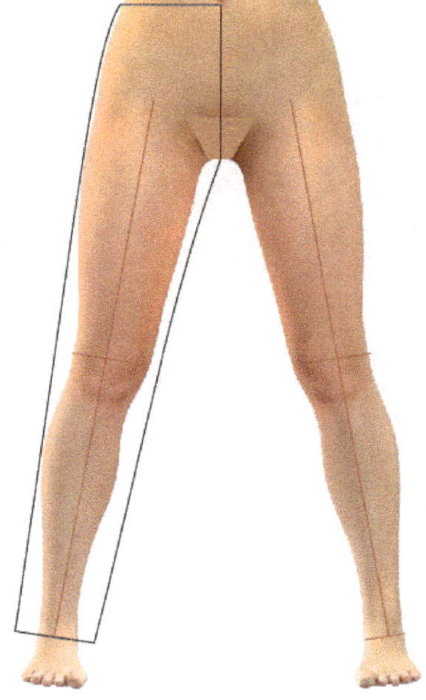

Selecione a linha da calça, vá a *Editar*, *Copiar* e *Editar*, *Colar na frente*. Selecione a *Ferramenta Refletir*, clique no meio da calça, segure o dedo no mouse e arraste o cursor em uma linha paralela ao cós da calça; enquanto faz esse movimento, pressione a tecla *Shift*. Solte o dedo do mouse e depois da tecla.

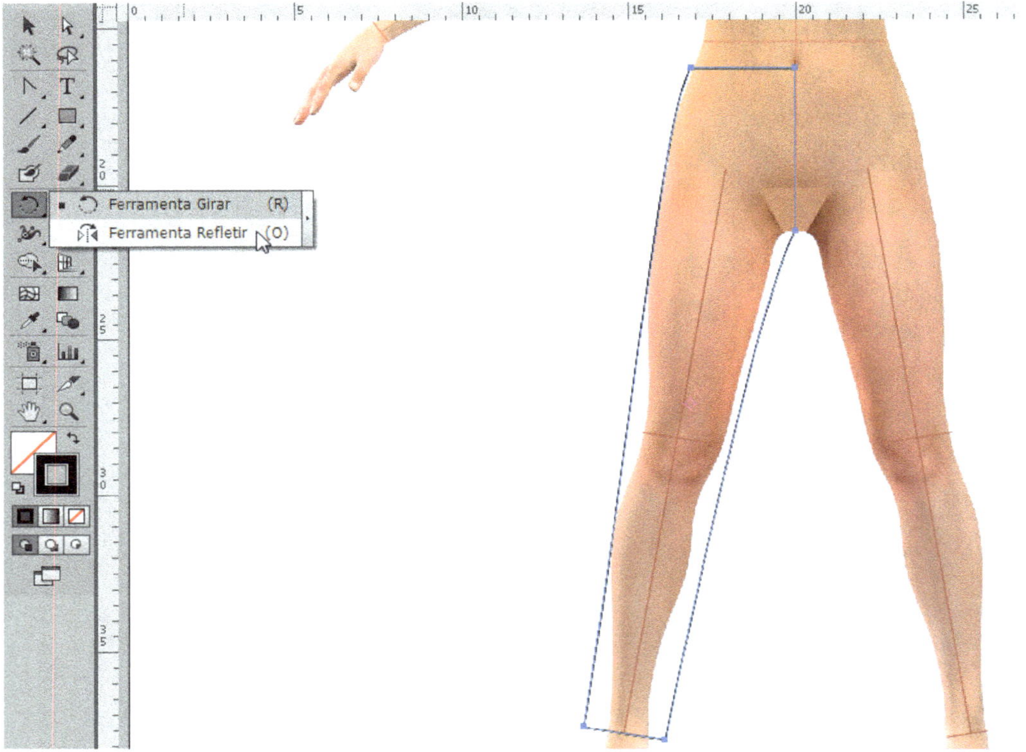

Você terá metade da calça espelhada em relação à que desenhou.

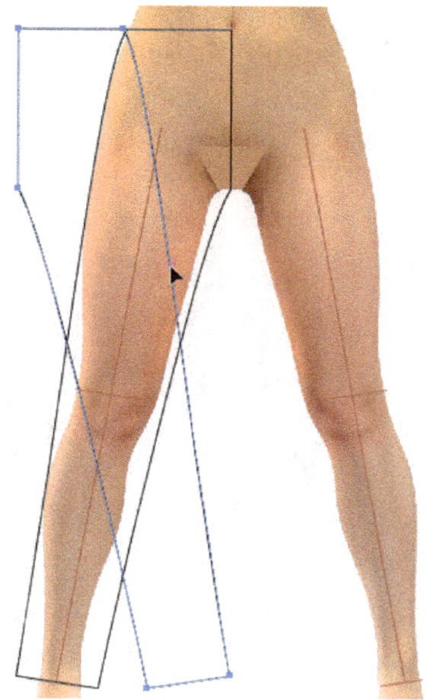

Selecione a metade duplicada com a *Ferramenta Seleção* (seta preta), segure o dedo no mouse e arraste o cursor até a posição da outra perna; enquanto arrasta, para manter o alinhamento, pressione a tecla *Shift*. Solte primeiro o dedo do mouse e depois da tecla *Shift*. Deixe um pouquinho dessa metade sobre a outra.

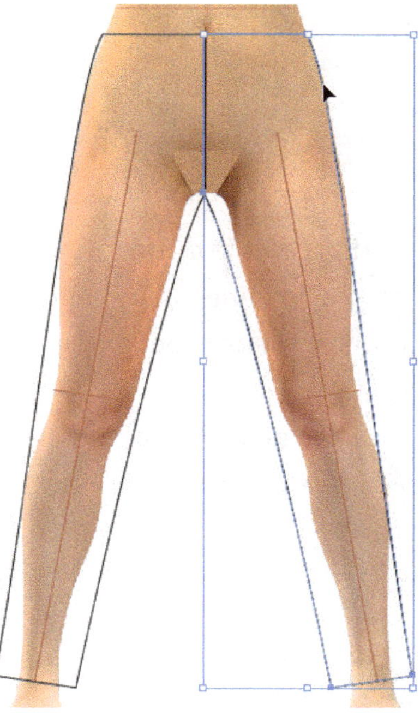

Selecione as duas metades, vá a *Pathfinder* e clique em *Unir*. A linha do meio deverá desaparecer.

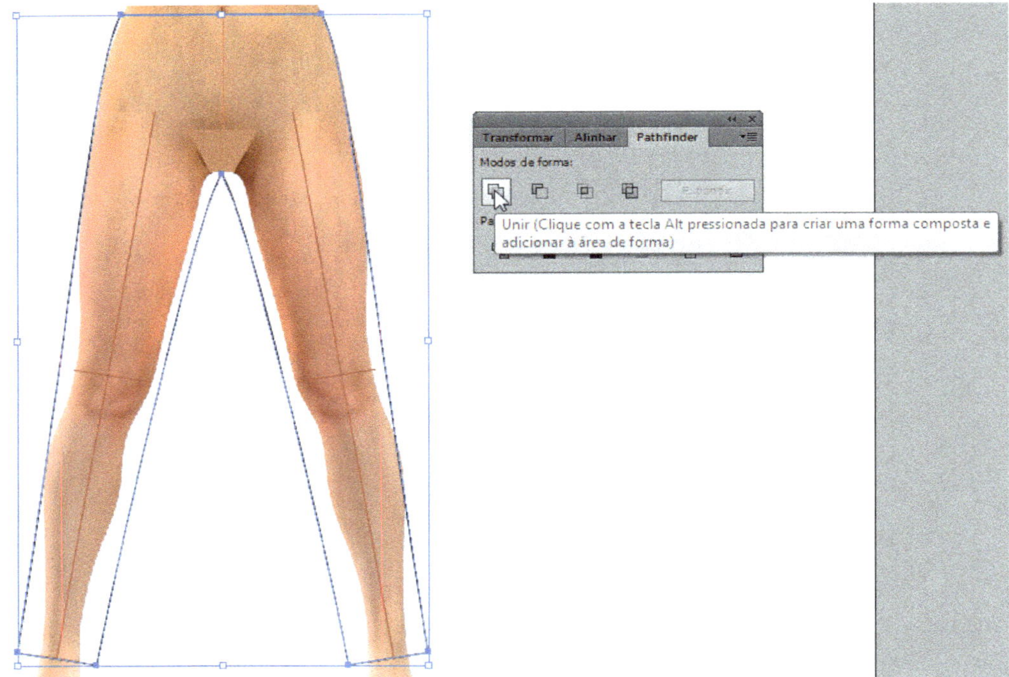

Essa é uma outra forma de construção; neste caso, as duas pernas foram feitas com a *Ferramenta Refletir* e não existe a opção de alterar o modelo como foi feito anteriormente com a opção *Transformar*.

Para desenhar o cós da calça, vá a *Ferramenta Arco*.

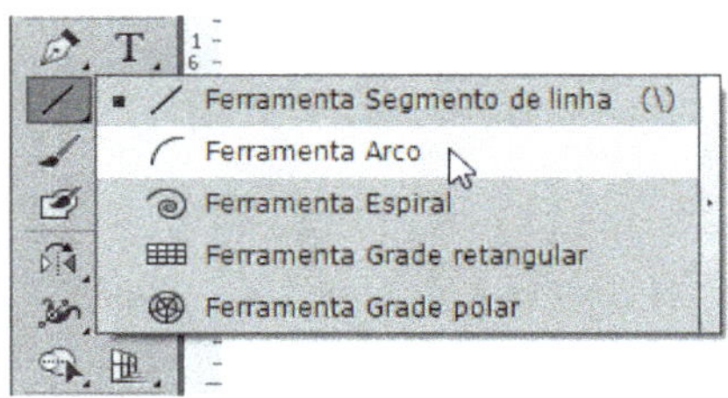

Faça uma linha da cintura externa da calça até o centro.

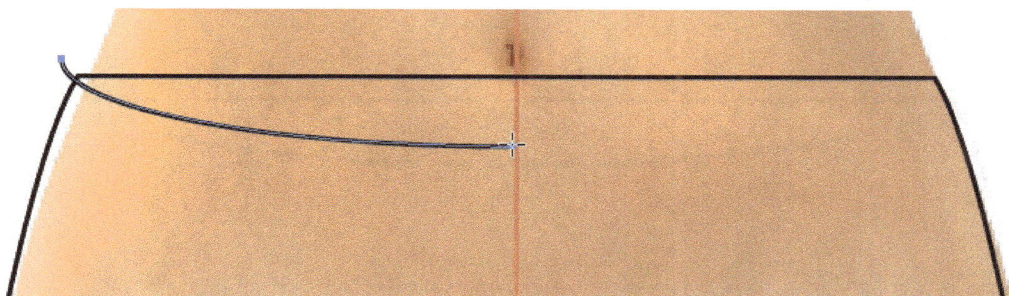

Com a seta branca (*Ferramenta Seleção direta*), ajuste a linha e garanta que ela passe pelo cantinho superior à esquerda da cintura. É mais fácil fazer isso aproximando bastante essa parte com a *Ferramenta Zoom*.

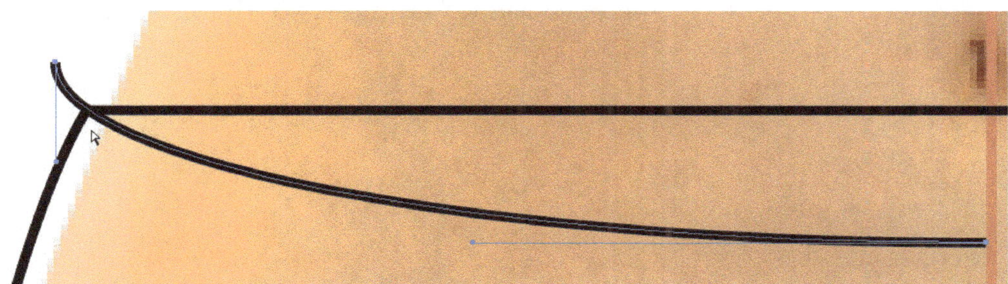

Copie (*Editar*, *Copiar*) e cole (*Editar*, *Colar na frente*) a linha curva. Selecione-a e arraste até posicioná-la no lado oposto a ela.

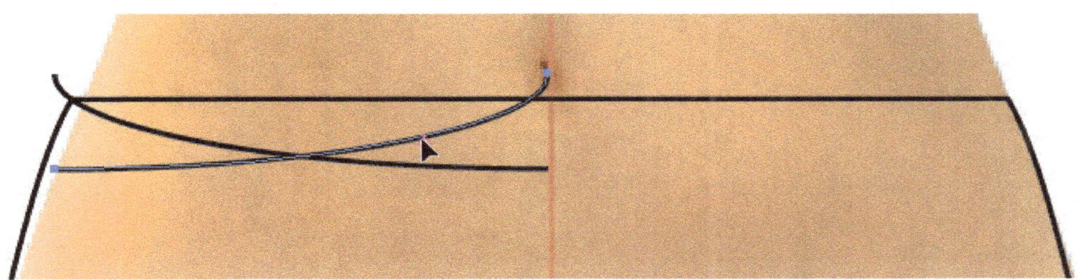

Sempre pressione a tecla *Shift* ao arrastar um objeto para manter o alinhamento. Solte o dedo do mouse e depois da tecla.

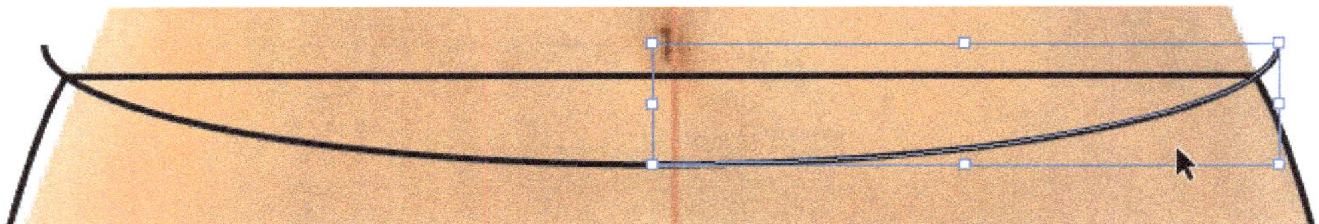

Clique em uma área vazia da prancheta. Selecione as duas linhas curvas com a *Ferramenta Seleção* (seta preta) e vá a *Objeto*, *Caminho*, *Junção* para unir as duas linhas.

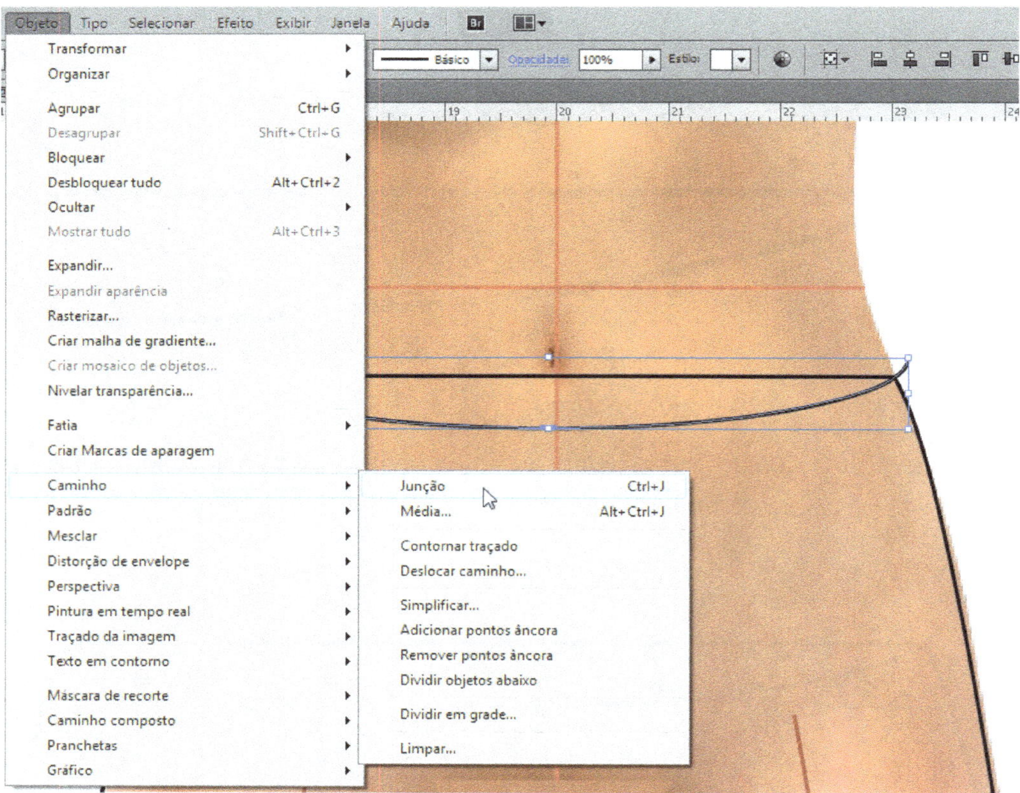

Alinhe a linha curva à calça; selecione-a, pressione a tecla *Shift*, segure o dedo nessa tecla e clique na calça. Solte a tecla e clique mais uma vez na calça; assim, a calça comandará o alinhamento (veja que a linha da calça ficará em um azul mais forte). Vá ao painel *Alinhamento horizontal centralizado*.

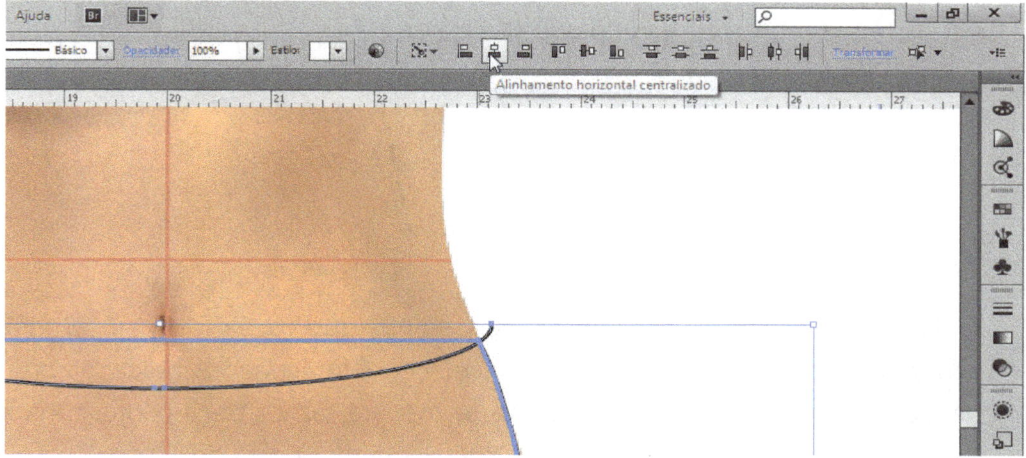

Copie (*Editar*, *Copiar*) e cole (*Editar*, *Colar na frente*) a linha curva. Desça até definir a largura do cós da calça.

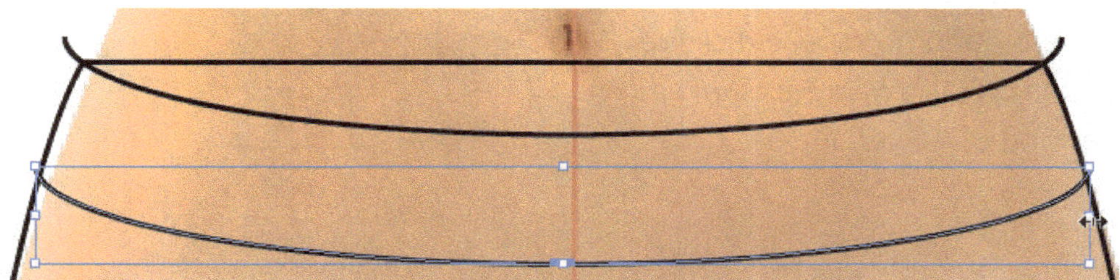

Clique na lateral da caixa delimitadora e estique a linha até que encoste na lateral da calça. Se pressionar a tecla *Alt* (*Option* no Macintosh) no teclado enquanto movimenta o cursor, a linha aumentará nos dois lados. A *Ferramenta Arco* deixa as extremidades da linha com uma curva muito acentuada. Com a seta branca (*Ferramenta Seleção direta*), faça alguns ajustes para atenuá-la.

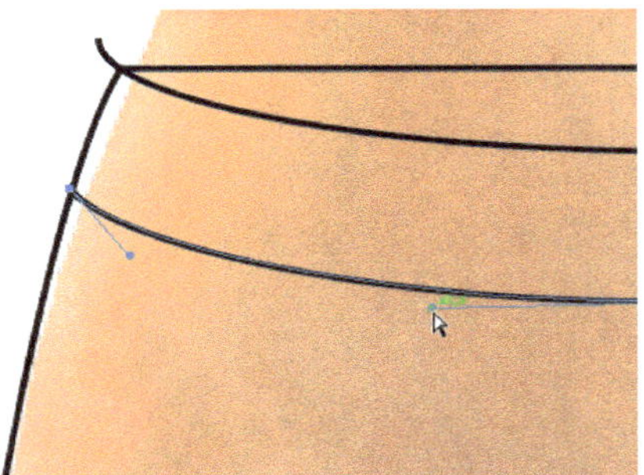

A distância da linha superior do cós para a linha que você movimentou será de acordo com o que pretende para a sua coleção. É interessante indicar na pré-ficha técnica sua sugestão em relação a essa medida, fazer a peça-piloto, confirmar se a medida que quer é possível na modelagem e se está de acordo com o conceito da coleção.

Coloque a linha dos bolsos e botão. Use a linha superior do cós para cortar a calça como fez na saia. Com a linha selecionada com a *Ferramenta Seleção* (seta preta), pressione a tecla *Shift*, segure o dedo no mouse e clique na linha da calça. Vá a *Pathfinder* e selecione *Dividir*. Clique em uma área vazia.

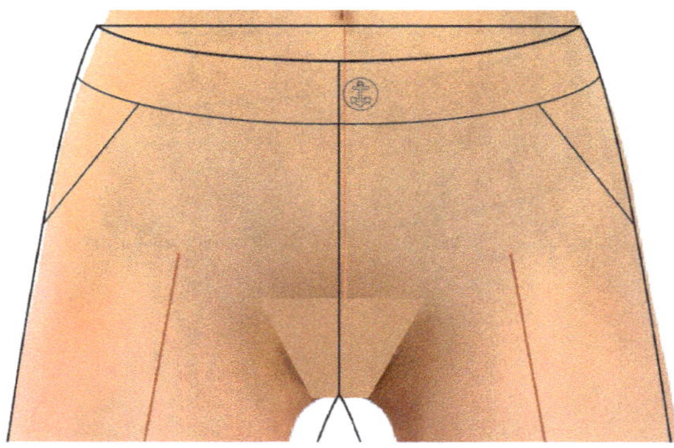

Desenhe o J na frente da calça; neste caso, só com uma linha tracejada, por se tratar de uma calça básica. Se quiser tirar *Lenora* para ver melhor as linhas do seu desenho, vá a *Camadas* e clique no olhinho logo à frente da camada de *Lenora*.

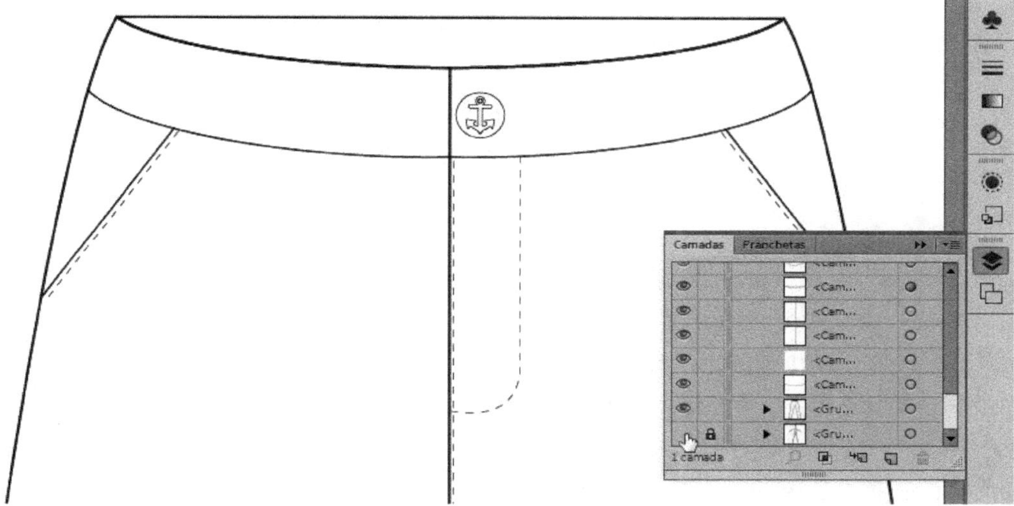

Faça as costas da calça com uma cópia da linha mais externa da frente da calça. Clique na linha, copie (*Editar*, *Copiar*) e cole (*Editar*, *Colar na frente*); segure o dedo no mouse e arraste para o lado da frente da calça. Selecione as costas da calça, a linha de contorno e vá a *Pathfinder*, *Unir*.

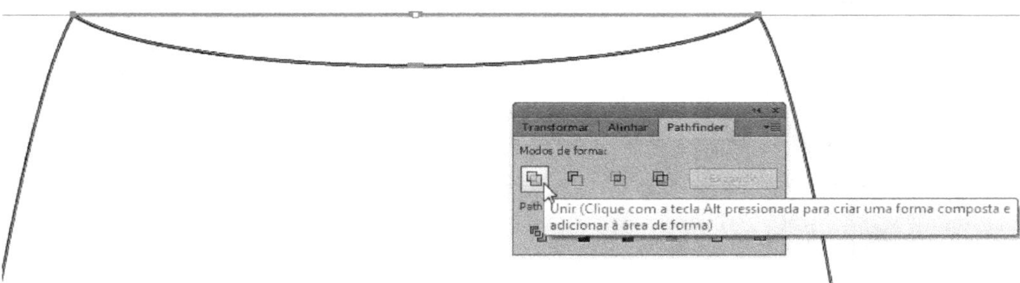

Essa será a linha das costas da calça.

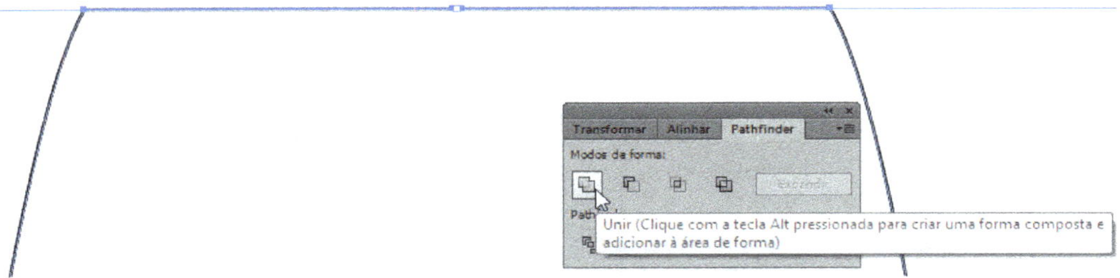

Coloque a linha da cintura, defina a localização das pences e coloque o bolso que desenhou no capítulo "Bolso".

Abra o arquivo do bolso, selecione-o, copie (*Editar*, *Copiar*), vá à prancheta da calça e cole (*Editar*, *Colar*). Para redimensionar o bolso, caso ele não esteja em um tamanho adequado à sua calça, selecione-o, vá a *Transformar*, no painel superior, e habilite a opção *Dimensionar traçados e efeitos* para que as linhas do bolso acompanhem o redimensionamento.

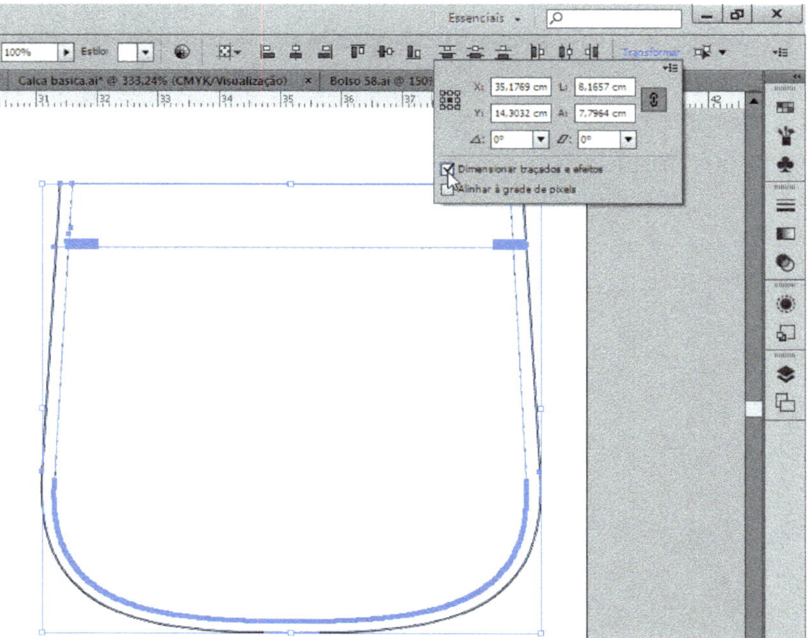

Para manter a proporção do bolso enquanto o reduz, pressione a tecla *Shift*, coloque-o no tamanho que preferir, solte o dedo do mouse e depois da tecla.

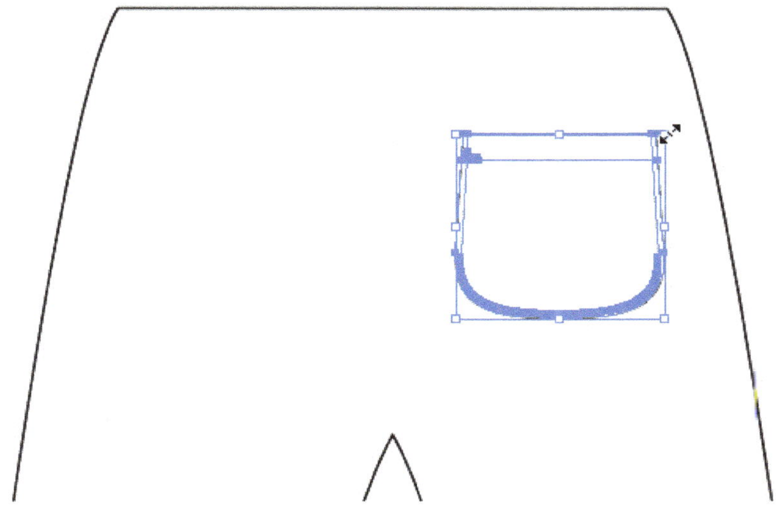

Posicione o bolso, rotacionando-o se necessário. Copie (*Editar*, *Copiar*), cole (*Editar*, *Colar na frente*) e, com a *Ferramenta Refletir*, posicione-o no lado oposto da calça. Se o bolso estiver agrupado e você quiser modificar uma linha, com a *Ferramenta Seleção* (seta preta), dê duplo clique sobre a linha mais uma vez até perceber que só ela está selecionada. Essa linha estará no modo de isolamento e a modificação que fizer será só nela, não atingindo todos os elementos do bolso.

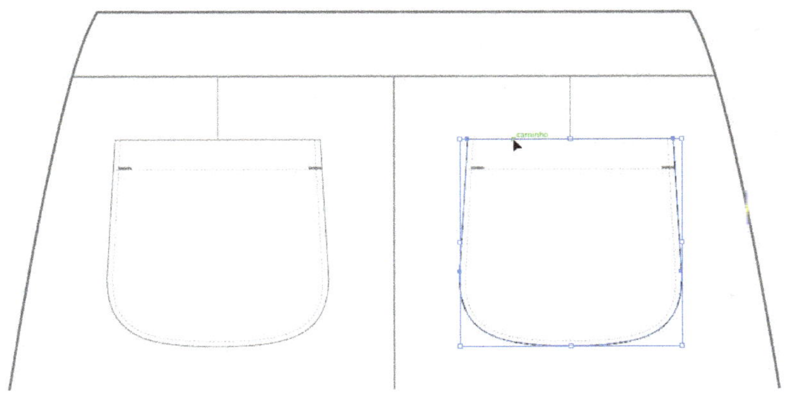

Pressione a tecla *Esc* para sair do modo de isolamento.

Essa é uma base de calça. A partir dela, crie os modelos para sua coleção; por exemplo, assim como fez na saia, coloque todos os detalhes da calça, como bolso, costuras e aviamentos. Você pode, até mesmo, ir ao arquivo da saia, abri-lo, copiar e colar o bolso e a vista frontal e todos os detalhes na prancheta da calça para fazer uma calça jeans.

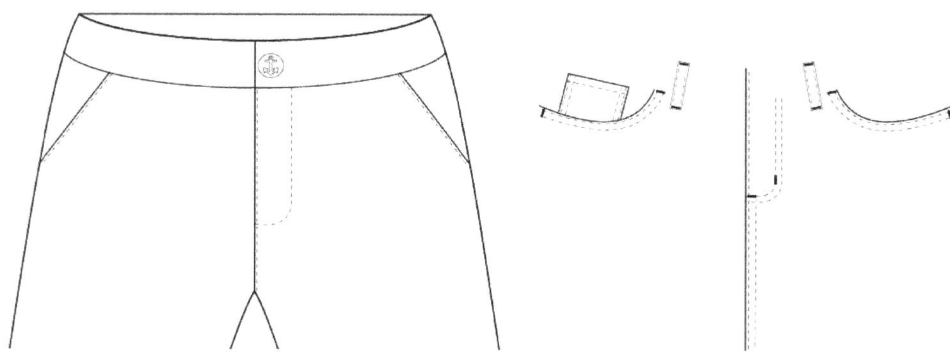

Selecione a calça que desenhou, desagrupe e selecione todos os elementos que não quiser. Pressione *Delete* para apagá-los. Selecione cada elemento da saia e coloque em sua posição na calça. Selecione por partes e, para não perder nenhum pedacinho, agrupe cada uma delas.

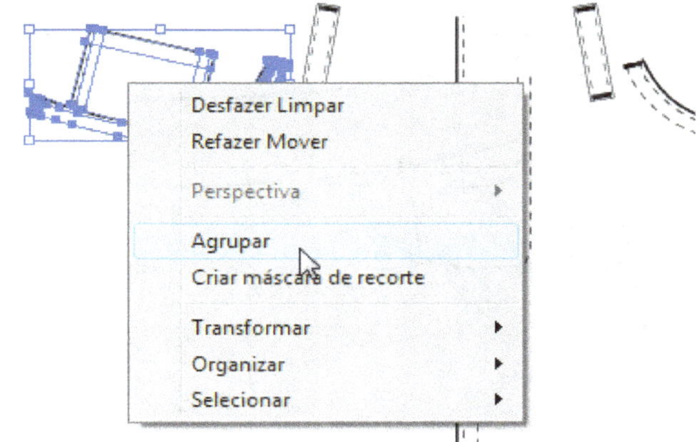

Clique no elemento com a *Ferramenta Seleção* (seta preta), segure o dedo no mouse e arraste o cursor para a calça. Como já fez antes, acrescente um ponto na linha com a *Ferramenta Adicionar ponto-âncora* para poder esticá-la com a seta branca (*Ferramenta Seleção direta*) sem movimentar a curva do bolso.

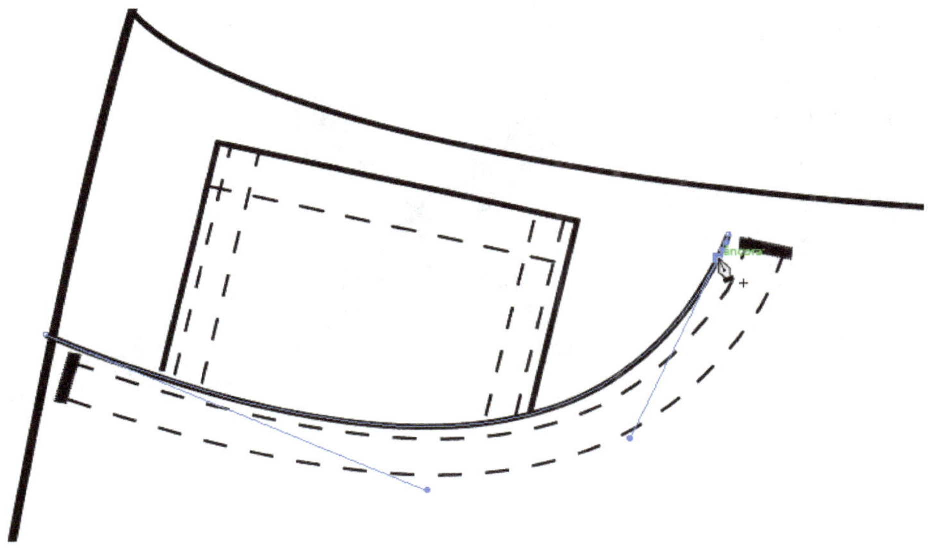

Coloque os elementos e ajuste-os na calça.

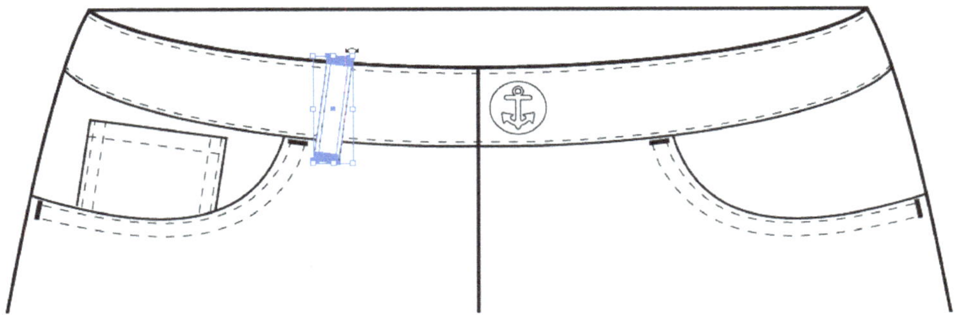

Veja os detalhes de uma calça jeans. Indique-os no seu desenho colocando todos os elementos, como fez na saia. Se quiser criar uma filigrana para o bolso traseiro, elabore um padrão de pincel como fez para as costuras duplas. Crie o elemento.

Selecione o elemento com a *Ferramenta Seleção* (seta preta), segure o dedo no mouse e arraste o cursor para o painel *Pincéis*. Solte o dedo do mouse quando aparecer o sinalzinho +.

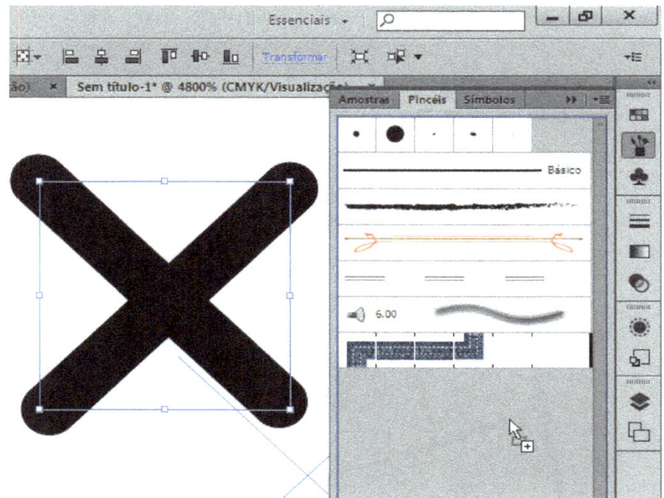

Na caixa de diálogo, selecione *Pincel padrão* e clique em *OK*.

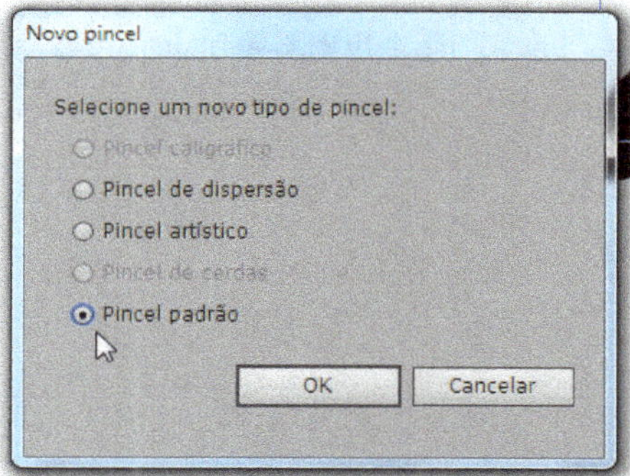

Você pode escolher como quer os cantinhos e dar um nome. Clique em *OK*.

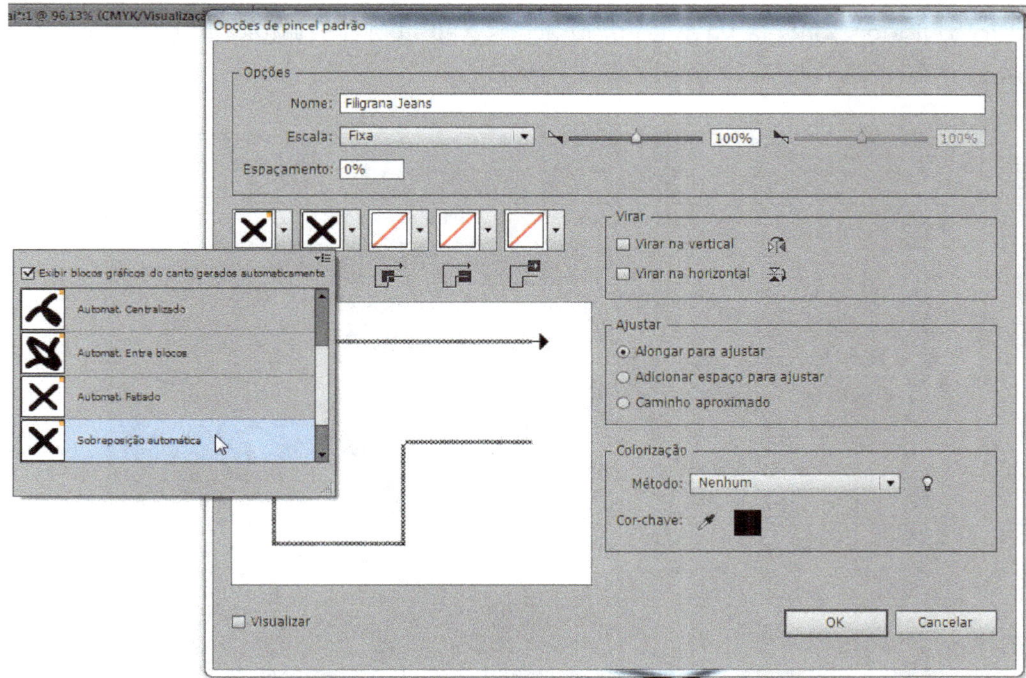

Faça uma linha e aplique o novo pincel.

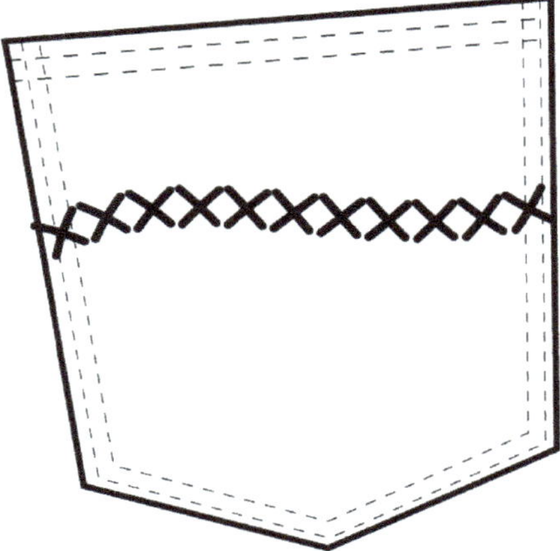

Se achar que está muito grande, vá à costura que criou no painel *Pincéis* e dê duplo clique sobre ela. Vá às configurações e altere a porcentagem para um valor menor, fazendo alguns testes. Clique em *OK*.

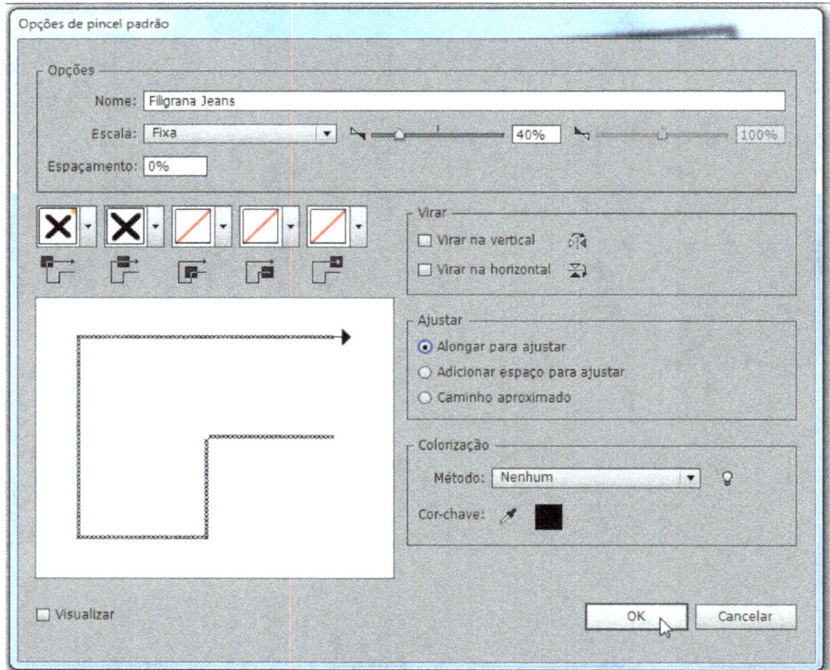

Clique em *Aplicar aos traçados* para já aplicar na filigrana do bolso.

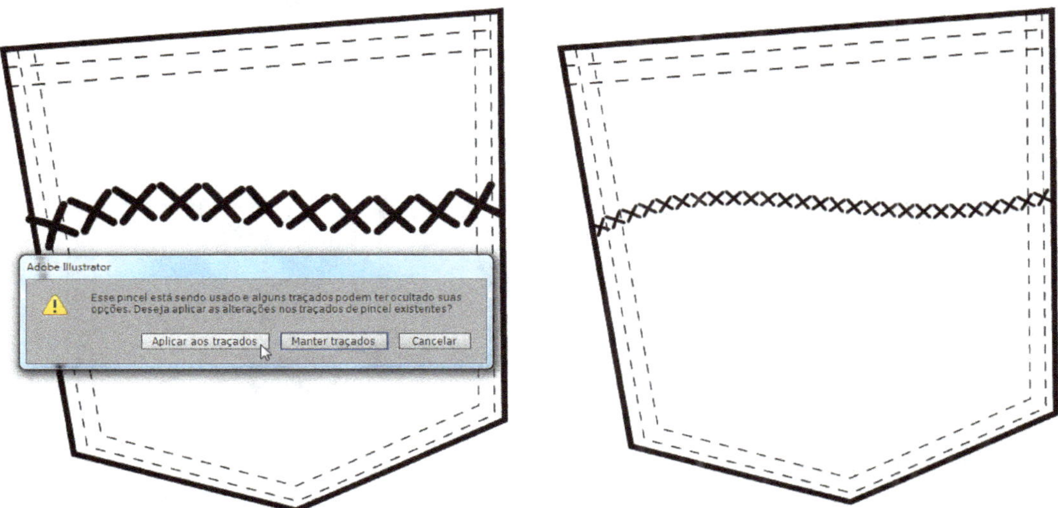

Copie (*Editar*, *Copiar*), cole (*Editar*, *Colar na frente*) e vá a *Ferramenta Refletir* para colocar a filigrana no outro bolso.

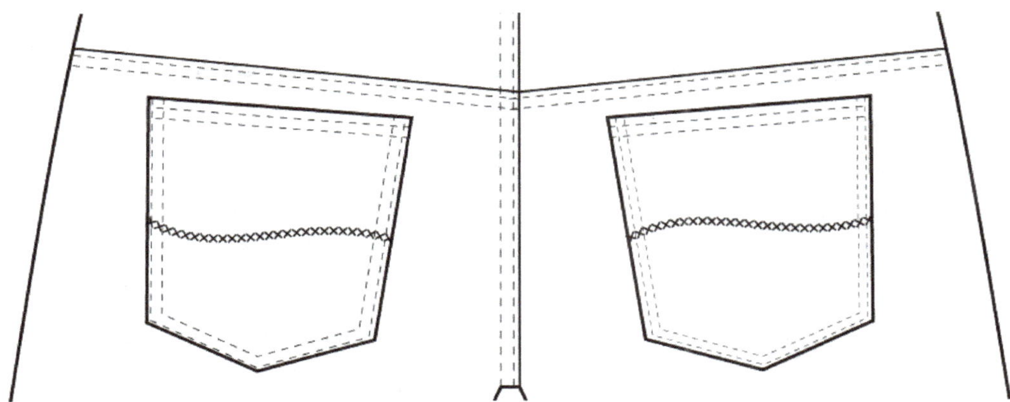

Com o painel *Pincéis* é possível criar diversas costuras; sempre salve essas costuras em *Menu de bibliotecas de pincéis*.

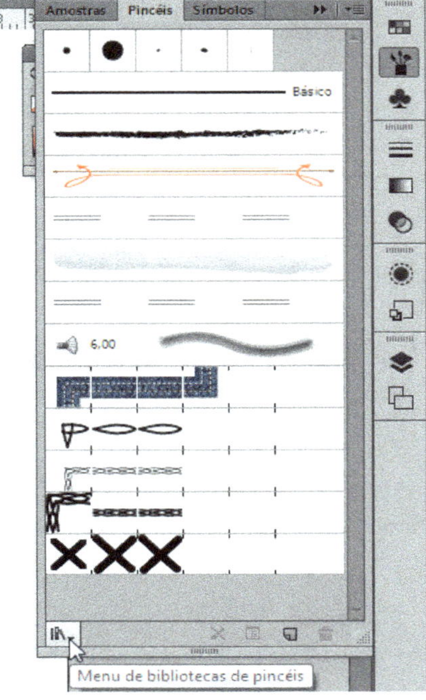

Clique em *Salvar pincéis*.

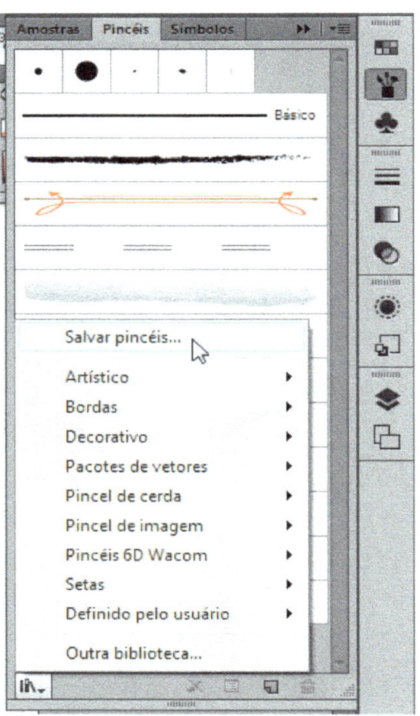

Dê um nome e clique em *Salvar*.

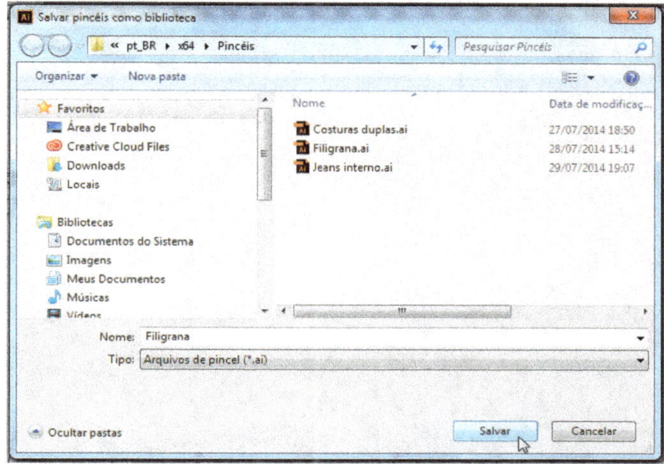

Agrupe a frente da calça e, depois, agrupe as costas; posicione-as uma ao lado da outra e salve na pastinha de modelos da coleção.

12. VESTIDO

Abra o arquivo de *Lenora*, vá ao painel *Camadas* e bloqueie a camada de *Lenora*.

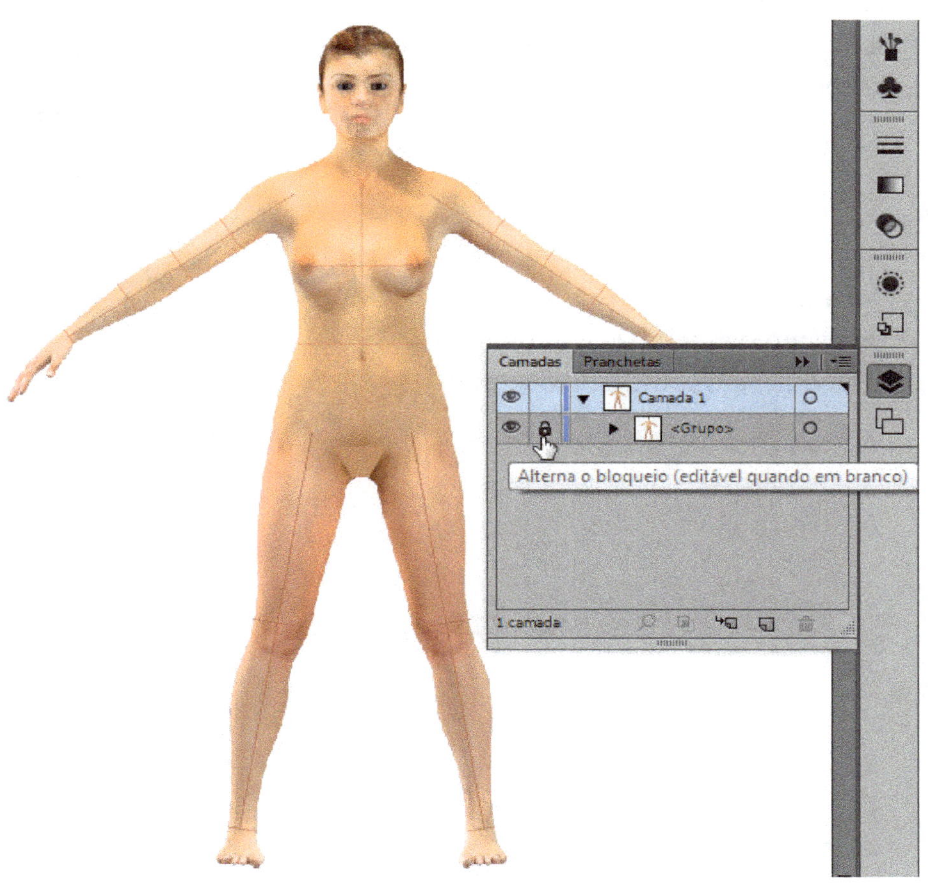

Vá às opções de preenchimento e contorno, selecione o preenchimento e tire a cor clicando no quadradinho com a linha vermelha. No contorno, deixe a cor preta.

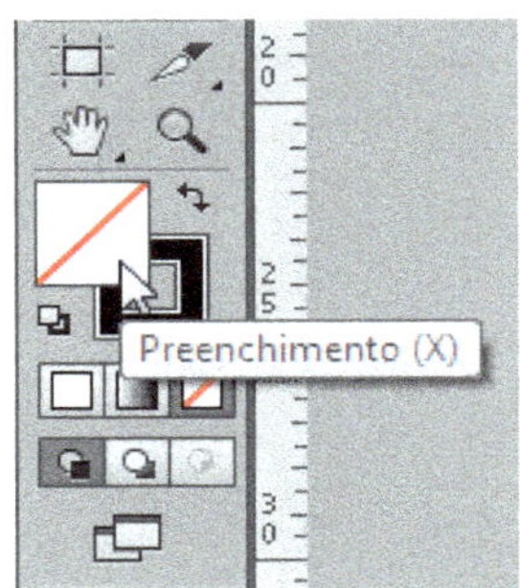

Selecione a *Ferramenta Caneta*, clique no meio do pescoço de *Lenora* e solte o dedo do mouse. Vá até o ombro, solte o dedo do mouse, vá até a axila e desça pelo corpo até a cintura.

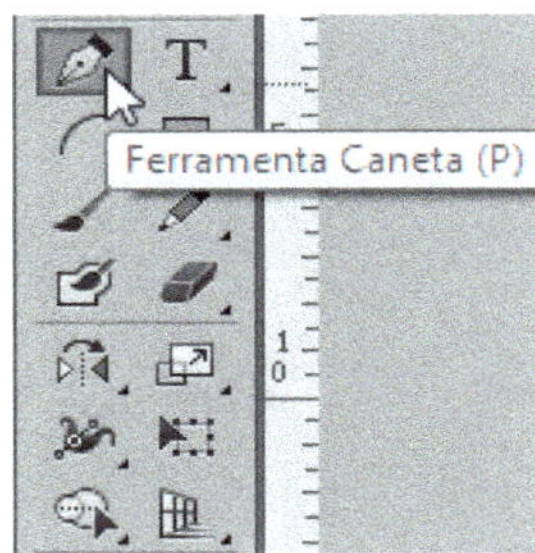

Veja que, neste caso, não aproximei *Lenora* a fim de ter uma visão de toda a área na qual será construído o vestido.

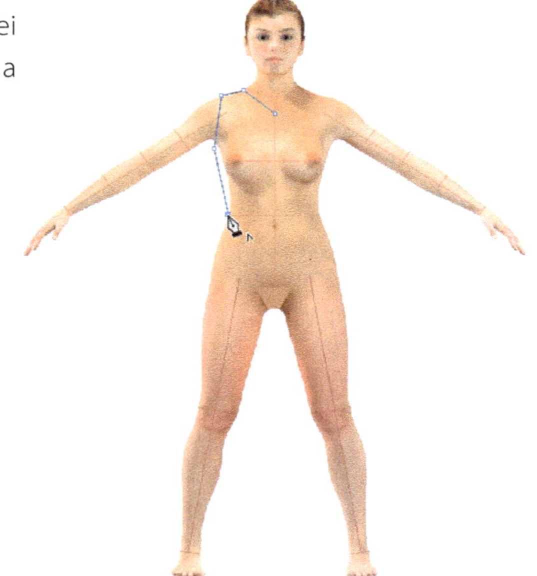

Continue o desenho. Faça a saia como fez no capítulo "Saia". Por último, clique no primeiro ponto-âncora no qual começou o vestido. Não se preocupe em fazer um desenho perfeito já com as curvas.

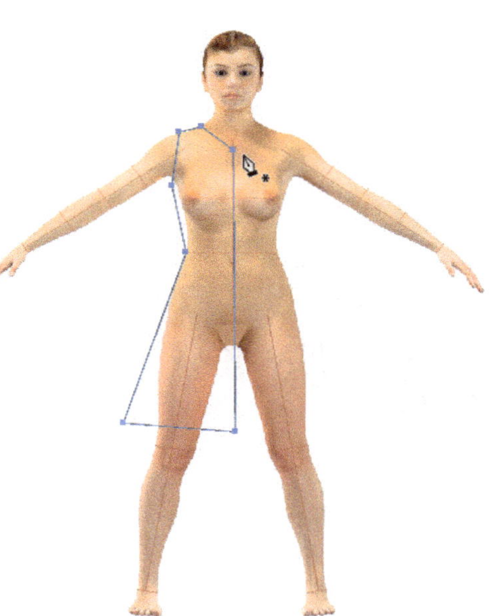

Selecione a seta branca (*Ferramenta Seleção direta*) e ajuste a posição dos pontos-âncora. Neste momento, aproxime a parte que irá ajustar com a *Ferramenta Zoom*.

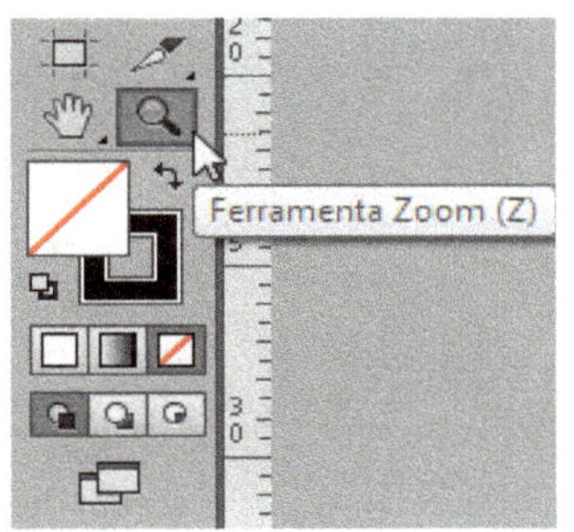

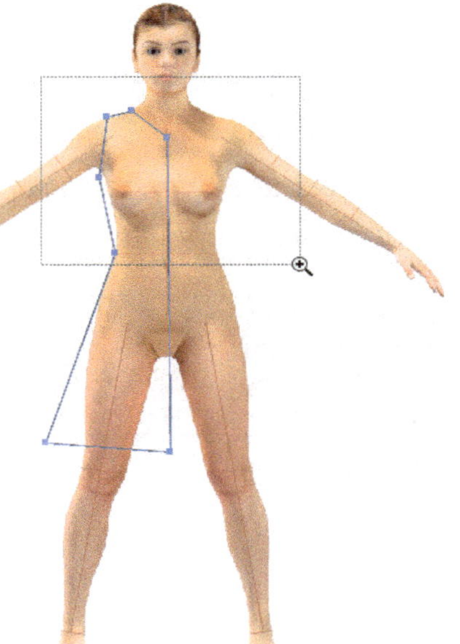

Clique uma vez no ponto-âncora e, depois, clique novamente sobre ele para ajustar com a ferramenta.

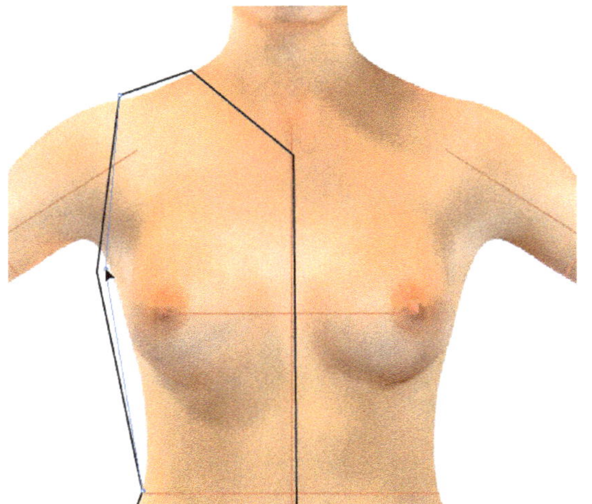

Quando o modelo desenhado é decotado, como será no caso do vestido, ao contrário da blusa, em que deixo uma linha reta para depois aplicar um decote ou uma gola, o decote é feito já na base do vestido. Essa regra vale também para camisetas regatas, em que o decote já é feito na base do modelo.

Selecione a *Ferramenta Ponto de ancoragem*, vá à linha do decote e curve-o. Defina sua profundidade com base nos seios de *Lenora*.

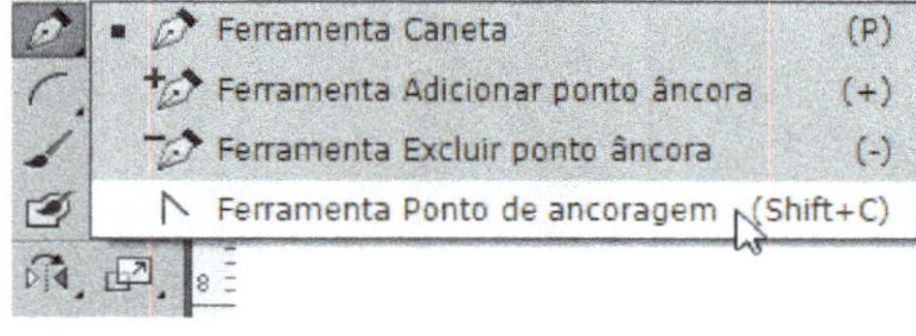

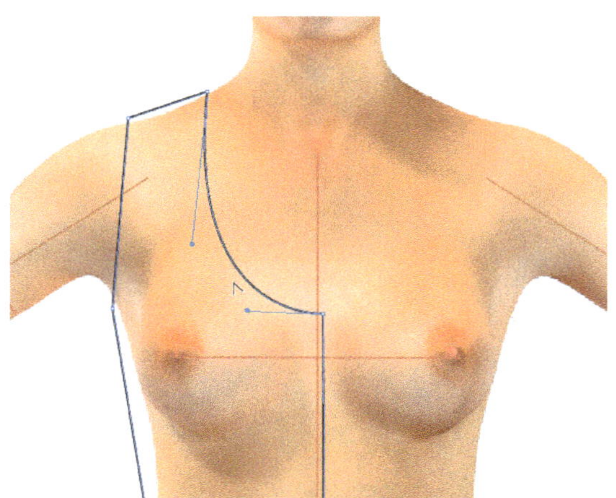

Ajuste a cava do vestido com a *Ferramenta Ponto de ancoragem* e a seta branca (*Ferramenta Seleção direta*).

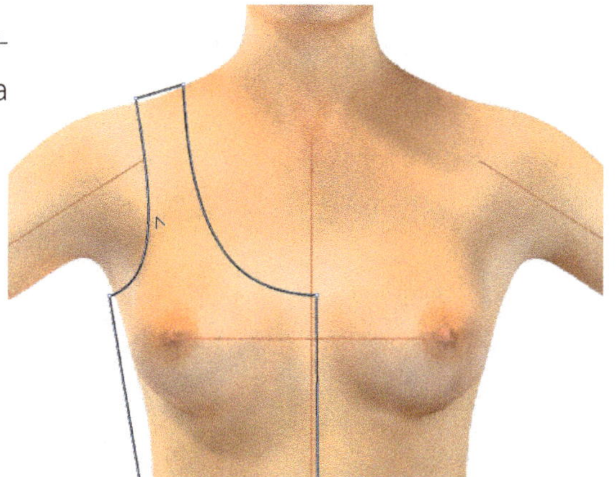

Com a metade selecionada, vá ao painel *Aparência* e selecione a opção *Adicionar novo efeito*.

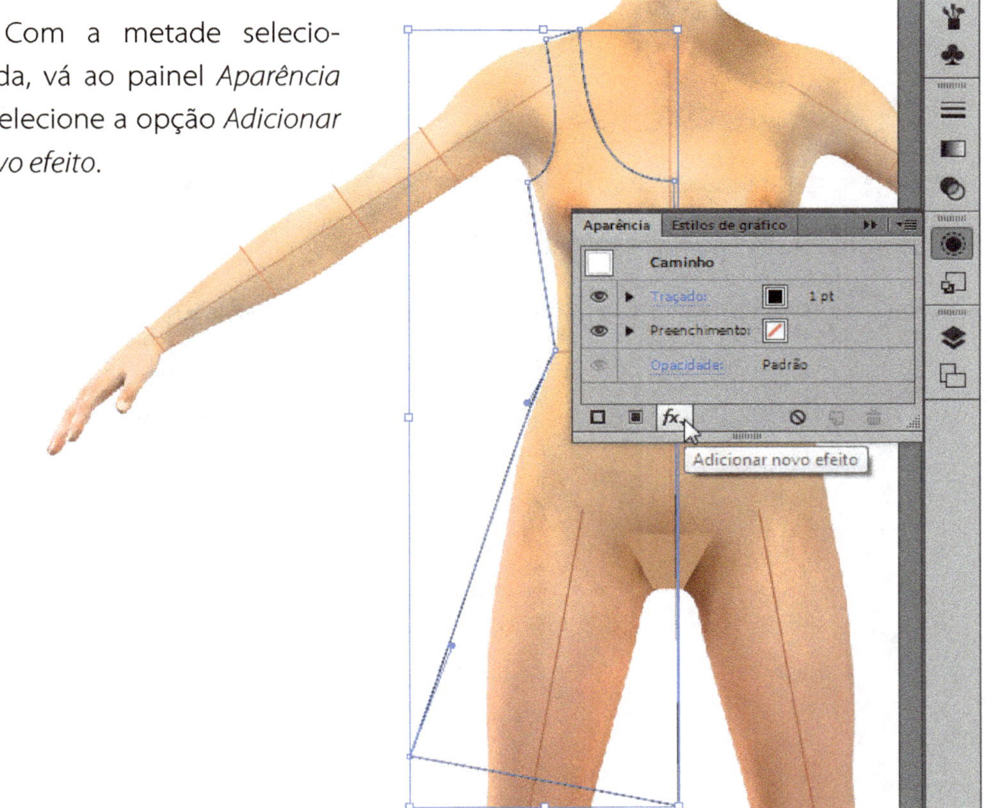

Selecione as opções *Distorcer e transformar*, *Transformar*.

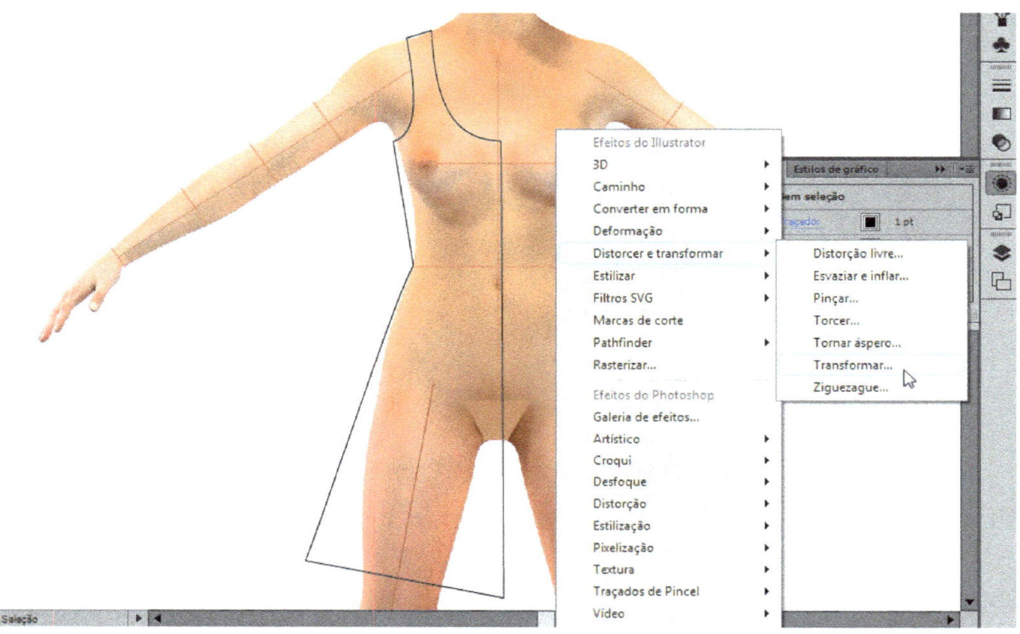

Mais uma vez, escolha as opções *Refletir X*, *Transformar objetos* e *Cópias 1*.

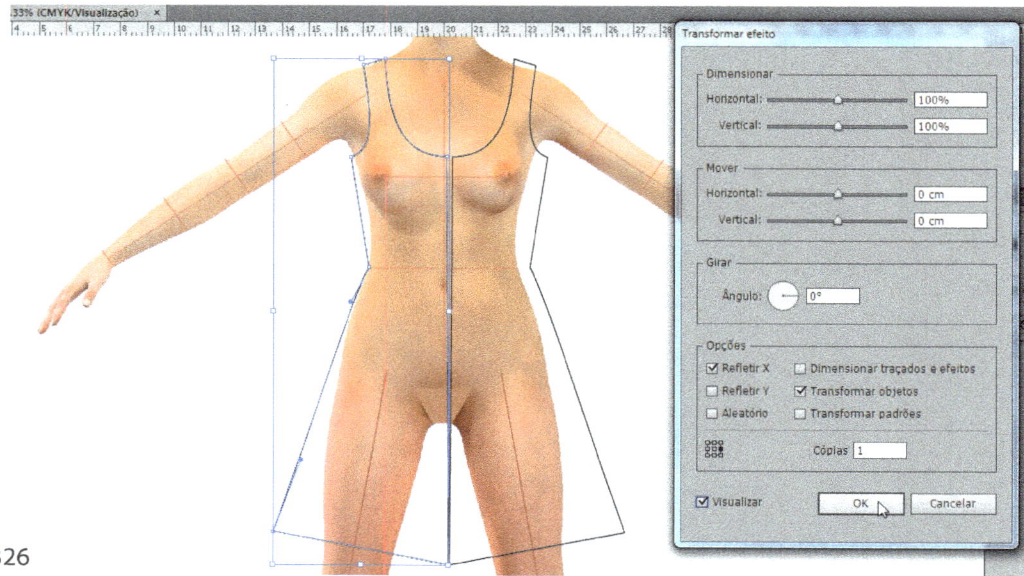

Clique na posição do duplicado e refletido e em *Visualizar*. Clique em *OK*.

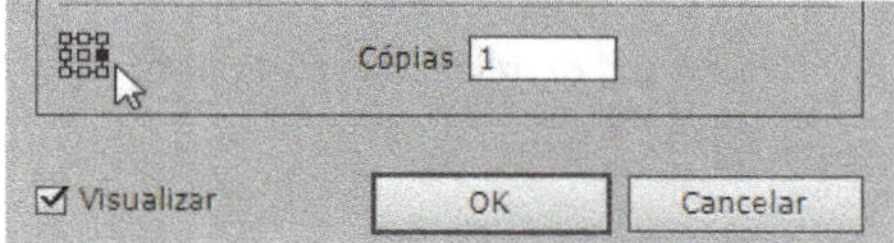

Com a *Ferramenta Ponto de ancoragem*, clique na linha da barra da metade que desenhou e ajuste a curva.

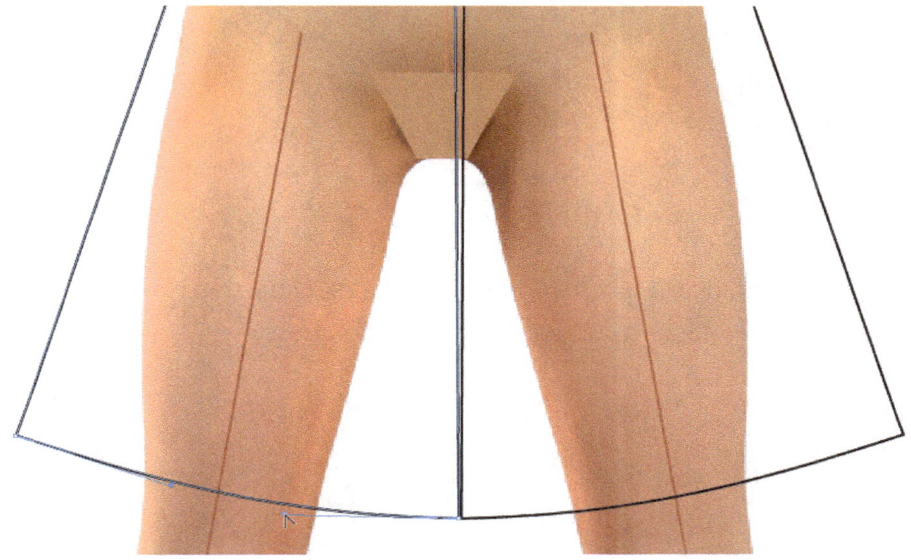

Vá a *Ferramenta Adicionar ponto--âncora* e clique em alguns pontos da barra da saia em distâncias que possam ser curvas do tecido.

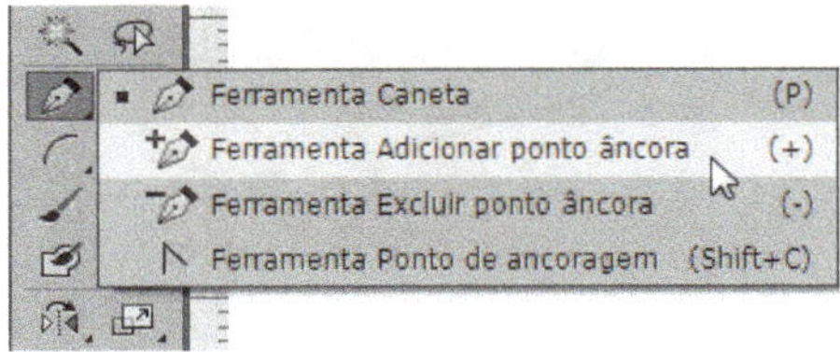

No caso, coloquei três pontos equidistantes na metade à esquerda da saia do vestido.

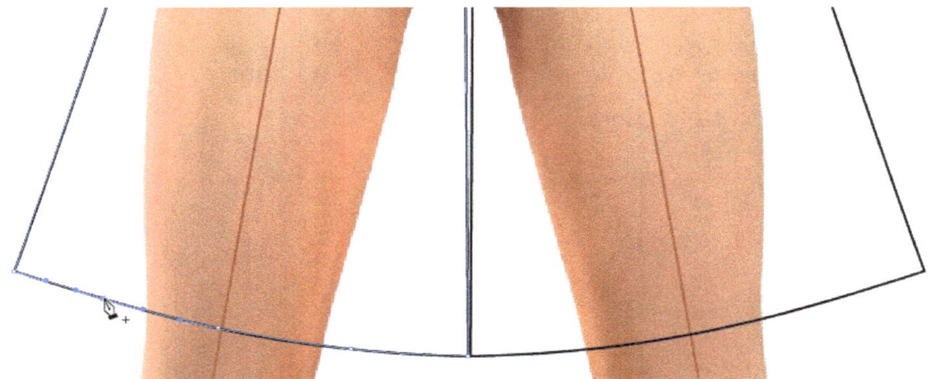

Com a seta branca (*Ferramenta Seleção direta*), clique nos vetores, segure o dedo no mouse e arraste o cursor para curvar as linhas.

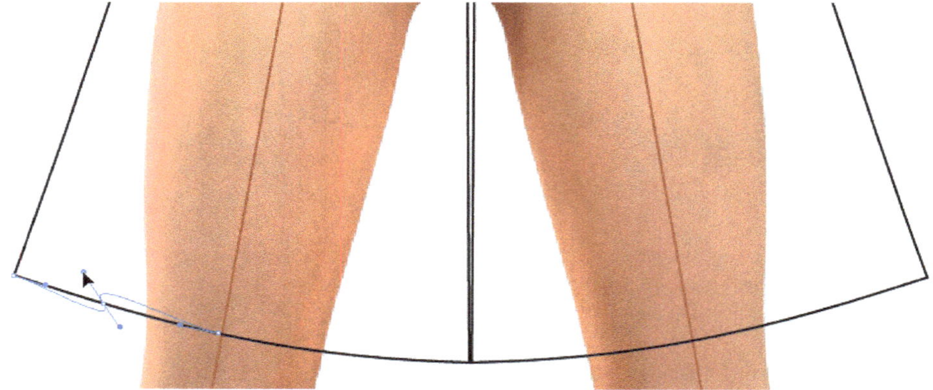

Ajuste a barra do vestido para simular o volume da saia, salientando que, ali, tem um detalhe a ser notado; lembre-se de que na ficha técnica você deverá indicar se quer godê duplo ou simples.

Se for um vestido com saia evasê, deixe a barra do vestido sem os movimentos das linhas. Veja que todos os movimentos que você fez na metade desenhada refletirão na metade duplicada.

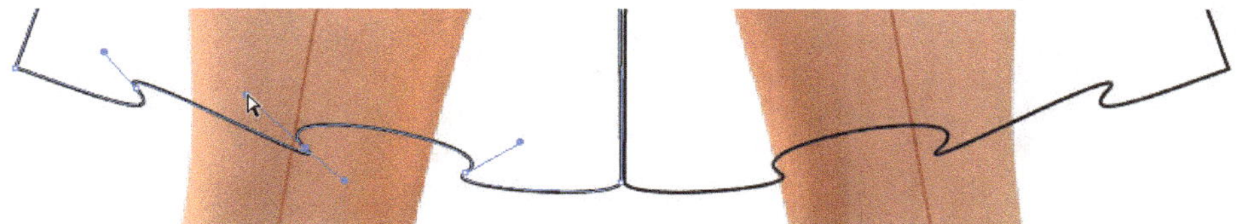

Salve esta etapa do desenho como base para a criação de outros modelos. Selecione a metade desenhada e vá a *Objeto*, *Expandir aparência* para liberar as duas partes do efeito *Transformar*.

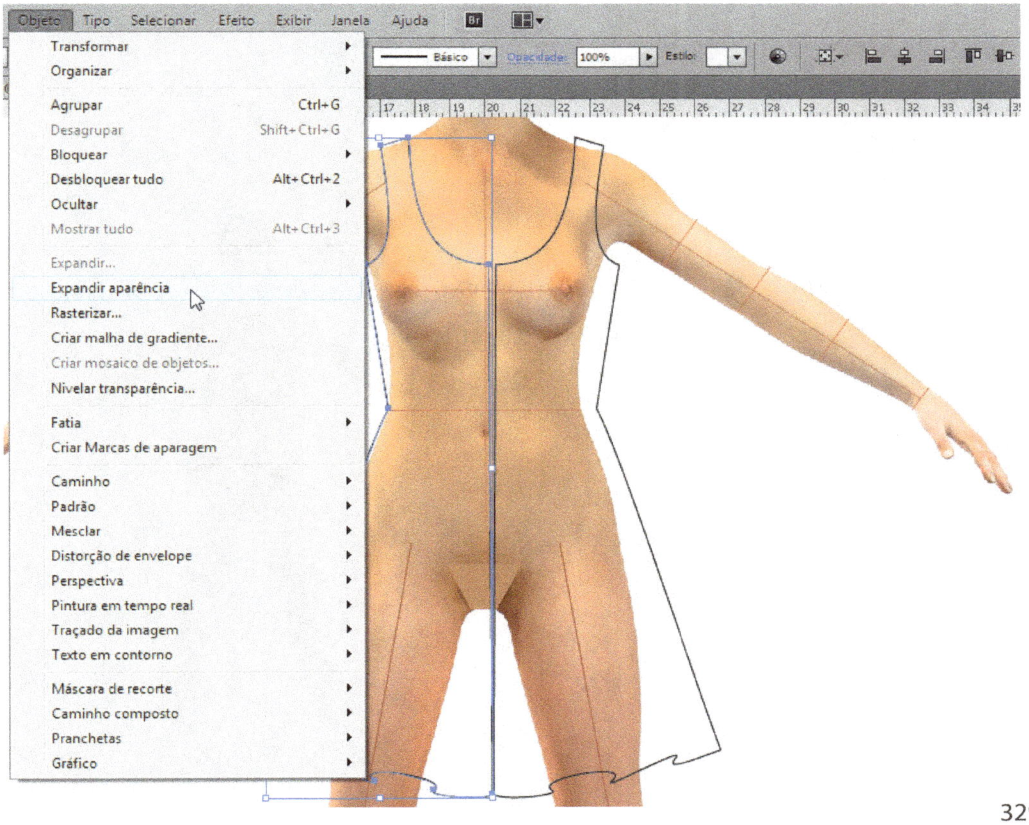

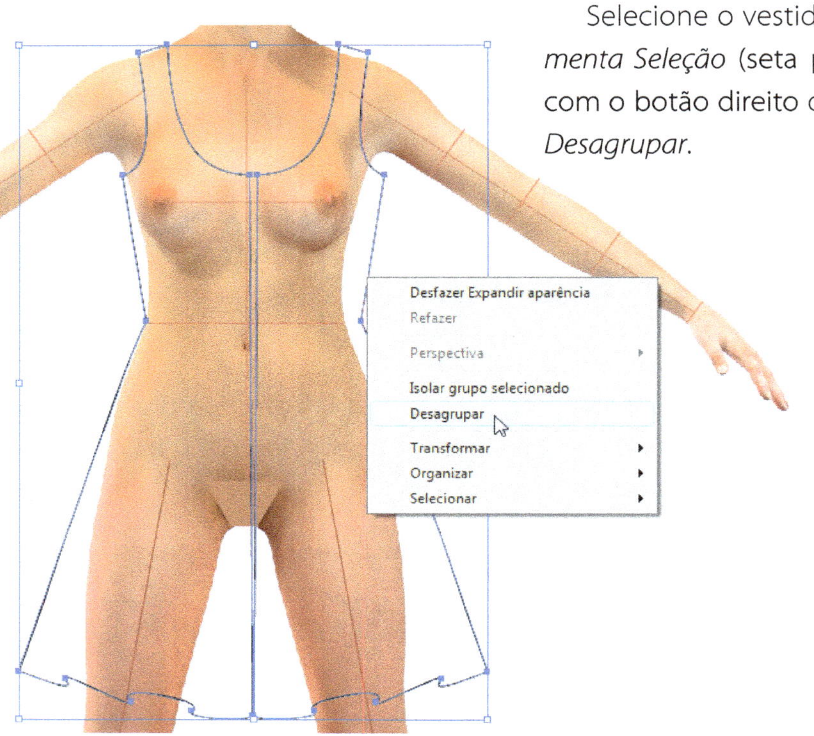

Selecione o vestido com a *Ferramenta Seleção* (seta preta) e clique com o botão direito do mouse. Vá a *Desagrupar*.

Selecione uma das partes e posicione-a sobre a outra.

Selecione as duas partes com a *Ferramenta Seleção* (seta preta), vá a *Pathfinder* e clique em *Unir*.

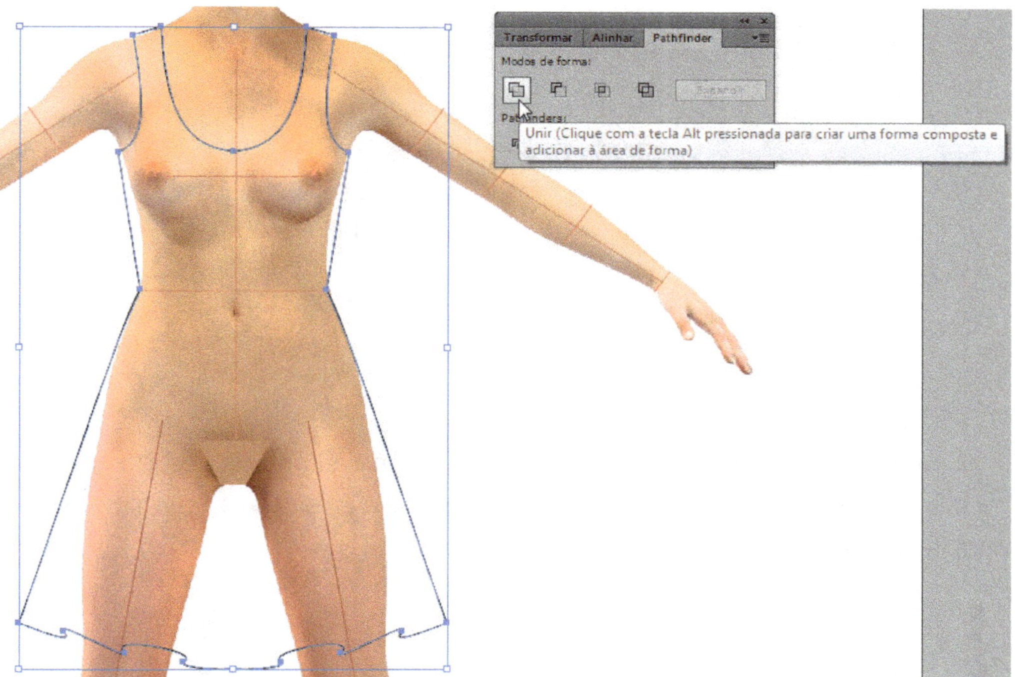

Com a *Ferramenta Caneta* e a seta branca (*Ferramenta Seleção direta*), faça ajustes na linha da barra. Acrescente, tire pontos-âncora e ajuste as curvas pelos vetores.

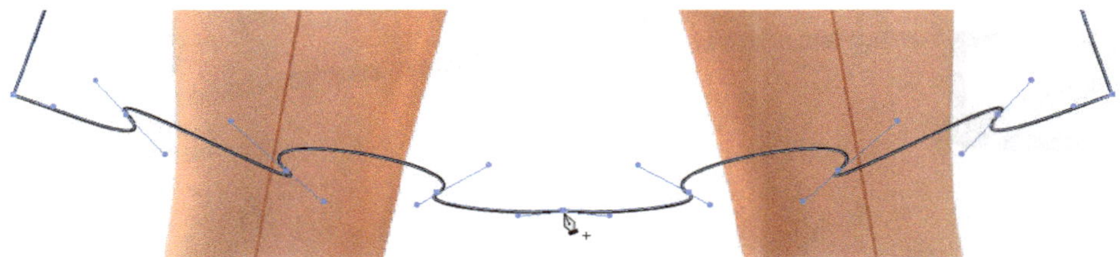

Se um vetor sumir, clique no ponto-âncora com a seta branca (*Ferramenta Seleção direta*) e ele aparecerá novamente.

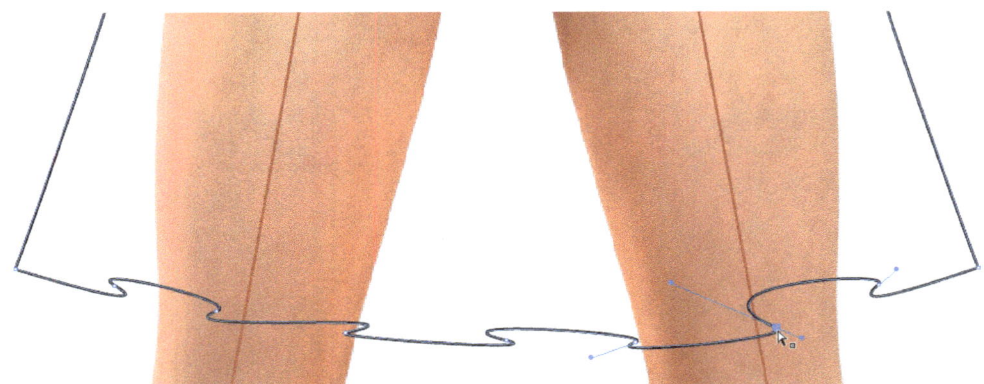

Finalize as curvas e coloque as linhas que saem da barra do vestido como fez na saia, ajustando todos os pedacinhos. Aproxime a área com a *Ferramenta Zoom* para facilitar o seu trabalho.

Coloque uma espessura mais fina nessas linhas. Estabeleça um padrão de espessura de linhas em todo o seu trabalho.

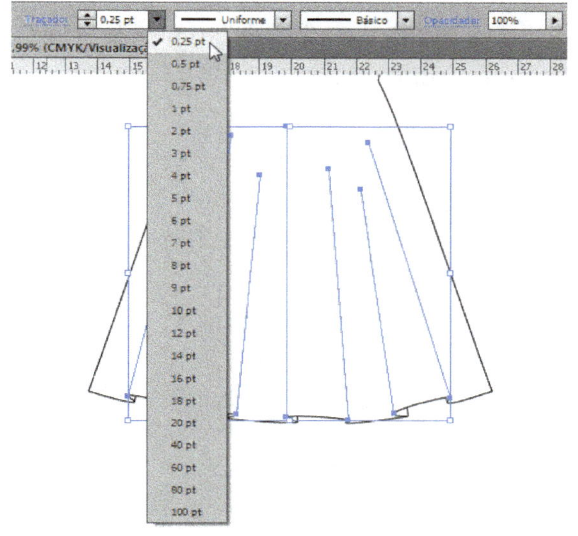

Selecione todo o vestido com a *Ferramenta Seleção* (seta preta), arraste para o lado e, depois que começar o movimento, pressione a tecla *Shift* para manter o alinhamento e *Alt* (*Option* no Macintosh) para fazer uma cópia. Solte o dedo do mouse depois das teclas.

Se as réguas não estiverem na sua área de trabalho (ou *pasteboard*), vá a *Exibir, Réguas, Mostrar réguas*.

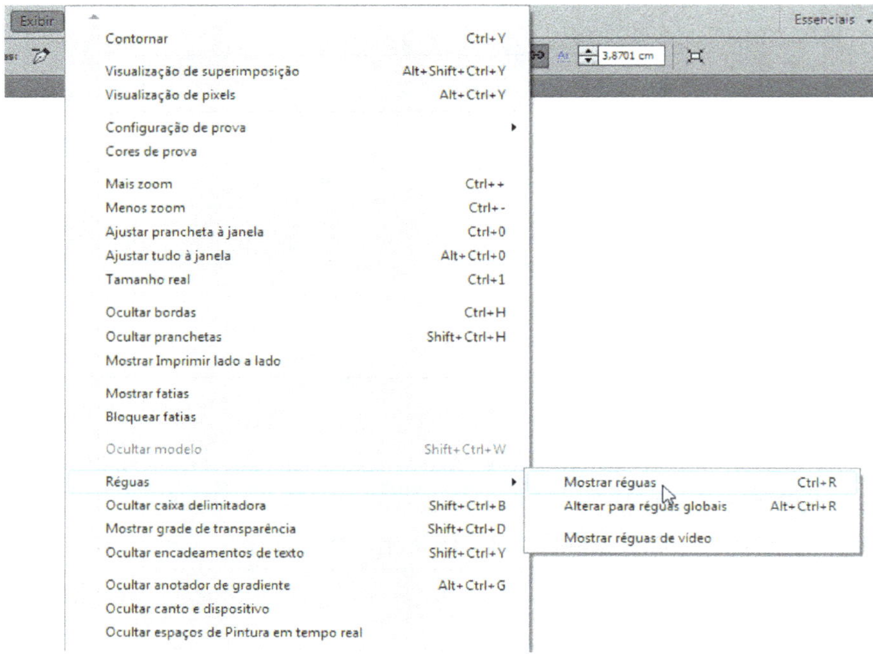

Clique na régua, segure o dedo no mouse e arraste uma linha até a altura do decote das costas do vestido, que aparece no decote frontal.

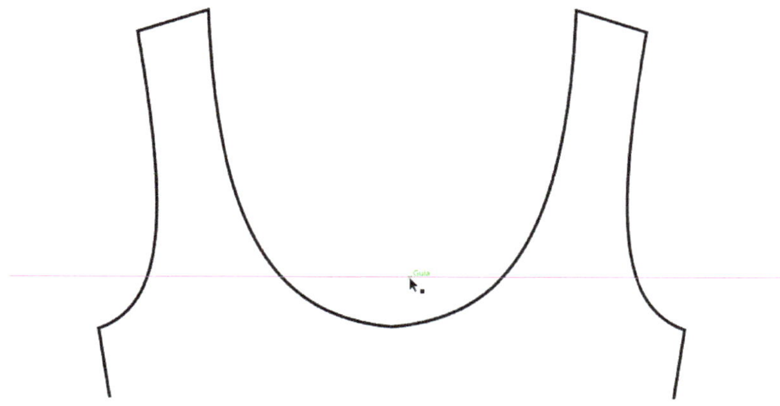

Com a seta branca (*Ferramenta Seleção direta*), clique na curva do decote, copie (*Editar, Copiar*) e cole (*Editar, Colar na frente*). Será copiado apenas o segmento entre os dois pontos-âncora.

Com a seta branca, clique no ponto-âncora no centro do decote. Clique mais uma vez, segure o dedo no mouse e empurre para cima.

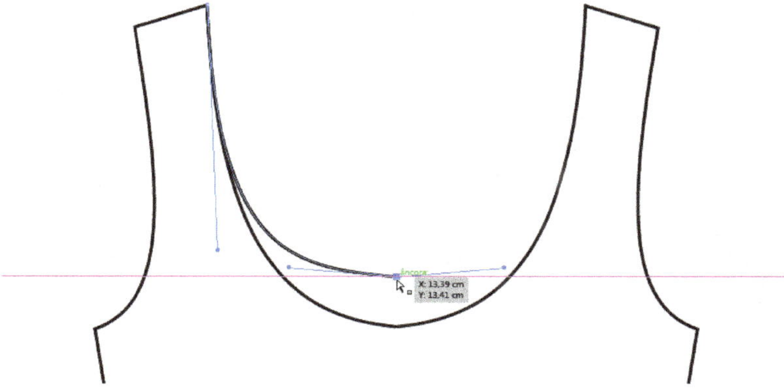

Com a linha selecionada, copie (*Editar, Copiar*) e cole (*Editar, Colar na frente*). Clique na linha com a *Ferramenta Seleção* (seta preta) e vá a *Ferramenta Refletir*.

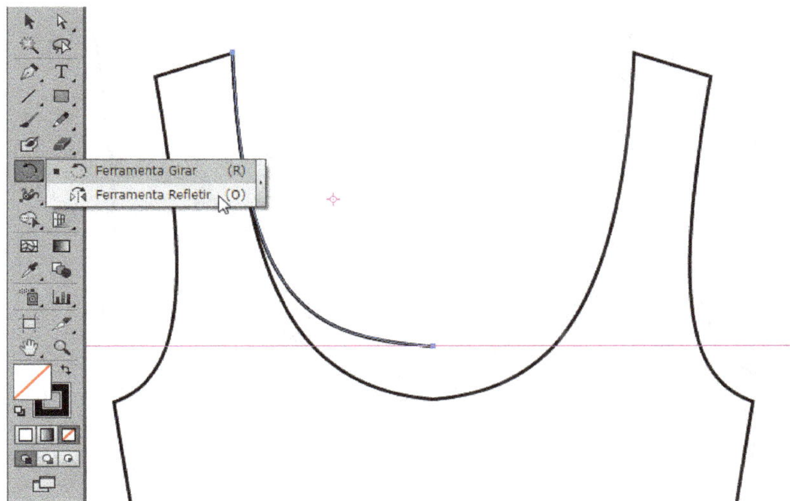

Clique na linha com a *Ferramenta Seleção* (seta preta), segure e arraste o cursor, neste caso, à direita (se seu desenho estiver como o da figura anterior).

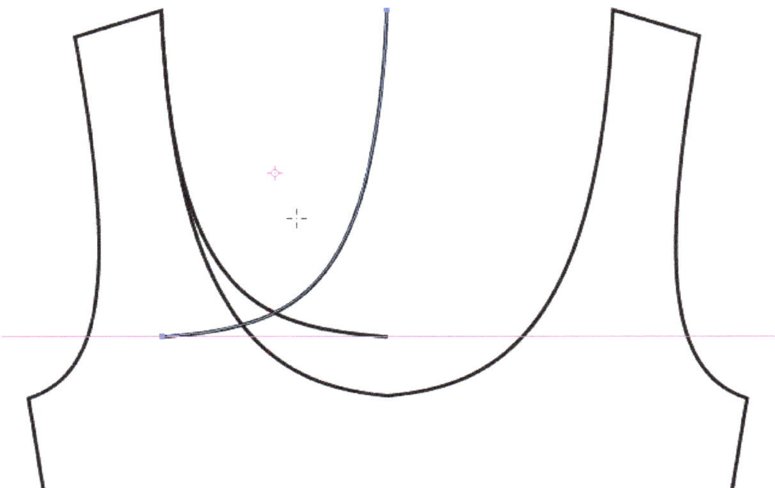

Arraste a linha refletida até encostar na linha do ombro.

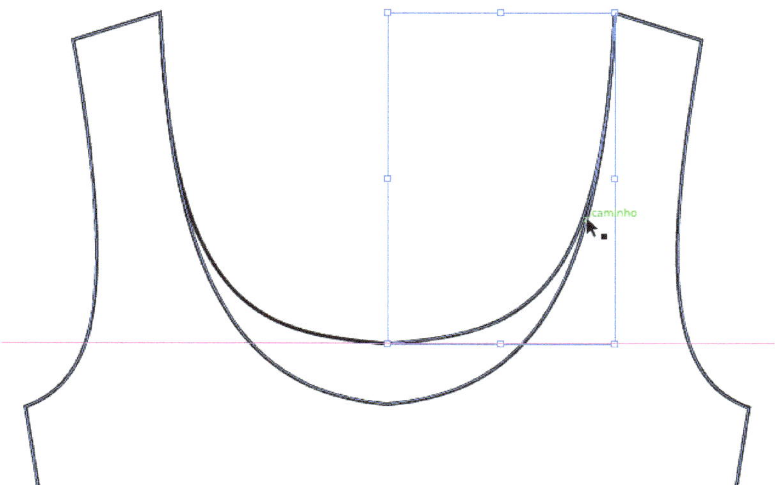

Selecione as duas linhas e vá a *Objeto, Caminho, Junção.*

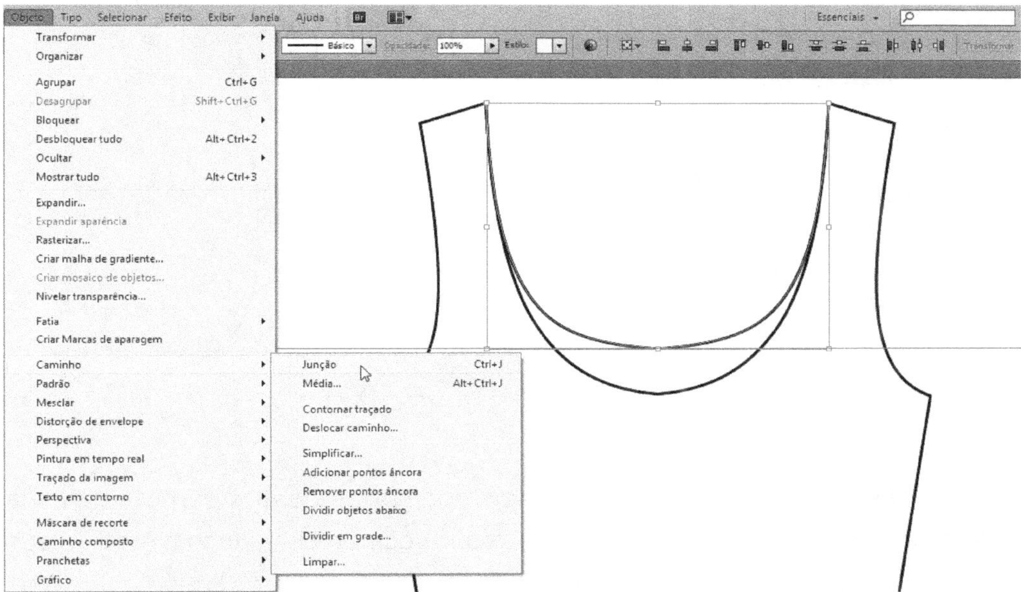

Para suavizar as linhas do decote, com a seta branca (*Ferramenta Seleção direta*), selecione o ponto-âncora no centro do decote do vestido e vá a *Converter pontos-âncora selecionados em suave.*

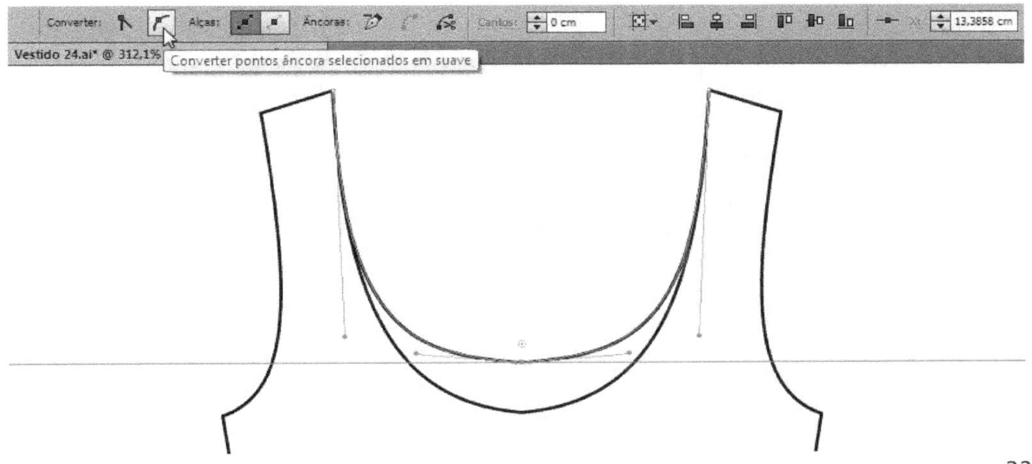

Faça isso para o decote frontal também.

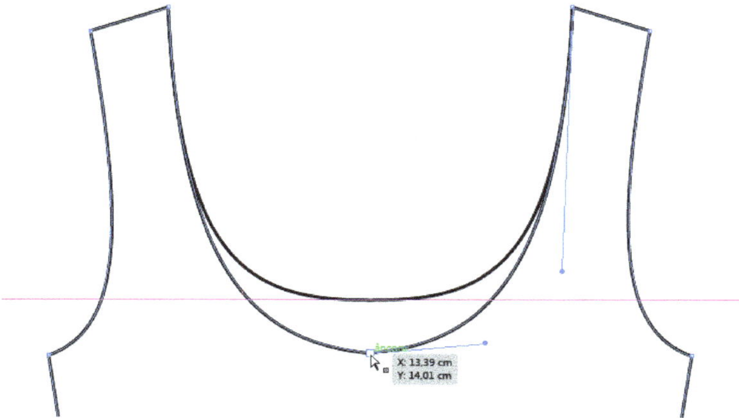

Se o desenho técnico não for colorido, você pode deixar apenas uma linha para indicar as costas; mas, se pretende colorir, você precisará fechar esse objeto. Com a linha das costas selecionada, vá a *Ferramenta Caneta* e clique no início da linha na qual está o ponto-âncora, solte o dedo do mouse e construa um objeto em que o último ponto-âncora seja a outra extremidade da linha.

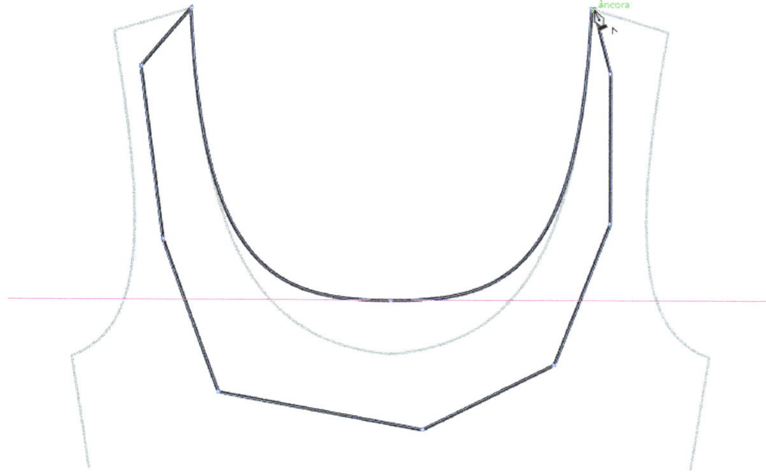

Veja que o desenho ultrapassou a linha do decote. Selecione o vestido, copie (*Editar, Copiar*) e cole (*Editar, Colar na frente*). Selecione o vestido novamente e o decote e vá a *Pathfinder, Menos frente*.

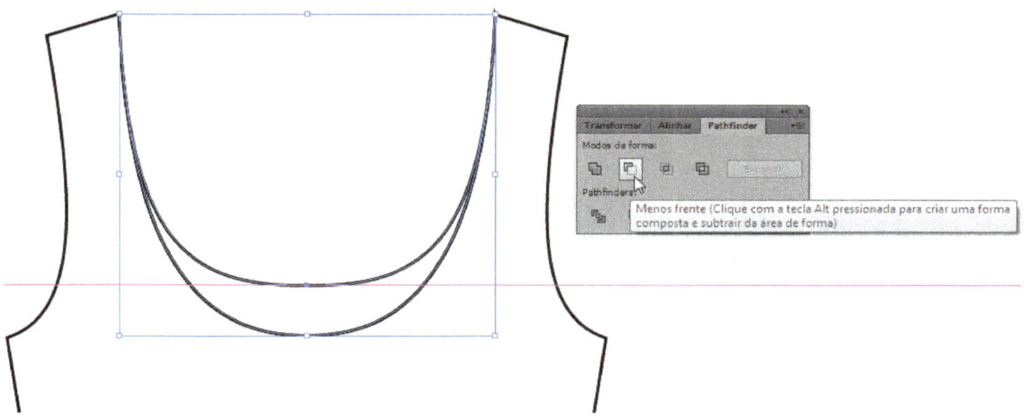

Agora é possível colorir a frente e as costas do vestido.

Para fazer as costas do vestido, vá à cópia que colocou no lado da frente do vestido e, com a seta branca (*Ferramenta Seleção direta*), clique no decote e suba-o até onde está a linha-guia. Quando clicar e começar a movimentá-la, pressione a tecla *Shift* para manter o alinhamento. Solte o dedo do mouse e depois solte-o da tecla.

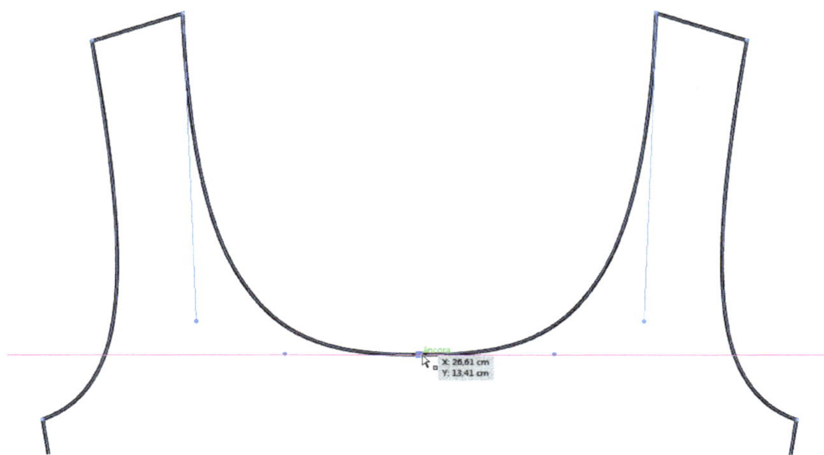

As costuras no vestido dependerão do acabamento que você escolher; mas, se quiser colocar detalhes, selecione cada segmento com a seta branca (*Ferramenta Seleção direta*), copie (*Editar, Copiar*) e, depois, cole (*Editar, Colar na frente*).

Com a *Ferramenta Seleção* (seta preta), clique na linha que colou, segure o dedo no mouse e arraste o cursor, ajustando com a seta branca (*Ferramenta Seleção direta*).

Faça o mesmo com a linha do decote. Neste caso, serão dois segmentos porque há um ponto-âncora no centro do decote. Copie (*Editar, Copiar*) e cole (*Editar, Colar na frente*) uma linha selecionada com a seta branca (*Ferramenta Seleção direta*), ajuste na posição que quiser, copie e cole novamente. Com a *Ferramenta Refletir*, espelhe a linha e coloque-a na posição.

Enquanto estiver refletindo a linha, lembre-se de pressionar a tecla *Shift* para usar a ferramenta.

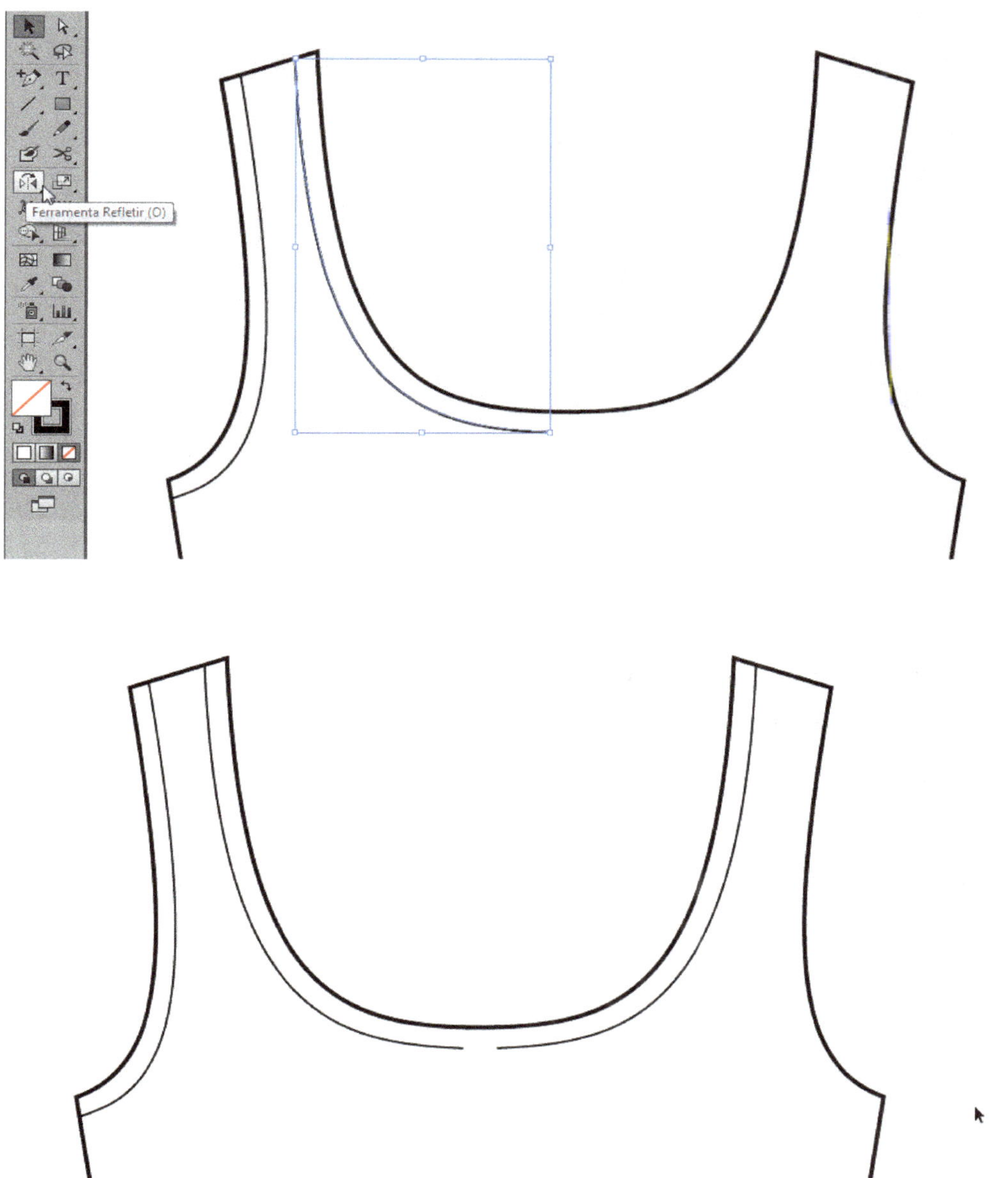

Selecione as duas linhas com a *Ferramenta Seleção* (seta preta) e vá a *Objeto, Caminho, Junção.*

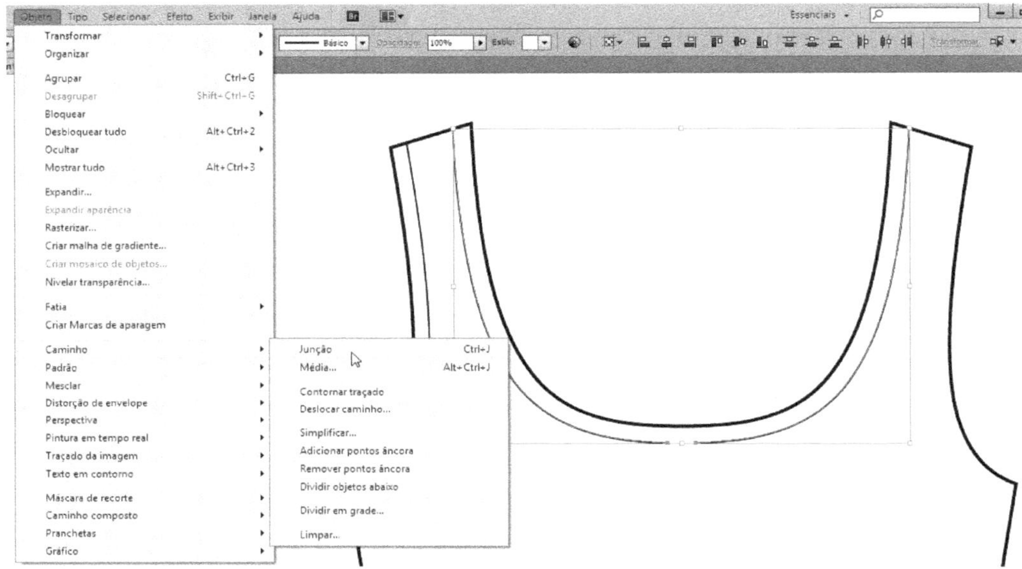

Coloque as outras linhas no decote e cavas na frente e nas costas do vestido. Ajuste as espessuras de todas as linhas de acordo com um padrão definido para toda a coleção.

Na ficha técnica, indique onde será a abertura do vestido, além de tudo que for necessário para a sua confecção.

Com base nas explicações, crie outros vestidos para a sua coleção.

13. ESTAMPA LOCALIZADA

Para criar as estampas da sua coleção, observe o painel de inspiração e eleja um dos elementos que usou para a primeira estampa. Pense na composição de cores e na sua forma de acordo com o público definido e o conceito que quer para a sua criação.

Há diversas formas de criar os elementos para as estampas. Você pode fazer com desenhos vetoriais, como mostraremos a seguir, assim como a partir de imagens bitmaps no Photoshop. Para praticar, usaremos a imagem do barquinho de papel como elemento de composição e desenharemos sobre ele com as ferramentas do Illustrator CC.

Crie uma página no Illustrator CC. Vá a *Arquivo*, *Novo*.

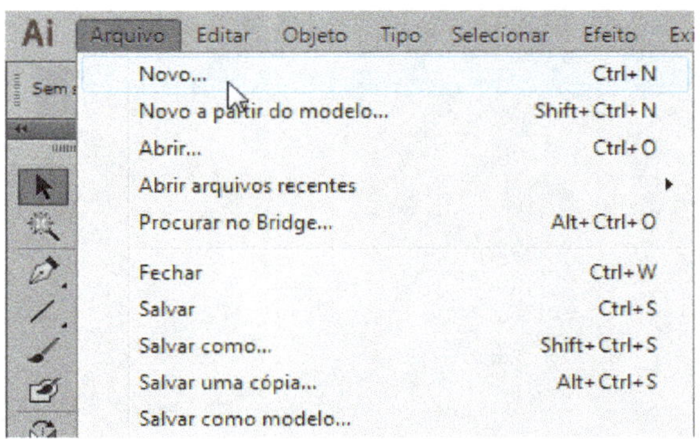

Nomeie o novo arquivo e verifique se o modo de cor está em *CMYK*. Clique em *OK*.

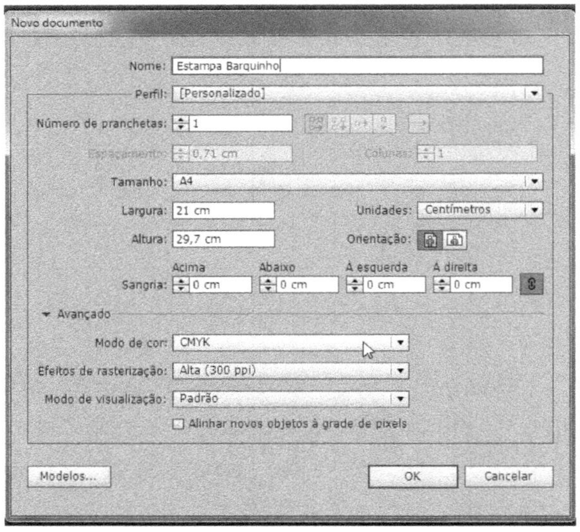

Para colocar uma imagem bitmap na página A4, vá a *Arquivo*, *Inserir*.

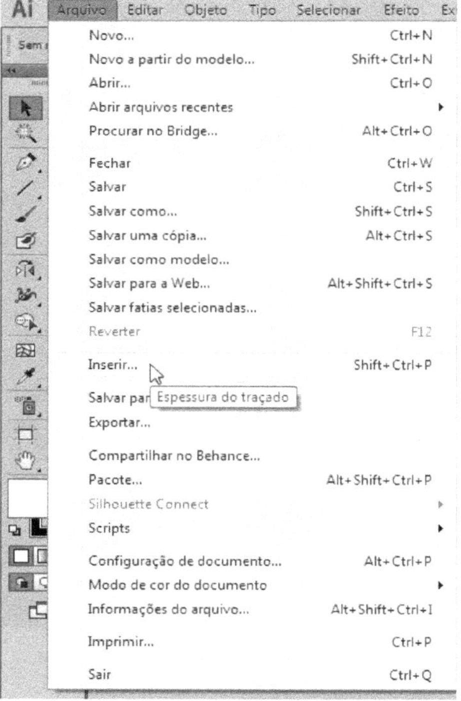

Vá à pasta na qual salvou os arquivos baixados do site, conforme explicado na Introdução. Selecione a imagem *Barco* e clique em *Inserir*.

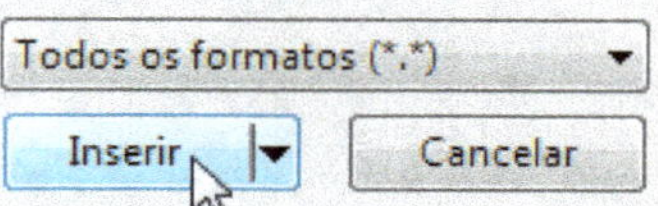

A estampa aparecerá grudada no cursor do mouse (seta preta).

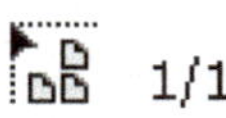

Clique uma vez na prancheta, segure o dedo no mouse e arraste o cursor na diagonal dentro dos limites da página. Solte o dedo do mouse.

Vá a *Camadas*, no painel de ferramentas.

Clique em *Camadas* e na setinha no lado esquerdo da imagem no painel.

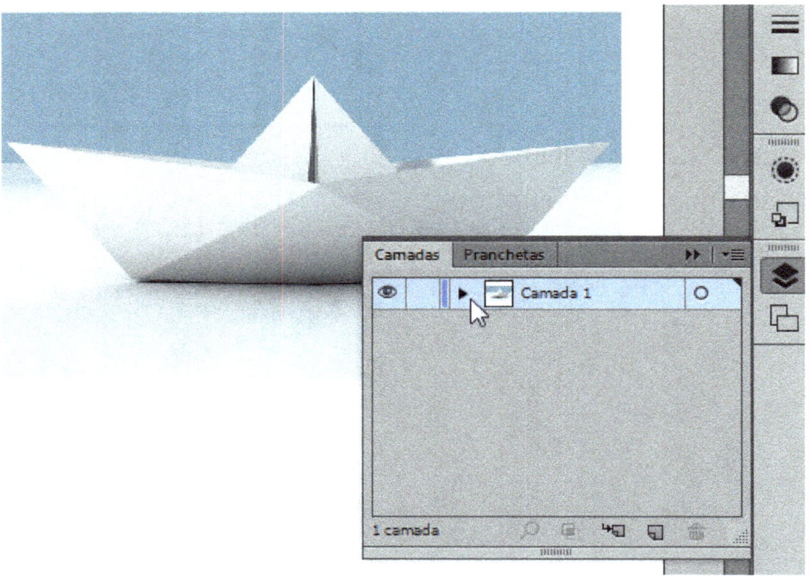

Clique na área vazia logo após o olhinho no painel de camadas para bloquear o barquinho.

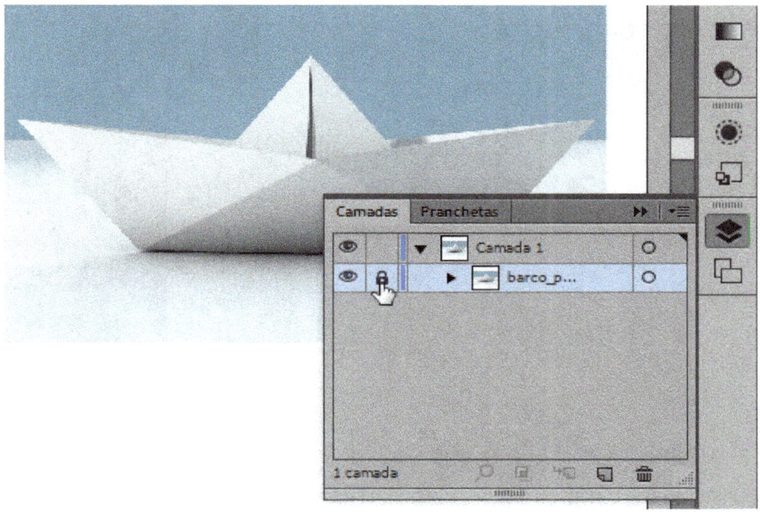

Com o barquinho bloqueado, você poderá desenhar livremente sobre ele, sem a preocupação de que saia do lugar. Na caixa de ferramentas à esquerda, vá à ferramenta *Lupa*. Clique no canto esquerdo, logo acima do barco, segure o dedo no mouse e arraste o cursor na diagonal até o canto inferior direito do barco para aproximá-lo bastante.

Primeiramente, verifique se a opção *Preenchimento e traçado padrão* está ativada para você ter o contorno na cor preta e o preenchimento na cor branca.

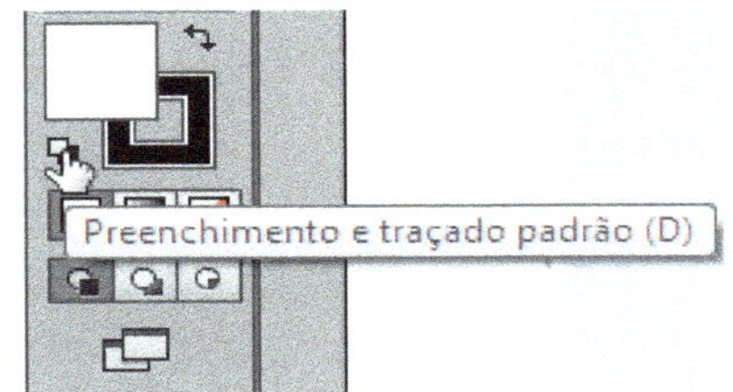

Vá a *Ferramenta Caneta* na caixa de ferramentas.

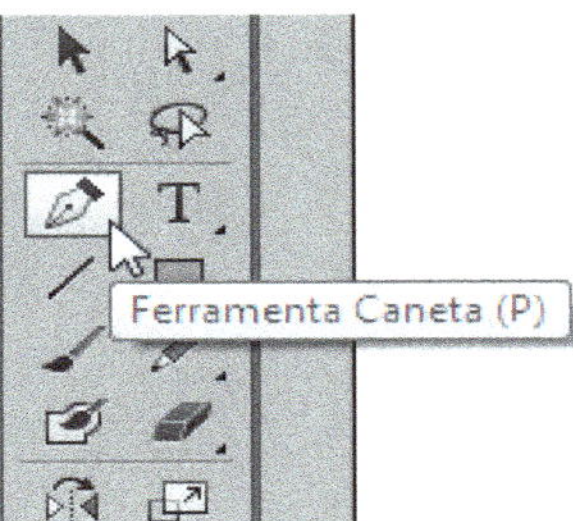

Analise a sua imagem, veja quais são as formas que ela apresenta e desenhe cada pedacinho para criar o elemento da estampa localizada.

Com a *Caneta*, desenhe o triângulo que forma o "mastro" do barco. Clique uma vez sobre um canto do triângulo e solte o dedo do mouse. Vá até outro canto, clique e solte o dedo do mouse e repita esse processo até fechar o objeto, clicando no primeiro ponto em que começou o seu desenho.

Repita o processo para os demais triângulos que compõem o barco. Se quiser duplicar uma parte do desenho, use a *Ferramenta Seleção* (seta preta) e selecione o elemento que será duplicado e espelhado.

Vá ao menu *Objeto*, abra as opções de *Transformar* e clique em *Refletir*.

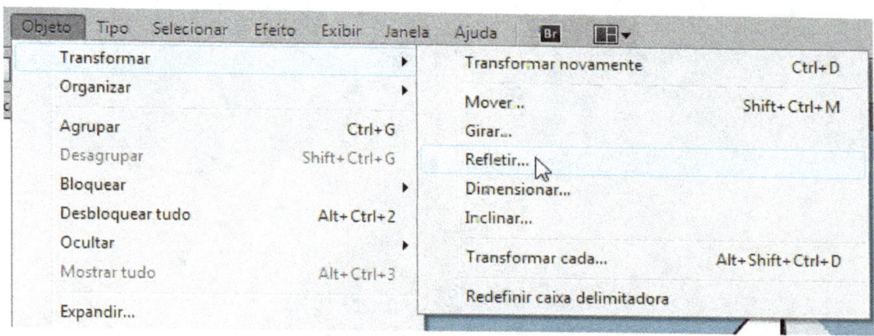

Em *Refletir*, coloque *90°* e selecione *Visualizar* para ver o objeto refletido.

Clique em *Copiar* para que uma cópia invertida do objeto selecionado seja criada.

Com a *Ferramenta Seleção* (seta preta), clique na imagem refletida, segure o dedo no mouse e arraste o cursor para a posição desejada, do outro lado do barco; enquanto arrasta, pressione *Shift* (no teclado) para manter o alinhamento.

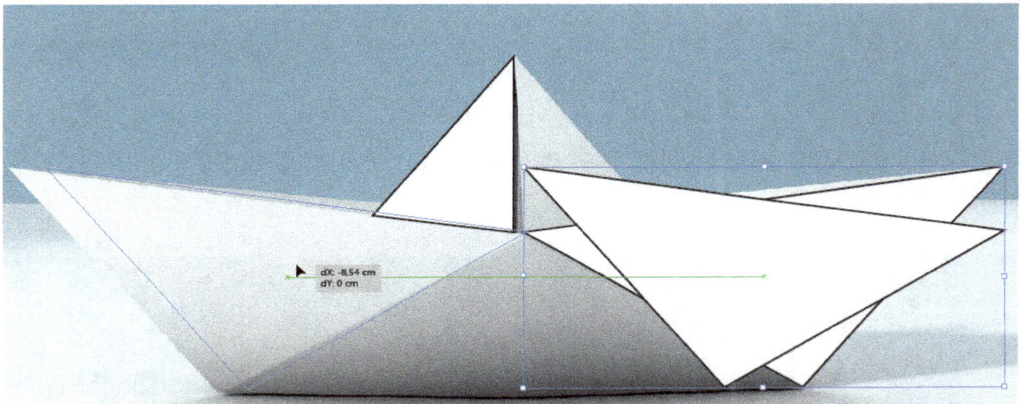

Posicione o elemento e solte primeiro o dedo do mouse e depois da tecla.

Veja que o elemento refletido não ficou exatamente simétrico, pois o barco é uma imagem bitmap que não está totalmente frontal e serve apenas de referência.

Finalize a construção do elemento da estampa com a *Ferramenta Caneta* e, quando necessário, faça a reflexão dos elementos. Para ajustar a posição de um ponto-âncora, selecione a seta branca (*Ferramenta Seleção direta*).

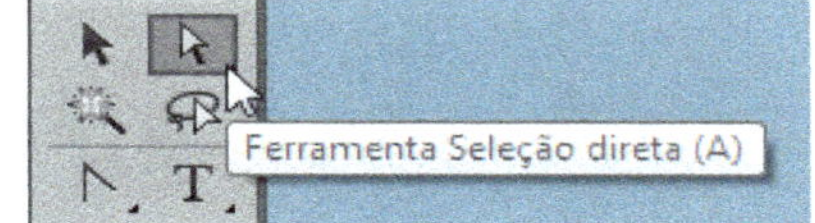

Depois selecione o elemento do seu desenho com a seta branca, clique no ponto-âncora que quer ajustar, segure o dedo no mouse e arraste o cursor até o local correto.

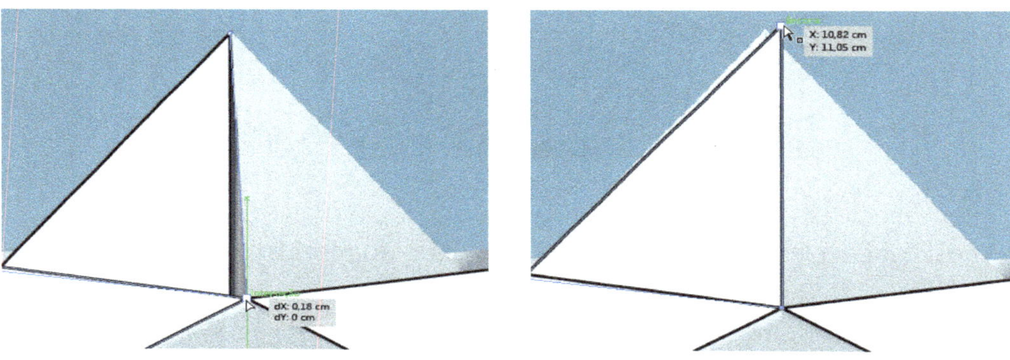

Selecione o elemento e também faça a reflexão para ter o outro lado simétrico. Finalize o desenho.

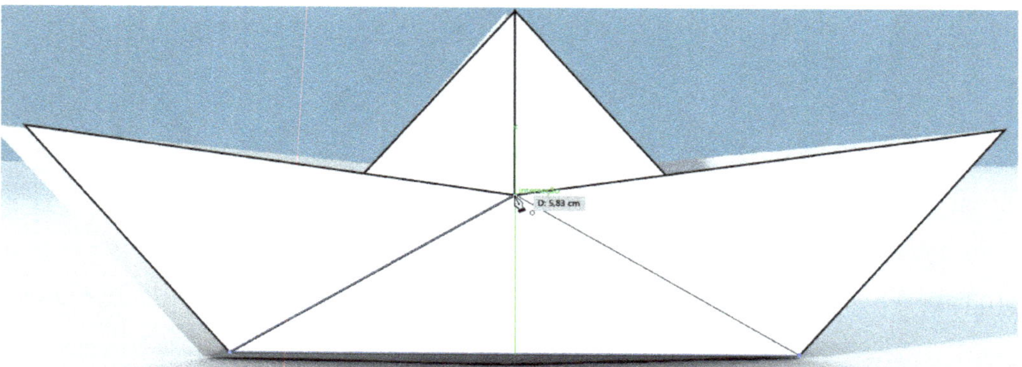

Apenas uma curiosidade: quando você aproxima o cursor de um ponto-âncora com a seta branca (*Ferramenta Seleção direta*), aparece um círculo dentro de outro círculo próximo ao ponto-âncora. Se clicar com a seta branca sobre ele, segurar o dedo no mouse e arrastar o cursor, verá que os cantos do triângulo ficam redondos.

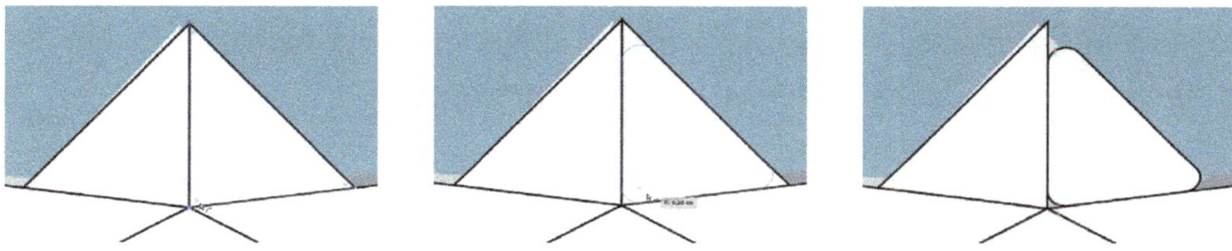

Com o barco desenhado, vá a *Camadas*, clique na camada do barco, que foi usada como referência, segure o dedo no mouse e arraste o cursor até a lixeira para apagá-la.

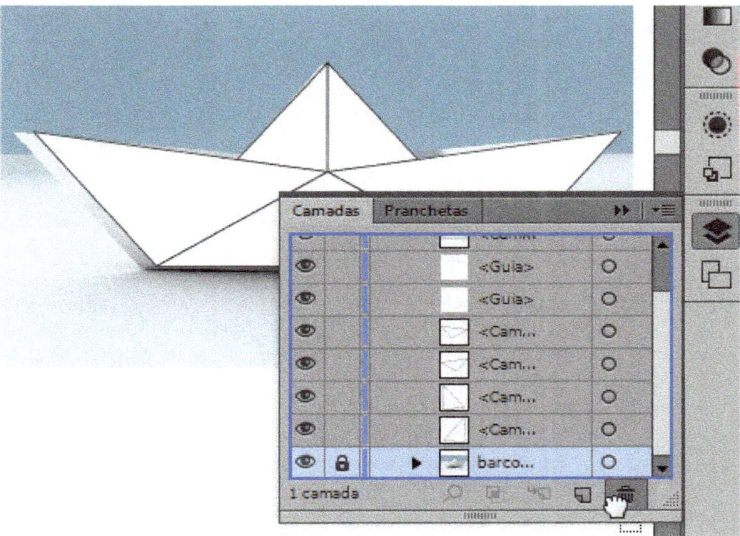

Coloque cores no barco de acordo com a cartela de cores que você definiu. Certifique-se de que esteja com o preenchimento selecionado, vá às cores no final da caixa de ferramentas e clique em *Preenchimento*.

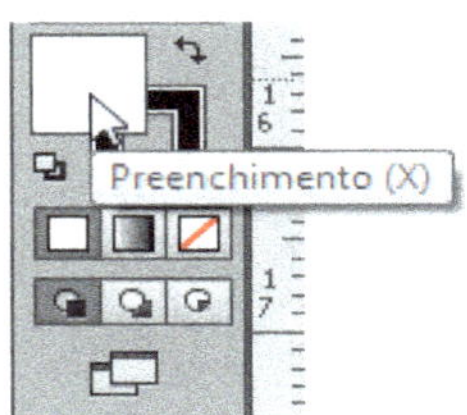

Com a *Ferramenta Seleção* (seta preta), clique em uma parte desenhada, vá ao painel à direita e clique em *Amostras*.

Se suas cores não estiverem no painel de amostras, vá à biblioteca e veja se a paleta está na listagem.

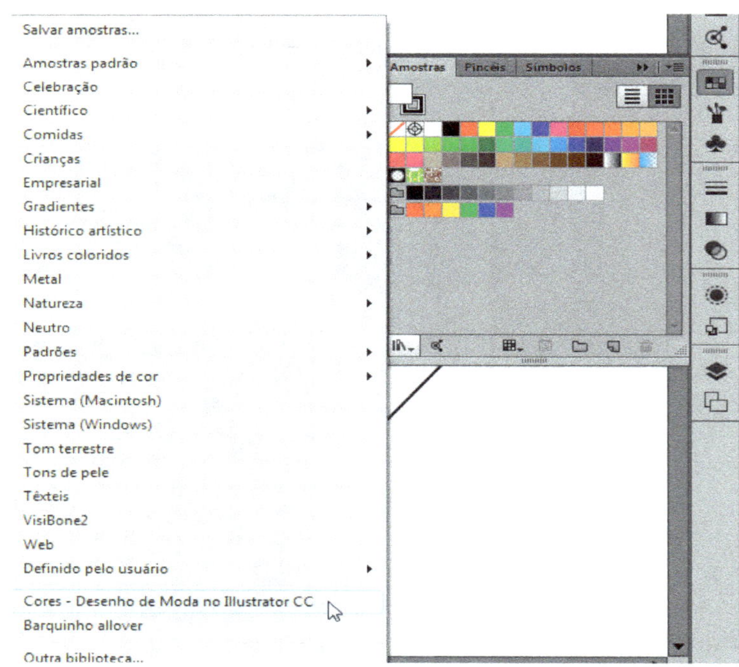

Se estiver, clique no nome que deu à sua paleta. Se não estiver, clique em *Outra biblioteca* e vá onde salvou suas cores.

Selecione o arquivo .ase e clique em *Abrir*.

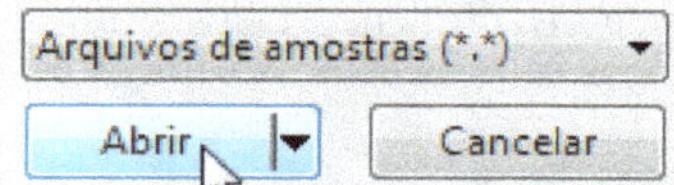

Suas cores aparecerão em um painel destacado do painel de amostras.

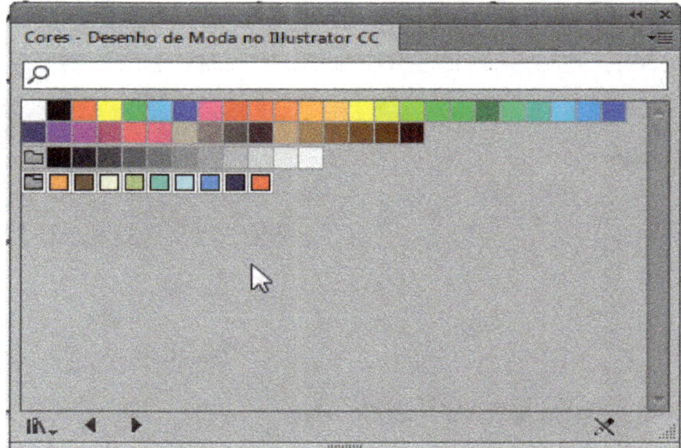

Se clicar na pastinha à direita da sua paleta, suas cores aparecerão no painel *Amostras*.

Pinte as partes da sua estampa localizada; selecione cada uma, que deve estar fechada, e clique nas cores. A quantidade de cores da estampa dependerá do conceito e do público da sua coleção e também do quanto será investido e qual o processo de estamparia que usará na sua estampa localizada.

Se quiser tirar o contorno da estampa, selecione-a por inteiro com a *Ferramenta Seleção* (seta preta) e vá às cores ao final da caixa de ferramentas. Selecione *Traçado* (clique para ativar).

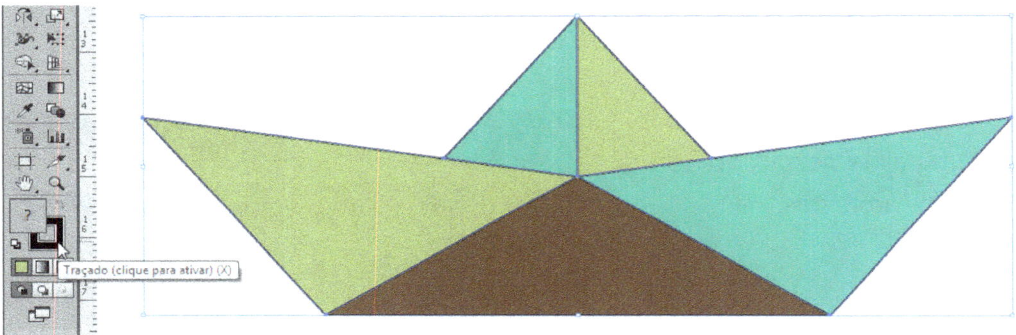

Clique em *Nenhum* – o pequeno quadrado com uma linha vermelha dentro.

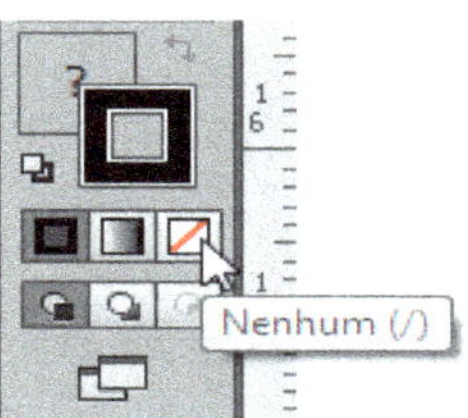

Se quiser usar um efeito no contorno, com o barco selecionado, sem tirar o contorno, vá a *Painel de traçados*, aumente a espessura de linha, escolha as opções de arredondamento de canto e um dos perfis.

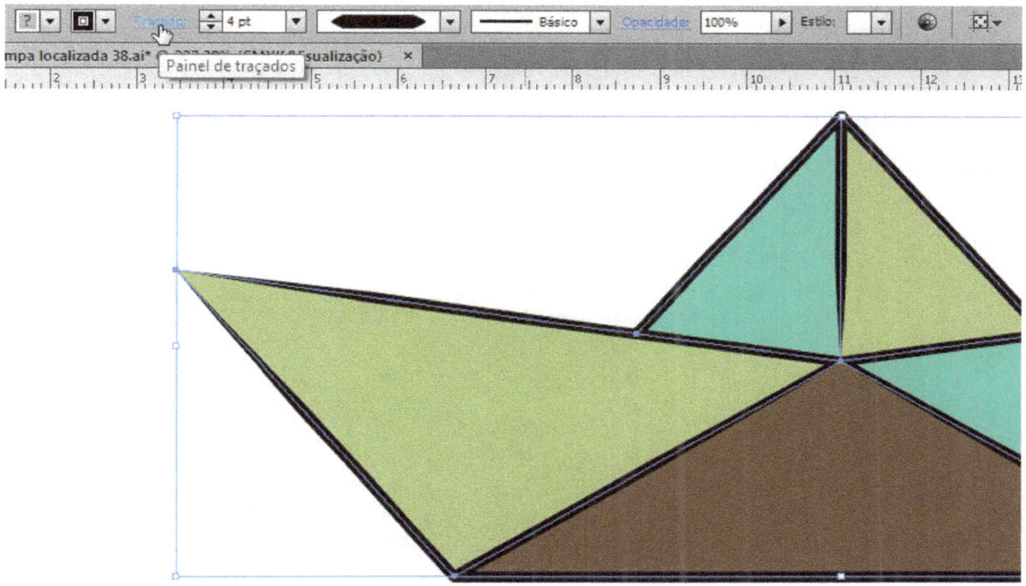

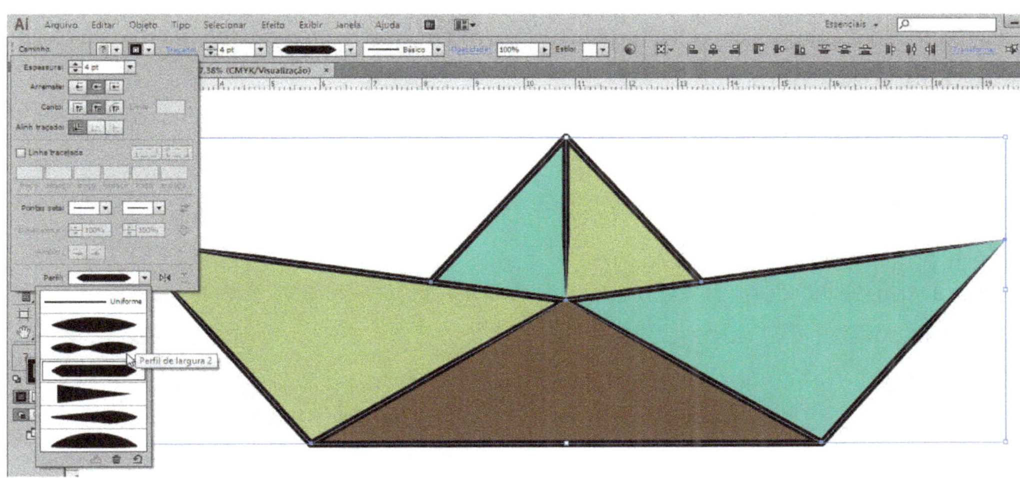

Para mudar a cor do contorno, com a estampa ainda selecionada, certifique-se de que o *Traçado* esteja selecionado nas cores logo abaixo da caixa de ferramentas.

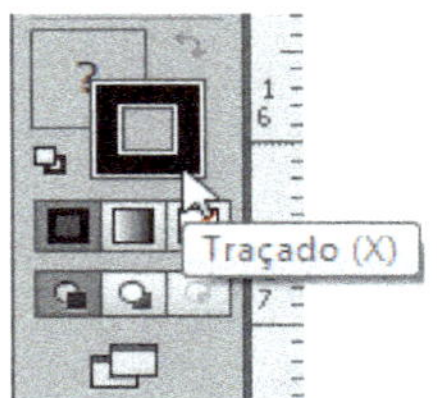

Vá novamente à sua paleta de cores em *Amostras*. Faça testes até que seu desenho fique como você quer para a sua coleção.

Para compor sua estampa, selecione outro elemento do seu painel de inspiração ou identifique algum grafismo que tenha surgido entre suas imagens e crie mais alguns desenhos.

DESENHO COM CURVAS – PEIXINHO

Para trabalhar com linhas curvas no Illustrator CC, você utilizará a *Ferramenta Ponto de ancoragem*, que está na caixa de ferramentas à esquerda da interface do programa.

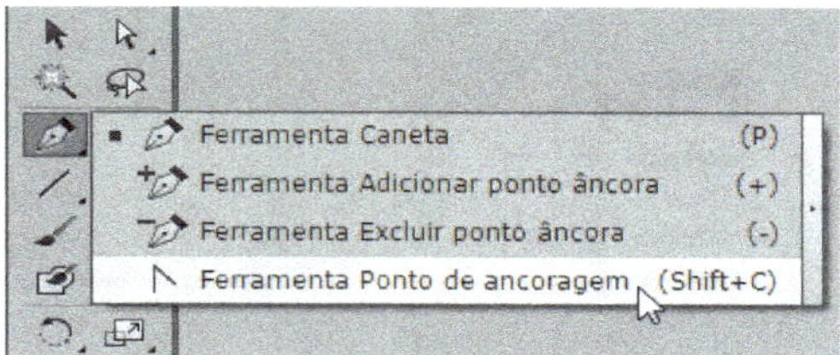

Essa ferramenta fica no bloco de desenho vetorial e, para que ela apareça, clique na *Ferramenta Caneta*, segure o dedo no mouse para que apareçam as outras ferramentas e clique na *Ferramenta Ponto de ancoragem*.

Se quiser deixar esse painel na sua área de trabalho (ou *pasteboard*) para ter acesso mais rápido às ferramentas, clique no finalzinho do painel para que uma cópia fique à sua disposição.

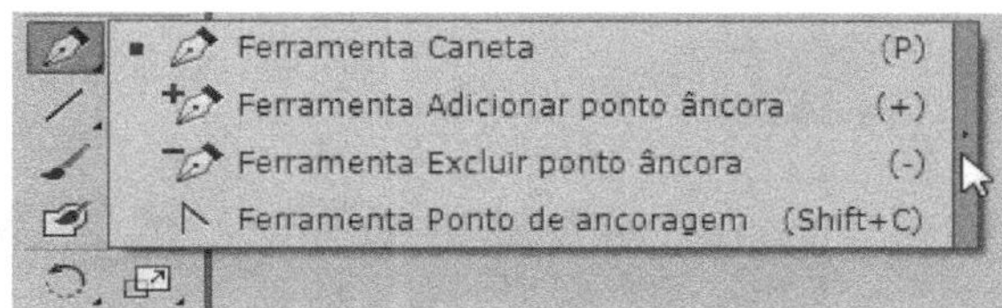

Clique logo acima, na área cinza, segure o dedo no mouse e arraste as ferramentas para colocá-las onde for mais fácil para o seu acesso.

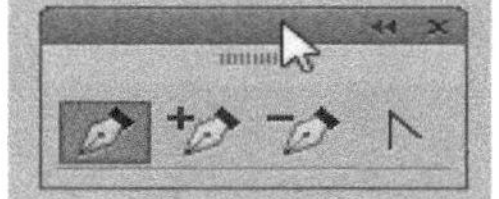

Vá a *Arquivo*, *Inserir* e escolha, na pastinha, a imagem *Peixe* para referência do desenho.

Para desenhar o peixinho, usaremos a *Ferramenta Ponto de ancoragem* para contorná-lo; para facilitar o desenho, selecione o elemento com a *Ferramenta*

Seleção (seta preta), vá a *Opacidade*, no painel superior, e reduza a opacidade, assim o elemento bitmap ficará mais clarinho.

Feito isso, vá novamente, com o elemento selecionado, a *Camadas* e bloqueie a imagem.

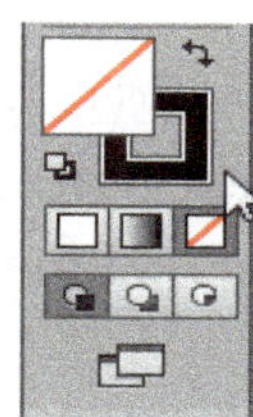

Neste caso, selecione apenas o contorno em preto e o preenchimento vazio para desenhar o objeto e ver todo o seu contorno. Vá a *Cores*, no final da caixa de ferramentas, clique no preenchimento e na opção *Nenhum* (caixinha com um risco vermelho no centro).

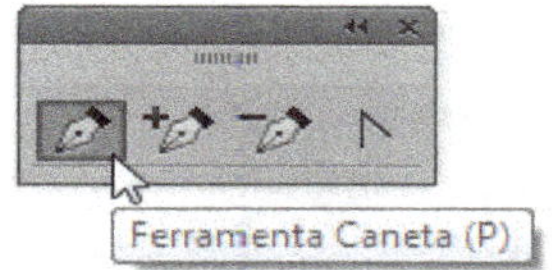

Selecione a *Ferramenta Caneta*, que está no painel flutuante que você destacou da caixa de ferramentas, e contorne o elemento; clique em um ponto, solte o dedo do mouse, clique no próximo ponto e vá fazendo isso até fechar o objeto, ao clicar no ponto-âncora no qual começou o desenho.

Se parar em algum ponto e quiser retornar por onde parou, clique com a *Caneta* exatamente no último ponto-âncora desenhado.

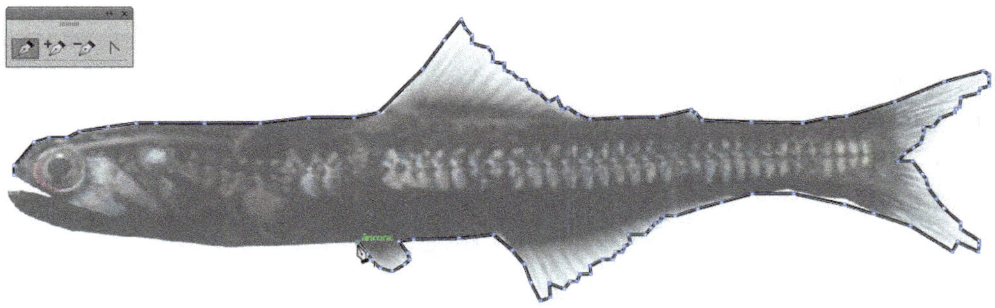

Edite os nós com as ferramentas do painel destacado da caixa de ferramentas; selecione a *Ferramenta Excluir ponto-âncora* ou a *Ferramenta Caneta*, e pressione a tecla menos.

Ferramenta Excluir ponto âncora (-)

Clique em cada ponto-âncora que não quiser em seu desenho.

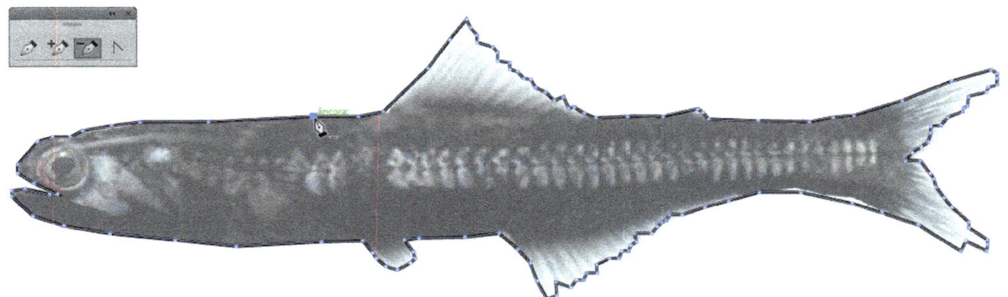

Neste exercício, a opção *Guias inteligentes* pode atrapalhá-lo no desenho; desabilite-a. Vá a *Exibir* e clique sobre *Guias inteligentes* (caso esteja habilitada).

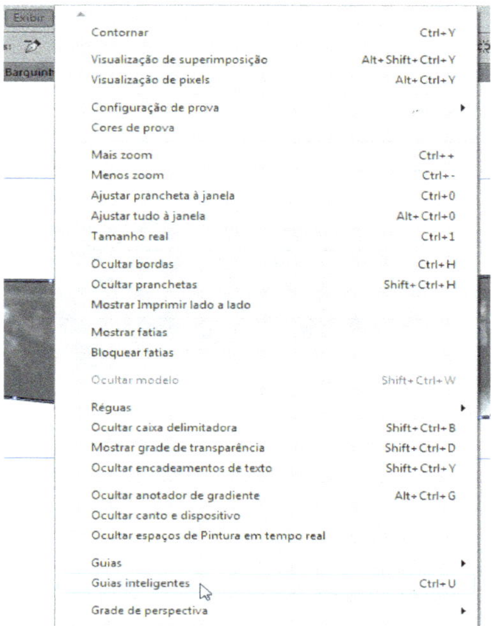

Para curvar as linhas, vá a *Ferramenta Ponto de ancoragem*, clique no segmento que quiser curvar, segure o dedo no mouse e arraste o cursor para fazer a curva. Veja que surgirão pequenos vetores azuis.

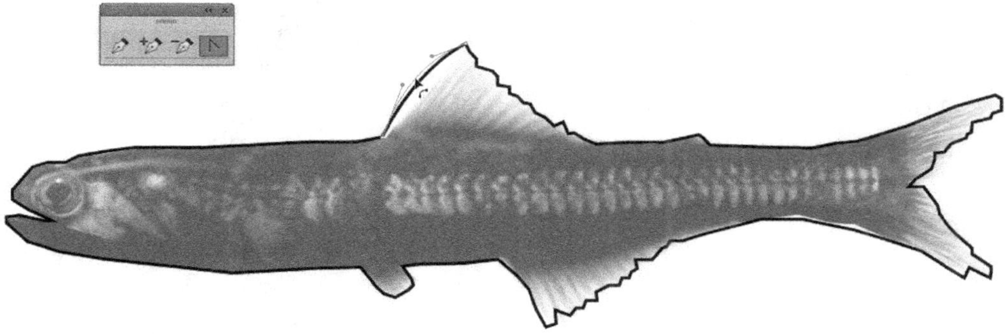

Faça todos os ajustes e, quando quiser acrescentar um novo ponto-âncora, selecione a *Ferramenta Adicionar ponto-âncora*.

Para ajustar as curvas pelos vetores, selecione a seta branca (*Ferramenta Seleção direta*), clique na bolinha azul do vetor, segure o dedo no mouse e arraste o cursor.

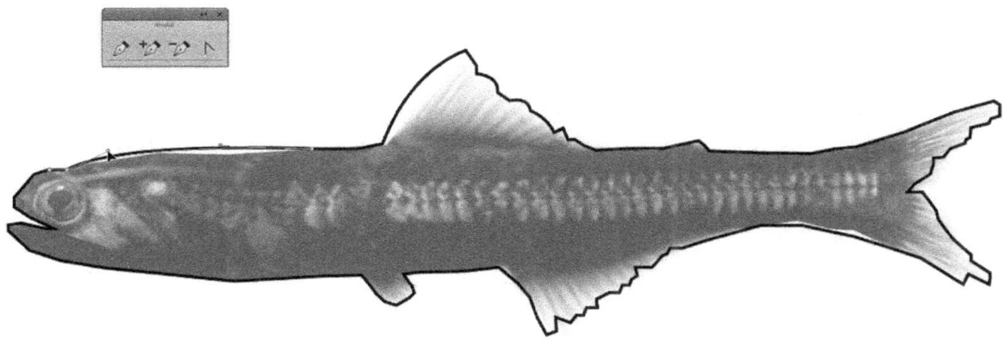

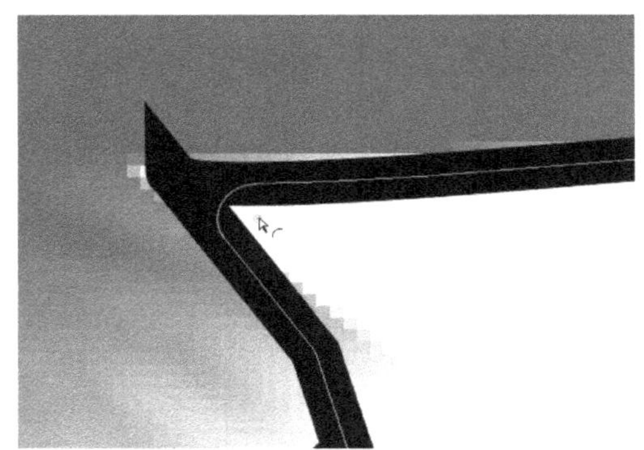

Ajuste todos os pontos-âncora até que o desenho fique de acordo com o conceito da sua coleção. Para fazer cantinhos redondos, clique no segmento com a seta branca (*Ferramenta Seleção direta*) e veja que aparece um círculo azul com outro dentro.

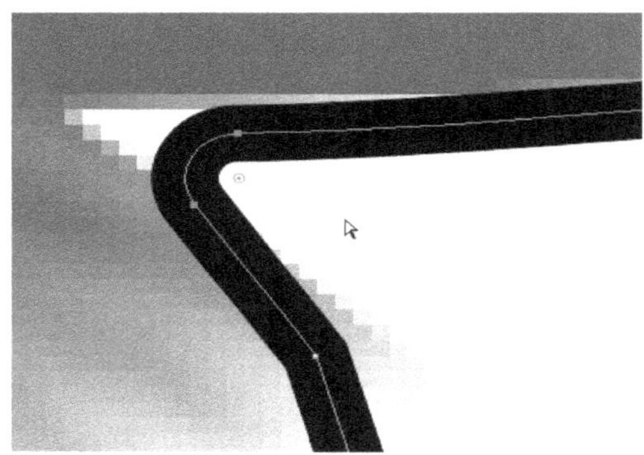

Clique no círculo com a seta branca, segure o dedo no mouse e arraste ou empurre; veja qual é a melhor situação para cada pedacinho do seu desenho.

Para aproximar o seu desenho, pressione a tecla *CTRL* (*Command* no Macintosh) e a tecla *0*. Para distanciar o seu desenho, pressione a tecla *CTRL* e a tecla *–*. Você também pode aproximar seu desenho pressionando a tecla *CTRL* e a tecla *+*. Isso ajuda a melhorar seu desempenho no uso do Illustrator CC.

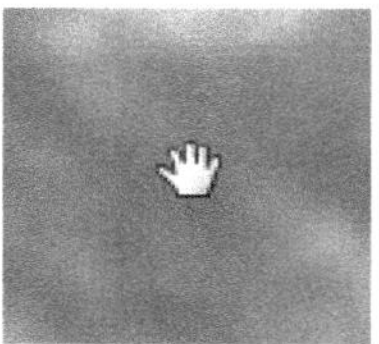

Para movimentar a prancheta (não o desenho), pressione a barra de espaço no seu teclado (aparecerá uma mãozinha na tela), clique uma vez, segure o dedo no mouse e movimente a mãozinha na tela.

Nas linhas das barbatanas que fiz com a *Ferramenta Segmento de linha*, cliquei uma vez na prancheta com a ferramenta, soltei o dedo do mouse e cliquei novamente.

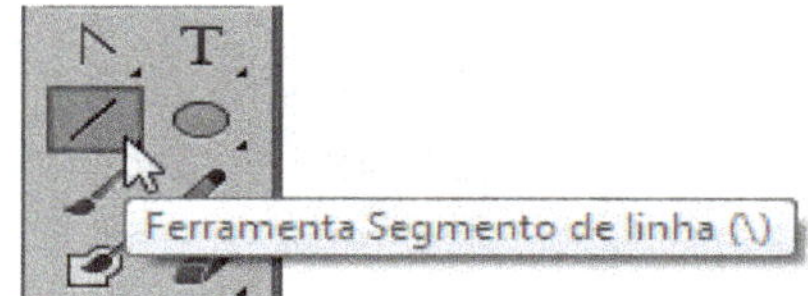

Veja que coloquei o olhinho do peixe e mais algumas linhas. Também colori com uma das cores do barquinho e apliquei um efeito no contorno, como expliquei anteriormente.

Procure sempre usar uma imagem original para seus desenhos; no caso, usei um peixe real e interpretei sua forma de acordo com as minhas ideias.

REPETIÇÃO DE OBJETOS

Agora, vamos desenhar uma estrela-do-mar, elemento que também faz parte das imagens que elegi como as mais importantes do painel de inspiração. Insira a imagem *Estrela* na prancheta do Illustrator CC, diminua a opacidade e bloqueie-a como explicado anteriormente. Com a *Ferramenta Caneta*, contorne a estrela e ajuste todos os pontos-âncora de acordo com a sua interpretação.

Com a *Ferramenta Caneta*, clique uma vez nas pontas da estrela, segure o dedo no mouse e arraste o cursor. Assim, você conseguirá fazer uma curva. Essa é uma outra forma de se trabalhar com a *Ferramenta Caneta*, mas é preciso treinar um pouquinho para ter domínio.

Continue desenhando com a *Ferramenta Caneta* até chegar ao primeiro ponto-âncora para fechar o objeto. Lembre-se de colocar cor no contorno para que a linha fique visível. Clique em *Traçado* e na cor preta.

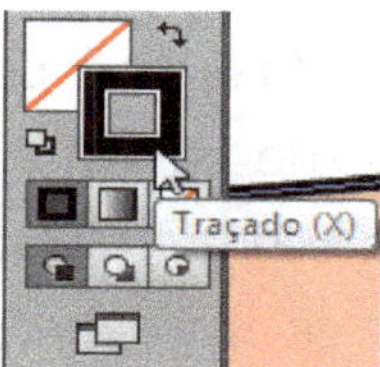

Finalize o desenho e, novamente, ajuste os pontos-âncora com as ferramentas de vetores.

Para fazer os círculos brancos, selecione a *Ferramenta Elipse*.

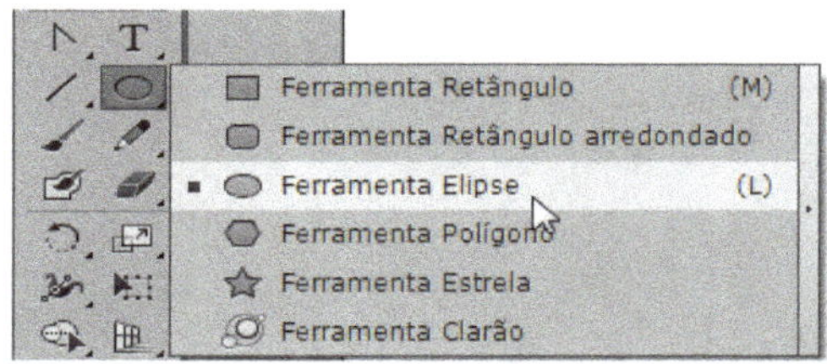

Clique no centro da estrela, segure o dedo no mouse e arraste o cursor; pressione *Shift* (no teclado) para manter a proporção do círculo. Posicione o círculo no centro da bolinha da imagem com a *Ferramenta Seleção* (seta preta). Construa o círculo e pressione *Shift* (no teclado), se pressionar a tecla *Alt* (*Option* no Macintosh), o círculo sairá do meio e crescerá igualmente para todos os lados.

Selecione o círculo com a *Ferramenta Seleção*. Com ele selecionado, segure o dedo no mouse e arraste o cursor para a posição que quiser; pressione a tecla *Alt* (*Option* no Macintosh) – momentaneamente a seta do cursor ficará dupla – e solte o dedo do mouse e depois da tecla. Você verá que o círculo será duplicado.

Se pressionar a tecla *CTRL* (*Command* no Macintosh) e a tecla *D*, o círculo será duplicado e andará a mesma distância que andou antes. Faça as cópias dos círculos e posicione-os na estrela-do-mar, redimensione clicando nos cantinhos dos círculos e lembre-se de, ao reduzir ou ampliar, pressionar ao mesmo tempo a tecla *Shift* para manter a proporção dos círculos.

Quando quiser centralizar um objeto em relação a outro, verifique a opção *Alinhar à seleção* no painel superior.

Selecione o objeto que quer centralizar (1), pressione *Shift* e clique no objeto no qual quer centralizar o primeiro (2). Solte o dedo do mouse e clique novamente no segundo objeto que selecionou (3), assim ele comandará a ação e o objeto será centralizado em relação a ele.

(1)

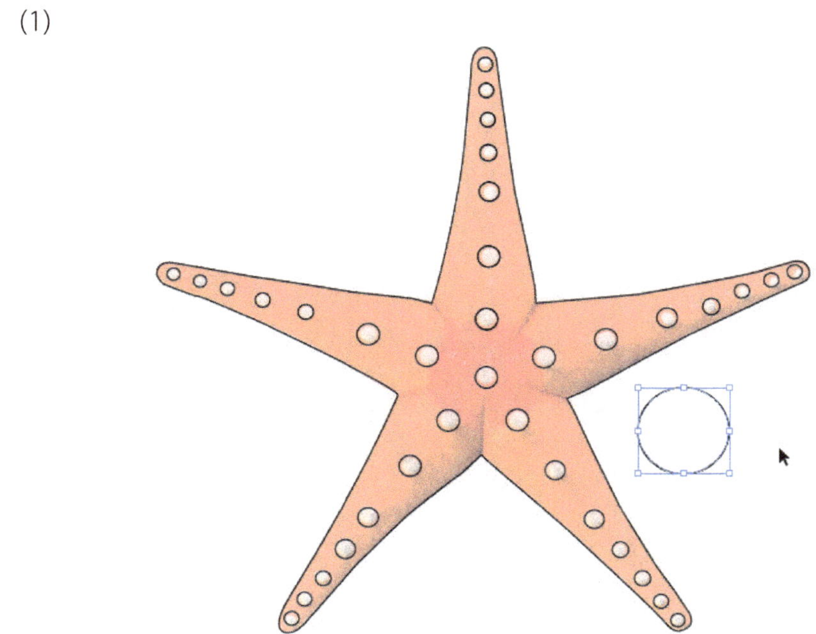

(2)

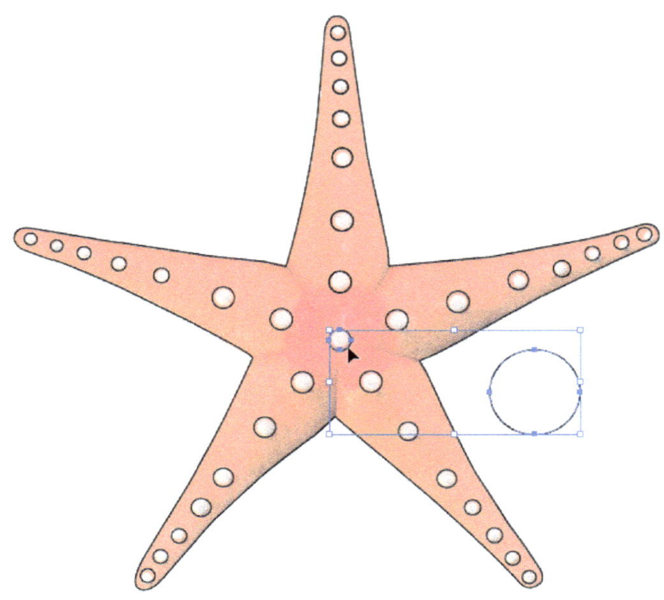

(3)

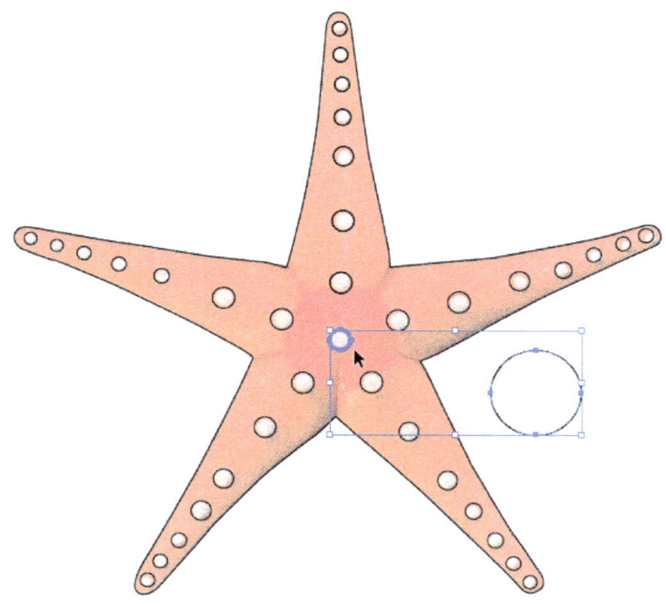

Vá ao painel superior e selecione *Alinhamento horizontal centralizado.*

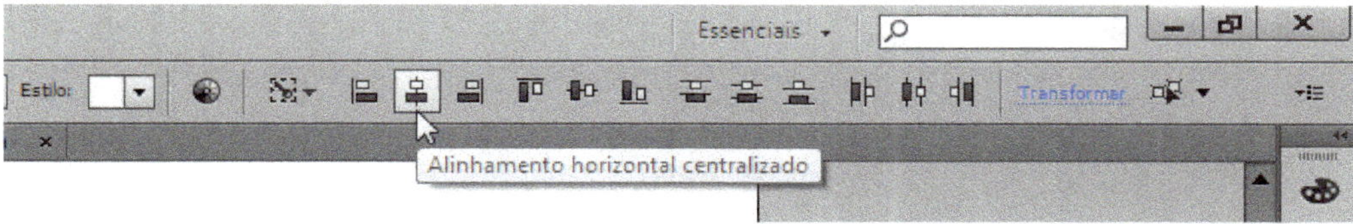

Selecione também *Alinhamento vertical centralizado.*

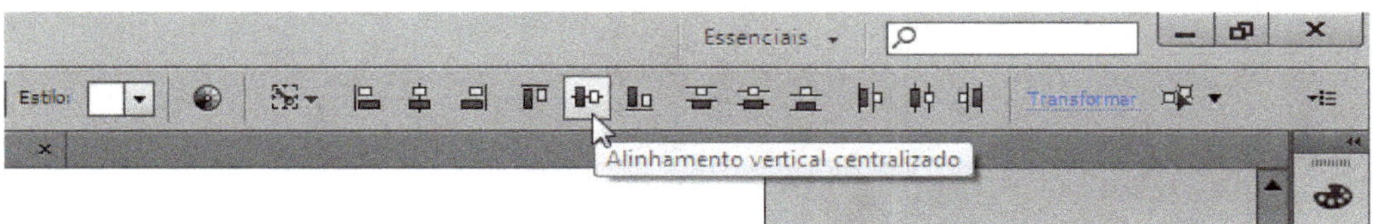

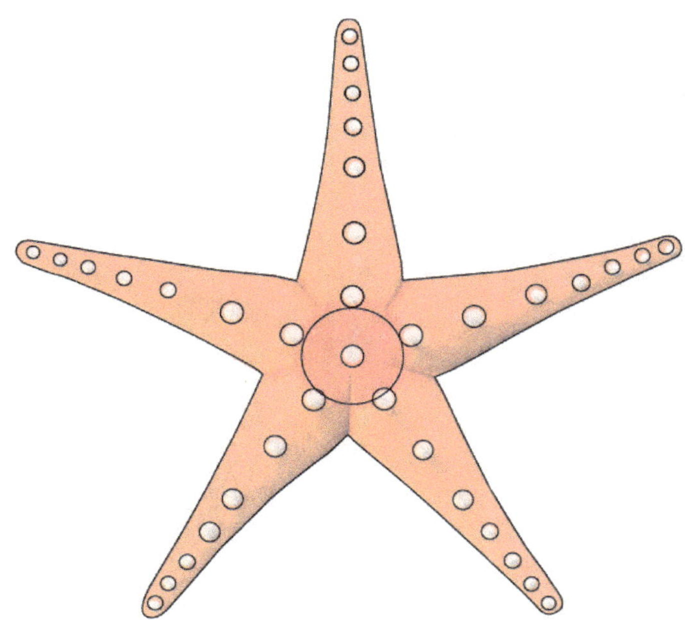

Vamos aplicar mais alguns detalhes na estrela-do-mar. Com a *Ferramenta Caneta*, faça um desenho para indicar as linhas centrais da estrela.

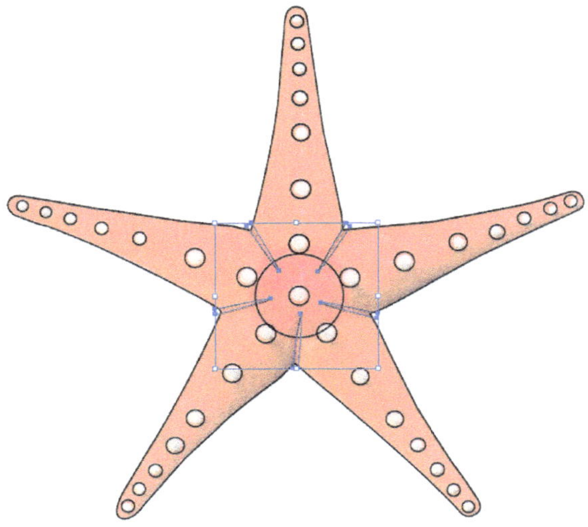

Com a *Ferramenta Seleção* (seta preta), selecione todos os pedacinhos que desenhou e vá a *Janela*, *Pathfinder*.

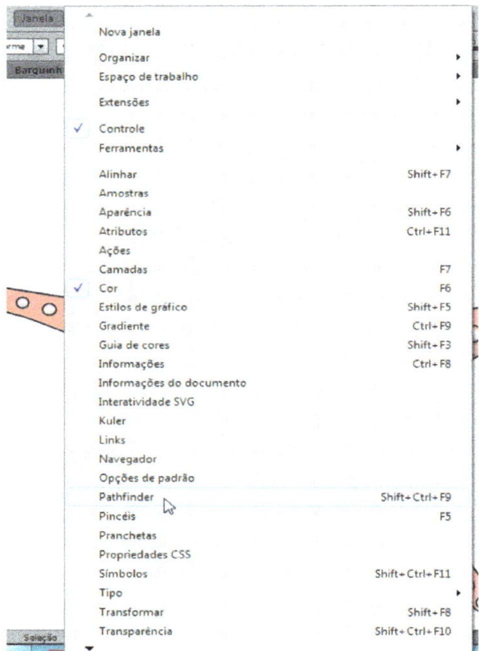

No painel *Pathfinder*, selecione a opção *Unir*.

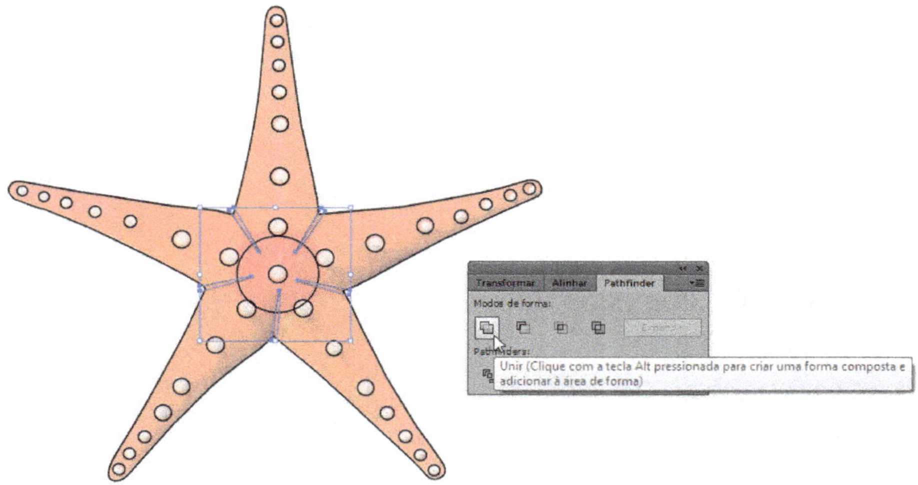

Com os pedacinhos selecionados, pressione *Shift* (no teclado) e clique na linha da estrela-do-mar.

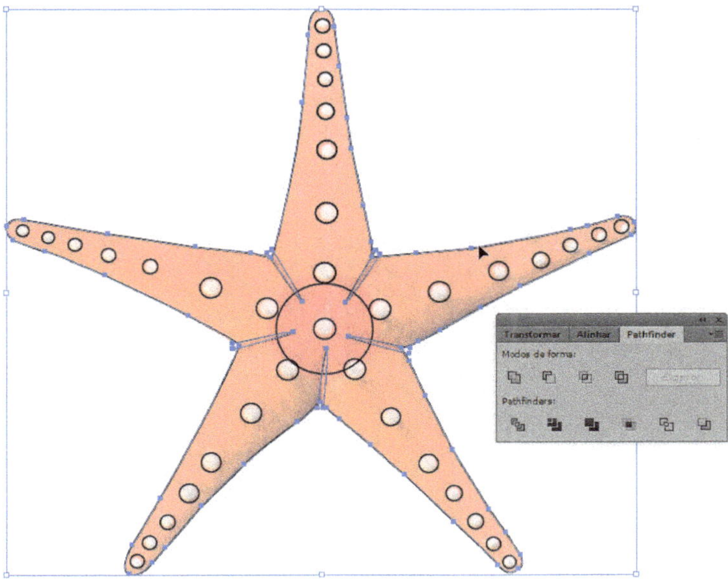

Vá ao painel *Pathfinder* e selecione *Menos frente*.

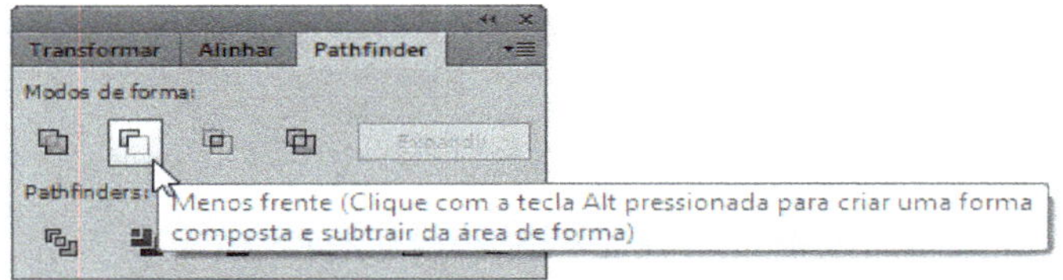

Assim, os pedacinhos desenhados cortarão a estrela.

Vá a *Camadas*, selecione a imagem bitmap da estrela-do-mar e arraste-a para a lixeira.

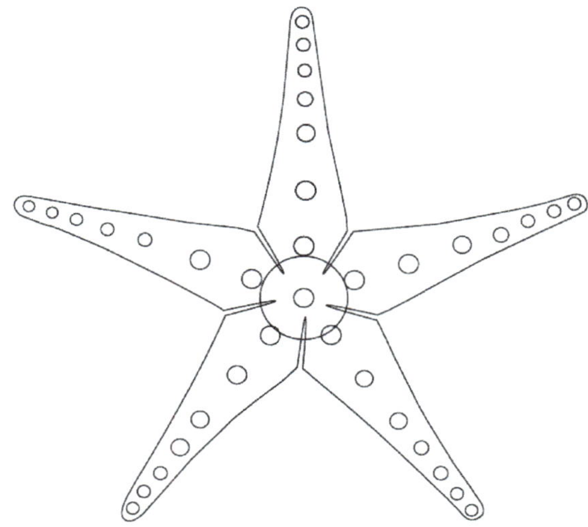

Pinte a estrela-do-mar (ou seu objeto) com as cores da coleção ou com uma cartela de cor específica que você tenha criado para as estampas. Se, ao colorir uma parte, ficar novamente acima dos detalhes, com a *Ferramenta Seleção* (seta preta), clique com o botão direito do mouse sobre o objeto e escolha as opções *Organizar*, *Enviar para trás*.

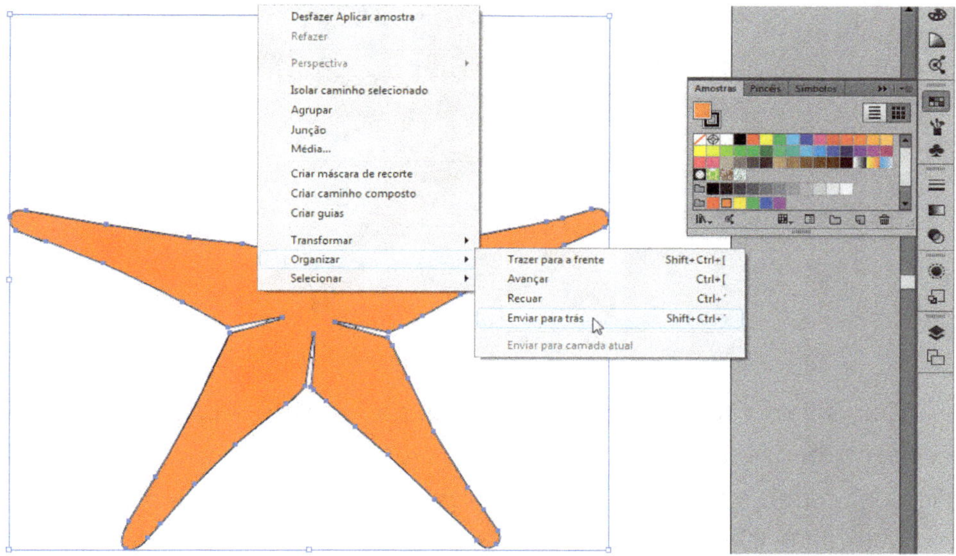

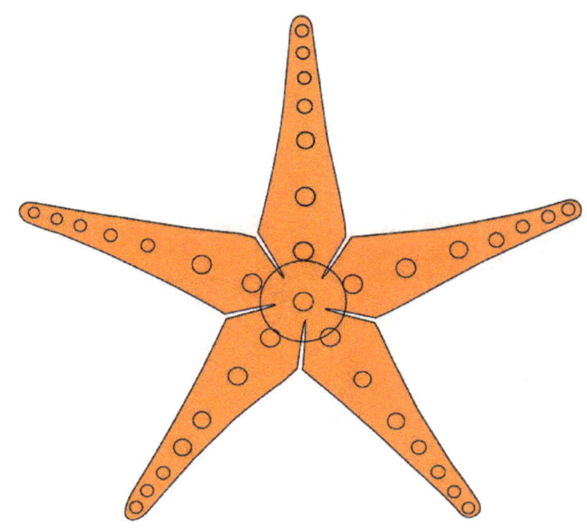

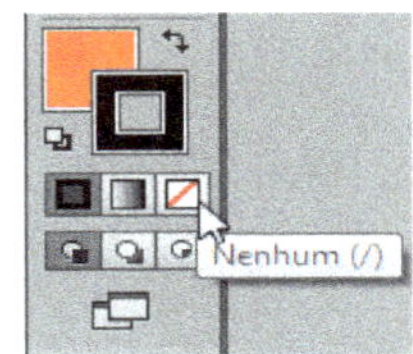

Para tirar o contorno da estrela-do-mar, vá às cores abaixo da caixa de ferramentas, selecione o contorno e escolha *Nenhum*.

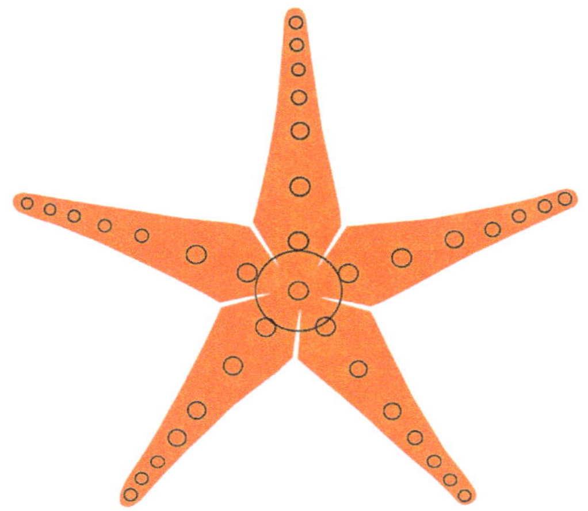

Para usar os círculos menores para furar a estrela-do-mar, selecione-os e vá a *Unir*, no *Pathfinder*. Selecione os círculos menores; pressione *Shift* (no teclado), clique na estrela e solte a tecla *Shift*. Vá a *Pathfinder* e clique na opção *Menos frente* com a tecla *Alt* (*Option* no Macintosh) pressionada.

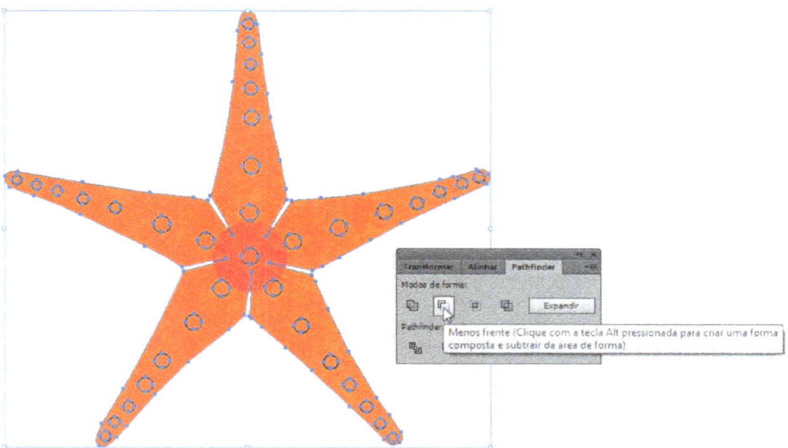

Os círculos menores furarão a estrela-do-mar.

Se a estrela ficar na frente do círculo vermelho (círculo central), clique nela com a *Ferramenta Seleção* (seta preta), com o botão direito do mouse, e clique nas opções *Organizar, Enviar para trás*.

Para fazer a interseção do círculo vermelho (central) com a estrela-do-mar, primeiro faça uma cópia da estrela. Vá a *Editar, Copiar* e depois a *Editar, Colar na frente*.

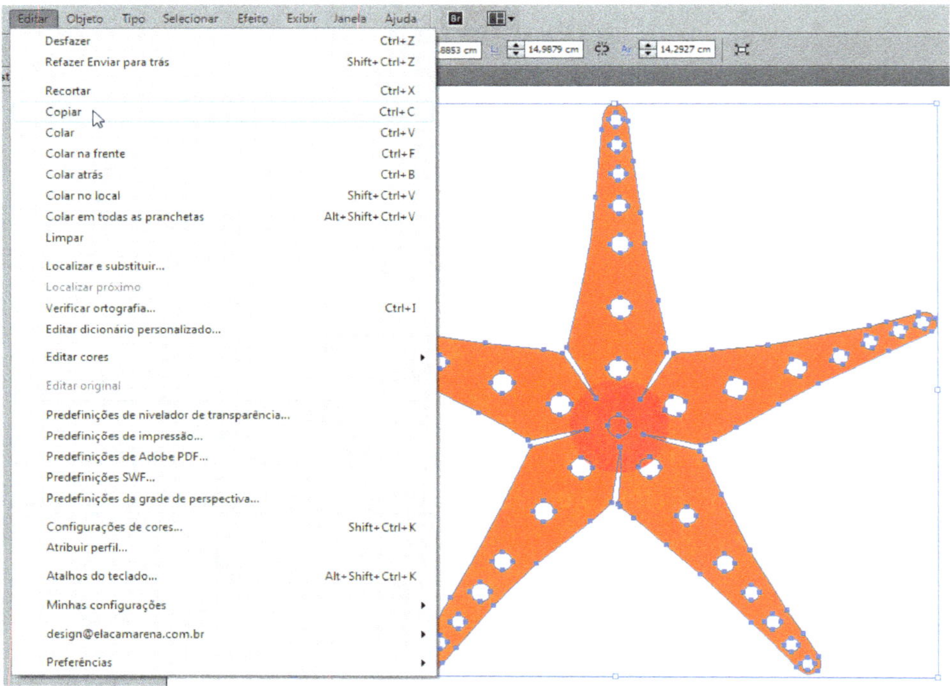

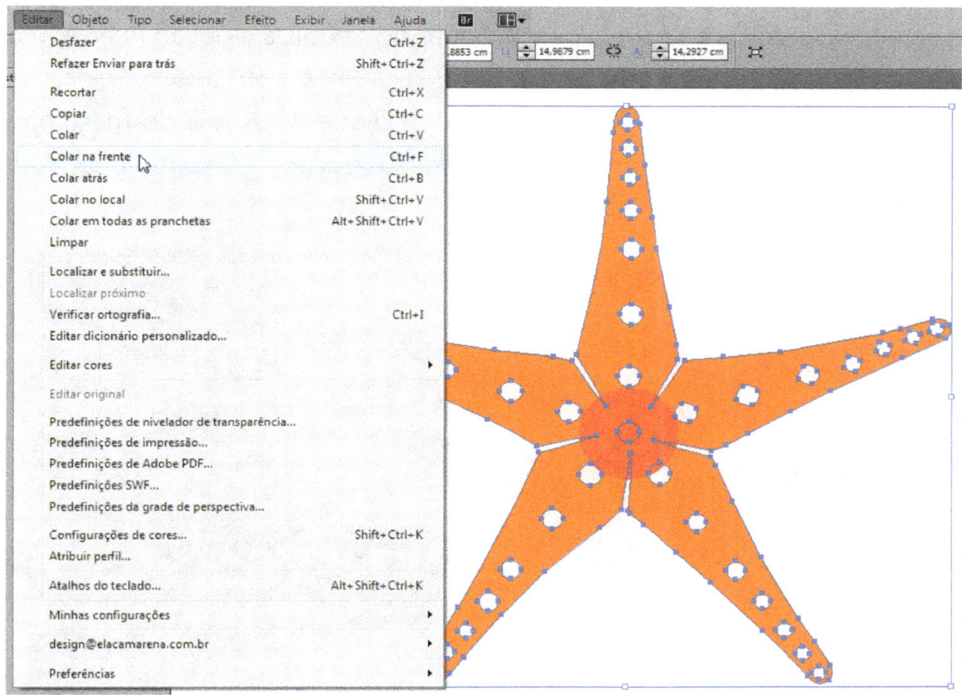

Para agilizar seu trabalho, você pode usar as teclas de atalho:

- *CTRL* (*Command* no Macintosh) + *C*: copiar.
- *CTRL* (*Command* no Macintosh) + *F*: colar na frente.

As teclas de atalho aparecem nos menus; utilize-os se quiser estudar as teclas de atalho ou lembrar de alguma que tenha esquecido.

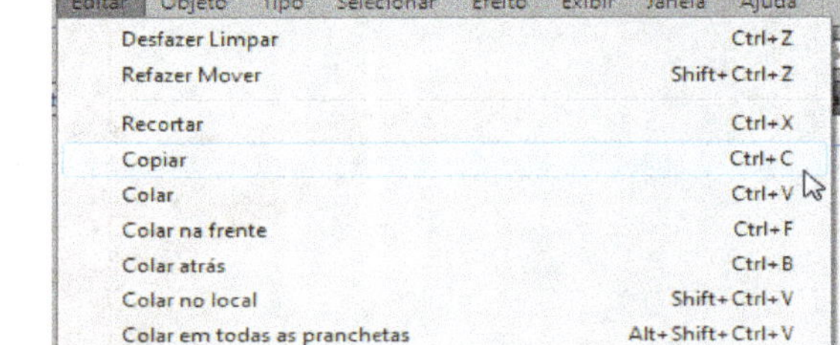

Foi feita uma cópia da estrela porque, quando se utiliza a opção *Interseção* no painel *Pathfinder*, o objeto usado como interseção não permanece. Selecione o círculo vermelho, pressione *Shift* (no teclado) e clique na estrela-do-mar. Solte o dedo do mouse e da tecla *Shift*. Em *Pathfinder*, pressione *Alt* (*Option* no Macintosh) e selecione a opção *Interseção*.

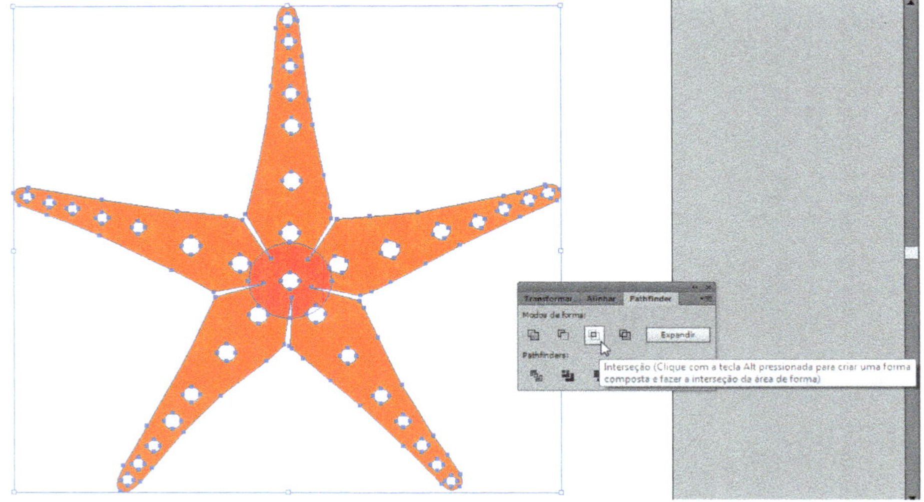

Veja que agora o círculo vermelho (central) foi recortado pela estrela-do-mar.

Ao final, para que o círculo vermelho fique com a estrutura modificada, e não somente sua aparência (característica do Illustrator CC), selecione-o com a *Ferramenta Seleção* (seta preta) e vá a *Objeto*, *Expandir aparência*.

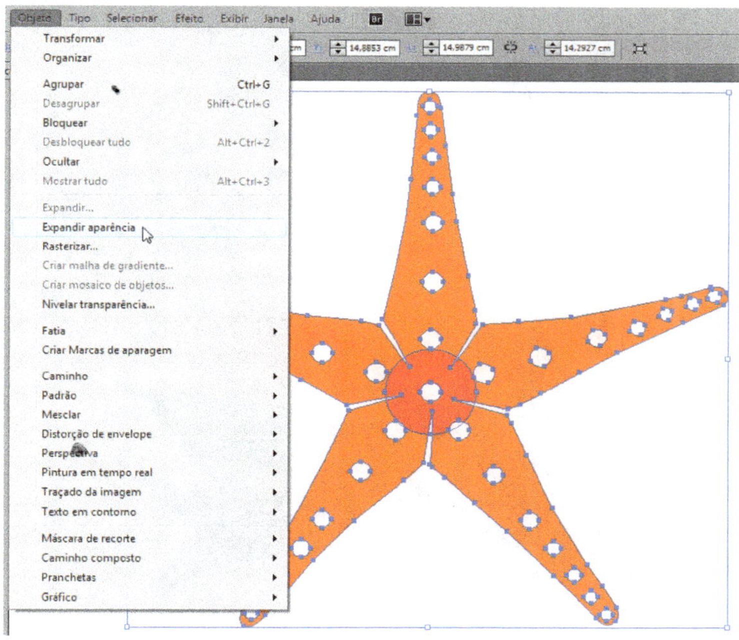

Agrupe a estrela-do-mar com o círculo vermelho.

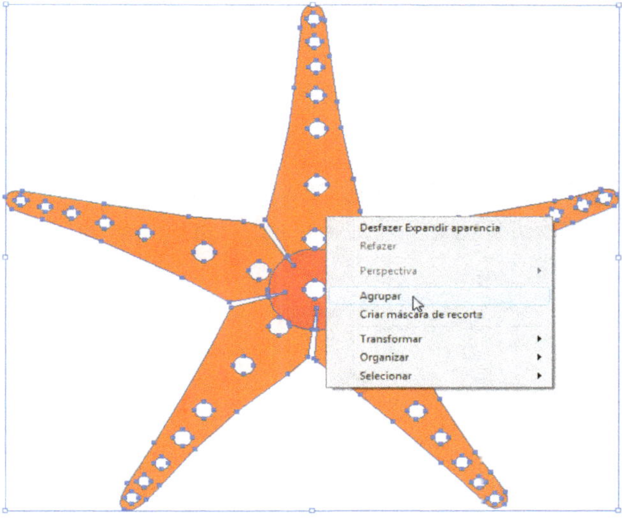

Com os elementos criados, faça uma estampa com um ou mais objetos e ajuste as cores.

VARIANTE DE COR

Selecione os objetos com a *Ferramenta Seleção* (seta preta), clique com o botão direito do mouse e escolha *Desagrupar*.

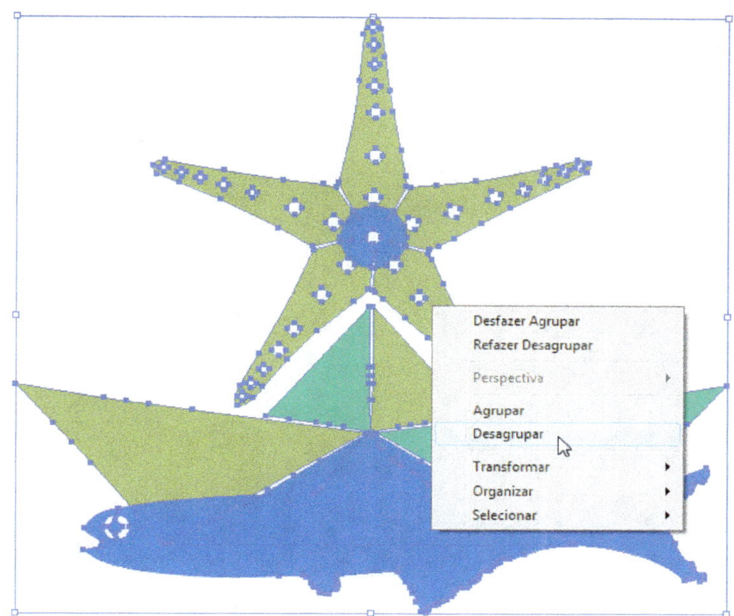

Vá ao painel e clique em *Camadas* para ver todos os objetos que compõem sua estampa.

VARIANTE DE CORES E APLICAÇÃO

Para fazer as combinações de cores, crie pranchetas para cada uma delas. Vá a *Arquivo, Novo.*

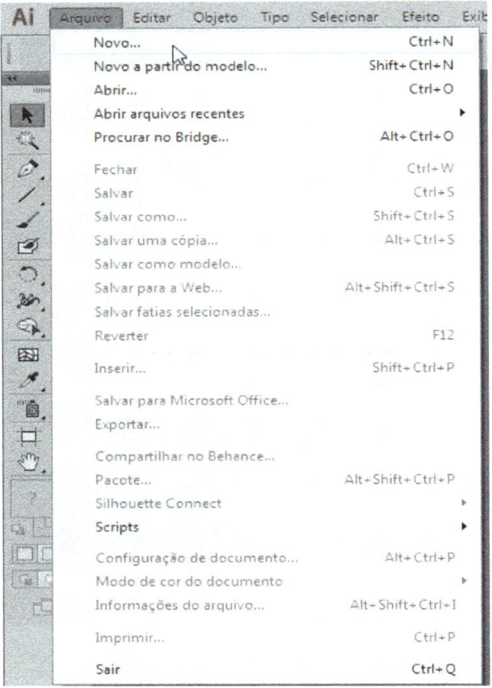

Na janela, coloque o nome do documento, o número de pranchetas de acordo com o número de variantes de cor que pretende para a estampa, a largura e a altura da prancheta (você pode começar a planejar o formato de página para seu portfólio) e o modo de cor CMYK. Clique em *OK.*

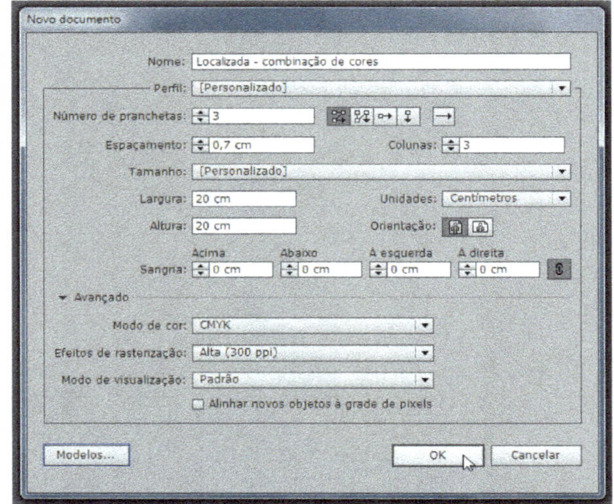

Coloque um quadrado na primeira prancheta e pinte-o com uma das cores da cartela de cores. Vá à prancheta na qual está a sua estampa; copie (*Editar*, *Copiar*) e cole (*Editar*, *Colar na frente*) a sua estampa.

Redimensione a estampa e alinhe-a na prancheta. Com a estampa selecionada, vá a *Editar*, *Recortar*.

Editar Objeto Tipo Selecionar Efeito Exibir Janela Ajuda

Desfazer Limpar	Ctrl+Z
Refazer	Shift+Ctrl+Z
Recortar	Ctrl+X
Copiar	Ctrl+C
Colar	Ctrl+V
Colar na frente	Ctrl+F
Colar atrás	Ctrl+B
Colar no local	Shift+Ctrl+V
Colar em todas as pranchetas	Alt+Shift+Ctrl+V
Limpar	

Para colocar a estampa em todas as pranchetas ao mesmo tempo, vá novamente a *Editar*, *Colar em todas as pranchetas*.

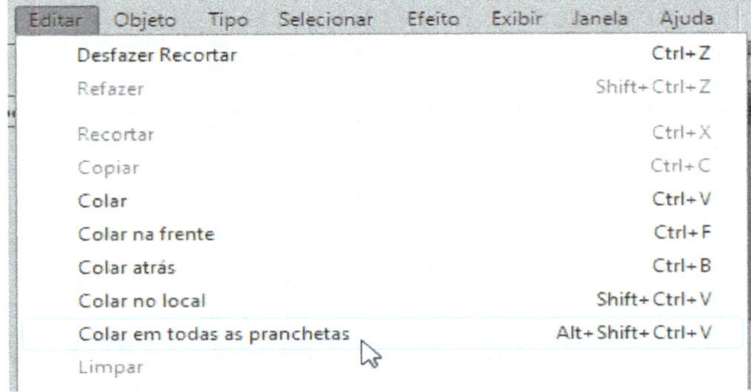

Clique na segunda prancheta e pressione *CTRL* (*Command* no Macintosh) e *0* para aproximá-la.

Vá ao painel de amostras e apague as cores que não irá usar. Clique na primeira cor, pressione *Shift* (no teclado), clique na última cor, segure o dedo no mouse e arraste as cores para a lixeira. Solte o dedo do mouse.

Deixe apenas as cores da sua cartela de cores. Se ainda não a abriu, vá a *Menu Biblioteca de amostras*.

Vá até *Definido pelo usuário* e escolha as suas cores.

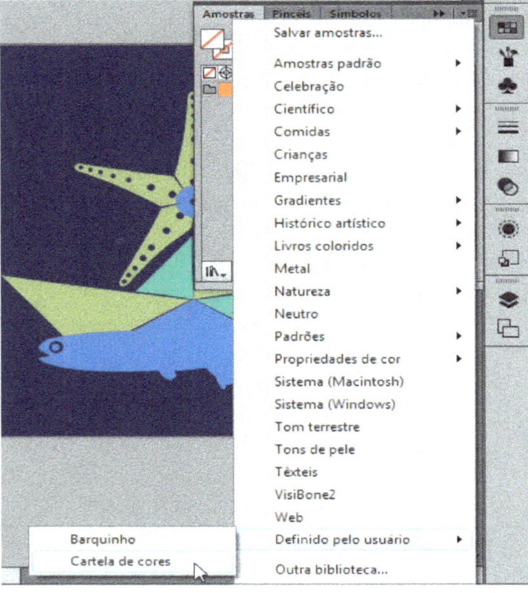

Selecione todos os objetos e o fundo da segunda prancheta. Vá a *Editar, Editar cores, Recolorir arte.*

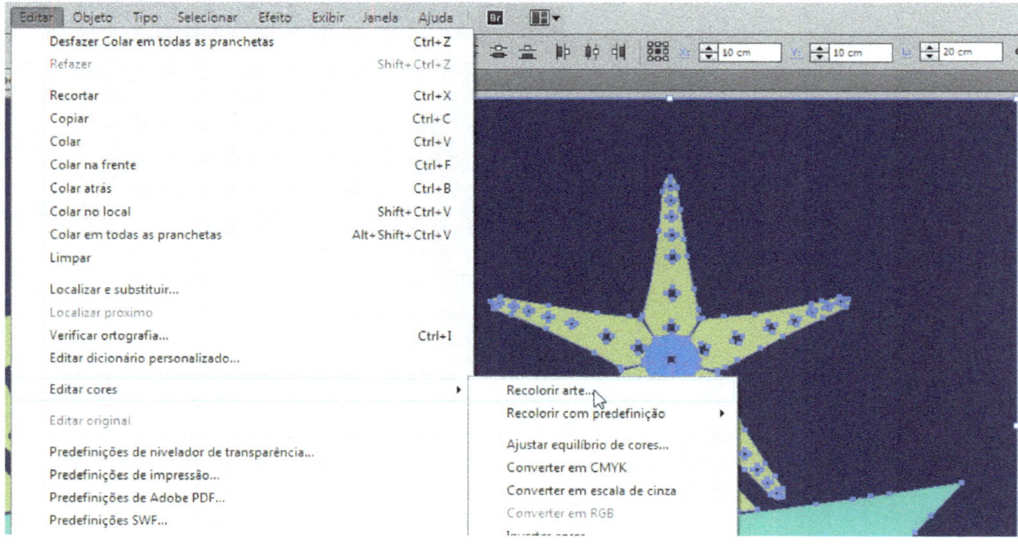

Clique em uma das cores da sua estampa na coluna de cores à esquerda no painel. Particularmente, gosto de modificar a cor do fundo primeiro.

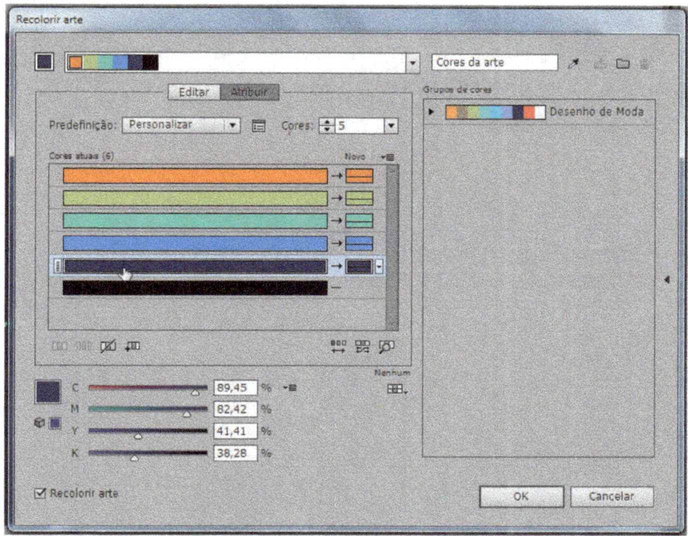

A cor aparecerá nos controles deslizantes abaixo da coluna, e você poderá modificá-la movendo os controles deslizantes.

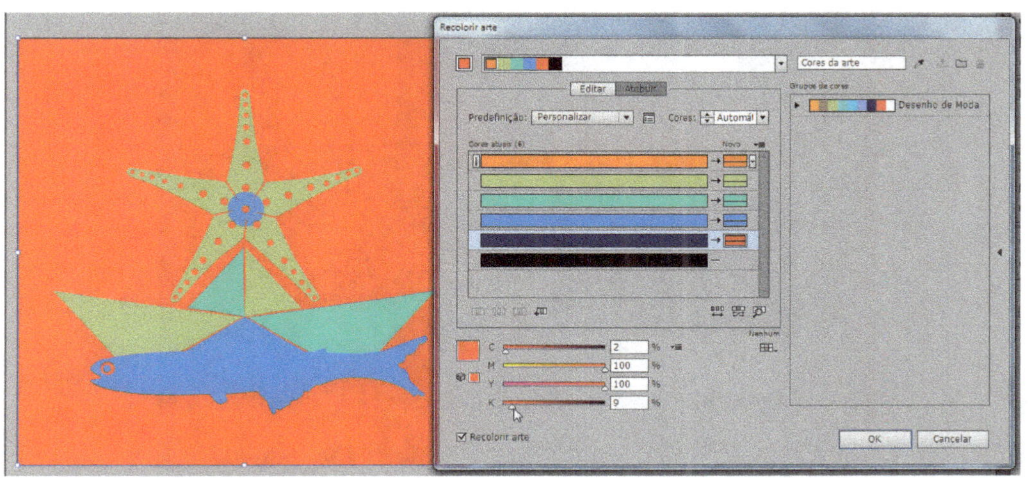

Você também pode clicar sobre o quadradinho de cor para visualizar mais opções de ajuste.

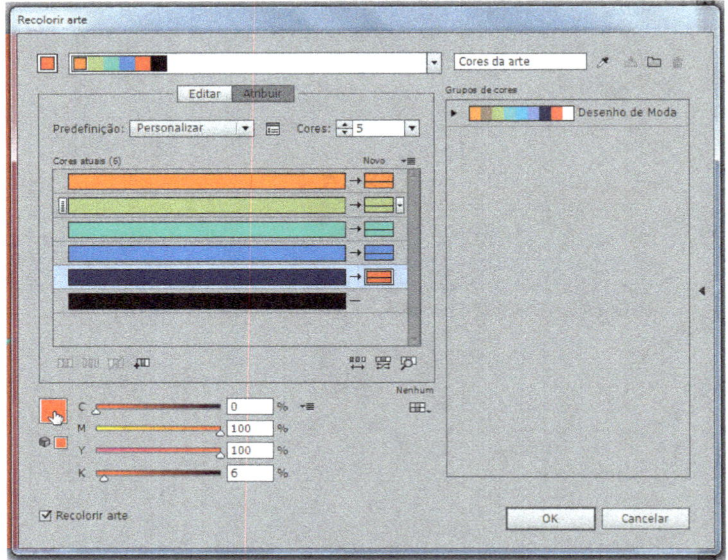

Clique em *Amostras de cor* para abrir a sua cartela de cores.

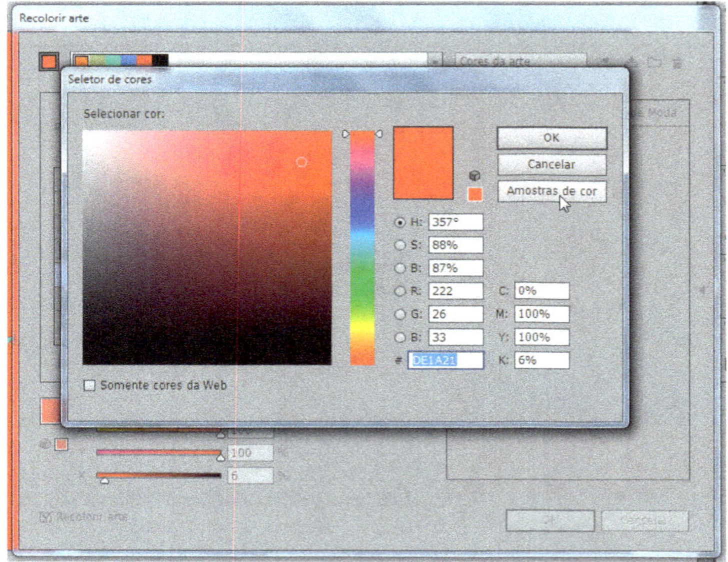

Escolha as cores de acordo com a cartela de cores.

Para mudar as outras cores, selecione cada uma e modifique-as de acordo com suas preferências de público e seu painel de inspiração. Para mudá-las, você também pode dar duplo clique na área de cor na frente das faixas de cor.

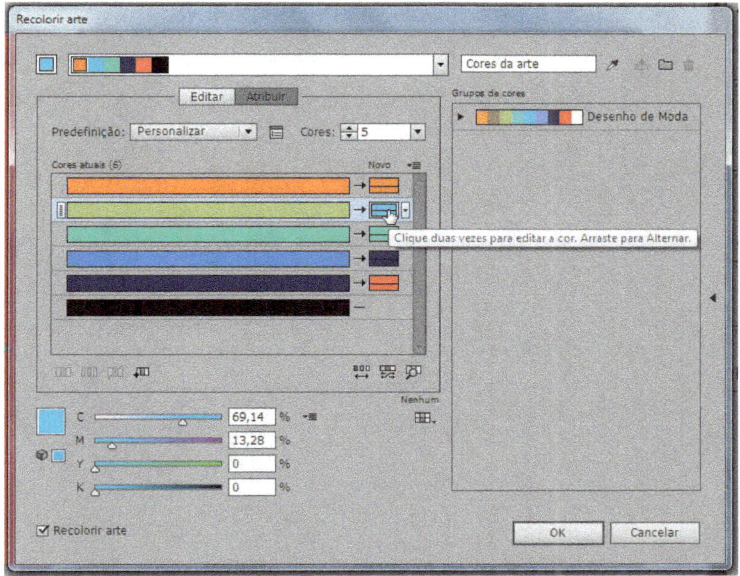

Faça todos os ajustes e, quando encontrar uma combinação de cor que lhe agrade, clique em *OK*.

Lembre-se de que a cartela de cores de estampa não precisa ser a mesma de materiais. Você pode criar uma cartela só para cores e bordados de acordo com as que estão disponíveis em cada fornecedor ou, ainda, criá-las a partir da escala Pantone®. Personalizar as cores da sua coleção vai depender do investimento em coloração de matéria-prima da empresa na qual estiver trabalhando.

14. ESTAMPA CORRIDA

A estampa corrida é chamada assim porque, de alguma forma, os desenhos que a compõem se repetirão ao longo de uma superfície. O termo utilizado para essa continuidade gráfica é *rapport*, palavra de origem francesa que significa relação, ligação, nexo, conexão.

Portanto, mais do que uma simples repetição, *rapport* significa que, na extensão de um tecido, por exemplo, os desenhos se encaixarão perfeitamente a partir de técnicas para que ele seja utilizado na confecção de um produto.

Para iniciar um projeto de estampa, é preciso desenvolver o módulo, que conterá todos os elementos da estampa; sua repetição, de acordo com as regras de *rapport*, resultará no aspecto planejado pelo designer de moda.

No módulo de *rapport*, estará o componente mais importante para a sua construção, o encaixe, e este será a essência da composição da estampa para que, quando o módulo for repetido nos lados direito e esquerdo, em cima e embaixo, ele se torne um único padrão, sem que se perceba sua divisão.

Para criar estampas com encaixe perfeito no Illustrator CC, faça primeiro o módulo de repetição com base no seu painel de inspiração ou no elemento que já criou para a estampa localizada. Usaremos o peixe como elemento de repetição.

Crie um arquivo novo e insira o elemento que quiser usar para a estampa corrida. Vá a *Arquivo*, *Inserir*, à pastinha na qual está o elemento e clique em *Inserir*. Com o peixinho selecionado, reduza o tamanho na prancheta com a *Ferramenta Seleção* (seta preta). Clique em um ponto-âncora do canto, segure o dedo no mouse e arraste o cursor na diagonal; pressione *Shift* (no teclado) para que o peixinho mantenha a sua proporção.

Com o peixinho selecionado, vá ao painel superior e clique em *Alinhar à prancheta*.

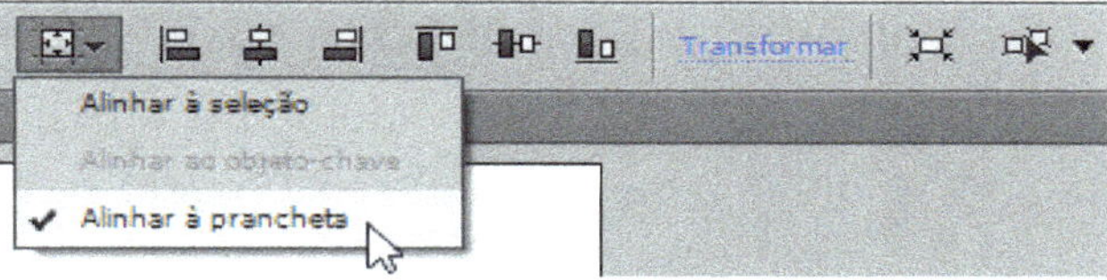

Nos controles de alinhamento, escolha a opção *Alinhamento horizontal centralizado*.

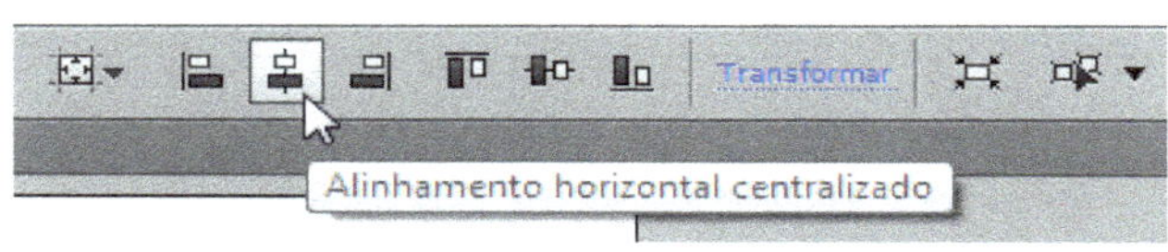

Escolha também *Alinhamento vertical centralizado*.

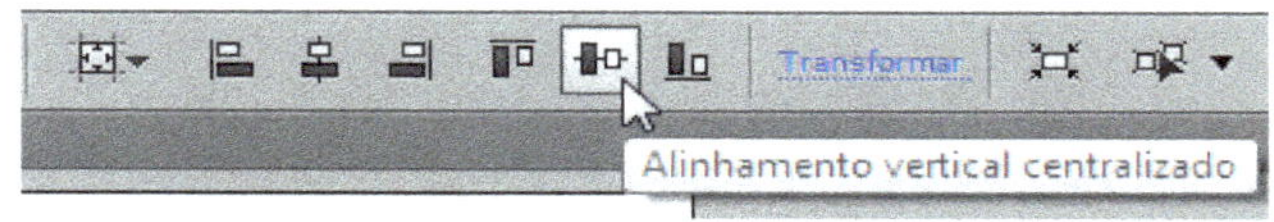

Seu desenho será alinhado em relação à prancheta. É importante lembrar que, quando quiser alinhar um objeto em relação a outro, você deve verificar se a opção *Alinhar à seleção* está habilitada.

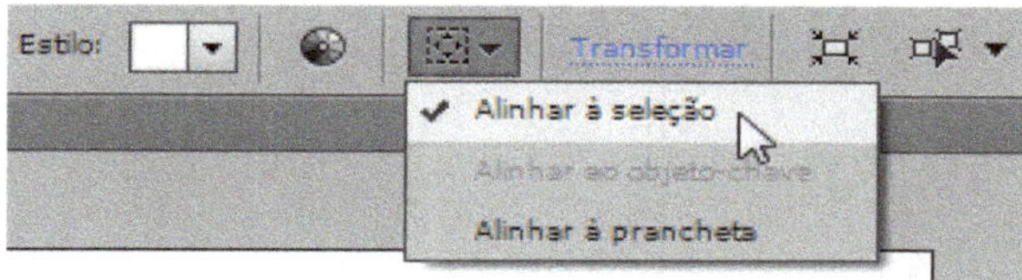

Com o peixinho no centro da página, clique nele, segure o dedo no mouse e arraste-o até o painel de amostras para criar um padrão.

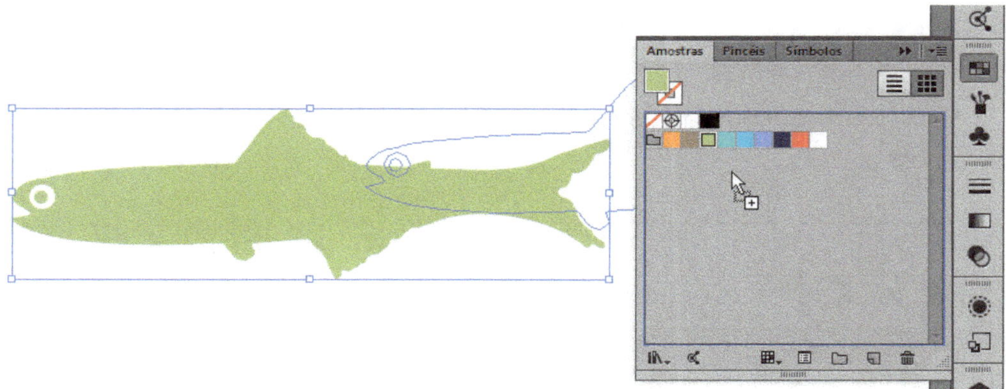

O padrão peixinho está agora no painel de amostras.

Faça um quadrado na sua prancheta: selecione a *Ferramenta Retângulo* na caixa de ferramentas, clique na prancheta, segure o dedo no mouse e arraste o cursor na diagonal; pressione *Shift* (no teclado). Solte o botão do mouse e depois a tecla *Shift*.

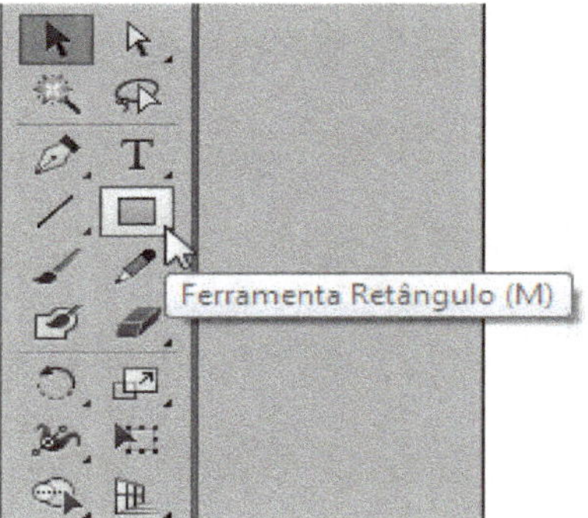

Selecione o quadrado e clique no peixinho que você arrastou para o painel de amostras.

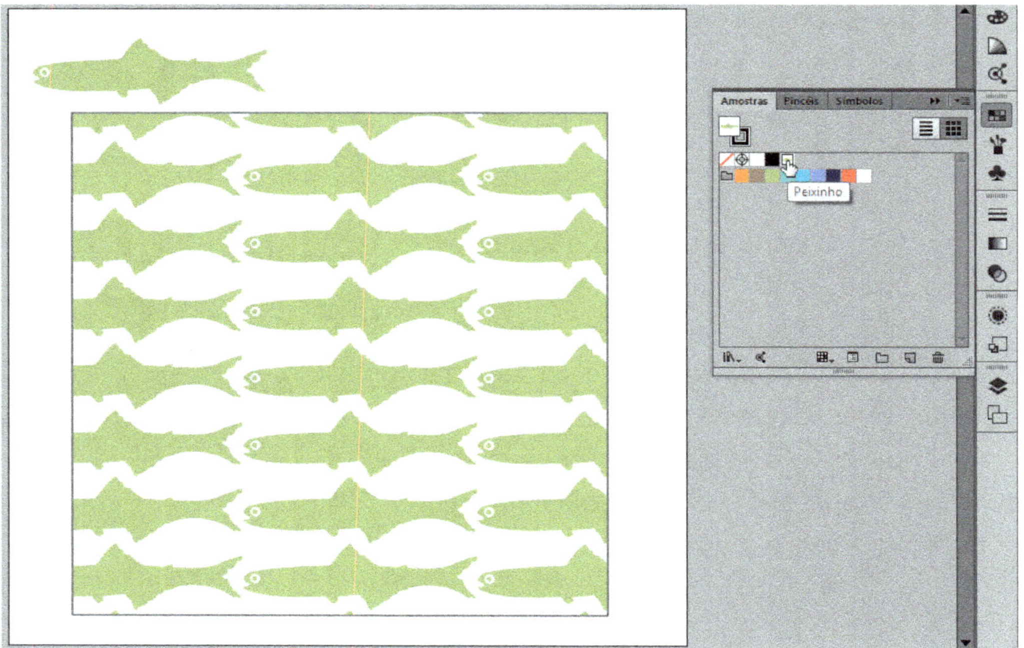

O peixinho será duplicado dentro do quadrado. Esse recurso de preenchimento com padrão é um atributo de aparência; o peixinho está dentro do quadrado como um efeito do Illustrator CC.

Vá a *Exibir, Contornar* para ver a estrutura dos objetos na prancheta. Veja que a estampa de peixinho não aparece dentro do quadrado porque ele está apenas com atributo de aparência, não de estrutura.

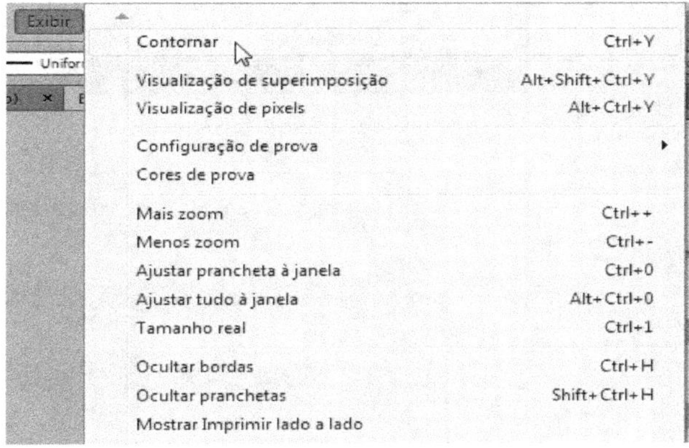

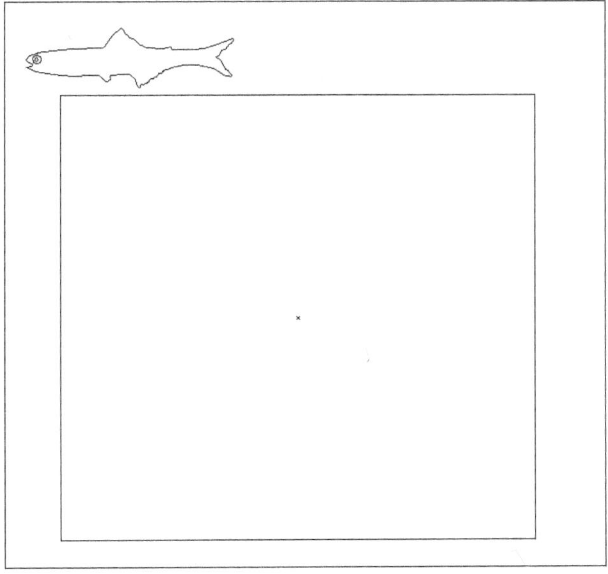

Essa forma de trabalho é uma característica do Illustrator CC. A vantagem é que, enquanto o peixinho estiver apenas com o atributo de aparência, você poderá editar a estampa sempre que abrir o arquivo.

A amostra de peixinho que apareceu em *Amostras* faz parte do arquivo e só aparecerá quando você abrir o arquivo com o padrão do peixinho. Para modificar esse padrão, vá a *Objeto, Padrão, Editar padrão*.

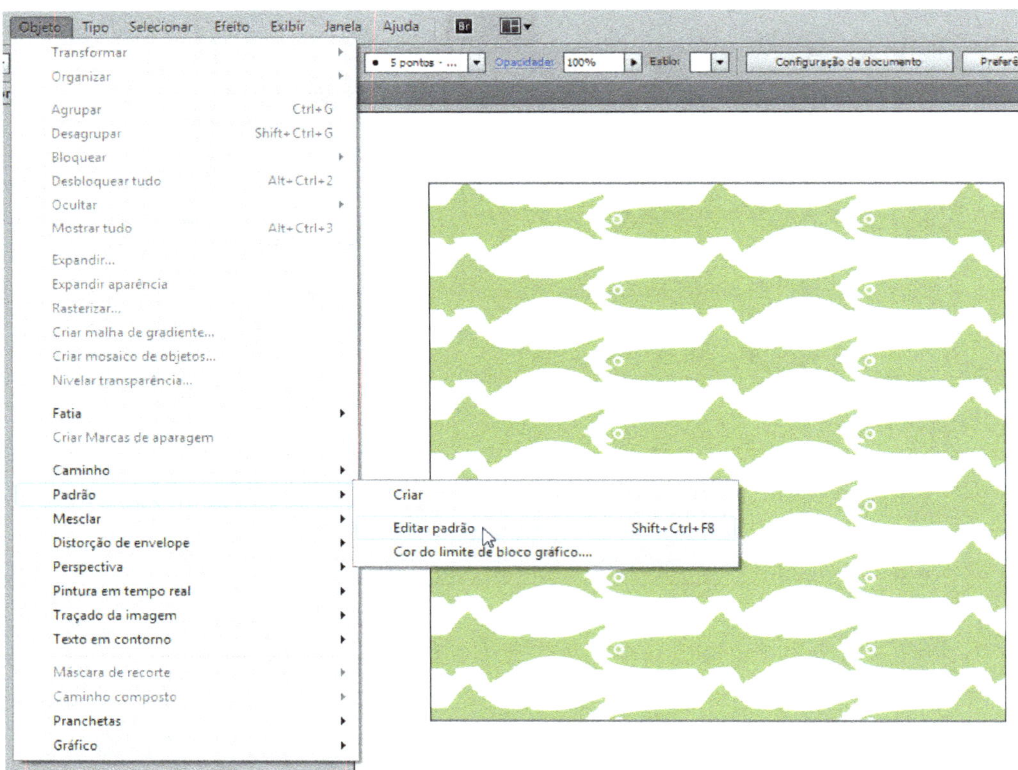

Na janela, vá a *Tipo de bloco* para modificar o padrão do peixinho. Escolha algumas opções para ver como a estampa se altera.

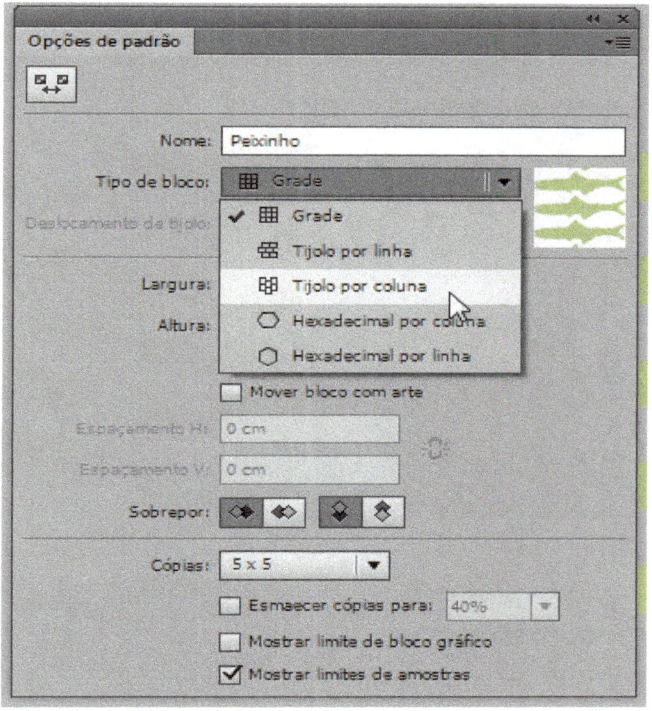

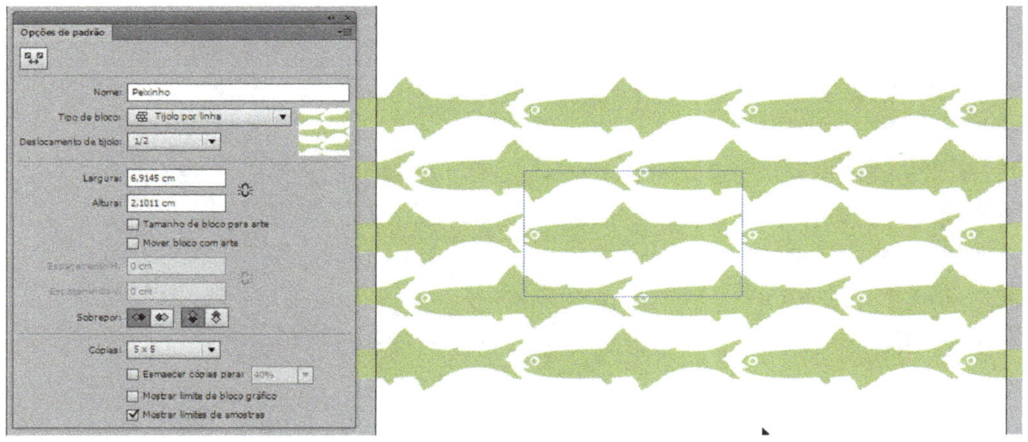

Explore as outras opções.

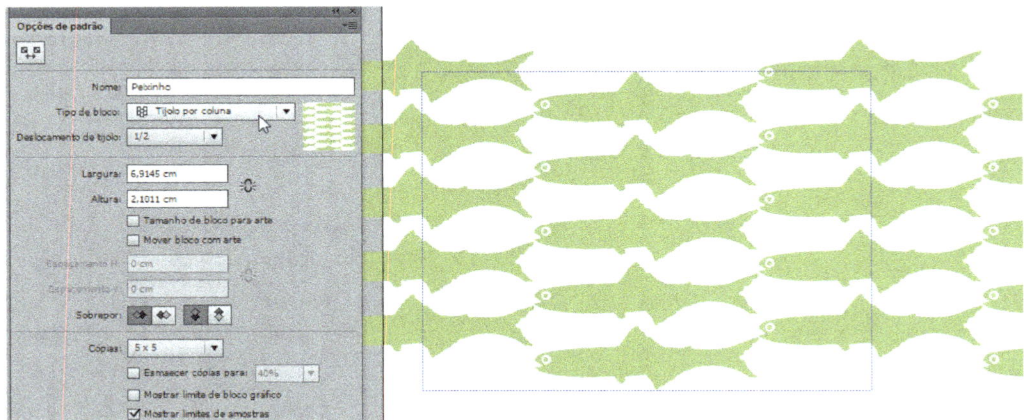

Após escolher uma das opções, você também pode modificar o peixinho. Para saber qual é o peixinho, vá a *Esmaecer cópias para* e coloque uma porcentagem para esmaecer as cópias ao redor do peixinho, assim você saberá qual é o peixinho que está comandando o padrão.

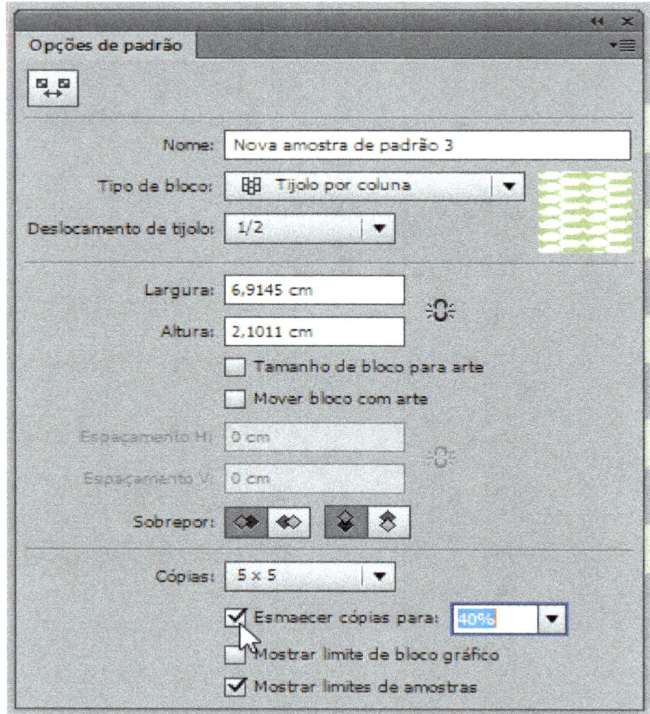

É possível movimentar apenas o peixinho que comanda o padrão; os demais seguirão aquele em destaque.

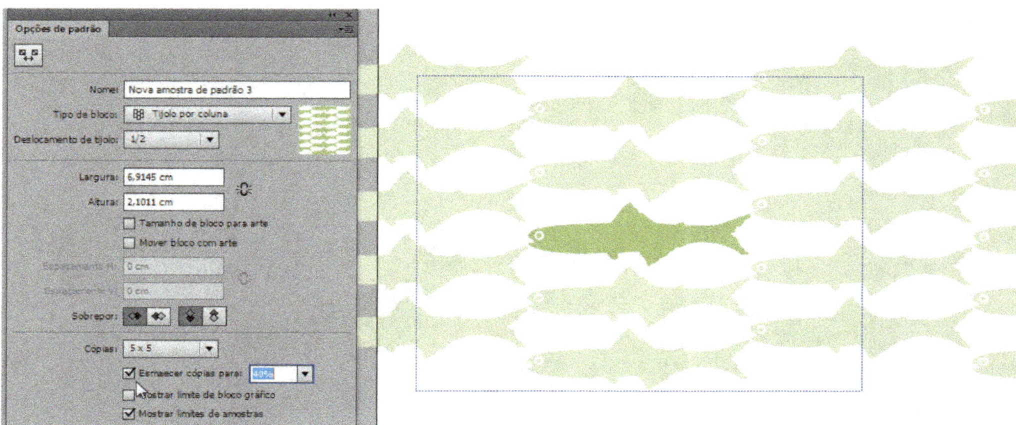

Para rotacionar o peixinho, vá a um canto da caixa delimitadora e, quando o cursor ficar curvo, segure o dedo no mouse e arraste-o.

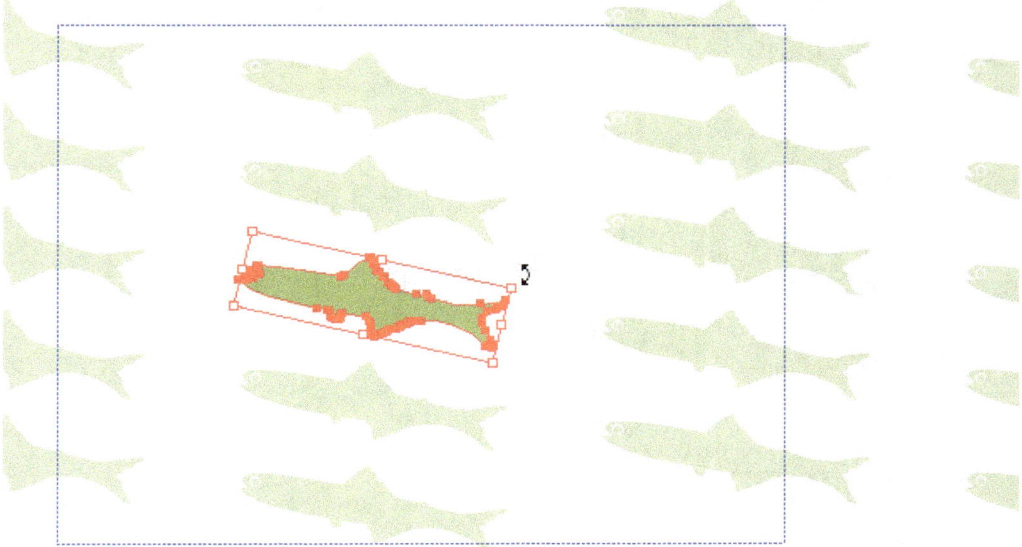

Faça cópias do peixinho. Com ele selecionado, copie (*Editar, Copiar*) e cole (*Editar, Colar na frente*). Clique nele, segure o dedo no mouse e arraste o peixinho para outra posição dentro do quadrado.

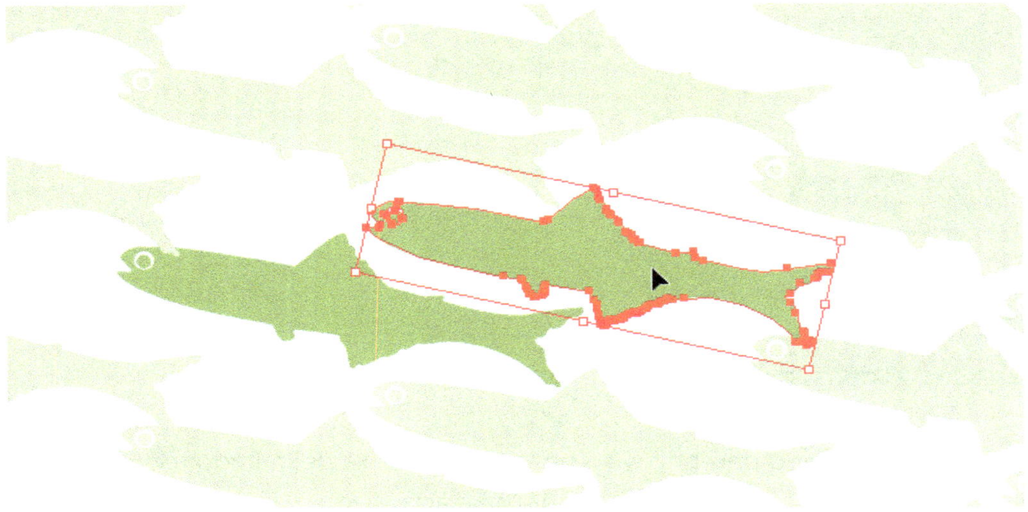

Você também pode mudar a cor, fazer mais cópias, reduzir ou ampliar o peixinho.

Para visualizar como seu padrão está ficando, desabilite a opção *Esmaecer cópias para*.

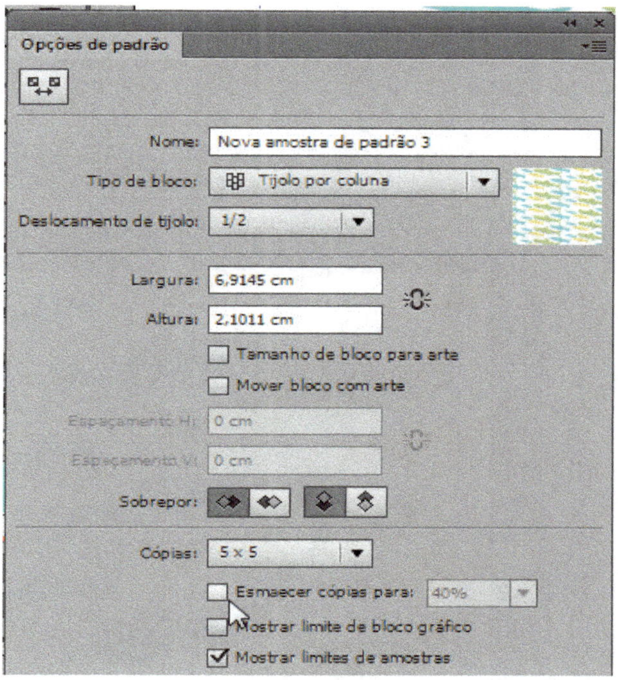

Veja que, com um desenho simples, é possível iniciar a criação das suas estampas de forma bem fácil. Quando estiver satisfeito com a estampa, vá a *Salvar uma cópia*.

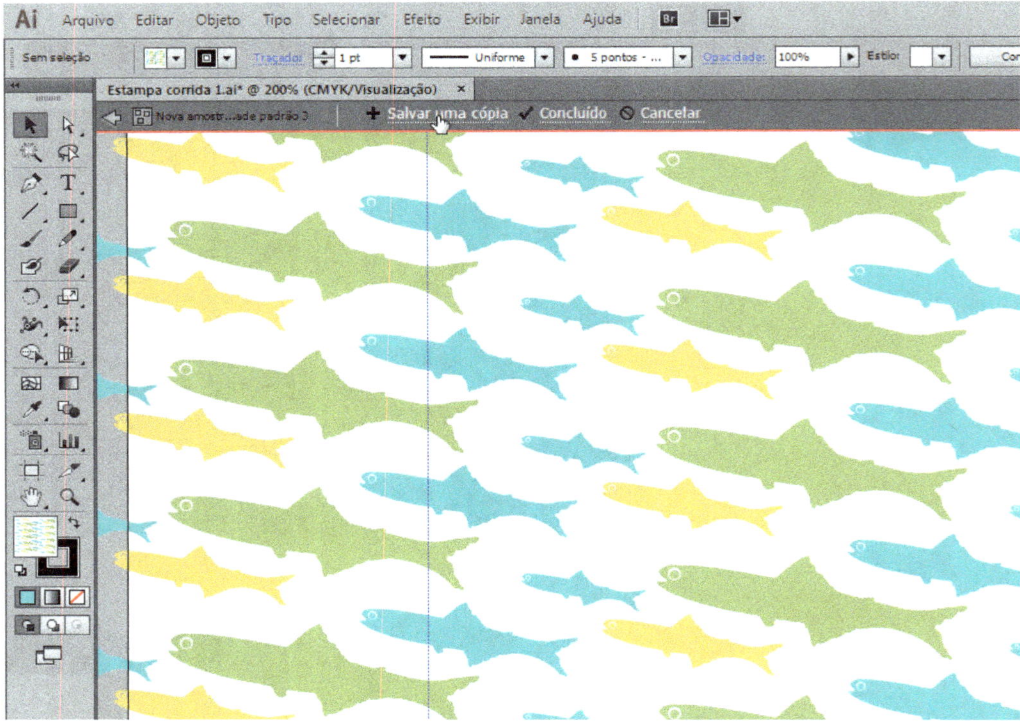

Coloque um nome para o padrão criado e clique em *OK*.

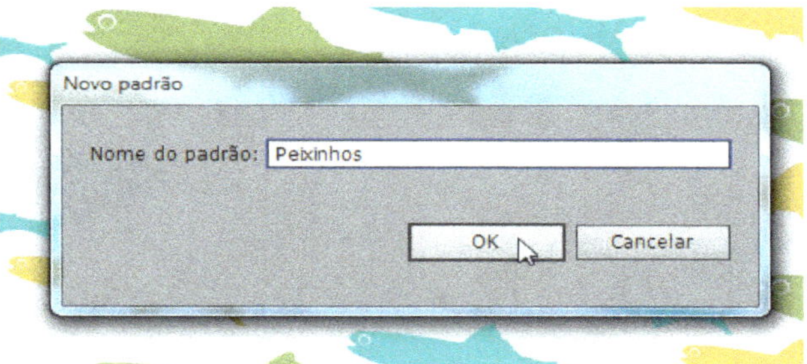

Ao salvar uma cópia do padrão, ele ficará salvo no painel *Amostras*. As próximas modificações serão aplicadas no primeiro padrão que você criou e a cópia se manterá.

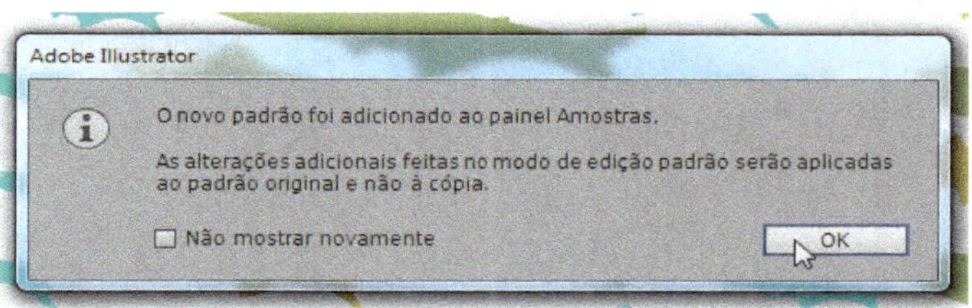

Um efeito interessante que você pode aplicar na estampa é selecionar os peixinhos e colocar transparência.

Faça testes, modifique a largura e a altura, e crie várias estampas a partir de um único elemento.

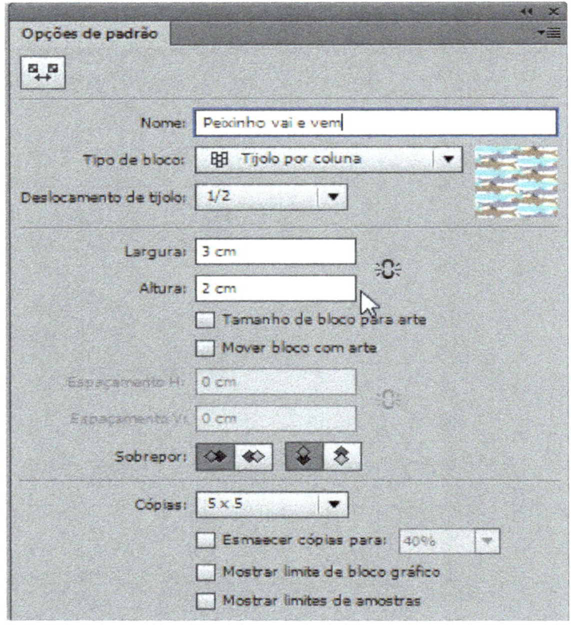

Clique em *Salvar uma cópia* novamente e coloque um nome para o novo padrão.

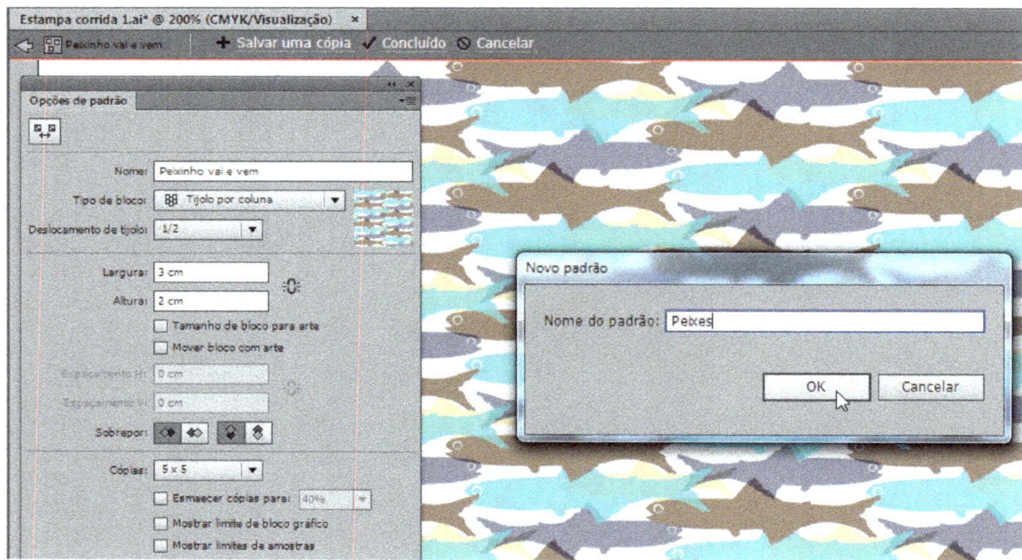

Ao finalizar os ajustes, clique em *Concluído*.

Para salvar sua estampa, vá ao *Menu Biblioteca de amostras.*

Selecione a opção *Salvar amostras.*

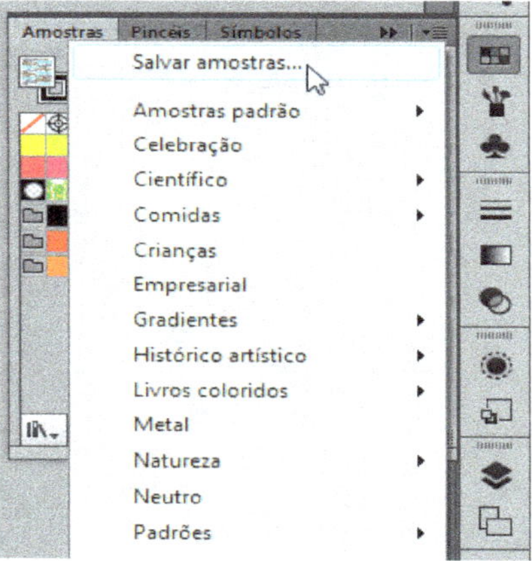

Se quiser abrir o padrão criado em um novo documento, volte ao *Menu Biblioteca de amostras.*

Vá a *Definido pelo usuário* e escolha o padrão que salvou.

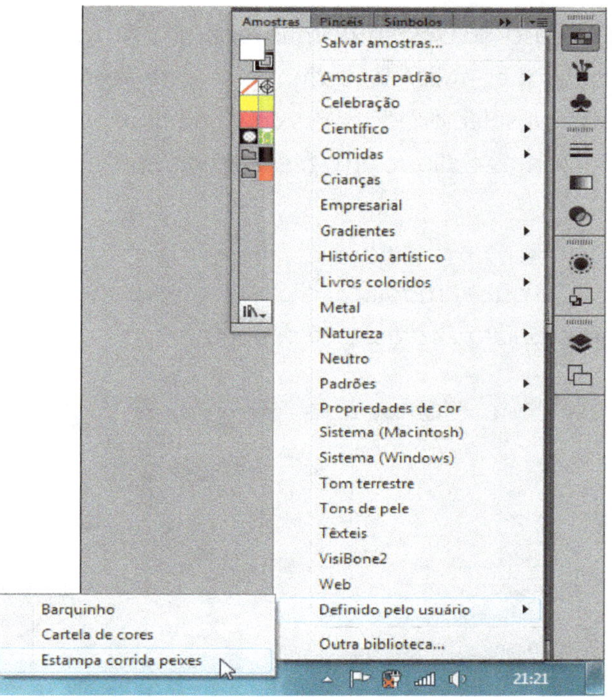

Aparecerá um painel na sua prancheta; clique no padrão e ele aparecerá no painel de amostras do documento.

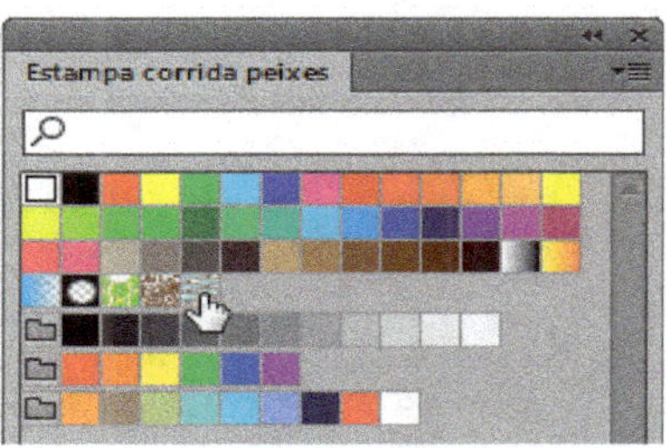

Para que sua cartela de cores também vá para o painel de amostras, clique na pastinha dela.

Caso sua estampa não apareça no quadrado no qual quer aplicá-la, verifique se está com o preenchimento selecionado, vá às cores no final da caixa de ferramentas e clique em *Preenchimento*.

Se quiser modificar o padrão, selecione a estampa que aplicou no quadrado e vá a *Objeto, Padrão, Editar padrão*.

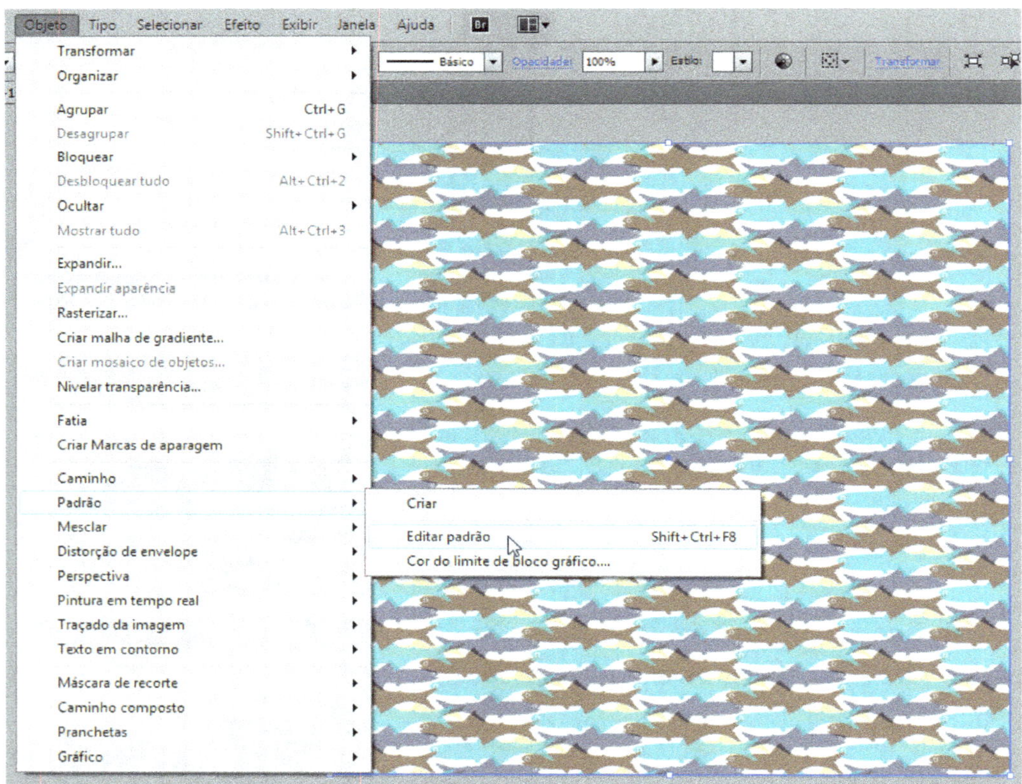

Com os elementos criados na estampa localizada, faça novas composições.

Você pode usar novamente *Editar, Editar cores, Recolorir arte* e, em *Predefinição*, escolher a opção *Trabalho com 1 cor*.

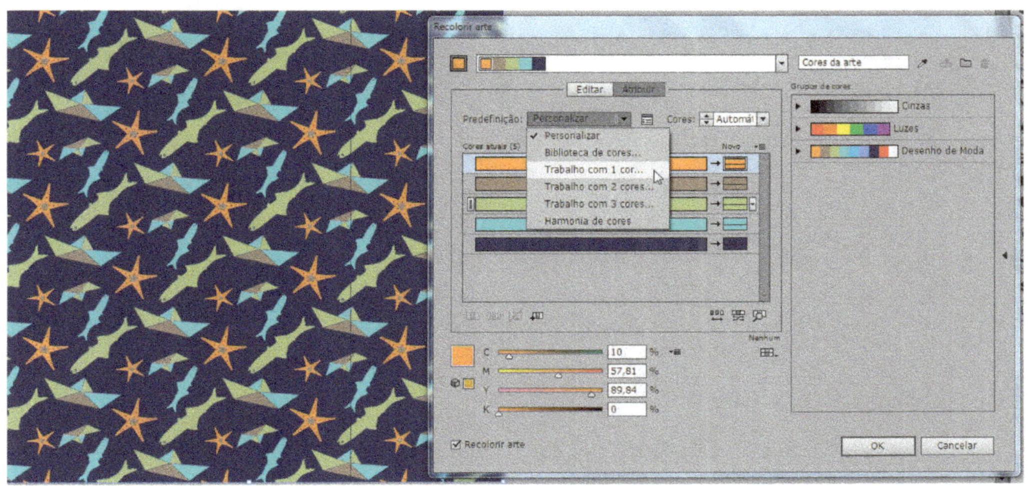

Quando pedir uma biblioteca de cores, escolha sua cartela de cores em *Definido pelo usuário*.

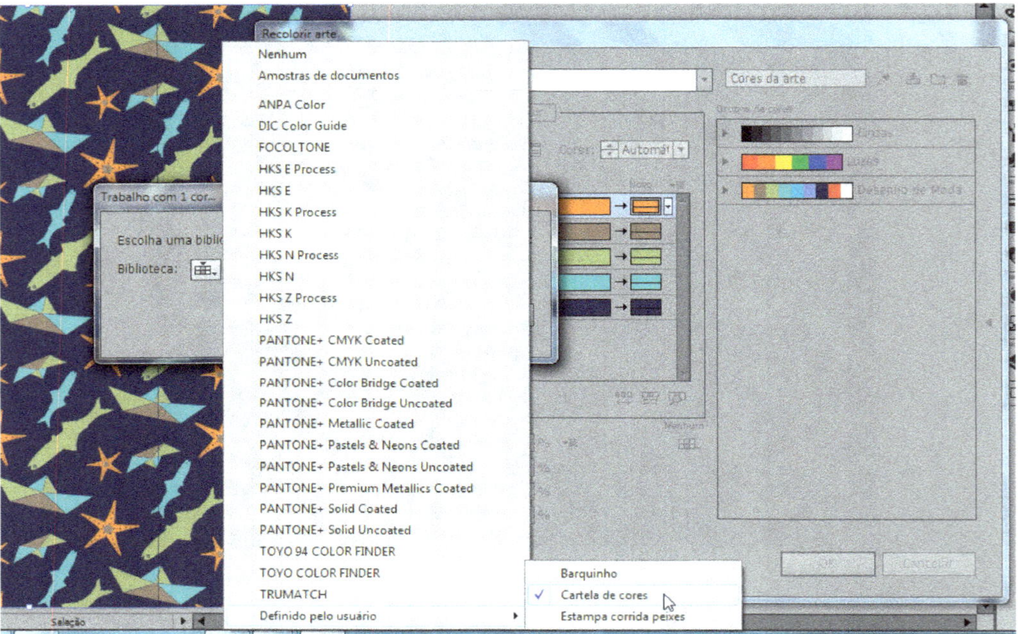

Clique em uma das cores, segure o dedo no mouse e arraste para *Novo*.

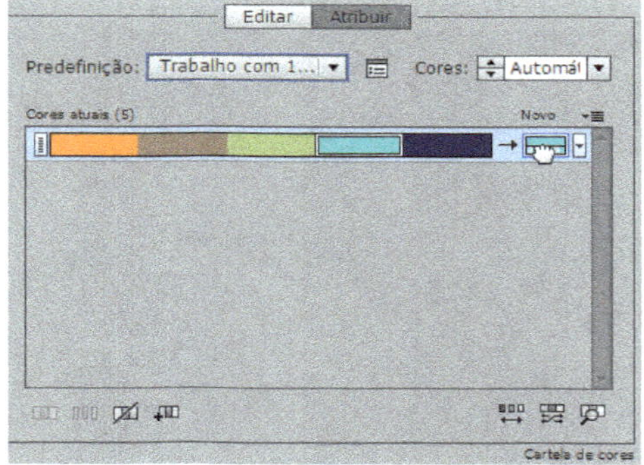

As opções são amplas. Faça diversos estudos e salve as estampas para depois aplicá-las em sua coleção.

TRANSFORMAR

Outra forma de criar estampas no Illustrator CC é com a opção *Transformar*. Para começar, vá à caixa de ferramentas e escolha a opção *Ferramenta Grade retangular*.

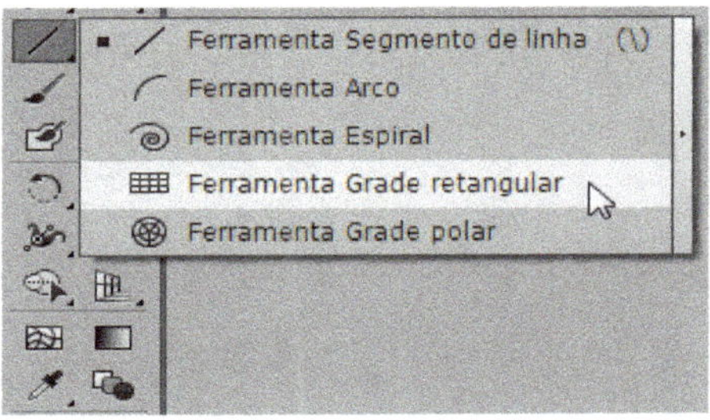

No exercício, a prancheta está com 20 cm × 20 cm. Com a *Ferramenta Grade retangular* selecionada, clique uma vez no cantinho superior da prancheta e coloque os valores na janela que surgir.

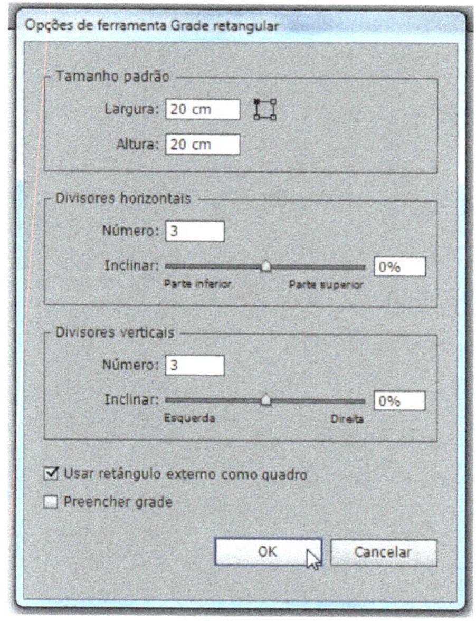

A grade servirá para posicionar os elementos da estampa, e é preciso transformá-la em guia para que não saia na impressão do documento. Com a *Ferramenta Seleção* (seta preta), clique na linha da grade e vá a *Exibir, Guias, Criar guias*.

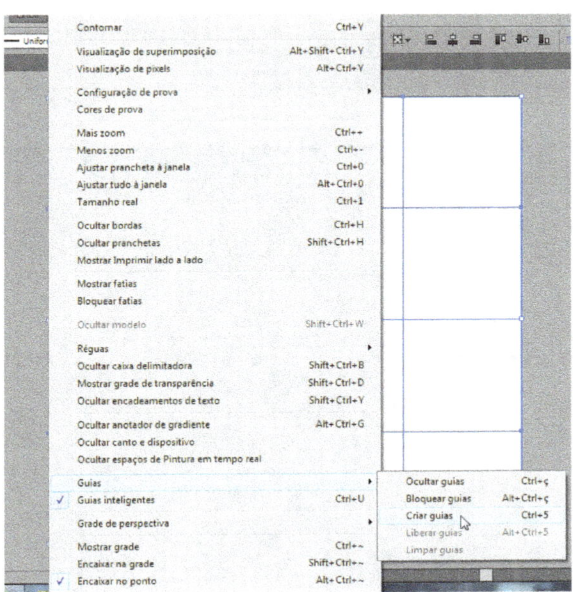

Se quiser trocar a cor da guia para que ela fique mais visível na prancheta, vá a *Editar, Preferências, Guias e Grade*.

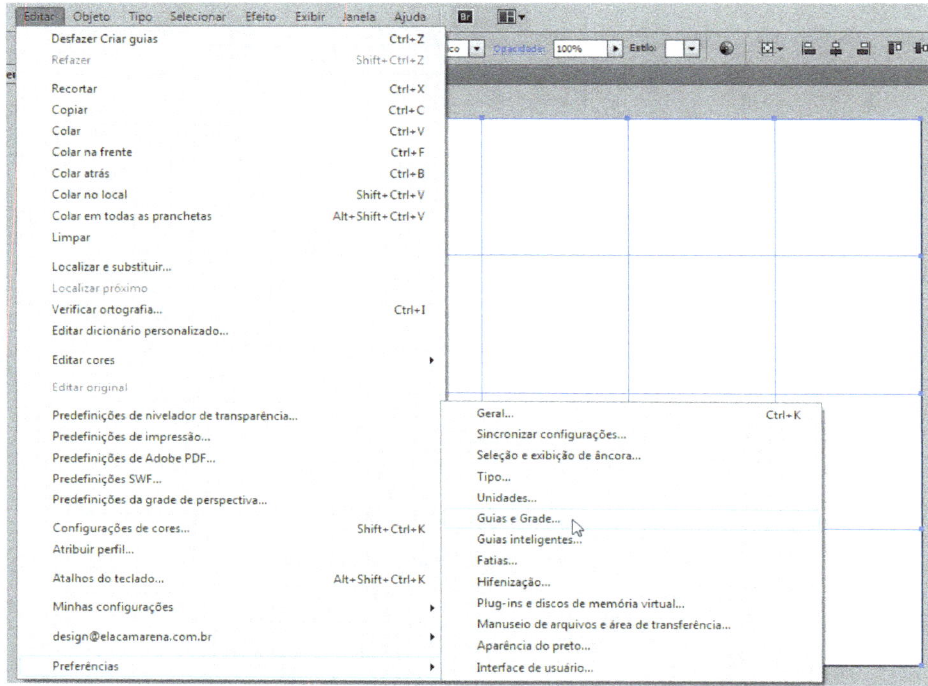

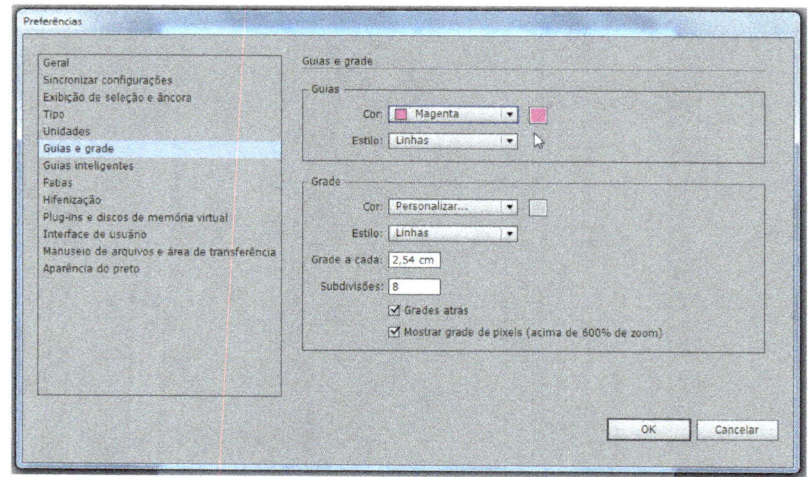

Abra um arquivo da estampa localizada, copie (*Editar, Copiar*) e cole (*Editar, Colar na frente*) em um módulo da grade no arquivo que criou.

A estrela-do-mar foi desenhada com duas partes, e elas estão em um grupo. Se quiser mudar suas cores sem precisar desagrupá-la, clique duas vezes na estrela para entrar no modo de isolamento. Essa é uma característica do Illustrator CC, para que se possa selecionar apenas um objeto, mesmo que ele esteja em um grupo.

Quando um objeto, que está agrupado a outros, é selecionado, as cores logo abaixo da caixa de ferramentas ficam com um ponto de interrogação; no caso da estrela, no preenchimento.

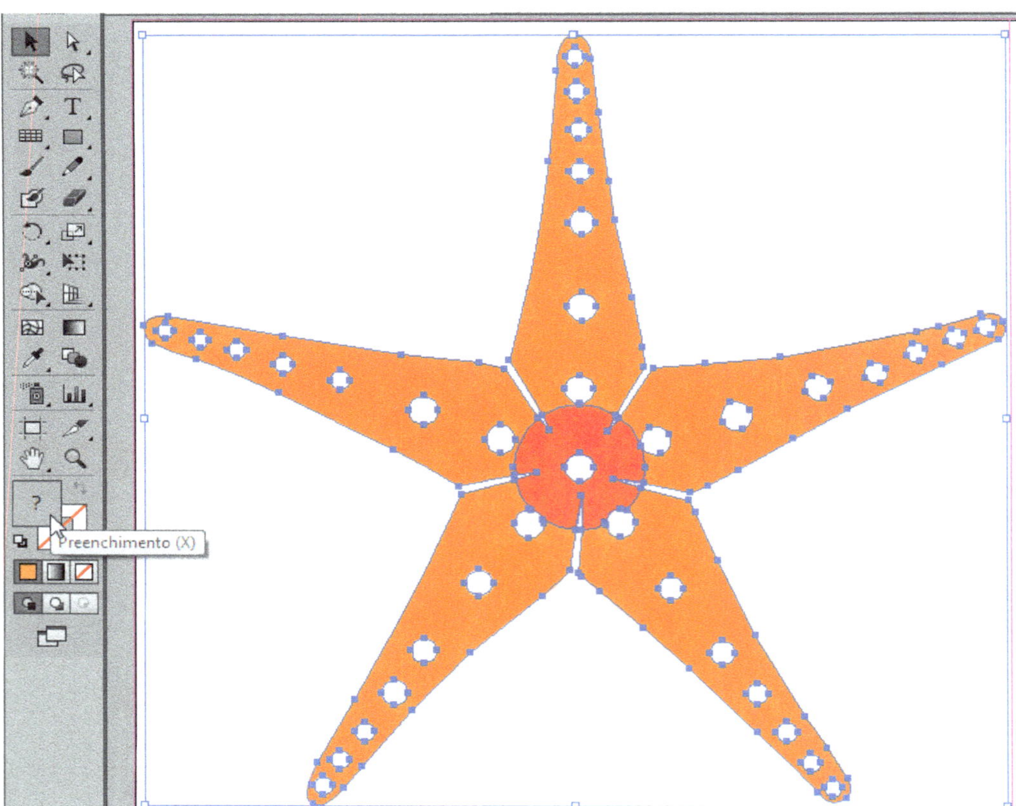

Ao clicar duas vezes na estrela com a *Ferramenta Seleção* (seta preta), veja que a cor da estrela aparece no preenchimento; isso significa que a estrela está selecionada dentro do grupo.

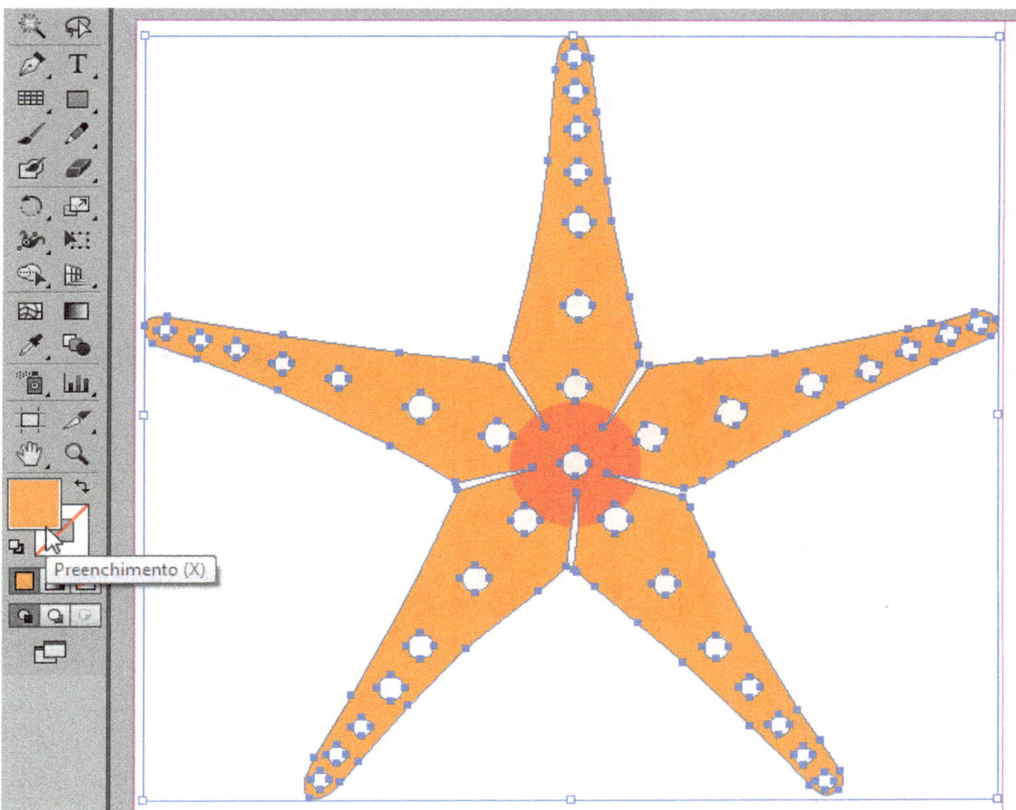

Se for ao painel e selecionar *Camadas*, você verá que há um quadradinho azul na frente da camada da estrela, indicando que ela está selecionada.

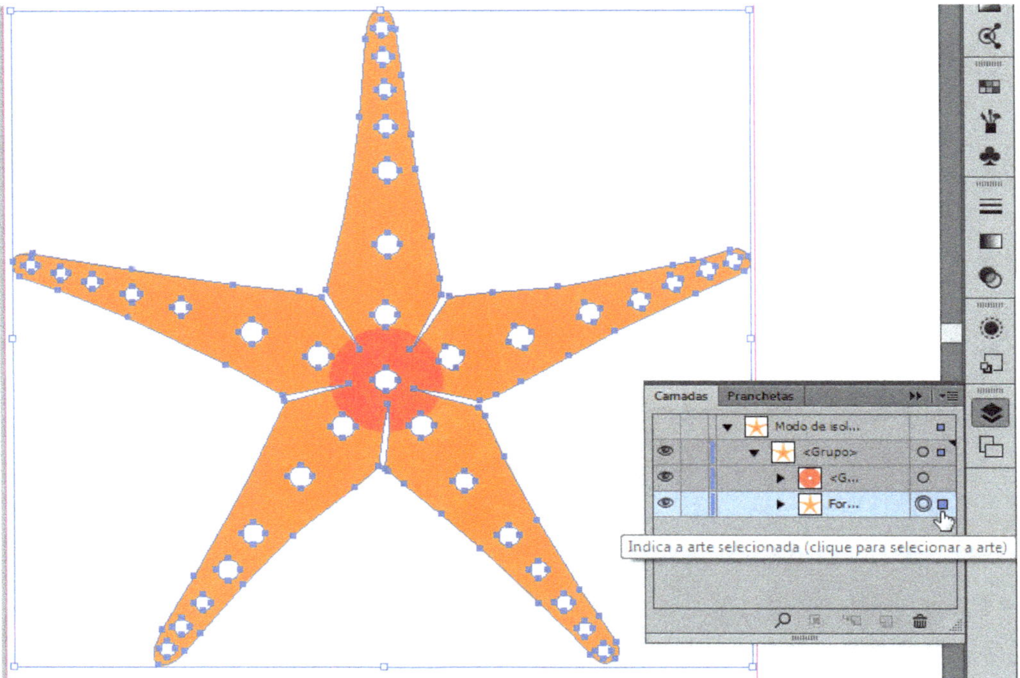

Com a estrela selecionada, mude sua cor clicando na paleta de cores no painel de amostras. Pressione *CTRL* (*Command* no Macintosh) *+ 0* para ver sua prancheta inteira.

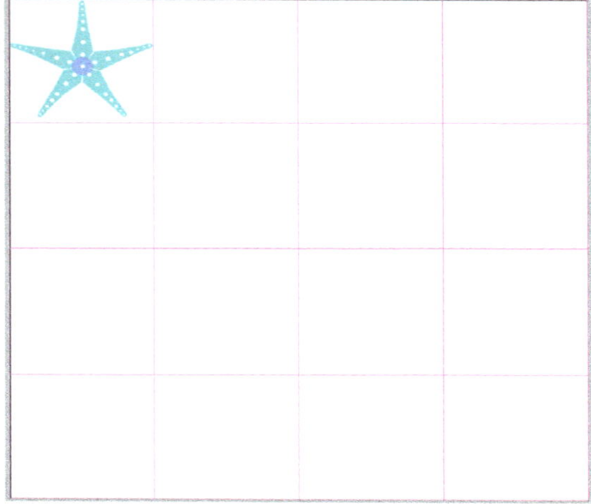

Após a preparação do elemento, bloqueie a grade. Clique em uma área vazia com o botão direito do mouse e selecione *Bloquear guias*.

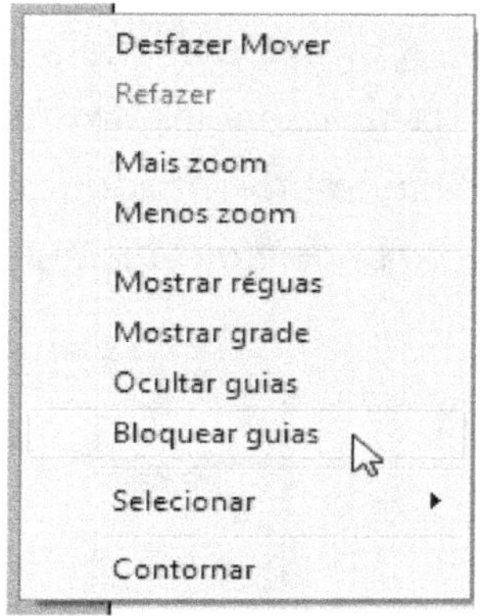

Vá ao painel *Aparência* e clique no menu de efeitos.

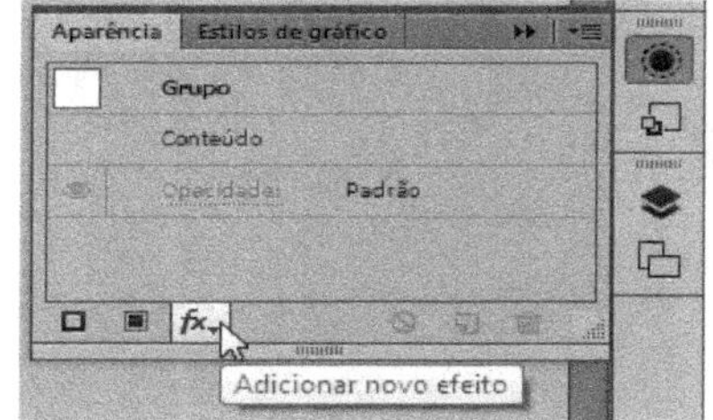

No painel *Efeitos*, escolha as opções *Distorcer e transformar, Transformar*.

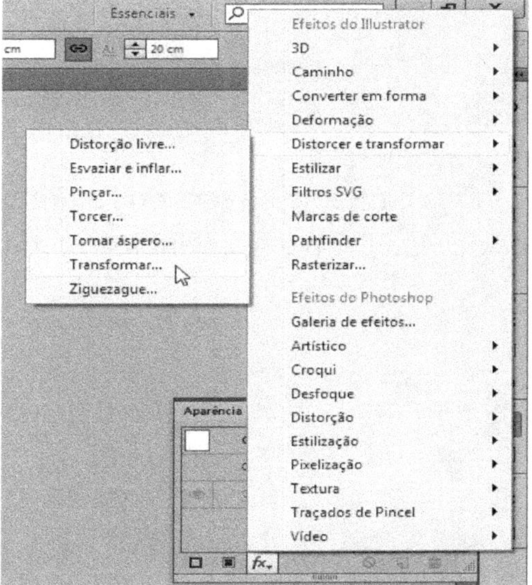

Como a prancheta tem 20 cm × 20 cm e 4 módulos (cada módulo tem 5 cm × 5 cm), no painel *Transformar*, coloque *5 cm* em *Mover* e, em *Cópias*, coloque *3*, que é o número de módulos que está na grade. Deixe habilitada apenas a opção *Transformar objetos*. Veja que a estrela se repetirá dentro dos quadradinhos da grade.

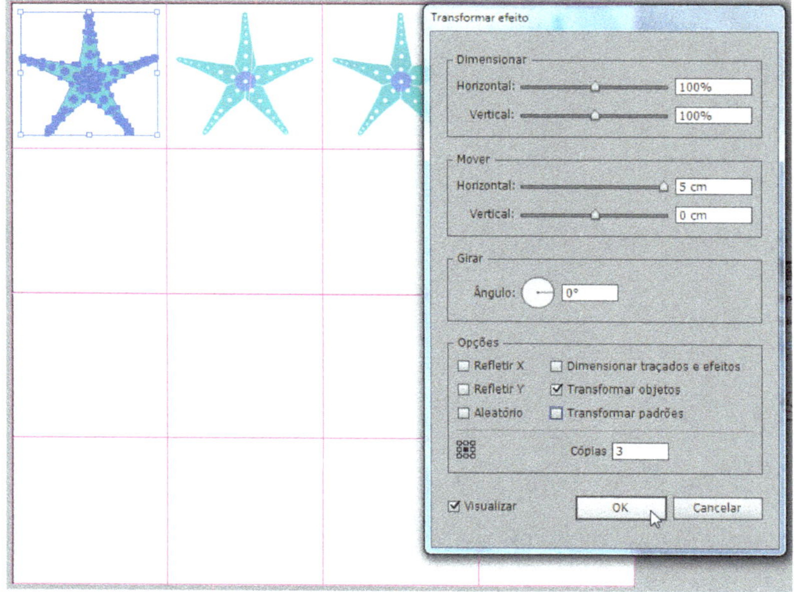

Faça o mesmo no sentido vertical. Vá ao painel *Aparência* e selecione *Transformar*.

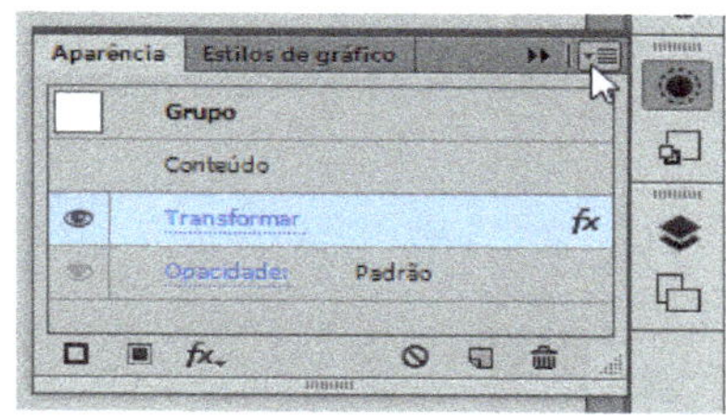

Vá às opções do painel e selecione *Duplicar item*.

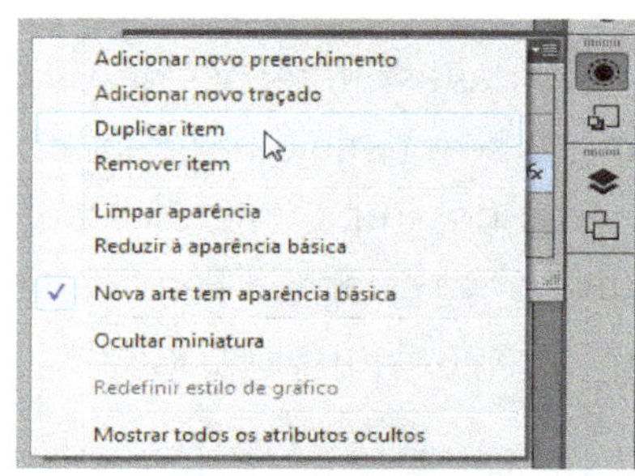

Clique no efeito que duplicou.

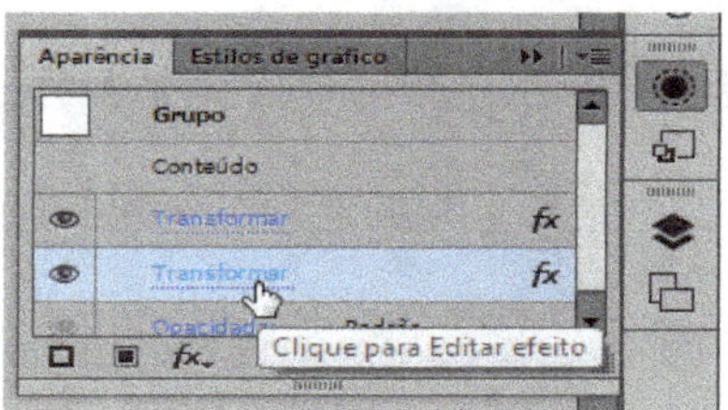

Em *Horizontal*, coloque *0*; em *Vertical*, coloque *5 cm*. Clique em *OK*.

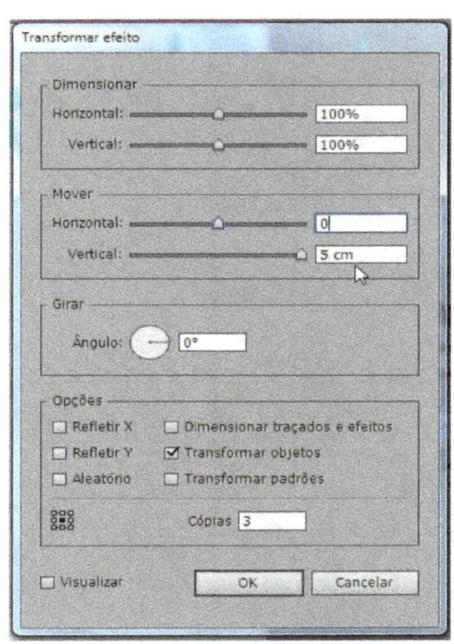

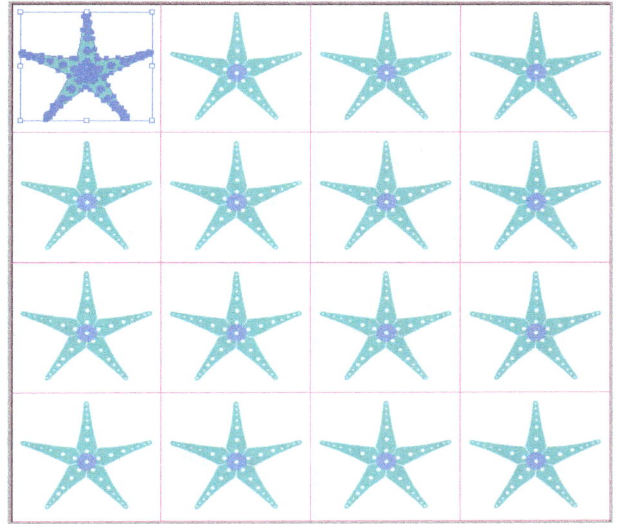

Todas as alterações que você fizer na estrela que colocou no primeiro quadradinho se refletirão nas demais. Clique duas vezes na primeira estrela à direita para entrar no grupo e acrescente mais elementos, movimente-a e faça estudos para uma nova estampa. Lembre-se: o efeito se repetirá apenas com os elementos que estiverem dentro do grupo.

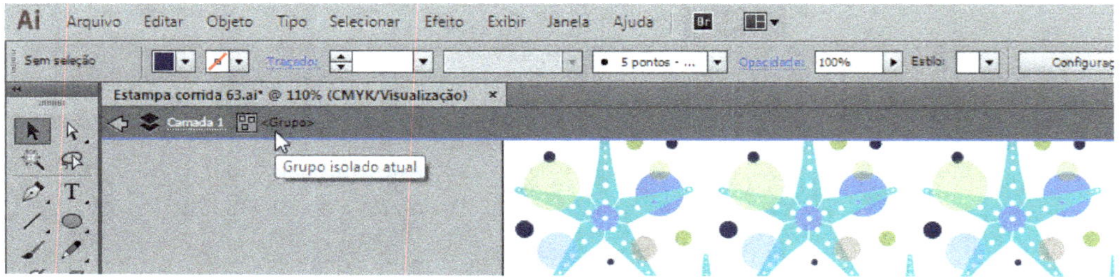

Ao finalizar, clique duas vezes em uma área livre e saia do grupo. Veja na imagem a seguir quais são os elementos que criaram as repetições.

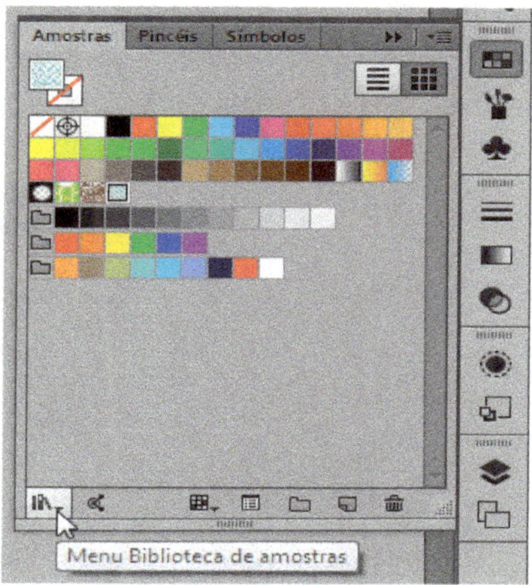

Salve a estampa e, todas as vezes que abri-la, você poderá editá-la entrando no modo de grupo nos elementos originais. Você também pode selecionar o módulo dos elementos originais, segurar o dedo no mouse e arrastá-los para o painel de amostras. Em *Menu Biblioteca de amostras*, salve a amostra.

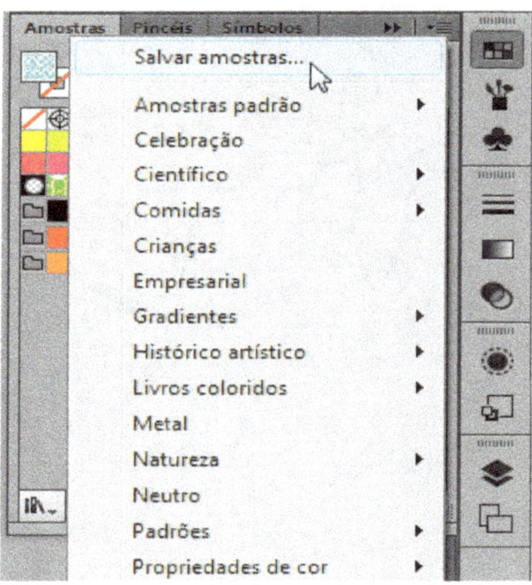

A estampa criada com o padrão dinâmico está no modo aparência; somente os elementos originais estão em estrutura. Para visualizar o efeito, vá a *Exibir*, *Contornar*.

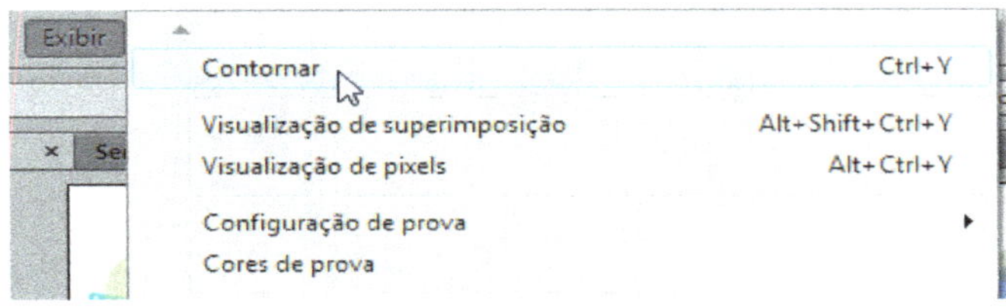

Veja que só aparece o elemento que originou a estampa.

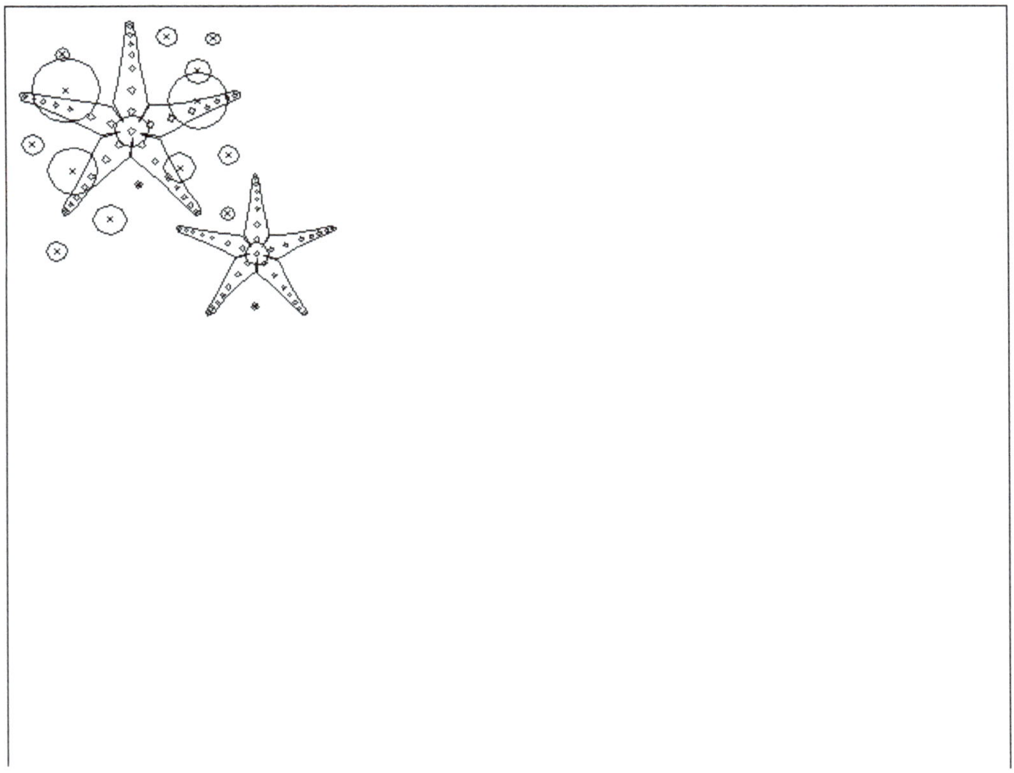

Volte à visualização normal. Vá a *Exibir, Visualização*.

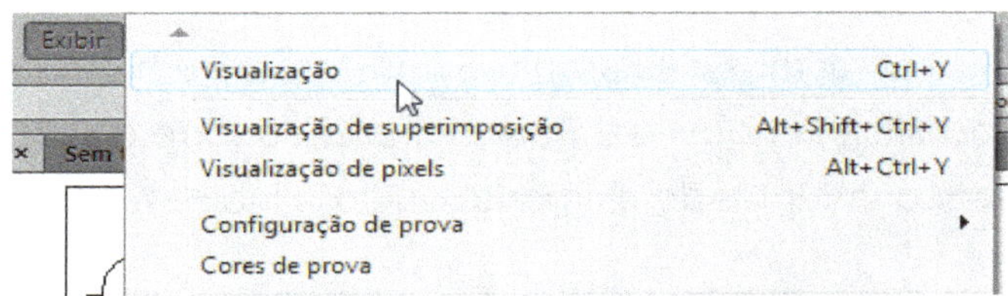

Para colocar toda a estampa com o atributo de estrutura, selecione os desenhos originais e vá a *Objeto, Expandir aparência*.

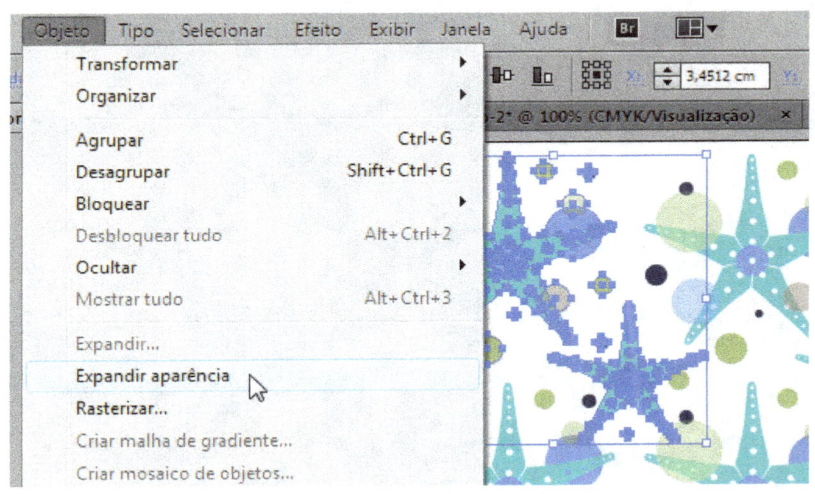

Agora, toda a estampa se transformou em um desenho e não é mais possível modificá-la no painel *Transformar* ou dentro do grupo, pois os elementos estão independentes do elemento que originou a estampa.

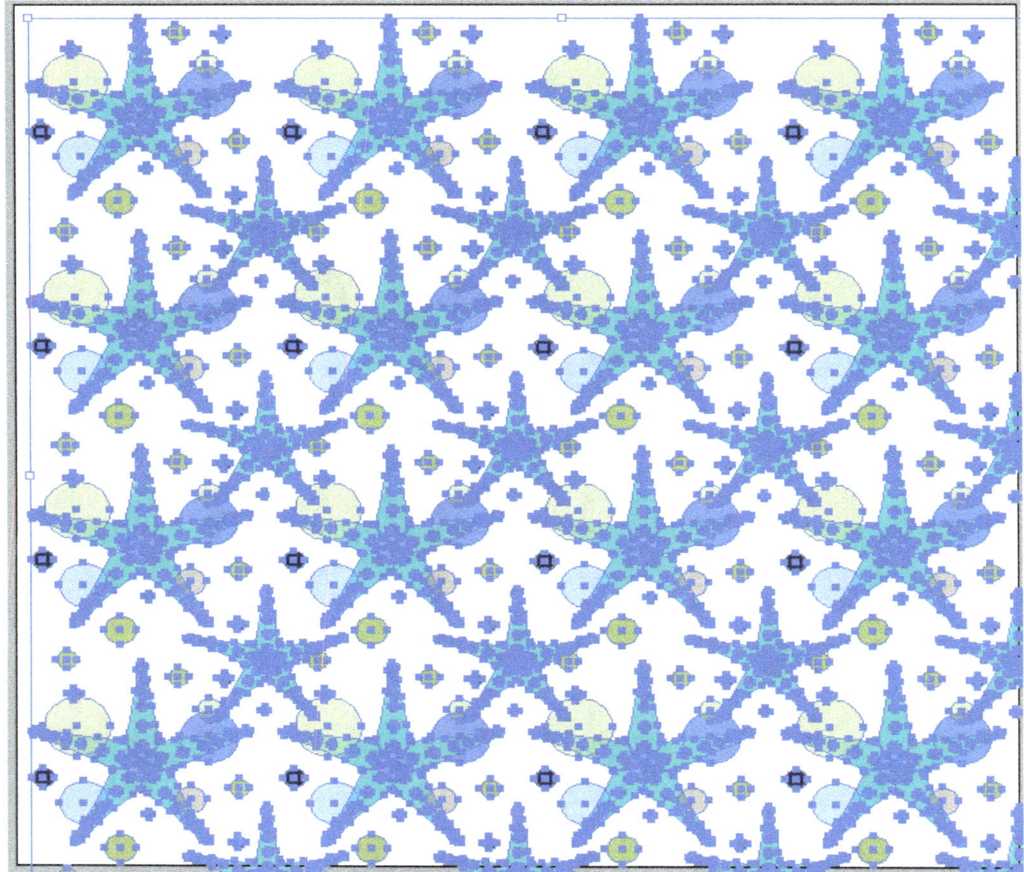

Para encontrar o módulo de repetição, aproxime a estampa com a *Lupa* e, com a *Ferramenta Retângulo*, clique na ponta de uma estrela e ande à direita até encontrar a próxima ponta da mesma estrela. Faça o mesmo para baixo.

Abra o *Pathfinder* e, com o quadrado selecionado, pressione *Shift* (no teclado) e selecione a estampa; vá a *Corte* no *Pathfinder*.

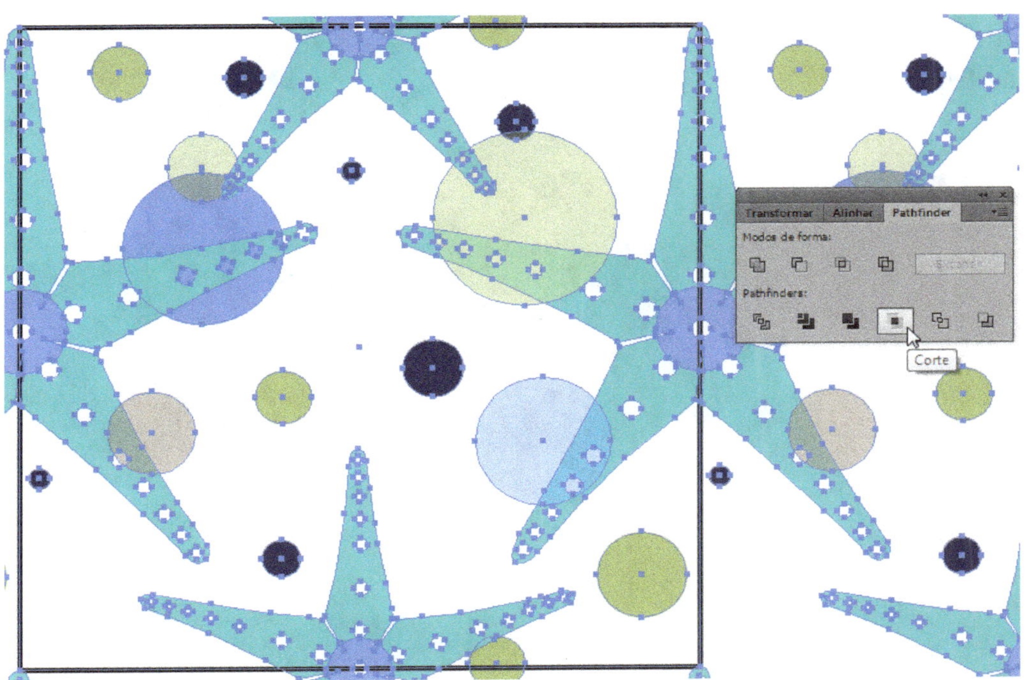

Veja abaixo o módulo de repetição da estampa.

Se você duplicá-lo e arrastá-lo para cima, para baixo e para os lados, verá que o encaixe estará perfeito.

Há diversos efeitos que você pode aplicar na estampa; por exemplo, vá a *Efeito, Estilizar, Rabiscar* no grupo de efeitos do Illustrator CC.

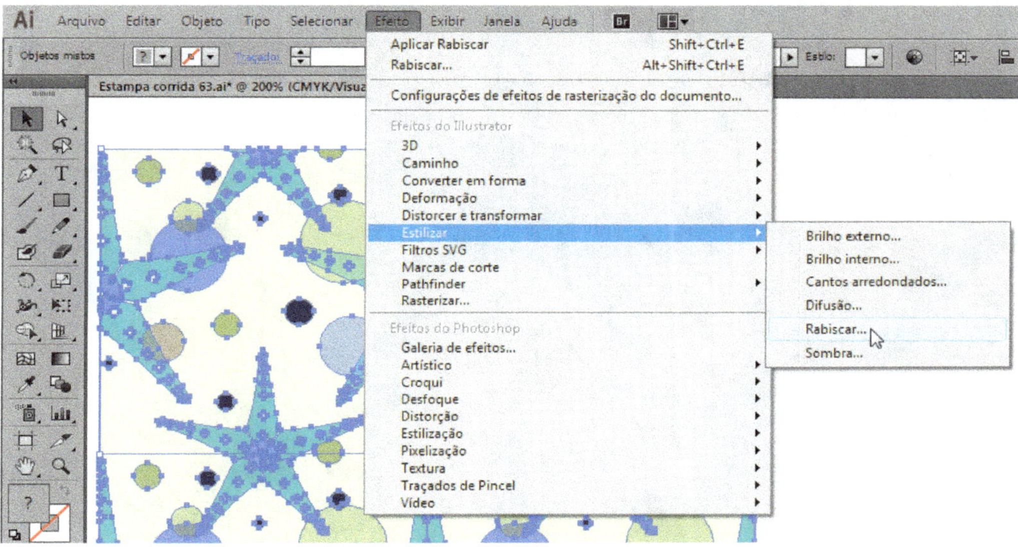

Faça ajustes nas opções. Clique em *Visualizar* para ver as mudanças na estampa.

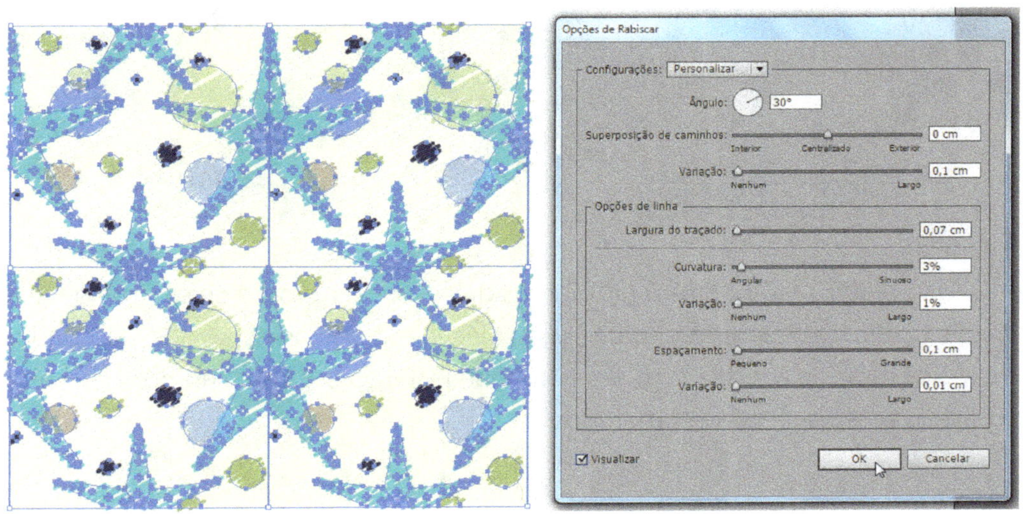

Quando gostar do resultado, clique em *OK*.

É divertido usar efeitos em programas gráficos, mas lembre-se sempre de que tudo o que você desenvolver para a sua coleção – modelos, estampas e bordados – precisa estar de acordo com seu painel de inspiração e com seu público. Salve o padrão para usar em seus modelos.

VARIANTE DE CORES E APLICAÇÃO

Crie uma página com sua estampa, faça a combinação de cores e crie uma ilustração ou use um dos desenhos técnicos para indicar a proporção da estampa em relação às peças da sua coleção.

15. FICHA TÉCNICA

A ficha técnica da coleção deve ser elaborada com base nas informações indicadas pela produção. Antes de começar, informe-se com modelistas, costureiras e fornecedores dos materiais que farão a composição das peças. Anote tudo para compor sua ficha e facilitar a comunicação com diversas equipes, para seu projeto sair exatamente como você planejou.

A ficha técnica deve ser vista como projeto. Sem ela, a coleção nem deveria começar a ser desenvolvida; mas, na prática, há muitas empresas que não trabalham dessa forma. O formato da ficha e o que será colocado nela dependerão muito do produto a ser desenvolvido, onde será confeccionado e quais profissionais estarão envolvidos.

Pense no próximo profissional ou na equipe que receberá seus desenhos. Independentemente de sua presença durante o processo de construção, as fichas técnicas deverão estar em todas as etapas de produção, acompanhadas das especificações necessárias à confecção dos modelos.

O Illustrator CC não foi criado com o objetivo específico de atender um único público. Assim como outros programas gráficos da mesma categoria, ele abrange um número considerável de pessoas atuantes nas mais diversas áreas.

Pensando nisso, talvez ele não seja o programa mais adequado para desenhar uma ficha técnica. O que faremos a seguir será uma adaptação das suas ferramentas para a construção da ficha técnica de produto.

Crie uma nova prancheta de acordo com seu projeto, seja para impressão ou para ser colocada na web. Vá a *Arquivo*, *Novo* e configure sua página. Defina uma margem de encadernação à esquerda (em uma leitura ocidental), se for imprimir a ficha, ou apenas uma área igual ao redor, se a intenção é a visualização apenas por meio digital.

Você pode definir a área na qual a ficha será feita a partir de um retângulo. Vá à ferramenta *Retângulo*, clique uma vez na prancheta e estabeleça o seu tamanho. A página que criei tem 21 cm × 21 cm; coloquei a medida de 18 cm de largura por 19 cm de altura para o retângulo, para ter uma área de encadernação com 2 cm (descontando a margem de 1 cm que ficará à direita).

A correntinha ao lado das medidas na janelinha precisa estar aberta para que seja possível definir as duas medidas.

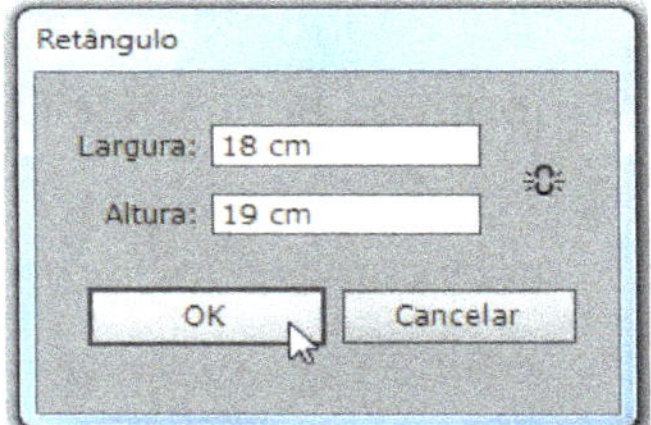

Ao criar o retângulo, posicione-o na prancheta, clique nele com a *Ferramenta Seleção* (seta preta), segure o dedo no mouse e movimente o cursor para o local que quiser. Se as guias inteligentes estiverem ativadas, será fácil centralizar o retângulo no sentido vertical e deixar à direita a mesma margem que ficará em cima e embaixo.

A ficha será dividida em três partes: uma área com informações gerais sobre o modelo, outra com informações específicas e uma área de desenho. Elas podem ser definidas a partir de linhas. Vá a *Ferramenta Segmento de linha* e faça as linhas conforme o desenho.

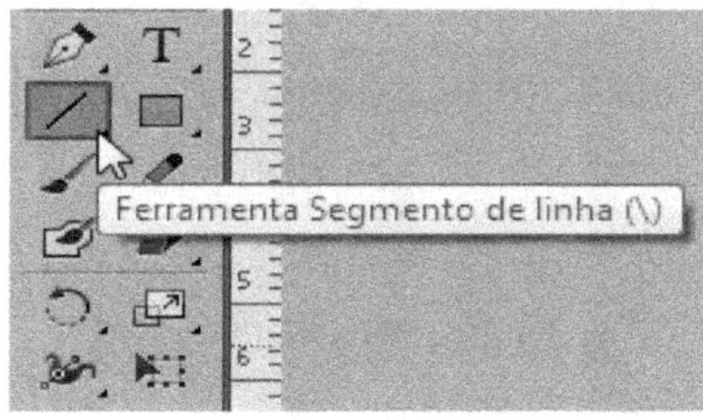

Essa divisão é apenas uma sugestão. Defina as áreas como quiser, desde que sua ficha seja compreensível. Com as linhas selecionadas com a *Ferramenta Seleção* (seta preta), vá a *Exibir, Guias, Criar guias*.

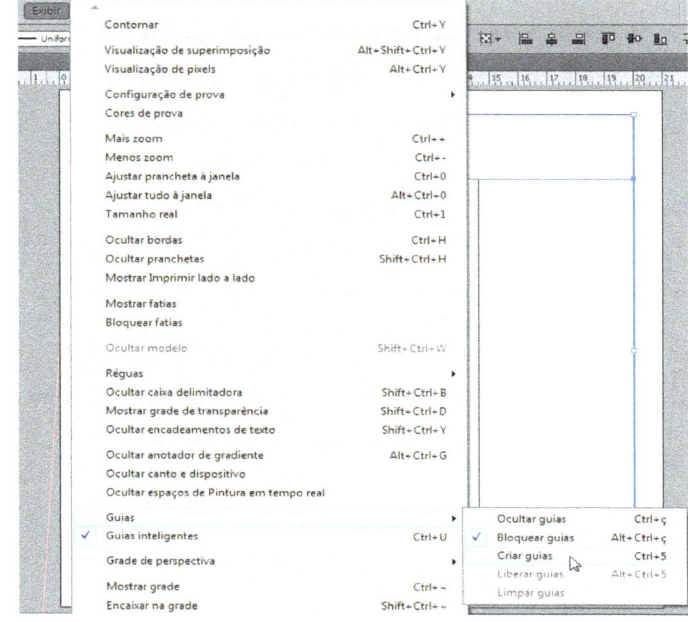

As linhas que desenhou se transformarão em guias e serão usadas como apoio para a construção da ficha. As linhas-guia deverão estar bloqueadas e, caso não estejam, com a *Ferramenta Seleção*, clique na prancheta com o botão direito do mouse e bloqueie-as.

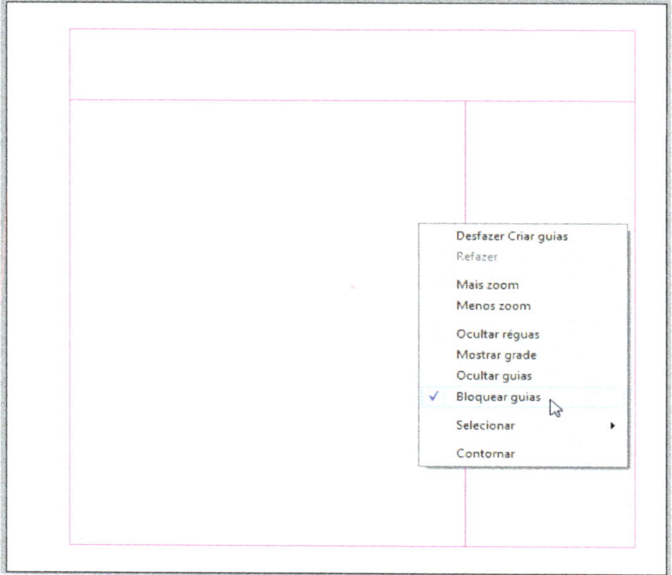

A qualquer momento, você pode desbloquear as guias e movimentar a ficha para ajuste. Essa é a estrutura de uma ficha técnica básica. Particularmente, gosto de colocar retângulos para definir as áreas de informações. Com a ferramenta *Retângulo*, crie retângulos nessas áreas. Se quiser, arredonde os cantinhos: clique na seta branca (*Ferramenta Seleção direta*), selecione o retângulo que desenhou, vá a *Raio do canto* e coloque um valor para o arredondamento.

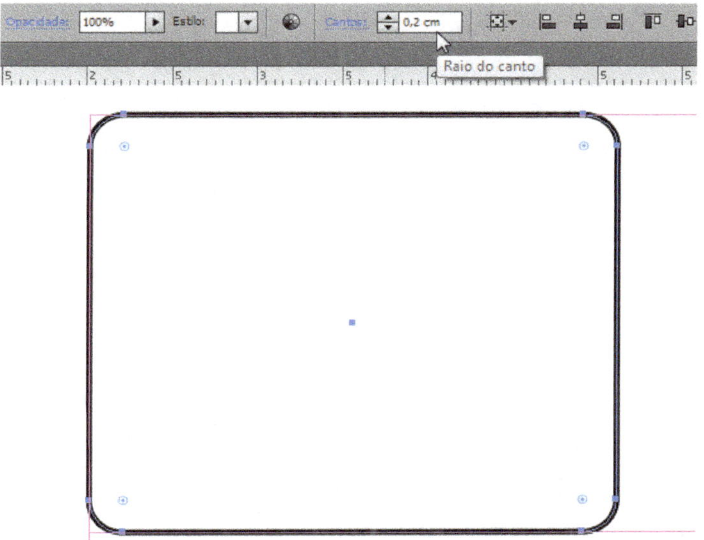

Nesse quadradinho, coloque o logotipo da marca. Acrescente mais retângulos nas áreas em que serão colocados os textos. Veja que coloquei mais algumas guias como apoio, só para deixar um pequeno espaço entre os blocos de informação.

Selecione a *Ferramenta Texto* e passe o cursor sobre o retângulo. Veja que o cursor muda de aparência conforme você se aproxima ou se distancia do retângulo. Quando ele fica com um quadradinho, significa que você pode fazer uma caixa de texto. Segure o dedo no mouse e arraste o cursor na diagonal para criá-la.

Quando aparece um círculo no cursor, significa que o texto usará o retângulo como caixa de texto. Clique na área do retângulo, segure o dedo no mouse e arraste o cursor na diagonal dentro dele (tirei a visualização das guias para que você perceba melhor o retângulo).

O retângulo, nesse caso, desaparecerá, restando só o texto. Então, se quiser o retângulo como delimitador da área na qual colocará as informações gerais sobre a coleção, faça apenas o frame de texto dentro dele, como explicado na primeira opção.

Arredonde também os cantos do retângulo.

Com o texto selecionado, vá a *Tipo, Opções de Tipo de área* para colocar o texto em colunas.

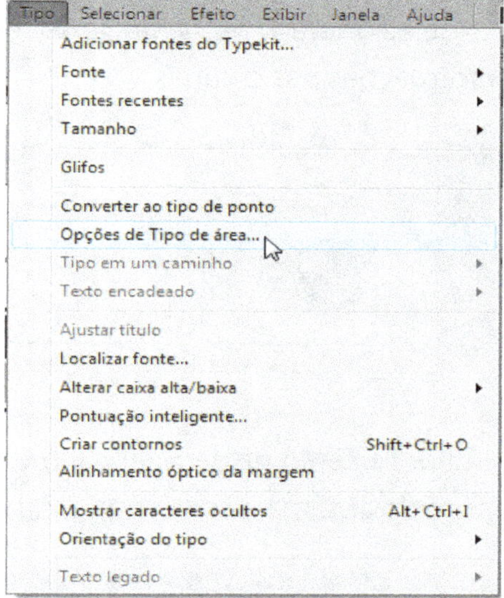

Na caixa de diálogo, defina o número de colunas de texto e a distância entre elas; isto é, a *Medianiz*. Clique em *OK*.

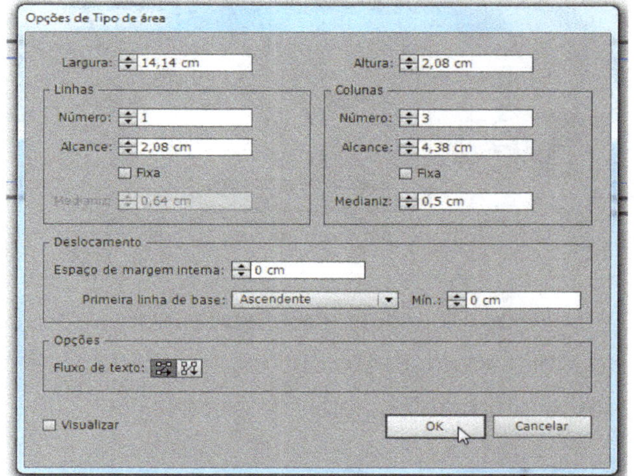

A caixa de texto aparecerá com as três divisões.

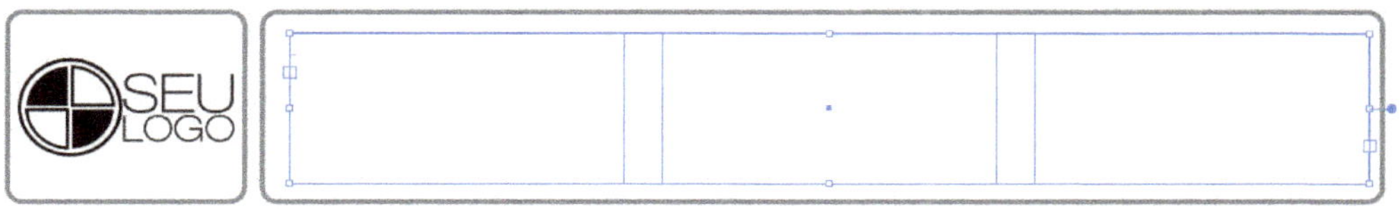

Selecione a *Ferramenta Texto*, escolha uma fonte em *Caractere* e escreva as informações nas colunas.

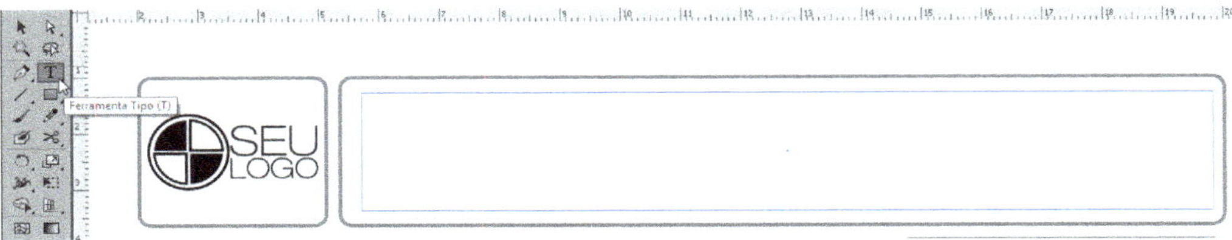

Por questão de segurança, o texto da ficha técnica deve ser feito com uma fonte do sistema, por exemplo, Arial para PC ou Helvética para Macintosh.

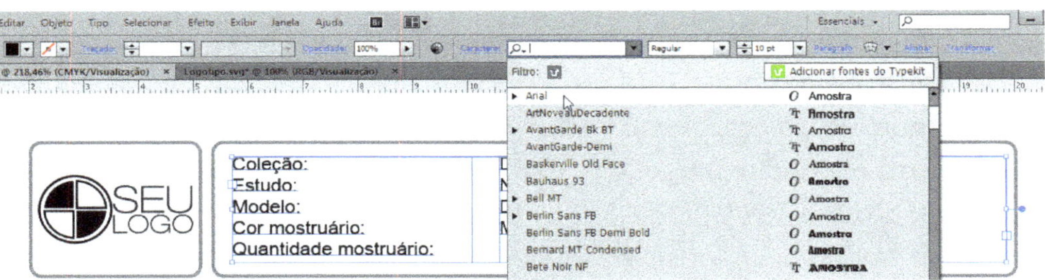

Se você não incluir a fonte ao salvar seu arquivo, correrá o risco de ela mudar e quebrar a formatação quando for aberta em outro computador. Veja como ficaram as informações gerais da coleção.

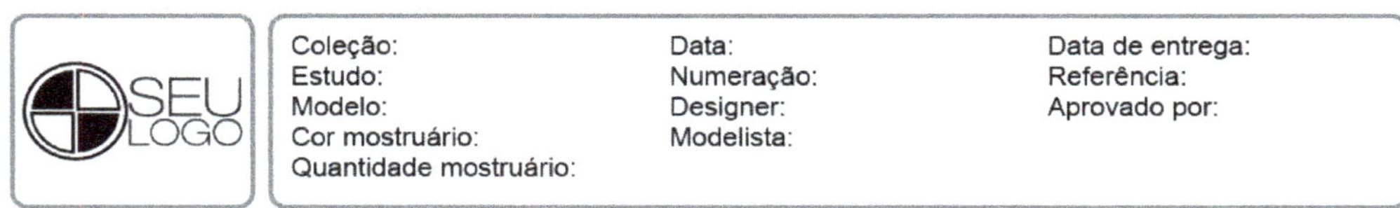

Veja como as informações podem ser preenchidas.

Coleção: Inverno 2017
Estudo: 001
Modelo: baby look
Cor mostruário: verde
Quantidade mostruário: 20

Data: 25/jul/15
Numeração: P-M-G
Designer: Elá Camarena
Modelista: Júlia

Data de entrega: 25/ago/15
Referência: 772/32
Aprovado por: Elá Camarena

Costumo colocar o campo Estudo, porque é um modelo que ainda está sendo desenvolvido e, caso não seja aprovado, não usarei uma referência ou código final. Imagine se não houvesse nenhuma forma de tratar o modelo. Ficaria bem difícil dizer: "Sabe aquele baby look com a estampa de peixinho?". Por isso uso Estudo 001, por exemplo, para me referir a um modelo específico.

Para construir a área de informações específicas, repita o mesmo que fez nas informações gerais. Quando aparecer um sinal de + em vermelho, significa que existe texto escondido.

Material Cor 1:
Fornecedor:
Composição:
Consumo:

Material Cor 2:
Fornecedor:
Composição:
Consumo:

Material Cor 3:
Fornecedor:
Composição:
Consumo:

Molde código:
Decote:

Clique no final do frame de texto com a *Ferramenta Seleção* (seta preta), segure o dedo no mouse e arraste o cursor para baixo até que apareça todo o texto e o sinalzinho de + desapareça.

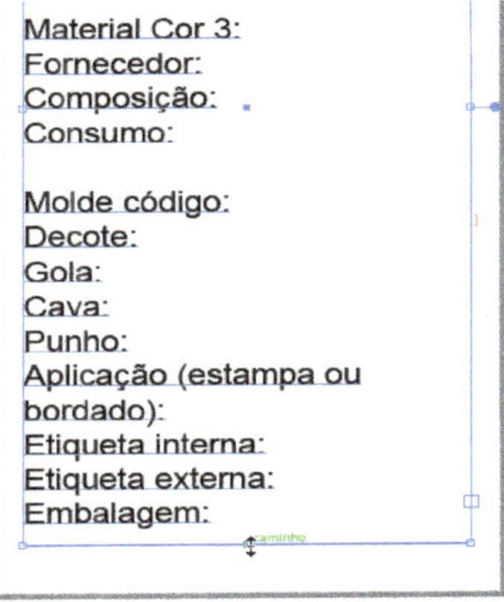

Coloque os cantinhos redondos no retângulo. Continue colocando os retângulos de acordo com as informações que precisar incluir na ficha técnica. Veja uma sugestão de divisão a seguir.

SEU LOGO

Coleção: Inverno 2017
Estudo: 001
Modelo: baby look
Cor mostruário: verde
Quantidade mostruário: 20

Data: 25/jul/15
Numeração: P-M-G
Designer: Elá Camarena
Modelista: Júlia

Data de entrega: 25/ago/15
Referência: 772/32
Aprovado por: Elá Camarena

Material Cor 1:
Fornecedor:
Composição:
Consumo:

Material Cor 2:
Fornecedor:
Composição:
Consumo:

Material Cor 3:
Fornecedor:
Composição:
Consumo:

Molde código:
Decote:
Gola:
Cava:
Punho:
Etiqueta interna:
Etiqueta externa:
Embalagem:

Coloque o modelo na ficha técnica no quadrado maior. Veja que coloquei um campo para a estampa no canto inferior direito da ficha.

Coleção: Inverno 2017
Estudo: 001
Modelo: baby look
Cor mostruário: verde
Quantidade mostruário: 20

Data: 25/jul/15
Numeração: P-M-G
Designer: Elá Camarena
Modelista: Júlia

Data de entrega: 25/ago/15
Referência: 772/32
Aprovado por: Elá Camarena

Material Cor 1:
Fornecedor:
Composição:
Consumo:

Material Cor 2:
Fornecedor:
Composição:
Consumo:

Material Cor 3:
Fornecedor:
Composição:
Consumo:

Molde código:
Decote:
Gola:
Cava:
Punho:
Etiqueta interna:
Etiqueta externa:
Embalagem:

Novamente, coloque o texto no quadrado; neste caso, serão as variantes de cor do modelo. Coloque uma legenda para indicar Cor 1 e Cor 2, fazendo a relação no quadro de variantes de cor.

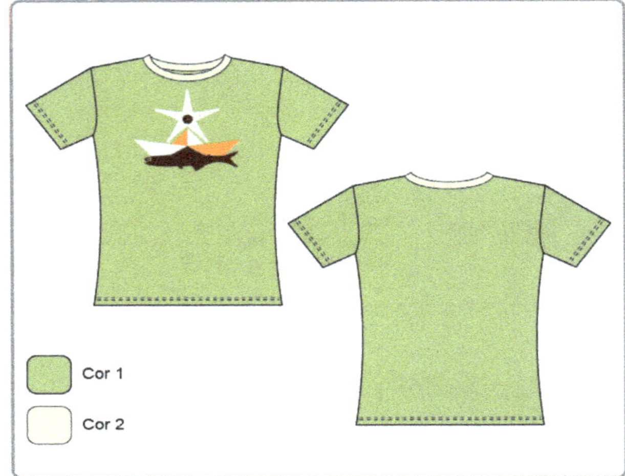

Faça a mesma relação com a variante de cor da estampa.

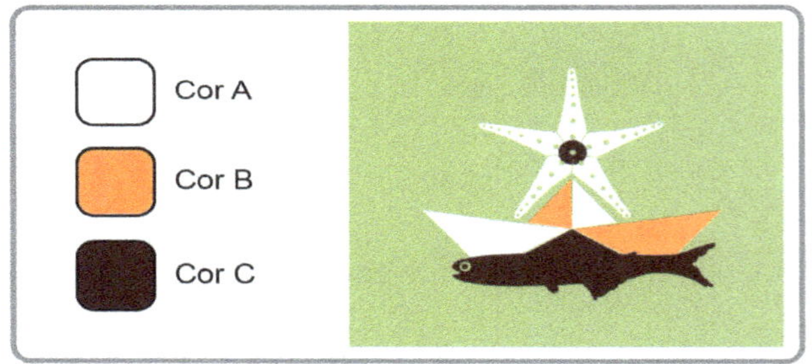

No último campo a ser preenchido, coloque o texto como fez anteriormente; neste caso, serão dois campos de texto com quatro colunas.

Veja o seu preenchimento. Escreva a cor para o baby look; as demais serão as cores da estampa. Com o texto selecionado, vá a *Centralizar*.

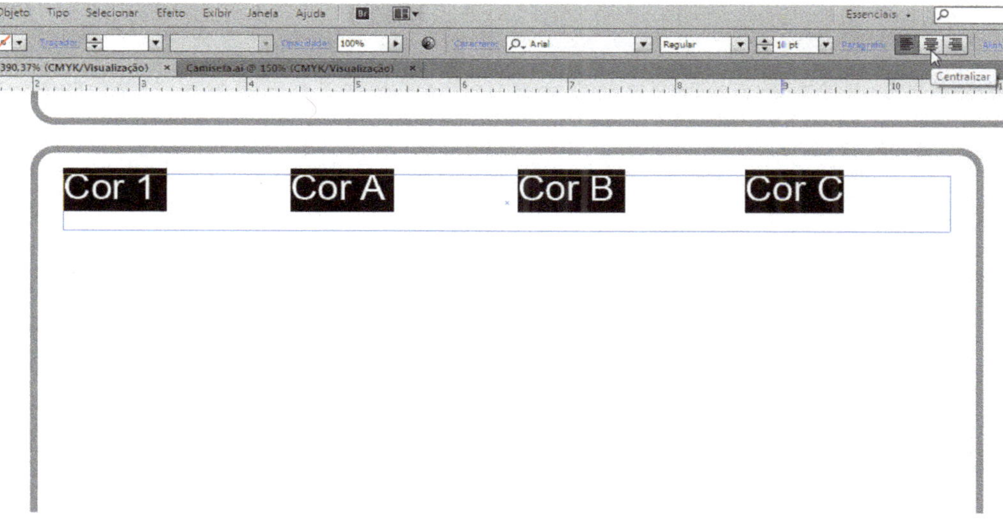

Veja a seguir o preenchimento da ficha técnica e a relação da legenda com a variante de cores.

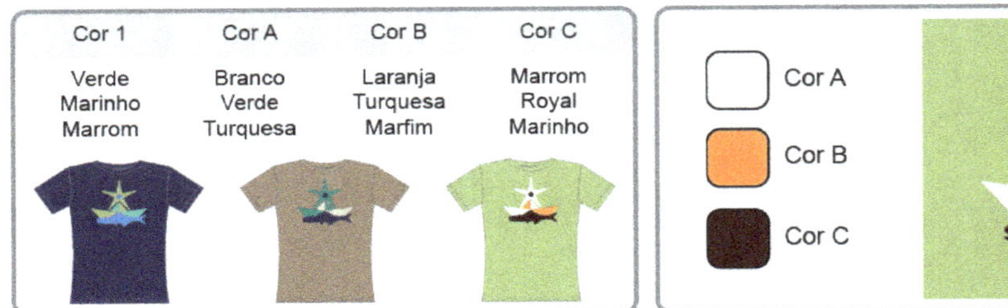

Essa forma de indicação de cores de materiais e sua relação com as cores da estampa ou do bordado não deixa dúvidas. Mesmo que use códigos Pantone® têxteis, qualquer pessoa da equipe saberá as cores da camiseta e com quais ela será estampada.

Faça uma ficha técnica para blusas, outra para vestidos e uma diferente para calças, shorts e saias. Coloque todos os itens para a sua construção e nunca apague um item. Quando o modelo não tiver estampa, por exemplo, deixe o campo em branco. Assim, você não modifica o conteúdo da ficha e não corre o risco de apagar alguma informação importante.

Coleção: Inverno 2017
Estudo: 001
Modelo: baby look
Cor mostruário: verde
Quantidade mostruário: 20

Data: 25/jul/15
Numeração: P-M-G
Designer: Elá Camarena
Modelista: Júlia

Data de entrega: 25/ago/15
Referência: 772/32
Aprovado por: Elá Camarena

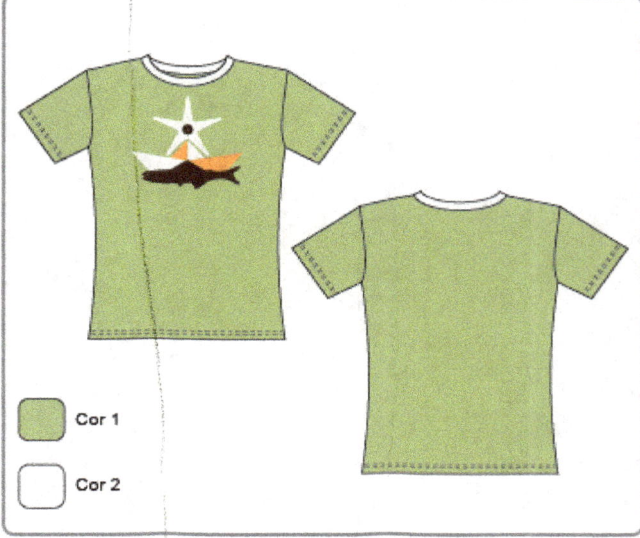

Material Cor 1:
Fornecedor:
Composição:
Consumo:

Material Cor 2:
Fornecedor:
Composição:
Consumo:

Material Cor 3:
Fornecedor:
Composição:
Consumo:

Molde código:
Decote:
Gola:
Cava:
Punho:
Etiqueta interna:
Etiqueta externa:
Embalagem:

Cor 1	Cor A	Cor B	Cor C
Verde	Branco	Laranja	Marrom
Marinho	Verde	Turquesa	Royal
Marrom	Turquesa	Marfim	Marinho

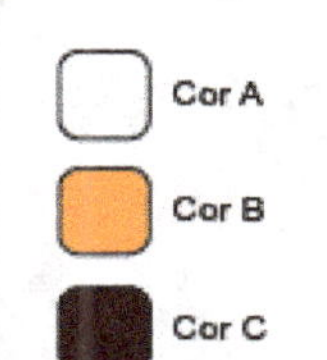

BIBLIOGRAFIA

CAMARENA, Elá. *Desenho de Moda no CorelDRAW X5®*. São Paulo: Editora Senac São Paulo, 2011.

SALTZMAN, Andrea. *El cuerpo diseñado: sobre la forma en el proyecto de la vestimenta*. Buenos Aires: Paidós, 2004.

SITES

EL CANON DE LISIPO – MUSEO REPRODUCCIONES BILBAO. Disponível em http://minisite.museoreproduccionesbilbao.org/GreziarSimmetria/es/canon_lisipo.html. Acesso em 11-7-2014.

MAKEHUMAN®. Disponível em http://www.makehuman.org. Acesso em 11-7-2014.

MUSEO NACIONAL DEL PRADO. Disponível em https://www.museodelprado.es/enciclopedia/enciclopedia-on-line/voz/policleto. Acesso em 11-7-2014.

PORTAL GRAECIA ANTIQUA. Disponível em http://www.greciantiga.org/arquivo.asp?num=0779. Acesso em 3-7-2014.

TUMBLR. Disponível em http://www.tumblr.com. Acesso em 11-7-2014.

UAEC. Disponível em http://www.dec.ufcg.edu.br. Acesso em 11-7-2014.

ÍNDICE

Elá Camarena é graduada em moda, pós-graduada em moda e criação pela Faculdade Santa Marcelina e mestre em design de moda pela Universidade Anhembi Morumbi.

Atua como designer desde 1985 e já trabalhou com marcas como Puma, Lotto, Penalty e Speedo na criação e no desenvolvimento de itens de vestuário e acessórios de coleções esportivas. Para a marca Carlos Santana, criou e desenvolveu modelos e coleções em jeans, e na Democrata trabalhou com design de calçados.

Hoje, além de ser proprietária da Hatawata Design e consultora empresarial em projetos gráficos, é educadora da área de moda, lecionando computação gráfica, processo criativo e elaboração de publicações digitais em renomados cursos de formação.

Especialista em computação gráfica em moda com os principais softwares desenvolvedores – CorelDRAW, Adobe Illustrator, Corel Painter, Adobe Photoshop e Adobe InDesign –, Elá tem apoio e acompanha a Corel do Brasil nas atualizações de produtos.

É autora do livro *Desenho de moda no CorelDRAW X6©*, publicado pela Editora Senac São Paulo.

www.ingramcontent.com/pod-product-compliance
Lightning Source LLC
LaVergne TN
LVHW061929220826
846092LV00005B/1029